Kohlhammer

Der Autor

Dr. Christoph Blomberg ist Professor für Allgemeine Sozialpädagogik an der Katholischen Hochschule NRW, Paderborn, im Fachbereich Sozialwesen.

Christoph Blomberg

Pädagogik und Glück

Rekonstruktion einer vergessenen Beziehung

Verlag W. Kohlhammer

1. Auflage 2022

Gesamtherstellung: W. Kohlhammer GmbH, Stuttgart

Print:
ISBN 978-3-17-038816-1

E-Book-Formate:
pdf: ISBN 978-3-17-038817-8
epub: ISBN 978-3-17-038818-5

Vorwort

Der Mensch strebt nach Glück. Ob er es soll oder nicht, ist strittig, unstrittig ist das Faktum. Also ist Pädagogik zwangsläufig mit dem Thema konfrontiert. Während aber in den letzten Jahrzehnten v. a. von psychologischer Seite viel zum Glück publiziert wurde, hielt sich die Pädagogik diesbezüglich eher zurück. Das ärgerte mich persönlich, einmal deshalb, weil ich vor vielen Jahren in der Auseinandersetzung mit der Kontingenzphilosophie Richard Rortys auf die Glücksthematik stieß und seitdem von deren pädagogischer Relevanz überzeugt bin. Zum anderen befremdete mich der Gedanke einer interventionslogisch orientierten Glücksförderung, denn sie vereinfacht m. E. nicht nur das Thema (was renommierte Psychologen auch so formulieren), sie kann in der Praxis auch dazu führen, gute pädagogische Alltagspraxis zugunsten (aus meiner Sicht fragwürdiger) systematischer Förderprogramme zu verdrängen. Also begab ich mich auf die Suche nach dem Glück in der Pädagogik, denn wenn alle Menschen nach Glück streben, dann müsste das Glück doch auch in pädagogischen Texten zumindest implizit thematisiert sein. Dabei folgte ich Arbeiten, die mich historisch immer weiter zurückführten und die zur Auswahl der hier behandelten Autoren[1] mit beigetragen haben (pars pro toto Riemen 1990; Rülcker 1971; Koch 1975; Lassahn 1975; Keller/Mangold 2002; Zirfas 2011). Nun sind pädagogische Texte bei diesem Thema nicht alles: Sie beziehen sich immer wieder auf antike Glückslehren, und ohne deren Kenntnis und eine grundsätzliche Klärung darüber, was man unter Glück versteht bzw. verstehen kann, sind viele Diskussionen nicht zu verstehen bzw. ernsthaft zu führen. So ergab sich im Laufe der Zeit die Struktur dieses Buches:

Es beginnt auf der Basis antiker Glückslehren mit der Darlegung zentraler Inhalte von Glück bzw. Lebenskunst (▶ Kap. 1). Anschließend wird die pädagogische Thematisierung des Glücks seit der Aufklärung (mit ihren historischen Vorbereitungen) nachgezeichnet (▶ Kap. 2). Überraschend sind für mich nicht nur die klare Positionierung des Glücks als Erziehungsziel im Kontext der Aufklärung, sondern auch die vorhergehenden utilitaristischen Diskussionen in Deutschland, ohne dass es damals dieses Label schon gab. Dass diese enge Beziehung zwischen Pädagogik und Glück sehr abkühlte, in Teilen wohl auch beendet wurde, liegt ohne Frage am deutschen Idealismus, insbesondere an Kant. Trotzdem fragte ich mich, ob das der einzige Grund dafür sei, dass mir in meiner (zugegeben sehr lange zurückliegenden) Studienzeit das Glück nicht untergekommen ist. Kant ist sicher einer der maßgeb-

1 Ich verwende gemäß den Empfehlungen des Rates für die deutsche Rechtschreibung zugunsten der Lesbarkeit das generische Maskulinum, beziehe damit aber ausdrücklich alle Geschlechtsformen (weiblich, männlich, divers) ein.

lichen deutschen Philosophen. Aber er steht selbst auch in einer christlichen Tradition, und es gibt eine sehr besondere deutsche Geschichte des 20. Jahrhunderts, und zumindest bei Letzterer kommt einem der Begriff des Glücks nur schwer über die Lippen. Ich habe daher anschließend versucht, einige systematische Überlegungen anzustellen bzgl. solcher Theorietraditionen, die möglicherweise das Glück bewusst oder unbewusst an den Rand drängen (▶ Kap. 3). Es sind unabgeschlossene Anregungen, dahinter verbirgt sich allerdings die Überzeugung, dass man jetzt pädagogisch nicht einfach ›in Glück‹ machen kann, quasi als noch unverbrauchtem neuem Label. Das Thema nötigt m. E. eher zu einem Überdenken eigener pädagogischer Positionen und v. a. Haltungen, sodass ich zum Schluss hinsichtlich des Verhältnisses von Pädagogik und Glück der Frage nachgehe, ob Glück eine pädagogische Kategorie ist und ob man von ihm reden sollte (▶ Kap. 4). Mein eigenes Fazit lautet: Ja, das Glück ist in jedem Fall ein ›einheimischer‹ Begriff. Für die einen leider, die anderen Gott sei Dank muss gleichzeitig jedoch ein ›Aber‹ folgen: Man muss das Ganze sehr differenziert betrachten, und zumindest zeitweise sollte man bzgl. des Glücks auch schweigen, was bekanntlich in Glückssachen ohnehin klug ist. Gleichzeitig könnte bzw. sollte ein Ergebnis aber auch die Selbstreflexion darüber sein, wie viel oder wenig vom Glück (und von welchem) in der eigenen pädagogischen Position enthalten ist oder überhaupt sein kann/soll.

Diese Offenheit des Schlusses ist gewollt. Beim Austausch über das Manuskript sprach eine Mitarbeiterin davon, sie habe beim Lesen in Gedanken mit den verschiedenen Autoren an einem Tisch gesessen und diskutiert. In dem Moment hatte ich das Gefühl, meine Intention zum Schreiben dieses Buches könnte gelingen: Einzuladen, sich anhand vieler – wie ich finde – zeitlos aktueller und überaus belebender Texte grundsätzlich mit dem Glück aus pädagogischer Perspektive zu beschäftigen, offen und unabgeschlossen: Als Austausch unterschiedlicher Blickwinkel, von denen jeder für sich Sinn ergeben kann. Ich habe daher versucht, mich in die Grundanliegen der Texte/Autoren hinzuversetzen und ihnen bei der Widergabe gerecht zu werden, um sie dann aus meiner Sicht zu bewerten. Gleichzeitig habe ich versucht, so zu schreiben, dass es auch für Studierende verständlich ist und sie so eine historisch-systematische Einführung ins Thema erhalten können. Und schließlich sollte wenigstens hin und wieder in Stil und Inhalt ein wenig Lebensfreude durchscheinen, gepaart mit Kritik an allzu ernsten/seriösen menschlichen und pädagogischen Selbstbeschreibungen.

Ganz allein kann man das nicht bewerkstelligen. Daher bin ich Christina Richter und Lyuboslava Awe für ihre je eigene intensive und ungemein wertvolle Unterstützung bei diesem Unterfangen äußerst dankbar. Sie dienten mir immer wieder als Resonanzraum, wir haben viel miteinander diskutiert und dabei zwar nicht unendlichen, aber doch eine Menge Spaß gehabt. Kerstin Weissenberger danke ich für ihre beeindruckende Lektoratstätigkeit.

Inhaltsverzeichnis

Einleitung

Fragte man Eltern, was sie sich für die Zukunft ihres Kindes wünschten, würde vermutlich eine der ersten, vielleicht die erste Antwort lauten: Dass es glücklich wird. Paaren wünscht man zur Hochzeit selbiges, an Geburtstagen den Menschen ohnehin. Sehr wahrscheinlich ist auch, dass in nicht wenigen Reden an Schulabschlussfeiern die jungen Menschen ermutigt werden, ihr Glück zu suchen, oder die Hoffnung/der Wunsch ausgedrückt wird, sie mögen ihr Glück finden. Dass der Mensch nach Glück strebt, ist philosophisch kaum bestritten, dass er es sollte oder gar gezielt anstreben könnte, schon eher. Auf jeden Fall nimmt die Frage nach den Wegen zum Glück einen breiten Raum in der Philosophie seit der Antike ein, allerdings mit ›Konjunkturschwankungen‹ hinsichtlich einer breiten Diskussion. Sie steht damit aber nicht allein – da das Glück ein Menschheitsthema ist, verwundert es nicht, dass es auch in Religionen einen festen Platz in Form des Heilsbegriffs hat. Im Zuge des sich ausdifferenzierenden Wissenschaftsbetriebs wird das Glück auch in anderen Bereichen thematisiert, in Ökonomie wie in Politik, v. a. aber in der Psychologie, die gleich einen ganzen Forschungs- und Beratungsbereich dem Glück gewidmet hat unter dem Stichwort ›Positive Psychologie‹.

Merkwürdig zurückhaltend zeigt sich allerdings die Pädagogik und der mit ihr teils eng, teils distanziert verwobene Bereich der Sozialen Arbeit. Das ist aus zwei Gründen erstaunlich: Zum einen deshalb, weil das Glück dem Fach ein quasi naturgegebenes Thema ist. Wenn Pädagogik helfen soll, dem Menschen einen ihm gemäßen Weg in der Welt zu ermöglichen, dann ist man, ob man will oder nicht, mit dem je individuellen Glück sowie mit allgemeinen Vorstellungen vom Glück/gelingenden Leben konfrontiert. Zum anderen deshalb, weil der Pädagogik in ihren disziplinären Anfängen diese Verbindung mehr als bewusst war. Für Ernst Christian Trapp, immerhin erster Professor für Pädagogik in Deutschland, war Glück nicht ein, sondern *das* Erziehungsziel. Man konnte und kann sich dabei auf Aristoteles stützen, der zumindest für die Erziehung der Kinder das Lustprinzip, damit einen wesentlichen Bestandteil der Glücksthematik, als maßgeblich ansah. Systematisch und historisch betrachtet kann also die Beschäftigung mit dem Thema von pädagogischer Seite nicht verwundern; verwundern muss vielmehr die erst allmählich einsetzende Rückkehr zum Thema. Man könnte also sagen: Höchste Zeit, sich pädagogisch wieder dem Glück zuzuwenden. Andere aber könnten fragen: Warum sollte man? Immerhin ist das Glück (mindestens auch) etwas, das sich bestenfalls ereignet, aber nicht herstellen lässt. Darüber hinaus könnte man die Meinung vertreten, mit den fachspezifischen, sog. ›einheimischen‹ Begriffen von Bildung und Erziehung, vielleicht auch noch Lernen, sei der Kern pädagogischer Aufgabe abschließend benannt. Offensiv könnte man sogar postulieren, dass in ihnen, vielleicht insbesondere im Bildungsbegriff, inhaltlich das Glück umfasst sei. Weiter könnte man aber auch einer pädagogischen Glückseuphorie skeptisch gegenüberstehen – dann, wenn man mit dem Thema ausschließlich das Anstreben eines möglichst dauerhaften ›guten Gefühls‹ assoziiert. Jeder weiß aus eigener Erfahrung, dass das Lernen, v. a. auch das ›Leben-Lernen‹, sehr viel mit Überwindung, Anstrengung, Umgang mit Nicht-Können oder Versagung, kurzum: mit einer Menge negativer Erfahrungen zu tun hat. Der Versuch, sie zu eliminieren, würde einen vermutlich im Leben nicht sehr weit bringen, davon einmal abgesehen, dass ein solches Leben vielleicht recht wenig Tiefgang hätte, vermutlich auch gar nicht möglich wäre, denn die Freude braucht, um als solche überhaupt erfahrbar zu sein, den Schmerz, zumindest aber das Gewöhnliche als Pendant. Und schließlich könnte man eine pädagogische Fokussierung auf das Glück ablehnen, weil man sie als schädlich ansieht: Wer ständig sein Glück sucht, werde unzufrieden, und eine Gemeinschaft von glückssuchenden Individuen verkomme zu einer Ansammlung von Egoisten, was wiederum den auch durch Erziehung hergestellten Fortbestand einer Gemeinschaft gefährde. Zu dieser eher gesellschaftlichen Perspektive kann sich die Überzeugung gesellen, das Elend der Welt nötige zu ganz anderen Themen als Glück.

Wem jedoch bei der Vokabel eine gewisse Sehnsucht oder Freude, eine allen Bedenken trotzende heitere Lebensbejahung mitschwingt, der könnte bedauern, dass ausgerechnet in einem so elementaren Geschäft wie der Begleitung bei der Weltaneignung nicht zumindest ein Hauch dessen spürbar ist.

Egal aber, welche Position man zum Glück als Thema der Pädagogik einnimmt – angesichts der relativ breit diskutierten und facettenreichen Thematik sowie seiner systematischen und historischen Bedeutung für die Pädagogik lohnt ein differenzierter Blick auf das Glück. Dazu muss man zunächst einmal klären, wovon man überhaupt spricht.

1 Worüber reden wir? Erste inhaltliche Vergewisserungen

Es ist nicht ganz einfach, dem Glück habhaft zu werden – unmöglich praktisch, nur in Ansätzen theoretisch. Etymologisch, philosophiegeschichtlich wie in systematischer Reflexion tun sich Unterschiede auf. Beim Versuch einer Bündelung ergibt sich folgendes Bild:

1.1 Formale Klärungen

Etymologisch

Ursprünglich bedeutet das deutsche Wort Glück als ›gelücke‹ »›*schicksal, geschick, ausgang* einer sache‹« (DWB 8, Sp. 233, Herv. im Orig.) in sowohl positiver wie negativer Bedeutung. Die Herkunft des Wortes sei ungewiss, am ehesten habe es die Bedeutung ›zuschließen, zuziehen, beenden‹, auch als zusammenbinden im dann übertragenen Sinne einer guten Fügung/eines guten Endes, eines guten Abschlusses. Diese positive Konnotation als ›günstiger Verlauf und Ausgang eines Geschehens‹ setzt früh im Mittelhochdeutschen ein (ebd., Sp. 233), wozu auch die Passivität der Betroffenen gehört:

> »günstiges *geschehen*, das der einwirkung der beteiligten person entzogen ist, günstiger *zufall*, günstige *fügung*, günstiger *umstand.*« (ebd., Sp. 239, Herv. im Orig.)

Gut erklärbar ist die Herkunft des Wortes aus der indogermanischen Wurzel ›leug›/ biegen als das gute Ende, der gute Abschluss, etwas, das sich am Ende zum Guten biegt/fügt (ebd., Sp. 226).

Wenngleich Glück als Wort sich durchgesetzt hat, existieren daneben noch synonyme oder teilsynonyme Wörter wie ›Fortune‹, ›Schick‹ und ›Massel‹ oder ›Dusel‹.

Im Deutschen sind Bedeutungen vereint, die in anderen Sprachen differenzierter sind, so im Englischen fortune, luck, felicity, happiness, im Französischen bonheur, béatitude, félicité. Mit Pieper (2003, 31–35) kann man entlang der lateinischen Begriffe unterschiedliche Inhalte erfassen:

Zunächst einmal handelt es sich beim Glück um den *positiven Zufall*, lateinisch fortuna. In der griechischen Mythologie ist dieser dem Menschen entzogene äußere Einfluss in der Schicksalsgöttin ›Tyche‹ personifiziert und im Wortpräfix unterschieden zwischen dem positiven und negativen Zufall (eutychia bzw. distychia, vgl.

Janke 2002, 24). Wenn davon die Rede ist, Glück sei nicht gestaltbar, dann ist damit dieser äußere Einfluss gemeint, der in uns das Gefühl der Dankbarkeit oder des ›unverschämten‹, weil vielleicht unverdient erscheinenden Glücks, hervorruft (Pothast 2008, 55). Diskutiert werden kann, ob allein der äußere Einfluss ausschlaggebend ist oder ob es zumindest für einige Situationen denkbar ist, dass es auch auf die menschliche Reaktion gegenüber einem Zufall ankommt (z. B. den sorgsamen Umgang mit einem Lottogewinn), oder eine gewisse Offenheit gegenüber der Umwelt mit der vielleicht erhöhten Chance, glückliche Umstände zu erleben oder sie überhaupt als solche zu erkennen.

Sodann kennzeichnet ›Glück‹ einen *positiven inneren Zustand.* Das Griechische ›eudaimonia‹ meint den Besitz eines guten inneren Geistes (Dämons) und markiert die philosophische Reflexion der Abkehr von äußeren Dingen und Hinwendung zur inneren Gestimmtheit, exemplarisch bei Demokrit (ca. 460–370 v. Chr.):

> »Seligkeit wohnt nicht im Besitz von Herden oder Gold. Ist doch die Seele Wohnsitz eines seligen Geistes« (Capelle 1968, 441/Stobaeus II 7, 3i).

Allerdings ist diese für uns heute selbstverständliche Aussage in der Antike noch nicht selbstverständlich. Sie setzt sich erst im Laufe der Zeit durch, maßgeblich in den ersten drei vorchristlichen Jahrhunderten durch die Epoche des ›Hellenismus‹, der durch eine Hinwendung zum Individuum gekennzeichnet ist (vgl. Hossenfelder 1985, 11–41).

Als ›Eudämonismus‹ im weiteren Sinne wird allgemein jene in der Antike entstandene Lehre bezeichnet, »(...) die explizit als Lebensziel den Glücksgewinn predigt.« (Meck 2003, 38).

Allerdings ist damit weder etwas über die konkreten Inhalte des Glücks ausgesagt noch über die Art und Weise, wie diese innere Gestimmtheit zu erreichen ist, und auch die Philosophie kennt unterschiedliche Positionen. Bevor darauf näher eingegangen wird, muss die positive innere Gestimmtheit, der gute innere Dämon selbst, betrachtet werden.

Intensitäten und Häufigkeiten

Jeder kennt vermutlich das Gefühl des euphorischen Augenblicks, aus welchem Anlass auch immer – Momente, in denen man die Welt umarmen könnte; und andere wiederum, in denen man die Frage, wie es einem gehe, ruhig und schlicht mit gut beantwortet und damit einer gewissen Zufriedenheit Ausdruck gibt. Das wirft die Frage nach der Intensivität der positiven Gestimmtheit auf – sie ist, wie so vieles, nur unscharf zu beantworten:

Im englischsprachigen Raum hat sich in den letzten Jahrzehnten im Bereich der Psychologie – auch mit Blick auf die Messbarkeit dieser inneren Befindlichkeit ›Glück‹ – der Begriff des subjektiven Wohlbefindens (subjective well-being) etabliert und zu einer umfangreichen ›Glücksforschung‹ in der Psychologie geführt (pars pro toto Kahnemann et al. 1999; Mayring 2007, 187–191; Bucher 2018). Gemeint ist damit eine Position, die – ähnlich der o. g. Aussagen – vom je aktuellen Standpunkt aus zurückblickt auf das Leben im Ganzen und sich fragt, inwieweit man mit seinem

Leben im Ganzen zufrieden ist. Unabhängig von der berechtigten Kritik, dass dies eine kognitive Bewertung und eben kein momentan empfundenes spontanes Glücksgefühl ist, soll der Begriff des subjektiven Wohlbefindens den zeitlichen Aspekt der positiven inneren Befindlichkeit und sein je aktuelles Empfinden umfassen: Es geht um eine länger anhaltende bzw. im Ganzen positive Lebenszufriedenheit, ein Mehr an positiven und Weniger an negativen Affekten (Bucher 2018, 30–32). Entsprechend definieren Diener et al. (2009) in ihrem Aufsatztitel programmatisch: »Happiness is the Frequency, Not the Intensity, of Positive Versus Negative Affect«; entsprechend unterteilt Argyle (2009, 14) die zum Glück gehörenden Emotionen in Zufriedenheit und positive und negative Emotionen, und definieren Diener/Biswas-Diener (2008, 216):

> »If you feel fairly energetic and upbeat most of the time on most days, and are generally satisfied with your life with only the occasional complaint, you are, by our definition, happy. Some of us will feel more intense emotions and some of us less intense emotions due to our different temperaments, but frequent positive emotions should be the goal rather than continuing intense highs«.

Darin eingeschlossen sind emotionale ›Highlights‹, eruptive/ekstatische Momente ebenso wie emotionale Tiefs: Mehrheitlich positive Effekte verringern die Zahl der negativen nicht (Bucher 2018, 40–42). Allerdings senken dauerhafte emotionale Tiefs das Wohlbefinden. Glück impliziert demnach neben dem zeitlichen Aspekt den Aspekt der Intensität – emotionale Höhepunkte sind vorhanden, aber nicht der Normalfall des Glücks, sie wirken sich eher in der kontinuierlichen Zufriedenheit aus; zum Normalfall gehört auch der Schmerz, ohne den das Glück nicht erfahrbar wäre. Es ist also ein Trugschluss zu glauben, Glück meine oder Glücksforschung behaupte ein permanentes ›Gut drauf‹ bzw. die Abwesenheit von Schmerz. Im Gegenteil – der Schmerz als Kontrasterfahrung ist Bedingung für die Möglichkeit, Glück überhaupt empfinden zu können. Gemeint ist lediglich das Überwiegen der positiven gegenüber den negativen Gefühlen. Allerdings wird die Grundformel von der ausschlaggebenden Häufigkeit von einigen erweitert: Nicht nur die Summe, auch die Intensität könne sich dauerhaft auf das Wohlbefinden auswirken (Schimmack 2003; Kahnemann 1999, 19f).

Eine klassische Bezeichnung für dieses Wohlbefinden als Ruhigstellung des inneren Geistes/der inneren Geister ist bei Epikur die Ataraxie (bzw. in der Stoa die Apathie). Ataraxie als ›Heiterkeit und Windstille der Seele‹ meint v. a. die Unabhängigkeit von äußeren Ereignissen/Gütern, eine Art Bedürfnislosigkeit als fehlender Schmerz, aber auch fehlender Begierde.

Die Betrachtung unterschiedlicher Intensitäten und der Hinweis, auch zu dauerhaftem Glück gehöre das Erleben von Unglück, führt zu einer weiteren Differenzierung, namentlich einer zeitlichen Betrachtung.

Eigenanteil, zeitliche und qualitative Differenzierung

Zur weiteren Kennzeichnung können die Begriffe *felicitas* und *beatitudo* dienen (vgl. Pieper 2003, 31–35). In Abgrenzung zum Zufall kennzeichnen sie den Eigenanteil menschlicher Aktivität am je eigenen Glück, man könnte sagen: das Schmieden. Entsprechend kennzeichnet Hentig den Begriff eudaimonia:

> »Die Dämonen sind in uns zur Ruhe gekommen, und das ist unsere Leistung« (Hentig 1996, 79).

Felicitas bezeichnet das Glück eines bestimmten Zeitraums, wohingegen die *beatitudo* ursprünglich ein allumfassendes Glück bezeichnet, das sich in letzter Konsequenz erst bei Gott findet – quasi als ›Belohnung‹ eines gottgefälligen Lebens. Daher sind hier zeitliche wie inhaltliche Aspekte impliziert. Eine klassische Passage für den zeitlichen Aspekt eines glücklichen Lebens lautet bei Aristoteles:

> »(...) ›in einem vollkommenen Leben‹. Denn eine Schwalbe macht noch keinen Frühling und auch nicht ein einziger Tag. So macht auch nur ein Tag oder eine kurze Zeitspanne niemanden selig oder glücklich« (NE 1098a 15).

Diese Differenzierung nach Zufall und Zeiten fasst Nozick (1991, 118) wie folgt:

> »Ich möchte hier drei Typen von Glück betrachten: erstens das Glück darüber, dass die eine oder andere Sache der Fall ist (oder dass viele es sind); zweitens das Gefühl, dass das eigene Leben jetzt gut ist; und drittens die Zufriedenheit mit dem eigenen Leben als Ganzem.«

Mit Seel (1999, 127, Herv. im Orig.) kann man in der Selbstbestimmung das zentrale Kriterium für die Zustimmung zum Leben sehen:

> »Ein *gelingendes* Leben hat, wem es gelingt, ein auf ungezwungene Weise selbstbestimmtes Leben zu führen. Ein *glückliches* Leben hat, wem sich in einem selbstbestimmten Leben die wichtigsten eigenen Wünsche erfüllen. Ein *gutes* Leben hat, wer ein mehr oder weniger glückliches Leben führt.«

Angesichts unvermeidbarer ›Durstrecken‹ kann man hoffen, dass deren Zahl so gering sein möge, dass man am Ende ein Leben hatte,

> »(...) das reich an episodischer Erfüllung war oder eines, in dem sich die wesentlichen Wünsche erfüllt haben – oder beides. Wir sprechen dann auch von einem ›erfüllten‹ Leben.« (ebd., 125)

Seel führt für diese Zustimmung noch ein notwendiges Kriterium an, auf das später noch eingegangen wird, das der fehlenden Selbsttäuschung in zentralen Dingen (ebd., 73).

Hat man Glück so als eine Art Gefühl der tiefen positiven Bewertung des eigenen Lebens gekennzeichnet, welches optimal am Lebensende noch/wieder vorhanden ist, muss noch ein inhaltlicher Anspruch genannt werden: Das in Summe glückliche Leben der beatitudo ist heute zwar ein subjektiv empfundenes diesseitiges, aber sollte in zentralen Punkten nicht herrschenden moralischen ›essentials‹ widersprechen (Pieper 2003, 33 f) – zumindest hofft man das.

Damit sind erste formale Klärungen getroffen. Nicht behandelt sind zwei Punkte, die im weiteren Verlauf angesprochen werden. Hier nur einleitend ein kurzer Problemaufriss:

In der *empirischen Glücksforschung* (vgl. Bucher 2018, 35–62) wird die Problematik von ›Glücksmessungen‹ diskutiert. Kern der Kritik: Aussagen über das eigene Wohlbefinden können entscheidend von aktuellen Umständen geprägt sein: dem Verhalten des Fragenden, einem vorhergehenden positiven Ereignis, der räumlichen

Umgebung, der Bewertung einer Zeitspanne entlang ihres positiven Endes (›Ende gut, alles gut‹). Letzteres legt den Schluss nahe, dass auch ein in Summe weniger gutes Leben positiver bewertet würde, wenn die letzten Wochen/Monate angenehm waren. Umgekehrt könnte der Blick durch aktuell wirksame negative Dinge getrübt werden. Aussagen über die Zufriedenheit mit dem Leben im Ganzen sagten also eventuell mehr über die aktuell-situative Befindlichkeit aus als über eine Lebensbewertung als solche. Nicht selten sei die positive Bewertung der eigenen Situation auch Ausdruck des menschlichen Anpassungsvermögens an leidvolle, aber nicht änderbare Situationen – durch die Bezeichnung dieses Lebens als glücklich würden die zu skandalisierenden Umstände und die entsprechende Anpassung ignoriert. Zudem könne die Bewertung eines Lebens immer durch eine ›rosarote Brille‹ erfolgen, weil wir uns grundsätzlich gerne positiv sehen wollten. Nachzuweisen wäre eine solche Täuschung freilich schwerlich. Insgesamt gibt es für oder gegen empirische Glückforschung gute Argumente. Man kann möglichen Diskussionen an dieser Stelle die Dringlichkeit nehmen mit Blick auf Bilanzierungen renommierter Forscher[2]: Verwiesen wird einerseits auf die gleichen Ergebnisse antiker Weisheitslehren und empirischer Glücksforschung (Diener/Biswas-Diener 2008, 227), auch unter Bezug zur Tugendthematik (Seligman 2009, 32; auch Peterson/Seligman 2004). Anderseits wird auf die (lebenslange) Prozesshaftigkeit eines Glückslernens hingewiesen (Diener/Biswas-Diener 2008, 15; 230;), auf die Tatsache, dass man Unglück nicht vermeiden könne (ebd., 16) und darauf, dass man es strenggenommen nicht herstellen, sondern nur vorbereiten könne (Haidt 2009, 312). Schließlich wird z. T. nicht mehr vom Glück, sondern von ›flourish‹ (Seligman 2012; Lobel 2017) gesprochen, was begrifflich an das ehemals verwendete Bild vom Pädagogen als Gärtner erinnert. In dieser Arbeit wird hauptsächlich philosophisch argumentiert, empirische Arbeiten werden zur Unterstützung/Veranschaulichung hinzugezogen.

Mit diesen formalen Klärungen ist noch nichts über Inhalte eines glücklichen Lebens gesagt – das Glück anlässlich einer bestandenen Prüfung oder einer rauschhaften Nacht hat unterschiedlichen Charakter und führt zu groben Kategorisierungen des Glücksstrebens. Darin eingebunden sind Fragen nach äußeren Bedingungen für Glück oder objektiven Merkmalen eines guten menschlichen Lebens als solchem – letztere Position steht dann als eher objektive Theorie des Glücks einem Ansatz gegenüber, der das Glück eher in subjektiven Präferenzen verortet und diese dann inhaltlich unterscheidet. In der Diskussion bezieht man sich dabei bewusst oder unbewusst immer wieder auf zentrale Aspekte antiker Glückslehren. Um die Positionen um Inhalte des Glücks zu verstehen, ist es daher notwendig, sich im Folgenden der antiken Quellen zu vergewissern. Vor dem Hintergrund werden unterschiedliche Positionen bzgl. des Glücksstrebens behandelt und abschließend Kerninhalte von Glück gewonnen.

2 pars pro toto: Myers 1992, 206; 176–204; Argyle 2002, 3; Lyubomirsky 2018, 32f; Haidt 2009, 285–315; Diener/Biswas-Diener 2008, 224–229; Myers/Diener 2018, 224f.

1.2 Antike Grundlegungen

Das grundsätzliche Auftreten der Reflexion über das Glück, wie auch deren zeitbedingte ›Intensivphasen‹, werden häufig erklärt mit einer Verunsicherung bzgl. herkömmlicher Weltdeutungen. Antike Glücksreflexion setze in dem Moment ein,

> »(...) wo das noch von den Dichtern bezeugte Zutrauen und Vertrauen brüchig wird, daß G. und Unglück Gabe der Götter und des Geschicks und Heimsuchung durch sie seien.« (Ritter 1974, 679)

Die *Glückslehre der Antike* entwickelte sich entlang der Frage nach den Bedingungen und Möglichkeiten des Glücks des Einzelnen angesichts unsicherer äußerer Faktoren:

> »In dieser Wende von dem Glück, das man in äußeren Gütern und leiblichen Genüssen hat, in denen der Mensch immer dem Walten der Notwendigkeit und des Geschicks ausgesetzt bleibt, hin zu der guten inneren Verfassung des Menschen und dem aus ihr folgenden Handeln und Leben wird der von der Philosophie getragene Begriff des Glücks zuerst exponiert.« (Ritter 1974, 679)

In der Epoche des sog. ›Hellenismus‹ wird das Glück erreicht »(...) dadurch, daß man sein eigenes Inneres in Ordnung hält.« (Hossenfelder 1985, 34). Zwar gehen viele antike Überlegungen von einer Gültigkeit für alle Menschen aus, andererseits zeigt sich aber bereits im Hellenismus eine tendenziell individualistisch ausgerichtete Philosophie, die nicht »vom Zerfall des bisher Geltenden abhängt« (ebd., 31).

1.2.1 Glück als vorzügliche Tätigkeit – Aristoteles

Die bis heute einflussreichste Darlegung der Glücksthematik entstammt der Nikomachischen Ethik des Aristoteles[3]. Ihre Aktualität verdankt sich ihrer umfassenden Anlage, aber auch ihres für unsere Ohren sehr vertrauten zentralen Begriffs, dem der Arbeit bzw. Tätigkeit.

Einer sich als Arbeitsgesellschaft verstehenden Sozialform wie der unseren muss die Bedeutung der Arbeit nicht erläutert werden, und tatsächlich ist heute Konsens in der Glücksforschung, dass herausfordernde Aktivitäten eine wesentliche Glücksquelle sind. Allerdings wird der Begriff der Tätigkeit bei Aristoteles erst verständlich im Gesamtkontext seiner Erörterungen über den Stellenwert des Glücks. Der Vollständigkeit halber muss aber gesagt werden, dass Aristoteles mit seiner Hervorhebung der Bedeutung der Vernunft, entsprechend einer vergleichsweise geringeren Wertschätzung der sinnlichen Lust, auf seinen Lehrer Platon zurückgreift:

Im ›Philebos‹ lässt Platon den Philebos und Sokrates darüber streiten, was das höchste Gut des Menschen sei. Während ersterer Lust und Vergnügen nennt, plädiert Sokrates für geistige Güter wie Erkenntnis und rationales/moralisches Handeln (Phil. 11b–c). In Quintessenz wird die ›göttliche Vernunft‹ als höchstes Gut vorge-

3 Zur Einführung in die Philosophie des Aristoteles und seine Glückslehre vgl. Römpp 2009; Rapp 2016; Wolf 2013; Höffe 2014, 215–238; 2018, 47–61.

stellt, in einem mit Lust und Vernunft gemischten menschlichen Leben habe die menschliche Vernunft den Vorrang vor der Lust (vgl. v. a. Phil. 20b–22e). Die Vernunft sei dem Guten näher als die Lust, da die Lust und hier insbesondere der Geschlechtstrieb den Menschen zu völlig irrationalen und unmoralischen Handlungen treiben könne und insofern ein sehr ›unzuverlässiges‹ Gut sei (Phil. 65c–e). Analog wird in Platons ›Symposion‹ (Gastmahl) die Rede Diotimas über den Eros wiedergegeben (Symp. 201d–212c), die letztlich darin mündet, dass sich in allem Streben nach dem sinnlich Schönen letztlich der Wunsch nach Unendlichkeit manifestiere. Dadurch werde das Strebensziel entleiblicht zu einer rein geistigen Schau der Idee des Schönen an sich. Unsterblichkeit erlange der Mensch durch Herausbildung der Tugend.

Bei der Betrachtung der aristotelischen Glückslehre wird dieser Einfluss schnell deutlich: Zunächst wird Glück als das höchste Gut gekennzeichnet, als »(...) Ziel dessen, was wir durch Handeln bewirken können.« (NE 1097b 20–25). Das liegt daran, dass es nicht etwas ist, das man in Kauf nimmt, um etwas Anderes zu erreichen, und auch nicht etwas, das zwar angenehm, aber nur eine notwendige Etappe zur Erreichung eines noch höheren Ziels ist. Vielmehr ist Glück etwas, das man um seiner selbst willen anstrebt und das deshalb über allen angestrebten Gütern steht. Der Gedankengang lautet im Detail:

Jede menschliche Tätigkeit strebt nach einem Gut. Zu unterscheiden sind aber die Ziele dieses Strebens: Einmal ist es die reine Tätigkeit, ein andermal das Ziel der Tätigkeit, das Werk. Gibt es ein Ziel über die Tätigkeit als solche hinaus, ist es höher zu bewerten (NE 1094a 1–20). Das höchste zu erreichende Gut ist für Aristoteles das Glück, denn seine Güte ist in ihm selbst begründet, es ist diesbezüglich ›autark‹:

> »Denn wir wählen es immer um seiner selbst willen und niemals zu irgendeinem anderen Zweck.« (NE1097b 1–5)

Damit ist allerdings noch nicht geklärt, was das Glück inhaltlich ausmacht, denn darüber, so Aristoteles, gebe es unterschiedliche Ansichten (NE1095a 20–25).

Um das zu klären, kommt der Begriff der Tugend ins Spiel. Das griechische Wort ›Arete‹ wird i. d. R. mit ›Tugend‹ übersetzt, und in dieser letzteren Übersetzung schwingen dann schnell moralische Bewertungen mit, die aber zunächst einmal nicht gemeint sind. Vielmehr bezeichnet Arete – Tugend –

> »(...) das Gutsein (die Vortrefflichkeit, Tauglichkeit) eines Gegenstandes hinsichtlich seiner speziellen Funktion, Aufgabe, Leistung oder Fähigkeit (érgon).« (Trampota 2010, 517)

So auch im Mittelalter (Regenbogen/Meyer 2013, 675) und im deutschen Ursprung (DWB, Bd. 22, Sp. 1561).

Aristoteles veranschaulicht den Begriff wie folgt:

> »Wie nämlich bei einem Flötenspieler, einem Bildhauer, ja bei jedem Künstler und überhaupt bei allen, die eine bestimmte Funktion oder Tätigkeit ausüben, das ›gut‹ und ›die gute Weise‹ in ihrer Funktion zu bestehen scheinen, so dürfte es sich auch beim Menschen verhalten, wenn es eine ihm eigene Funktion gibt.« (NE 1097b 25–30)

Das spezifisch Menschliche in Abgrenzung zu Pflanzen und Tieren sieht er in der Fähigkeit, zu denken und sich nach rationalen und sittlichen Maßstäben zu verhalten. Dabei ist die Fähigkeit nur die Basis für eine anzugehende Verbesserung – wie die Begabung für ein Instrument durch Übung verbessert werden könne, so auch das Denken. Die dem Wesen gemäße Tätigkeit wird durch Übung zur hervorragenden. Also lautet die inhaltliche Kennzeichnung des Aristoteles:

> »Wenn sich das so verhält, dann erweist sich das menschliche Gute als Tätigkeit der Seele gemäß ihrer Tugend. Wenn es aber mehrere gibt, dann gemäß der besten und vollkommensten.« (NE 1098a 15–20)

Materielle und leibliche Güter werden deswegen nicht abgelehnt, aber als weniger wertvoll angesehen (NE 1098b–20; vgl. auch 1099a–1099b 10).

So gilt für Aristoteles, »(...) dass der Glückliche gut leben und es ihm wohl ergehen soll.« (NE 1098b 20–25). Dabei spielt die innere Einstellung eine zentrale Rolle: Zwar seien tugendhafte Handlungen an sich angenehm, der Mensch sei ohne die entsprechende innere Einstellung aber kein guter. Für das tugendhafte Glück gelte, dass man gerne tut, was gut ist (vgl. 1099a–30). Die Möglichkeit zu solchem Glück stehe jedem Menschen prinzipiell offen, er benötige dafür allerdings Lernen und Übung; einschränkend könnten äußere Einflüsse wirken:

> »Denn wer ganz hässlich, niedriger Herkunft, einsam und kinderlos ist, hat kaum Aussichten auf Glück, noch weniger aber vielleicht, wenn jemand ganz schlechte Kinder oder Freunde hat, oder wenn er gute durch den Tod verloren hat.« (NE 1099b–10)

Unfähig seien aber auch Kinder, die er in einem Atemzug mit Tieren als (noch) nicht vernunftfähig ansieht (NE 1100a 1–5). Allerdings sei dieses Glück nicht vollends geschützt vor äußeren Beeinträchtigungen, wiewohl den Tugendhaften diese äußeren Widrigkeiten nicht vollends ins Unglück stürzen könnten (NE 1100b 10–35; 1101a-15).

Dass es bei Aristoteles nicht um subjektives Wohlbefinden, sondern die Bewertung eines Lebens als objektiv gut geht, zeigt sich in seiner Frage, ob man ein in Summe gutes Leben auch dann noch ein solches nennen könnte, wenn zwar die Person selbst ein gutes Leben geführt und gehabt habe, ihre Nachkommen aber nicht. Und tatsächlich kommt er zu dem Schluss, dass man in einem solchen Fall nicht uneingeschränkt vom Glück sprechen könne: Einerseits sei es zwar befremdlich, den Menschen, der dieses Leid seiner Nachkommen nicht mehr erlebt, deswegen als unglücklich zu bezeichnen; andererseits sei es ebenso befremdlich, diese Tatsachen nicht in die Bewertung einzubeziehen, sodass es im Ergebnis einen Einfluss auf das Glück der Toten ausmacht, der aber deren Kernbefindlichkeit nicht affektiere (1101b–10). Zusammenfassend lautet seine Glücks-Definition:

> »Was hindert uns also daran, den Glücklichen als denjenigen zu bestimmen, der Tätigkeiten gemäß der vollkommenen Tugend ausführt und hinreichend mit äußeren Gütern versehen ist, und zwar nicht nur für eine beliebige Zeit, sondern für ein vollkommenes Leben? Oder ist noch hinzuzufügen, dass er nicht nur so leben, sondern auch entsprechend sterben wird? Obwohl die Zukunft für uns undurchsichtig ist, bestimmen wir doch das Glück als etwas in jeder Hinsicht und auf alle Weise Vollkommenes. Unter dieser Voraussetzung werden wir diejenigen unter den Lebenden als selig bezeichnen, die über all das, was wir gesagt haben, verfügen und auch weiterhin verfügen werden – selig allerdings als Menschen.« (NE 1101a 10–25)

Da Aristoteles die menschliche Vortrefflichkeit im Denken, v. a. in der Fähigkeit zur Einsicht in Sittlichkeit und entsprechendes Handeln, definiert, stellt sich die Frage, was nun bedeutsamer für das Glück ist, das sittliche Handeln oder die geistige Schau; für beides gibt es bei Aristoteles Belege und eine entsprechend vielfältige Diskussion (eine kurze inhaltliche Übersicht gibt Horn 2010, 83–85). Die Diskussion kann hier nicht geführt werden, allerdings ist mit Horn anzunehmen, dass eine strikte Trennung zwischen gutem theoretischem und schlechtem praktischem Leben ohnehin nicht möglich sei (83). Angesichts der Betonung des Unterschiedes zwischen Mensch und Tier durch die Vernunft und angesichts der Tatsache, dass die geistige Schau Glück gerade gegen äußere Unbillen ermögliche, spricht viel für eine etwas stärkere Gewichtung der geistigen Schau (Wolf 2013, 251; 254; ähnlich Römpp 2009, 79 f; auch Horn 2010, 79), wenn man überhaupt eine Gewichtung oder gar Trennung vornehmen will, denn selbst in einem Philosophenleben mit größtmöglichem Freiraum für intellektuelle Beschäftigung stellen sich alltagspraktisch ethische Fragen und können Bewertungen nur anhand praktischer Gegebenheiten erfolgen (zur Diskussion Wolf 2013, 249–256). Inhaltlich ist diese geistige Schau, in der es um das Reflektieren/Betrachten letzter unwidersprochener wissenschaftlicher Grundsätze geht, als eine Art ruhende Betrachtung und nicht als strebendes Erforschen letzter Gründe gedacht – so zumindest die Positionierung von Wolf (ebd., 242 f) in dieser Diskussion, mit Verweis auf die Aussage der NE, dass der Wissende in der Schau größere Lust hat als derjenige, der Wissen sucht.[4] Zentrale Bedingung für diese Tätigkeit ist Muße – sie erst gibt als Freiheit von Alltagsgeschäften Raum für freies Denken (1177a 25–30), damit Gelegenheit, als Mensch ganz zu sich zu kommen. Ermöglicht ist sie durch äußere Tätigkeiten wie Arbeit oder Krieg (letzterer als Sicherung des Friedens, erstere z. B. als Sicherung des Lebensunterhaltes).

Hier kommt die Bedeutung der Gemeinschaft ins Spiel. Zum einen als Freundschaft, zum anderen als politische Gemeinschaft. Inhaltlich haben bei Aristoteles beide Gemeinsamkeiten: Die Freundschaft, ohne die kein Mensch leben möchte, auch wenn er alle anderen Güter hätte (NE 1155a 5–10), sei in ihrer vollkommenen Form (in Abgrenzung zu einer Freundschaft um der Lust und/oder des Nutzens willen) durch eine Art Seelenverwandtschaft gekennzeichnet zwischen zwei Menschen, die einander ausschließlich um des anderen Willen Gutes wünschten, weil sie selbst gute Menschen seien (1156b 5–15). Besonders wichtig sei sie zwar in der Not (notwendiger seien sie in der Not, schöner aber im Glück, (1171a 20–30), ihr Beginn liege aber im Wohlgefallen (1167a-15) und umfasse das Wertvolle, Lustvolle und Nützliche (1156b 5–25). Darin sei sie Spiegel der Selbstliebe (1168b-15). Sie ist aber nach Aristoteles auch notwendig für eine Gemeinschaft, wichtiger noch als Gerechtigkeit, da ohne ein Band gemeinsamen Wohlwollens keine Gemeinschaft bestehen könne (1155a 20–30). Überhaupt gewichtet Aristoteles stark die Bedeutung der Gemeinschaft. Sie könne glücksfördernd bzw. -sichernd wirken (z. B. in Form der Sicherung von Grundbedürfnissen, moralischen Standards, Frieden). Wenn sich

4 Die zentrale Passage für diese Deutung lautet: »Die Philosophie scheint aber Lust von wunderbarer Reinheit und Beständigkeit zu enthalten, und es liegt nah, dass diese Tätigkeit für Wissende noch lustvoller ist als für Suchende. Auch dürfte das, was wir Autarkie nennen, am meisten zur betrachtenden Tätigkeit gehören.« (NE 1176a 25–30)

also heute Volkswirtschaftler, Politologen oder Soziologen mit dem Glück beschäftigen, dann können sie sich auf Aristoteles berufen, der seine Ethik ausdrücklich bezeichnet als »(...) eine Art politischer Wissenschaft.« (1094b 10). Da der Staat die Rahmenbedingungen für den Einzelnen vorgibt, ist man damit bei der Gerechtigkeitsthematik. So lautet denn auch die Aufforderung des Aristoteles an den Staat, dafür zu sorgen, das Glück allen zu ermöglichen (die ›glückswürdig‹ sind, was z. B. Sklaven ausschließt):

> »Der tüchtige Gesetzgeber hat ja die Aufgabe herauszufinden, wie ein Staat, eine Klasse von Menschen und jede andere Gemeinschaft am guten Leben und dem für sie erreichbaren Glück teilhaben können.« (Pol. VII, 1325a 5)

Aus dem bisher Gesagten lassen sich einige zentrale Inhalte der Glücksthematik herausfiltern: Das höchste Glück besteht in der reinen Tätigkeit des Verstandes sowie im Leben gemäß der Sittlichkeit. Dementsprechend geringer bedeutsam ist die sinnliche Lust/der Genuss, kurz: die Leidenschaft (wiewohl die Nikomachische Ethik zwei Kapitel über die Lust enthält, vgl. NE VIII, 12–15 und NE X, 1–5). Die höchste Lust ist eine der Wahrnehmung, und die Wahrnehmung bezieht sich auf die Betrachtung letzter Dinge oder des eigenen Lebens als tugendhaftem (vgl. Wolf 2013, 208–212). Aristoteles schwebt dabei eine Art ideales menschliches Leben vor:

> »Im Fall der moralischen Tugend ist ein hervorragender Charakter – in etwa: sittliche Rechtschaffenheit – und im Fall der dianoetischen oder intellektuellen Tugend eine Höchstform menschlicher Intelligenz gemeint.« (Höffe 20019b, 4)

Diese Bestform ist deswegen möglich, weil in der Alltagspraxis die Klugheit (als eine Art praktische Vernunft) dem Menschen ermöglicht, das jeweilige Gut zu erkennen und umzusetzen. Als Richtschnur dienen Tugenden als Mittelstellung zwischen zwei Extremen (Aristoteles knüpft an die Tradition geistiger und praktischer Tugenden an, die es zu verstehen und einzuüben gelte; ▶ Kap. 1.5.1), was alltagspraktisch schnell einleuchtet: Nachdenken ist gut, kann aber zu ungesundem Grübeln ausarten, während der Verzicht auf Denken zu Sorglosigkeit bis Dummheit führt; Sparen für größere Anschaffungen kann Glück fördern, übertrieben als Geiz verhindern, während umgekehrt das unbedachte freie Geldausgeben nicht umsonst als sorgloses Verprassen getadelt wird.

Aristoteles' Ethik wird inhaltlich als eudämonistisch gekennzeichnet. Im weiteren Sinne ist sie das insofern, als jede Philosophie so bezeichnet wird, die sich am Glück als dem höchsten Gut orientiert. Im engeren Sinne eudämonistisch (als Gegensatz zu hedonistisch) ist sie, weil sie das Glück in die Verantwortung des Menschen gibt, das menschliche Leben aktiv gemäß seinen Fähigkeiten und moralisch gut zu gestalten:

> »Die *Nikomachische Ethik* beginnt mit der Beobachtung, daß die für den Menschen charakteristischen Tätigkeiten auf Ziele hin orientiert sind, die vom Handelnden als positiv bewertet und insofern als ein Gut angesprochen werden. Die Begriffe ›Ziel‹ und ›Gut‹ sind weitgehend äquivalent. Nun bilden die verschiedenen Ziele bzw. Güter eine Hierarchie, an deren Spitze ein höchstes, und zwar ein schlechthin oder unüberbietbar höchstes Gut steht, das *summum bonum*, wie es im Lateinischen heißen wird. Aristoteles setzt es mit dem Glück gleich, freilich nicht mit dem Glück, das einem zustößt, mit Fortuna, sondern mit einem Glück, für das der Mensch selber die Verantwortung trägt, mit dem Glück im Sinne eines gelungenen, geglückten Lebens (eu zên). Weil Aristoteles das Gute (agathon) in Begriffen

von Zielen, griechisch: telê, denkt, heißt seine Ethik teleologisch: zielorientiert. Und sie heißt eudämonistisch, glücksorientiert, weil sie das höchste Gut als Glück, griechisch: eudaimonia, anspricht.« (Höffe 2019b, 3, Herv. im Orig.)

Berücksichtigen muss man dabei, dass man mit heutigem Verständnis den Begriff eudämonistisch engführen kann auf individuelle Ziele. Das ist aber mit Blick auf Aristoteles nur sehr bedingt richtig. Zwar resultiert aus der Verwirklichung des tugendhaften Lebens das Glücksempfinden des jeweiligen Menschen, letztlich geht es aber nicht um subjektive Glücksvorstellungen, sondern um die Einsicht in ein allgemein gültiges, gutes Leben, dessen objektive Qualität auch von der intellektuellen Kapazität des Einzelnen abhängt.

1.2.2 Glück durch reflektierten Umgang mit Lust und Schmerz – Epikur

Freud und Leid, in altem Sprachgebrauch Lust und Unlust sind elementare Lebensäußerungen, deren Bedeutung auch Aristoteles hervorhebt: So schreibt er zu Beginn seiner Erörterungen über die Lust:

> »Sie scheint nämlich ganz besonders eng mit unserer Natur verbunden zu sein. Deswegen erzieht man auch die Jugend, indem man sie mit Hilfe von Lust und Schmerz steuert. Auch ist es bekanntlich für die Charaktertugend entscheidend, dass man sich über das freut, worüber man soll, und hasst, was man soll. Denn diese Einstellungen beziehen sich auf alles im Leben und haben einen starken Einfluss die Tugend und das glückliche Leben betreffend. Lustvolles pflegt man nämlich zu wählen, Schmerzhaftes zu meiden.« (NE, 1172a 20–25)

Während bei Aristoteles aber Lust und Unlust nicht im Zentrum seiner Glückslehre stehen, ist dies bei anderen Philosophen der Fall. Ausgang solcher Überlegungen ist die Überzeugung, dass Glück v. a. eine Frage der sinnlichen Empfindung ist. Philosophiegeschichtlich[5] gehen diese Positionen zurück auf Aristipp von Kyrene (435–360 v. Chr.) und Eudoxos von Knidos (398–345 v. Chr.), den Aristoteles in diesem Zusammenhang als Urheber nennt (NE, 1172b 5–25), und werden heute unter den Begriff des Hedonismus gefasst. Epikur (341–270 v. Chr.) knüpft an ihre Gedanken an, indem er die sinnliche Lust zum höchsten Gut und dieses Glück als jederzeit erreichbar erklärt. Er bettet dieses Luststreben jedoch in ein sehr rationales Konzept der Lebensführung mit Elementen stoischen Denkens ein, weswegen er mehrdimensional zu betrachten ist, was im Folgenden erläutert werden soll.

Zunächst zu seinem Ausgangspunkt, der sinnlichen Lust, den er mit Aristipp teilt und den Cicero Epikurs Dialogpartner Torquato in den Mund legt:

> »Jedes Lebewesen, sobald es geboren ist, strebe nach Lust und freue sich an ihr als dem höchsten Gut, den Schmerz aber wehre es ab als das größte Übel und halte ihn, so sehr es

---

5 Eine Übersicht über die Entstehung des Hedonismus mit sorgfältiger Diskussion von Autoren, Themen, Interpretationen und Quellen findet sich bei Lampe (2015). Zum antiken Ursprung auch Lieberg (1980).

könne, von sich fern, und dies tue es in seinem noch unverdorbenen Zustand, so dass die Natur selbst unverfälscht und unversehrt urteile.« (Hossenfelder 2013, 191/Cicero fin. 1,29)[6]

Mit diesem Faktum des Luststrebens ist aber noch nicht gesagt, wie genau diese Lust beschaffen ist, immerhin gibt es stillen Genuss und ekstatische Momente. Epikur knüpft in seiner Beschreibung der Lust an seine Vorgänger an, unterscheidet sich aber gleichzeitig von ihnen (vgl. insgesamt Hossenfelder 2006). Zunächst zur Beschreibung: Aristipp beschreibt Lust als »glatte«, den Schmerz (die Unlust) als »rauhe« Gemütsbewegung (Hossenfelder 2013, 50/DL 2, 86). Anders als Eudoxos kennt er dazwischen aber noch einen mittleren Zustand, die Ataraxia, als eine »Vergnügen- und Schmerzlosigkeit« (DL 2, 90), die für Eudoxos aber nicht erstrebenswert sei. Hier knüpft Epikur an: Nicht die sanfte Bewegung sei die höchste Lust, da der Mensch in ihr immer noch etwas anstrebe und so innerlich nicht zur Ruhe komme. Im ›mittleren‹ Zustand sei das aber der Fall, weswegen der als Abwesenheit von Begehren und Schmerzvermeidung für Epikur zum höchsten Gut wird, da hier die Bewegungen des Strebens bzw. Vermeidens zur Ruhe kommen (vgl. DL 2, 87; 2, 89; 10, 136):

»Epikur bevorzugt die ›katastematische‹, die gleichförmig-ruhige, gegenüber der kinetischen, der veränderlichen Lust« (Horn 2010, 96).

Diese Position wird auch als ›negativer Hedonismus‹ gekennzeichnet (Hossenfelder 2006, 73) – hedonistisch deshalb, weil sie den Vorrang subjektiv sinnlicher Empfindungen behauptet, negativ, weil es nicht um ein permanentes Streben nach Genuss geht, sondern um eine Freiheit vom Streben jedweder Art. Hier finden sich deutliche Bezüge zur stoischen Philosophie und deren Formulierung der Apathie als höchstem Gut (vgl. Hossenfelder 2013, XXIX; Werle 2000, 586; ähnlich Höffe 2018, 72, der das stoische Ideal der Unerschütterlichkeit mit Epikurs Philosophie verwandt sieht).

Epikurs Frage lautet nach dieser Grundsatzklärung nun, wie dieser Zustand zu erreichen sei. Hier setzt er sich mit den Gründen für Lust bzw. Unlust auseinander und versucht darzulegen, dass Glück erreichbar sei: Als sinnliches Erleben, gleichwohl vernunftbegleitet, und in einem klugen Sich-Verhalten gegenüber Möglichkeiten und Grenzen menschlicher Erkenntnis und Existenz.

Zunächst zur Frage, welcher Art Unlust der Mensch ausgesetzt ist. Hier nennt er zunächst die Furcht (vgl. Hossenfelder 2006, 78–83), unterteilt in solche vor den Göttern und solche vor dem Tod.

Unlust 1: Furcht vor Göttern und Tod

Die *Furcht vor den Göttern* versucht er zu beheben, indem er den Aberglauben bekämpft: Die Götter interessierten sich für unsere Welt nicht, da sie, als Wesen einer anderen Welt, in unsere nicht hineinwirken wollten. Zudem entstehe Furcht vor den Göttern anhand natürlicher Erscheinungen und Ereignisse – die ließen sich aber

6 Wo möglich, werden die Übersetzungen von Hossenfelder (2013) verwendet unter Nennung auch der dortigen Quellenangaben; ansonsten wird direkt aus Diogenes Laertius (DL) zitiert.

naturwissenschaftlich bzw. mit dem Zufall oder unserer eigenen Handlungen erklären. Daher müsse man die Menschen darüber aufklären, dass ihre Gottesbilder falsch seien (Hossenfelder 2013, 181, 184/Brief an Menoikus, DL 10, 124; 133 f), und könne ihnen so die Furcht vor ihnen nehmen:

> »Durch die Erkenntnis der Natur aller Dinge werden wir vom Aberglauben erlöst, von der Todesfurcht befreit und nicht verwirrt von der Unkenntnis der Dinge, aus der gerade schreckliche Ängste entstehen.« (Hossenfelder 2013, 187/Torquatus bei Cicero fin. 1,63)

Wie genau verhält es sich nun mit der *Furcht vor dem Tode*, die gemäß obigem Zitat auch getilgt werden kann? Epikur unterteilt zur Beantwortung zunächst einmal in die Furcht vor einem schmerzhaften Ende; sodann vor einem immerwährenden Schrecken nach dem Tod; dann vor dem Tod als solchem; und schließlich die Angst vor dem Verlust von irdischen Glücksmöglichkeiten.

Die Furcht vor dem Tod als solchem versucht er zu beseitigen, indem er den Tod definiert als Empfindungslosigkeit: Schmerzen habe man, solange man empfinde. Da der Tod das Leben und damit die Empfindungen auslösche, sei kein Schmerz mehr zu fürchten:

> »Gewöhne dich ferner an den Gedanken, dass der Tod uns nichts angeht. Denn alles Gut und Übel ist in der Wahrnehmung, der Tod aber ist der Verlust der Wahrnehmung. Daher macht die richtige Erkenntnis, dass der Tod uns nichts angeht, das Sterbliche des Lebens genußvoll, indem sie nicht eine unendliche Zeit hinzufügt, sondern die Sehnsucht nach der Unsterblichkeit fortnimmt.« (Hossenfelder 2013, 181/Brief an Menoikus, DL 10, 124)

Somit kann auch die Angst vor immerwährenden Qualen entweder mit dem Verweis auf Empfindungslosigkeit oder Aberglauben behoben werden.

Bezüglich der Möglichkeit, man stelle kurz vor seinem Tod fest, dass man höchstes *Glück noch nicht erlangt habe* und daher so etwas wie Angst aufkomme, etwas verpasst zu haben, führt Epikur die Provokation eines jederzeit hier und jetzt möglichen Glückszustandes ins Feld: Die höchste Lust sei die Freiheit von Schmerzen und Bedürfnissen, die könne durch die Empfindungslosigkeit nach dem Tod nicht mehr gesteigert werden (vgl. Hossenfelder 2006, 82).

Das Thema der Furcht vor Schmerz, wie auch die Frage nach verpasstem bzw. jederzeit verfügbarem Glück, greift über zu Epikurs Lehre vom generellen Umgang mit Lust und Unlust. Der Tod als Empfindungslosigkeit bereitet keine Schmerzen. Wie aber verhält es sich mit den Schmerzen vor dem Tod bzw. zum Tode hin? Hier unterteilt Epikur grundsätzlich die Schmerzen in solche, die kurz sind und nicht heftig, solche, die heftig und zu lindern und solche, die heftig und tödlich, also begrenzt und daher zu ertragen sind.

Unlust 2: Schmerzen

Wieso Epikurs Hedonismus als ›negativer‹ bezeichnet wird, zeigt sich wohl am ehesten im Umgang mit Schmerz – nicht ein ausgefeilter Genuss, sondern die Abwesenheit von Schmerz ist ihm höchste Lust:

> »Der Maßstab der Größe des Vergnügens ist die Befreiung von allem Schmerz.« (vgl. DL 10, 139)

Wie aber befreit man sich vom Schmerz? Epikur versucht, den Schmerz zu unterteilen: In einen solchen, der durch nichts (oder nicht entscheidend) gemindert werden kann. Dieser sei aber kurz, da er rasch zum Tode führe. Ein längerer Schmerz, der ›das Vergnügen nach dem Fleisch übertrifft‹, dauere nicht viele Tage (unklar ist allerdings, was damit gemeint ist), und bei permanenten Schmerzen überwögen letztendlich doch noch mögliche fleischliche Vergnügen/Linderungen (vgl. DL 10, 140), so dass er bilanziert:

> »Die starken Schmerzen führen rasch zum Tode. Die chronischen aber haben keine Stärke.« (Hossenfelder 2013, 268/Plutarch mor. 36b)

Indem man dies bedenke, könne man Schmerz ertragen im Vertrauen auf sein Schwinden: Entweder durch Tod, oder durch eine natürliche Abnahme. Weiterhin könne Schmerz durch Erinnerung an vergangene schöne Dinge/Lüste gemindert werden, weswegen der Weise unangenehme Dinge vergesse angenehme in Erinnerung behalte:

> »Die Toren werden von der Erinnerung an die Übel gequält, die Weisen erheitern der vergangenen, in dankbarem Gedenken erneuerten Güter. Es liegt an uns, dass wir das Negative gleichsam mit ewigem Vergessen zuschütten und das Positive in angenehmer und lustvoller Erinnerung behalten.« (Hossenfelder 2013, 268/Torquatus bei Cicero fin 1,57)

Ungeklärt ist noch die Frage nach der Problematik des verpassten Guten angesichts des Todes sowie des Umgangs mit einer dritten Quelle der Unlust, den ungestillten Bedürfnissen. Beides hängt zusammen – nach Epikur kann man jederzeit glücklich sein, da Glück jederzeit erreichbar sei:

Unlust 3: Ungestillte Bedürfnisse – vom rechten Umgang mit der Lust

Glück als Ataraxie wird nicht nur durch Schmerz, sondern auch durch die Unruhe des Begehrens gestört. Folgerichtig muss man sich dem Begehren zuwenden und fragen, ob dies gestillt werden kann – wenn ja, wie, wenn nein, wie man damit umgeht, und vorgelagert: Ob das Begehren überhaupt notwendig ist, was die Frage nach den Maßstäben aufwirft. Epikur unterteilt dazu die Begierden in natürliche und unnatürliche sowie notwendige und nicht notwendige: Hunger und Durst seien natürliche notwendige Begierden, deren Erfüllung einen Mangel- bzw. Schmerzzustand behebt. Das hervorragende Essen stille zwar Hunger, seine Lust liege aber v. a. im Besonderen, nicht notwendigen Genuss. Die Begierde nach Sexualität sei zwar natürlich, aber für das Überleben nicht notwendig (DL 10,149; vgl. Aristoteles, NE 1118b 10–30; auch der ›klassische Hedonist‹ Aristipp betont die Notwendigkeit des freien Gebrauchs der Lüste, ► Kap. 1.1.4). Um also nicht in Abhängigkeit/permanente innere Unruhe zu gelangen, müsse man sich beim Gebrauch der Lüste von der Vernunft leiten lassen:

> »Niemand nämlich mißachtet oder haßt oder flieht die Lust selbst, weil sie Lust sei, sondern weil diejenigen, die nicht vernünftig nach Lust zu streben verstehen, von großen Schmerzen verfolgt werden.« (Hossenfelder 2013, 267/Torquatus bei Cicero fin. 1,32)

Komprimiert lautet das ›Erfolgsrezept‹: Lust ist das höchste Gut. Höchste Lust ist die Windstille der Seele, bereits durch Schmerzfreiheit gegeben. Sie kann jederzeit erreicht werden (DL 10,146): Schmerz kann um eines höheren Zieles willen oder im Wissen um seine kurze Dauer ausgehalten werden, oder er kann gelindert werden durch positive Gedanken oder körperliche Lust. Ist er nicht beherrschbar, führt er schnell zum Tod. Der Tod als Zustand ist schmerzfrei. Die Furcht vor Göttern ist durch Rationalität zu beheben. Die wirklich notwendigen Begierden können schnell gestillt werden (»Brot und Wasser verschaffen die höchste Lust, wenn einer sie aus Mangel zu sich nimmt.« Hossenfelder 213, 183/Brief an Menoikus DL 10, 131). Der Mensch muss sich nach Epikur keine Sorge machen, er könne angesichts des nahenden Todes etwas verpassen – denn mehr als Schmerzfreiheit ist nicht zu erreichen, weder in diesem noch in einem möglichen jenseitigen Leben (DL 10,145). Sein Postulat der (sinnlichen) Lust als höchstem Gut ist stark rationalistisch begleitet, weswegen er die Philosophie als ständigen Lebensbegleiter empfiehlt (Hossenfelder 2013, 180/Brief an Menoikus DL 10, 122). Inhaltlich zeigt er in der Skizzierung des Glücks als Bedürfnislosigkeit und der Reduktion der Bedürfnisse stoische Elemente, was antike Texte ihm auch zuschreiben. Epikur entwirft das Bild eines glücklichen Menschen als eines Weisen, der sein Glück jederzeit wahrnehmen kann aufgrund des Bedenkens seiner Erreichbarkeit und seines Charakters:

> »So nämlich wird der Weise von Epikur als stets glückselig eingeführt: Er hat begrenzte Begierden, er kümmert sich nicht um den Tod, über die unsterblichen Götter glaubt er ohne Furcht das Wahre, er zögert nicht wenn es besser sein sollte, aus dem Leben zu scheiden. Mit diesen Dingen wohlgerüstet, lebt er stets in Lust. Es gibt nämlich keinen Zeitpunkt, an dem er nicht mehr Lüste hätte als Schmerzen. Denn er erinnert sich gern an die Vergangenheit, und er verfügt über die Gegenwart so, dass er beachtet, wie wichtig sie ist und wie angenehm, und er ist nicht abhängig von der Zukunft, sondern erwartet sie und genießt die Gegenwart. (…) Wenn ihm aber irgendwelche Schmerzen widerfahren, besitzen sie nie eine solche Stärke, dass der Weise nicht mehr hätte, worüber er sich freute, als worüber er sich sorgte« (Hossenfelder 2013, 291/Torquatus bei Cicero fin. 1,62).

Das Glück des Privatlebens

Man muss diese wie antike Glückslehren im Kontext der Suche nach innerer und äußerer Sicherheit angesichts realer Gefährdungen verstehen (Ritter 1974, 688). Die Möglichkeit des Glücks durch Reduktion von Bedürfnissen bezieht sich auf das Innenleben und damit auf den Bereich, den wir direkt beeinflussen können. Letzteres gilt für die äußeren Umstände nur bedingt, im Privatleben noch besser als in der Öffentlichkeit. Deswegen pflegte Epikur aus kluger Selbstsorge die Freundschaft, deren Ursprung und Wert der Nutzen, ihr Bestand aber durch Sympathie (›gemeinsame Lust‹) gewährleistet sei (DL 10, 120/vgl. Hossenfelder 2013, 284f). Eine klassische Passage zur Freundschaft bei Epikur lautet:

> »›Von allem, was Weisheit zur Glückseligkeit des ganzen Lebens bereitstellt, ist weitaus das Größte die Erwerbung der Freundschaft.‹« (Hossenfelder 2013, 284/DL 10, 120)

So war Epikurs Garten ein Ort der Begegnung, des Austauschs und Unterrichts, seine Schule nach Horn (2010, 53, mit Verweis auf DL 10, 3; 10, 5; 10, 25) ein »Freundschaftsbund« und vermutlich die erste, die Schüler ohne Standes- und Geschlechtsunterschiede unterrichtete.

Aus dem Bedürfnis nach Sicherheit empfiehlt er auch einen guten Umgang mit Nachbarn (Hossenfelder 2013, 280 f/DL 10, 154) und das Meiden öffentlicher/politischer Betätigung. Plutarch gibt dahingehend eine Einschränkung – Epikur habe denjenigen zur Politik geraten, die ohnehin nach Ruhm und öffentlichen Ämtern streben. Für sich selbst jedoch gilt der Satz: »›Lebe im Verborgenen.‹« (Hossenfelder 2013, 281/Plutarch mor. 1125c). Ritter (1974, 690) resümiert:

> »So verdichtet sich mit Epikur noch einmal das Glück zum Stande des Menschen, der in der Distanz zur Welt die heitere Gelassenheit der Seligkeit zu behaupten sucht.«

Trotz dieser sehr vielfältigen Gedankengänge ist Epikur philosophiegeschichtlich lange Zeit zum Sinnbild eines rein lustorientierten, amoralischen Lebens geworden, zumal seine Aussagen hinsichtlich Gottesvorstellungen, Naturwissenschaften und Sittlichkeit etlichen Zeitgenossen, im Verlauf auch den Vertretern christlicher Lehre, nicht sonderlich kompatibel mit ihren Vorstellungen vom guten Leben schienen. Andere wiederum sehen ihn derart rational ausgerichtet, dass z. B. Meck (2003, 47) zu dem Schluss kommt, man könne ihn nicht uneingeschränkt als Hedonisten bezeichnen. Dem muss man mit Blick auf Epikurs Grundpositionen allerdings widersprechen: Er ist deswegen durch und durch Hedonist, weil sowohl seine Erkenntnistheorie (»(...) alle Vernunft hängt von den Sinnen ab.« DL 10, 32) als auch Ethik (»›Ursprung und Wurzel alles Guten ist die Lust des Bauches, auch das Weise und Überfliegende bezieht sich nur auf diese.‹« Hossenfelder 2013, 198/Athenaeus 546 f) bei dem Faktum unserer Körperlichkeit ansetzen. Wir streben nicht nach Glück, weil es das höchste Gut ist, sondern Lust ist das höchste Gut, weil wir es anstreben (vgl. O'Keefe 2010, 112–115). Das macht den fundamentalen Unterschied zu Aristoteles aus und hat in der Philosophiegeschichte zu der genannten Fehldeutung geführt, wonach Epikur den Menschen zu einem Tier/Schwein reduziere. So sprach man mal abwertend vom ›schweinischen Epikureismus‹, mal augenzwinkernd von sich selbst als »Schweinchen aus der Herde Epikurs« (Horaz, Briefe I 4. 5). De facto empfiehlt Epikur eine hedonistische Lebenshaltung, die eine rationale Lebensführung und Weltaneignung einschließt und den Menschen da, wo es geht, die Lust genießen lässt. Woolfe (2009, 60) hat dafür ein sehr schönes Beispiel: Angenommen, jemand hätte für einen Flug economy class gebucht, spontan sei aber ein Upgrade auf business class ›for free‹ möglich – der Epikureer würde diesen Luxus ohne weiteres ›mitnehmen‹, ohne deshalb zukünftige Erwartungen zu hegen. Das lässt sich mit Epikur selbst belegen:

> »Wenn nämlich die Umstände uns freilassen, die Möglichkeit des Wählens uns offen steht und nichts daran uns hindert, das zu tun, was uns am meisten gefällt, dann werden wir jede Lust annehmen und jeden Schmerz zurückweisen.« (Gigon 1949, 85/Cicero Fin. I, 29–72)

1.2.3 Das Glück innerer Freiheit trotz widriger äußerer Umstände – Stoa

Ein weiterer, in der Antike zeitweise weit verbreiteter Ansatz zur Herstellung eines guten inneren Geistes ist der der Stoa, meistens nach führenden Vertretern noch zeitlich unterteilt in ältere, mittlere und jüngere (vgl. Hossenfelder 1985, 44–99;

Horn 2010, 85–93; Forschner 1992; Böhling 1992). Inwieweit eine solche Unterteilung sinnvoll ist, wird bisweilen diskutiert. Mit Hossenfelder (1985, 94) muss allerdings ein für die Glücksthematik bedeutsamer Unterschied genannt werden: Die neuere Stoa (von der allerdings auch mehr Schriften erhalten seien) zeichne sich durch den Versuch aus, die Phänomene von Lust/Unlust undramatischer in das Gesamtkonzept der apathischen Seelenruhe zu integrieren. Demgegnüber postulierten frühere Positionen eine rigidere (letztlich erfolglose) Distanz von allen Affekten. Letzteres dient alltagssprachlich zur Kennzeichnung dieser philosophischen Position:

Unter einem stoischen Menschen versteht man gemeinhin jemanden, der wenig Gefühlsregung zeigt, insbesondere angesichts äußerer Widrigkeiten ruhig und unberührt bleibt wie ein Fels in der Brandung. Diese Gelassenheit ist für die Stoa tatsächlich das erstrebenswerte Ziel. Der Grund liegt in der auch zur Glücksreflexion gehörenden Bedeutung äußerer Umstände – bei Aristoteles führt sie zur Hervorhebung einer gerechten Politik als strukturelle Förderung des Wohlbefindens. Bei Epikur dagegen führt sie zur Empfehlung der Distanz zum öffentlichen Leben bzw. zur Politik zum Schutz der eigenen Verletzbarkeit. Einen ähnlichen Weg gehen auch die Stoiker, die v. a. auf Zenon von Kition (333–264 v. Chr.) zurückgehen und in den ersten zwei nachchristlichen Jahrhunderten in Rom noch einmal eine Blütezeit hatte mit Seneca, Epiktet und Marc Aurel. Angesichts unsicherer äußerer Umstände und fehlender Einflussmöglichkeiten des Individuums kann man die Stoa lesen als Versuch, durch einen Rückzug ins Innere den eigenen inneren Geist möglichst wenig von außen affektieren zu lassen. Dies gelingt, indem man seine Bedürfnisse reduziert und das hinnimmt, was nicht zu ändern ist. Der Weg dorthin führt für die Stoiker über die Beobachtung der Natur. Für die Stoa, so gibt Diogenes Laertius (DL 2, 7,53) ihren Gründer Zenon wieder, ist derjenige glücklich, der gemäß der Natur lebe, und das wiederum bedeute tugendhaft zu leben, denn die Betrachtung der Natur führe zu ihr:

> »Daher ergibt sich als höchstes Gut ›entsprechend der Natur leben‹, was bedeutet, ›gemäß der eigenen Natur und der des Ganzen‹, ohne etwas zu tun, was das allgemeine Gesetz zu verbieten pflegt, das die aufrechte Vernunft ist, die durch alle Dinge hindurchgeht und identisch ist mit Zeus, dem Leiter der Verwaltung alles Seienden. Eben darin aber bestehe die Tugend des Glückseligen und der Wohlfluß des Lebens, wenn alles getan werde im Einklang des jedem einzelnen beiwohnenden Dämons mit dem Willen des Verwalters des Ganzen.« (Hossenfelder 2013, 81 f/DL 7,87)

Alltagssprachlich formuliert: Durch das Studium der Natur erkennt man eine innere Logik/Struktur, der man selbst als Lebewesen unterliegt und in die man sich einfügt bzw. die man befolgt. Zu bedenken dabei ist auch hier, dass Tugend nicht automatisch und ausschließlich Sittlichkeit meint, sondern eine Vervollkommnung von Anlagen, was kurz später erläutert wird an Beispielen von Kunst, Gesundheit und Klugheit (DL 7, 90). Aus dieser Naturbetrachtung gewinnt die Stoa schon eine erste und für das Glück im Sinne einer Selbstbeschränkung zentrale Erkenntnis: Der Mensch wie die Tiere strebe nicht nach Lust, sondern nach Selbsterhalt. Dieser sei unreflektierte, im Lebewesen treibende Kraft, die es wie selbstverständlich Schaden meiden und Förderliches suchen lasse (DL 7, 85). Eine weitere Erkenntnis ist die Einsicht, dass Schmerz und Tod zum Leben gehörten, also ergebe es keinen Sinn, dagegen anzukämpfen bzw. darunter zu leiden. Der Tod treffe jeden Menschen sicher, ebenso wie schmerzhafte Situationen ohne Gestaltungsspielraum. Ein Kampf gegen beides sei aussichtslos und führe zu dauerhafter Unruhe. Daher lautet die Empfehlung, sich lediglich mit dem zu beschäftigen, was man ändern könne, und alles andere auszublenden, exemplarisch als Überschrift in Epiktets ›Handbuch der Moral‹ formuliert: »Was in unserer Macht steht und was nicht« (Epiktet 1987, 17).

Eine weitere Beschränkung liegt in der Hinwendung nur zu solchen Gütern, die notwendig erscheinen. Diese Güter gewinne man durch das Studium der Natur und der ihr innewohnenden logischen Ordnung. Man erkenne dann die Nicht-Notwendigkeit der meisten angestrebten Güter, die den Menschen dann nicht mehr beunruhigen müssten, weder als Angestrebtes noch als Verwehrtes. Wie radikal das gedacht ist, zeigt der Gedanke, dass unser Leben als solches als nicht in unserer Macht stehend betrachtet wird: Da nur passiv empfangen/geschenkt, ›auf Widerruf‹, wie Seneca formuliert, brauche der Weise den Verlust ebenso wenig zu fürchten wie den anderer Körperteile oder von Besitz oder Ehre (Seneca 2009, 76 f/De trancuilitate animi 12). Zur Erkenntnis allgemeiner Gesetzmäßigkeiten gehört auch die Tatsache, dass jedes Lebewesen sein Leben nach den ihm gemäßen Tugenden ausrichtet – was für jeden Menschen bedeutet, seine eigenen Tugenden zu erkennen und ihnen zu folgen.

Für heutige Ohren klingt das so erreichte Glück vermutlich ein wenig (zu) freudlos. Das liegt daran, dass der erwünschte Seelenzustand analog zu Epikurs Bedürfnislosigkeit nicht im Erreichen/Genießen, sondern der Befreiung von irrationalem Streben, in der Sprache der Stoiker ›Affekten‹ besteht (vgl. dazu die Passagen bei Hossenfelder 2013, 85–87). Daher ist als höchstes Gut die Befreiung von dem durch Affekte verursachten Leid (weil nicht notwendige Begierden vorstellend oder sich gegen Unabänderliches auflehnend) als Leidensfreiheit, ›Apathie‹, beschrieben. Als Affekte im stoischen Sinne nennt Laktanz »Begierde, Freude, Furcht und Trauer.« (Hossenfelder 2013, 85/Laktanz div. inst. 6,14). In dieser durch Affektfreiheit erreichten inneren Ruhe beschreibt Seneca den stoisch Weisen:

> »Was hindert uns etwa zu sagen, ein glückliches Leben bestehe im Besitz eines Geistes, der frei ist und aufrecht, unerschrocken und fest, erhaben über Furcht und Begierde, der nur *ein* Gut kennt, ehrenhaft zu handeln, und nur *ein* Übel, schändlich zu handeln, dem alles andere ein wertloser Kram ist, nicht imstande, das glückliche Leben zu schmälern oder es zu fördern, etwas, das ohne Gewinn oder Schaden für das höchste Gut kommt und wieder geht. Wer auf solchem festen Grund steht, den wird unweigerlich beständige Heiterkeit begleiten und eine tiefinnere Freude, da er das Seine genießt und nichts Größeres wünscht, als was er in sich hat. Wiegt so etwas nicht die kümmerlichen, nichtswürdigen, vergänglichen Triebe des armen Körperchens reichlich auf? Jeder Tag im Bann der Sinnenlust bedeutet auch einen Tag im Bann des Schmerzes.« (Seneca 2009, 96/De vita beata 4)

Entsprechend distanziert zu sinnliche Freuden wird denn auch Zenon bei Diogenes Laertius geschildert als ›finster und bitter‹, mit faltiger Stirn und sehr sparsam (DL 7, 16), auch als »ausharrend und höchst sparsam«, ungekochte Speisen essend und mit abgetragener Kleidung (26), auch habe er Gastmähler gemieden (1). Andererseits muss stoisches Glück nicht ohne Freuden auskommen. Seneca schildert seinen Weisen durchaus heiter, und auch seine Relativierung der sinnlichen Freuden ist keine Nivellierung, was möglicherweise auch der von Hossenfelder bemerkten unkomplizierteren Einordnung der Lüste in das Gesamtkonzept geschuldet ist. Im Sinne stoischer Apathie kommt es darauf an, sich nicht durch Streben nach nicht Notwendigem beunruhigen zu lassen. Das schließt aber, wie bei Epikur, den souveränen Gebrauch von Gütern oder allgemein ein Streben nicht aus. So kontert Seneca den mit Blick auf seine Ämter und seinen Reichtum geäußerten Vorwurf, er selbst lebe seine Lehre nicht, mit dem Argument, verschmitzt elegant: Es komme nicht auf absoluten Verzicht, sondern die innere Unabhängigkeit von Gütern an:

> »Mir entgeht mit dem Reichtum, wenn ich ihn verliere, nichts als er selbst; du aber wirst betäubt sein und glauben, dich selbst verloren zu haben, wenn du ihn verlierst. Bei mir gilt der Reichtum nicht mehr als vieles andere, bei dir hat er den ersten Platz; schließlich und endlich: Ich besitze ihn, du wirst von ihm besessen.« (Seneca 2009, 119 f/De vita beata, 22)

Um diesen Status zu erreichen, empfiehlt Seneca selbstreflexive Praktiken und Übungen: Die Erkundung individueller Begabungen, die Einschätzungen von Realisierungsmöglichkeiten, die Konzentration auf für einen selbst wichtige Menschen und insbesondere die Pflege der Freundschaft. Klassisch stoisch ist eine distanzierte Haltung zum Besitz durch Konzentration auf Primärbedürfnisse, das Erlernen des Ertragens von Übel inklusive der Gewöhnung an den Tod und alltägliche Widrigkeiten, die Entwicklung individueller Ziele unabhängig von äußeren Einflüssen. Angesichts der begrenzten Lebenszeit und mit Blick auf das Nützliche als Tugend solle man sich auf Wesentliches konzentrieren und mit Selbstvertrauen bzw. sogar ›Freude an sich‹ das eigene Leben führen. Ohnehin wird dem Humor als Fähigkeit zum Umgang mit Unverfügbaren eine wichtige und stabilisierende Reaktion zugeschrieben[7]. Seneca warnt vor Anpassung an Andere und damit einhergehender Selbstverleugnung, befürwortet ein ausgewogenes Verhältnis von Einsamkeit und Geselligkeit, befürwortet Erholung und dabei ausdrücklich das Spiel (»Die Menschen würden nicht so begierig danach streben, wenn Spiel und Scherz nicht eine Art von natürlicher Erholung böten;« Seneca 2009, 86/De tranquilitate animi 17), aber auch im Kontext der Hervorhebung der positiven Bedeutung der Muße Spaziergänge, einen ›tieferen Blick ins Glas‹ bis hin zum gelegentlichen Rausch, die zu einer auch nüchtern zu schätzenden ›Tollheit‹ führen könne als Distanz zur Welt, durch die erst wirklich Großes erreicht werden könne. Diese sehr lebensnahen Vorschläge, die nahtlos durch Epiktets ebenfalls sehr lebensnahe Darlegungen in ›Teles und Musonius‹ oder Marc Aurels ›Selbstbetrachtungen‹ ergänzt werden könnten, relativieren das Bild einer lebens- und leibfeindlichen, in ihrem Ziel der Affektlosigkeit nahezu un- oder übermenschlichen Lebenshaltung.

›Stoisch‹ kennzeichnet daher weniger (oder zumindest nicht nur) eine knorrige, asketische, möglicherweise auch heroisch den Affekten trotzende Haltung, auch wenn sich im Deutschen unter diesem Adjektiv Assoziationen etabliert hinsichtlich ›Tugendhaftigkeit, Unempfindlichkeit und Gleichmut‹, dies aber »stereotyp und ohne jeden Bezug auf philosophische Lehrmeinungen« (Böhling 1992, 185). Vielmehr geht es um den Versuch, angesichts einer unsicheren Polis mithilfe der Vernunft inneren Halt für den Einzelnen zu finden. Horn (2011, 127) kennzeichnet

7 »Wer lacht, macht sich eher um die Menschheit verdient als wer klagt; er hat doch noch einen Rest von Optimismus, der andere beweint törichterweise das, an dessen Verbesserung er verzweifelt.« (Seneca 2009, 14/De tranquilitate animi, 15)

denn auch als zentrale Momente stoischer Philosophie das ›isolierte Individuum‹ als Adressaten ihrer Ethik sowie einen ›moralischen Universalismus‹, damit ›politischen Kosmopolitismus‹, was wiederum erklärbar wird, wenn angenommen wird, dass ein rationales Weltprinzip alles durchwalte und eben auch universal umgesetzt werden müsse (ebenso Forschner 1992, 183 f). An anderer Stelle verweist Horn (2010, 91) darauf, dass das Bild des klassischen Weisen in der Stoa eher einem Menschen in ›emotionaler Mittellage‹ entspreche und damit nahe an der aristotelischen Mesotes-Argumentation sei. Der Weise sei zwar frei von den o. g. ›Krankheiten‹ zentraler Affekte, aber deswegen nicht emotionsfrei – er strebe weiterhin nach einem vernünftigen Leben, sei achtsam und freue sich an einem tugendhaften Leben. Diese innere Befindlichkeit erreichen zu können trotz widrigster äußerer Umstände, scheint die Leistung nicht nur stoischer, sondern auch epikureischer Philosophie zu sein:

> »In this respect, the teachings of Zeno and Epicurs are a fitting response to the heightened anonymity, uncertainty, and complexity of the sprawling empires that succeeded the polis in the Hellenistic age.« (McMahon 2006, 58)

Gleichzeitig seien diese Philosophien auch als Reaktionen auf zu große und daher nicht einhaltbare Glücksversprechen zu verstehen. Dagegen entwickelte sich die hellenistische Glücksethik »(…) als Konzeption angemessener innerer Glückshaltungen (…)« und habe in der »(…) Herausbildung von Strategien des persönlichen Krisenmanagements und der Frustrationsresistenz (…)« (Horn 2011, 131) bleibende Bedeutung.

Was dabei häufig übersehen wird – sowohl Epikurs Philosophie als auch die der Stoa richten sich in ihrer Ausrichtung an jedes Individuum: Während bei Aristoteles das höchste Gut der theoretischen Schau dem besten Theoretiker, mithin dem Philosophen vorenthalten bleibt (ähnlich der Idee der Philosophen als Staatslenker bei Platon), findet sich im Hellenismus bzgl. des Glücks ein demokratischer Grundton, obwohl immer noch normative Vorstellungen vom Glück vorherrschen, die noch nicht mit unserem heutigen subjektivistischen Glücksverständnis identisch sind:

> »From the beginning, Epicureans and Stoics offered their medicine to any who would take it. Whereas Plato and Aristotle restricted happiness to the privileged few, Epicurus and Zeno proposed to make gods of many, the former accepting women and slaves into this garden, and the latter preaching the natural kinship of humankind. As either matter in motion or emanation of *logos*, all were potential candidates for the salvation of happiness, and many presented themselves as aspirants.« (McMahon 2006, 58 f, Herv. im Orig.)

1.2.4 Das nicht intendierbare Glück – pyrrhonische Skepsis

Mit der pyrrhonischen Skepsis, die auf Pyrrhon von Ellis (ca. 365–275 v. Chr.) zurückgeht und deren Gedanken v. a. durch Sextus Empiricus (zweites vorchristliches Jahrhundert) verbreitet wurden, soll noch eine weitere ›Glücksposition‹ genannt werden, die sehr viel zurückhaltender argumentiert. Sie ist deswegen bedeutsam, weil man als Quintessenz aus ihr an die Zufälligkeit und die Unmöglichkeit des direkten Anstrebens des Glücks erinnert wird. Gegen die Stoa bezweifelt die pyrrhonische Skepsis[8], dass man mit Schmerz- und Lustempfindungen derart rational umgehen könne, dass sie einen affektiv nicht mehr berührten. Gegen Epikur bezweifeln sie die Möglichkeit, durch Bedürfnisreduktion und Schmerzrelativierung jederzeit glücklich sein zu können. Gegen beide erkennt man also die relative Abhängigkeit von äußeren Einflüssen an. Dazu vertreten sie eine grundsätzliche erkenntnistheoretische Skepsis, die auch das Glück betrifft: Letzte Wahrheiten (in ihren Worten: Dogmen) müssten auf Kriterien beruhen, die von allen anerkannt würden. Da das aber nicht der Fall sei, sondern sich zu jeder Position eine Gegenposition finde, könne die Frage, ob es letzte Wahrheiten gebe, nicht entschieden werden. Man müsse sich daher zurückhalten (vgl. Sextus Empiricus, Grundriss der pyrrhonischen Skepsis, II, 13–21) und seinen eigenen Standpunkt unter den Vorbehalt der Vorläufigkeit stellen. Darin sind sie radikaler als die sog. ›akademische Skepsis‹ (Horn 2010, 101), wie folgendes Zitat belegt:

> »Wenn jemand eine Sache sucht, dann ist der zu erwartende Erfolg entweder ihre Entdeckung oder die Verneinung ihrer Entdeckung und das Eingeständnis der Unerkennbarkeit oder die Fortdauer der Suche. Das ist vielleicht auch der Grund, weshalb hinsichtlich der philosophischen Forschungsgegenstände die einen behauptet haben, sie hätten das Wahre gefunden, während die anderen erklärten, es lasse sich nicht erkennen, und die dritten noch suchen. Und zwar gefunden zu haben glauben die Dogmatiker im engeren Sinne, z. B. Aristoteles, Epikur, die Stoiker und einige andere. Für unerkennbar erklärten die Dinge Kleitomachos, Karneades und andere Akademiker. Die Skeptiker aber suchen noch.« (Sextus Empiricus, Grundriss I, 1–3)

Die Konsequenz eines solchen erkenntnistheoretischen Skeptizismus ist, dass man sich Zurückhaltung in metatheoretischen (für die pyrrhonische Skepsis die unsichtbaren Dinge) Fragen auferlegt (zu denen auch eine inhaltliche Kennzeichnung des abstrakten Begriffs Glück gehört) und die eigene Position unter den Vorbehalt der zeitlichen und subjektiven Falsifizierbarkeit stellt, exemplarisch formuliert bei Sextus Empiricus: »Vorher möchte ich bemerken, daß ich von keinem der Dinge, die ich sagen werde, mit Sicherheit behaupte, daß es sich in jedem Fall so verhalte, wie ich sage, sondern daß ich über jedes einzelne nur nach dem, was mir jetzt erscheint, berichte.« (Sextus Empiricus, Grundriss, I,5).

Da es für alle Argumente ein gleichwertiges Gegenargument (I, 8) und aufgrund unterschiedlicher Lebewesen unterschiedliche Vorstellungen von denselben Dingen gebe (I, 36), komme nach Empiricus der pyrrhonische Skeptiker zur Haltung der Relativität, die ihm bzgl. der Aussage über das, wie ein Gegenstand seiner Natur nach sei, Zurückhaltung auferlege und das ›Dogmatisieren‹ verbiete (I 13f; I, 197). Bezüglich eigener Urteile verlässt sich der so skizzierte Skeptiker auf die Tradition und das eigene Erleben (I, 19–23), weswegen er in allen Dingen ein ›*Ich* habe verstanden‹, ›für *mich*‹ oder ›wie *mir* erscheint‹ (I 198 ff, Herv. C. B.) betont, ebenso wie die Zeitlichkeit dieser Aussagen (I, 4).

Systematisch aufgelistet finden sich ihre metatheoretischen Gründe in den sog. ›Tropen der Zurückhaltung‹, als da sind: Das allgemeine Prinzip der Relativität der Erkenntnis; daraus folgernd das der Relativität des Urteilenden, des Beurteilten und

8 Vgl. zur pyrrhonischen Skepsis Hossenfelder (1985, 147–182; 2013, 292–303) und Horn (2010, 100–103; 2011, 130–132).

dessen, was beides enthält. Darunter folgen zehn Tropen bzgl. der Relativität. Diese ergibt sich aus der Unterschiedlichkeit der Lebewesen, Verschiedenheit der Menschen, Verschiedenheit der Beschaffenheit der Sinnesorgane, Relativität der Umstände, des Raumes (Stellungen, Entfernungen, Orte), der Quantität und Zurichtung der Gegenstände, der Relativität der Relativität, der Häufigkeit des Auftretens, und schließlich der Tradition, bestehend aus Lebensformen, Sitten, Gesetze, Glauben und dogmatischen Annahmen (vgl. I, 36–39).

Dagegen finden das sinnlich Erfahrbare (»Erscheinungen« in den Worten des Sextus Empiricus, vgl. I, 19) und die anerkannte Tradition/Gewohnheiten erkenntnistheoretische Anerkennung – letztere, weil wir durch ›Gewöhnung‹ an sie überhaupt erst die Welt wahrnehmen, ersteres, weil es sich einem sinnlich aufdrängt. Um die Unterscheidung zwischen Erfahrung und Dogmatik im Sinne der Skepsis zu veranschaulichen: Man räumt die Empfindung eines süßen Geschmacks des Honigs für sich selbst ein, verweigert sich aber abstrakten Äußerungen über die Süße (I, 20). Analog dazu äußern sie sich nicht inhaltlich zum Glück, erkennen aber Lust und Schmerz als Empfindungen an, mit denen man umgehen muss.

Trotzdem ist ihre Philosophie im weiteren Sinne eudämonistisch (Horn 2010, 100), denn auch sie gehen vom Streben nach Glück als Ursprung aller Philosophie aus. Gekennzeichnet wird es wie bei Epikur als Ataraxie/Seelenruhe (Sextus Empiricus I, 12; I, 25). Die Verbindung ihrer erkenntnistheoretischen mit der Glücksposition, quasi der ›Clou‹, liegt nun in der Ansicht, dass diese Seelenruhe dann eintritt, wenn der Mensch weder intellektuell noch sinnlich irritiert wird. Letzteres wird wie bei anderen auch erreicht durch Reduktion von Bedürfnissen, aber auch in der Hinnahme leidlicher Schmerzen. Ersteres wird erreicht, indem man aufhört, über unlösbare (= ›dogmatische‹) Fragen zu grübeln, zu denen auch das Glück gehört. Sextus Empiricus nennt dafür einmal das Beispiel philosophierender Skeptiker, die intensiv über erkenntnistheoretische Grundsätze nachdenken und bei denen sich im Moment des Innehaltens unerwartet das Glück als eine innere geistige Ruhe einstellt; zum anderen das des Malers Appelles, dem es nicht gelingt, Schaum vor das Maul eines Pferdes zu malen. Wütend wirft er einen Reinigungsschwamm aufs Bild, dessen Abdruck dann genau diesen Schaum darstellt (I, 25–28). Wer sich also in Glückssachen ebenso bescheidet wie in anderen metatheoretischen Fragen, wer kein Gut als objektiv und damit unbedingt anzustreben erachtet (Sextus Empiricus, Gegen die Wissenschaftler, XI, 118), der erreiche die erwünschte innere Ruhe und könne ›maßvolles Leiden‹ ertragen (Sextus Empiricus, Grundriss, I, 30). Als Quintessenz könnte man sagen: Man sollte weniger über das Glück nachdenken, als es sich ereignen lassen. Angesichts historisch früherer intensiver Glücksreflexionen ist erstaunlich, dass es die pyrrhonischen Skeptiker waren,

> »(…) die annahmen, daß man das Glück immer verfehlen werde, wenn man es direkt anstrebe.« (Hossenfelder 2013, 294)

Konsequent geht die pyrrhonische Skepsis davon aus, dass man Glück nicht lehren könne (vgl. die Argumentation bei Sextus Empiricus, Grundriss, III, 239–279). Eine Lebenstechnik werde lediglich ›erkannt‹ in philosophischen Büchern.

Obschon philosophisch eher eine Randposition, sollte man diese Erkenntnisse nicht unterschätzen – Glück ist immer auch durch das Moment der zeitlichen und inhaltlichen Überraschung gekennzeichnet. Deswegen ist der skeptische Einwand bzgl. des Lernens nur allzu berechtigt, verstärkt durch dessen prinzipielle Unsichtbarkeit und immer auch gegebene Unplanbarkeit. Nimmt man trotzdem die Hoffnung der Skeptiker auf Glück ernst, dann kann man mit ihnen aufhören, danach zu suchen – und heimlich hoffen, dass es sich, wenn überhaupt, dann so einstelle.

1.2.5 Zwischenfazit

An dieser Stelle ist es angebracht, kurz innezuhalten und ein Zwischenfazit zu ziehen: Glücklich scheint also ein Mensch werden zu können, wenn es ihm gelingt, einige zentrale Aspekte des Lebens in seinem Sinne zu gestalten. Mit Aristoteles kann man z. B. sagen, dass es sehr glücksfördernd ist, eigene individuelle Fähigkeiten zu kennen und sie zu verbessern; ebenso, dass es hilfreich ist zu lernen, zwischen Extremen die ›goldene Mitte‹ zu finden, um sich oder anderen nicht zu schaden. Überhaupt sind die Anderen mitgedacht, indem Aristoteles großen Wert darauf legt, nicht vom glücklichen, sondern guten Leben zu sprechen, was primär die Aufforderung zu Moralität im Denken und Handeln impliziert. Einbezogen sind damit aber auch äußere Faktoren, die das Glück beeinflussen können – so sichern z. B. Frieden und Einkommen jene Muße, die der Mensch benötigt, um sich in geistige Betrachtung zu versenken und so Glück zu erfahren. Die Vernunftbegabung garantiert Aristoteles das Erkennen des Guten auch in der jeweiligen Praxis, wobei die Qualität des Intellekts auch über die Qualität des jeweiligen geführten Lebens entscheidet. Wesentlich egalitärer sprechen die anderen Vertreter vom Glück, indem sie es stärker in das individuelle Erleben verlagern. Fundamental unterschiedlich zu Aristoteles ist Epikur mit seinem Ansatz der Lust als Motiv all unserer Handlungen. Er entwickelt ein Konzept der Lustmöglichkeit durch Reduktion derselben als heiter-ruhige Bedürfnislosigkeit. Während Aristoteles Überlegungen zum Glück zu politischen Themen führen, zieht Epikur hier eine Grenze und beschränkt sich auf das Individuum. Die von ihm in Glückssachen hervorgehobene Freundschaft soll das Individuum schützen und ist deswegen um des Nutzens Willen da, während Aristoteles ihre Qualität in der Güte gegenseitiger Zuneigung und beiderseitiger Moralität sieht. Epikurs Glücksbegriff ist inhaltlich sehr nahe (wenn nicht gleich) stoischer Apathie, wobei Letztere sich zur Schmerz- und Lustthematik noch rigider zeigen als Epikur: Durch Studium der Natur komme man zu einer tugendhaften Lebensführung, deren einziges Ziel der Erhalt des Lebens selbst und ein Leben gemäß der Natur sei. Daher versuchen sie, sich von Schmerzen und Tod rational unabhängig zu machen. Das tut auch Epikur, allerdings ist das Ertragen unabwendbaren Leids in der Stoa wesentlich stärker berücksichtigt, wohingegen man bei Epikur eher von einem souveränen Umgang sprechen könnte. Bei aller Apathie ist mindestens die spätere Stoa aber nicht neutral gegenüber den Lüsten, behauptet allerdings, durchaus epikureisch, die Notwendigkeit der Souveränität ihnen gegenüber. Die pyrrhonische Skepsis schließlich verweigert sich letzten theoretischen Aussagen über das Glück und empfiehlt die Beendigung des Nachdenkens bzw. Anstrebens von Gütern, da man ohnehin nicht wissen könne, was ein objektives Gut sei. Erst in dieser Abstinenz vom Streben stelle sich Seelenruhe ein, die wiederum alle anstrebten. Daher könne bzw. solle man auch den Versuch, Glück zu lehren und zu lernen, getrost beenden.

Was man bei allen diesen Positionen, ihren Binnendifferenzierung und an dieser Stelle nicht zu diskutierenden theoretischen ›Schwachstellen‹ berücksichtigen muss: Der Zustand des Glücks wird als wünschenswert erachtet. Individuelles Glück ist auch nirgendwo eine Gegenposition zur Sittlichkeit, auch wenn bei Epikur einige Passagen dies nahelegen mögen. Das zeigt aber, dass es auf dem Weg zum Glück nicht um Techniken in einzelnen Bereichen des Lebens geht. Die antiken Überlegungen zum Glück sind eingebunden in Deutungen des Menschen und der Welt insgesamt, sodass es keine Teilbereiche/Einzelthemen gibt, die nicht in einem Gesamtverständnis betrachtet werden. Und schließlich ist das Glück auch für den Philosophen keine (ausschließlich) theoretische Angelegenheit – die Texte sind immer wieder durchzogen von Beispielen glücklicher oder tugendhafter (oder beides) Philosophen als Menschen in Idealform, zumindest ihrer eigenen Lehre. Aus pädagogischer Sicht, und mit Blick auf den skeptischen Einwurf bzgl. der Lehrbarkeit des Glücks, hat die Hervorhebung der eigenen Lebenspraxis des Lehrenden als (möglicherweise einzig) bedeutsame Form der Vermittlung schon einen eigenen Charme, erst recht mit Blick auf ein paar besondere ›settings‹: Man stelle sich die Lehre in einem Garten vor, evtl. bei einem Glas Wein, oder in einem Gespräch in der Natur oder gar am Beispiel Aristipps, den ein Schüler beim Verlassen eines Bordells traf und der ihm erklärte, warum es wichtig sei, diese Freuden genießen zu können, ohne sich von ihnen abhängig zu machen.

1.3 Weitere historische Entwicklungen

Sind in der Antike zentrale Glückspositionen gesetzt, verändert sich die Glücksreflexion durch den wachsenden Einfluss des *Christentums.* Für das Mittelalter wird das Glück ausschließlich theologisch diskutiert basierend auf der Bibel und Augustinus (Pesch 1974, 691). Der Prozess der intensiven Auseinandersetzung mit der antiken Glücksthematik durch die mittelalterliche Theologie findet in Thomas seinen Abschluss. Der emphatische Begriff der Glückseligkeit wird »ins Jenseits verlegt« (Gassmann 1990, 471). Der Mensch strebt zwar zur Glückseligkeit (beatitudo) und kann diese ansatzhaft schon im Diesseits erfahren, letztlich aber harrt diese Erfahrung ihrer eschatologischen Vollendung im Jenseits. So rezipiert, wird aus dem philosophischen Begriff des Glücks als Glückseligkeit ein theologischer Begriff (Pesch 1974, 695; vgl. auch Lauster 2011); die Schau Gottes wird einerseits aus der Sphäre der Kontemplation in religiöser Praxis übertragen auf das gesamte Leben;

> »(...) andererseits verliert das bürgerliche Leben seine ethische Autarkie: es wird in den Dienst der außerirdischen B. (gemeint ist beatitudo, C. B.) gestellt.« (Spaemann 1974, 679)

Eine Wende wieder hin zu einem individuelleren und diesseitigen Glücksverständnis leitet die *Renaissance* ein (Gatzemeier 1980, 782). Thomä (2011a, 143) konstatiert, in der Renaissance werde das feste Band der Verbindung

> »zwischen Ethik und Ontologie, d. h. zwischen dem richtigen, also auch glücklichen Leben und der richtigen Einsicht in die Verfassung des Lebens zerschnitten.«

Im Vordergrund stehe nun nicht die dem Menschen in der mittelalterlichen Scholastik zugestandenen Fähigkeit, objektive Erkenntnis über das menschliche Leben zu erlangen und diese in ein richtiges Leben umzusetzen oder eben es zu unterlassen. Vielmehr werde das Glück als Erreichen selbstgesetzter Ziele verstanden, wobei noch Uneinigkeit herrscht über die Begründung dieser Ziele (Thomä 2011a, 143 f). Beispielhaft kann das bei Pico della Mirandola verfolgt werden, der den Menschen als ›Chamäleon‹ (Pico 2009, 11) bezeichnet, dessen Glück es sei, von Gott in die Welt entlassen zu werden, um sich in freiem Willen die ihm gemäße Lebensform zu wählen (8), was seine Würde ausmache (vgl. Thomä 2011a, 145). Damit ist das neuzeitliche Bildungsverständnis von freier Weltbegegnung an -aneignung bereits thematisiert. So lässt sich die Renaissance charakterisieren als

> »(...) erneute Verselbständigung des politischen Lebens im Anschluß an die aristotelische Politik, andererseits die erneute Thematisierung eines philosophischen Begriffs des Glücks (G.), d. h. zunächst die Erneuerung einer philosophischen vita contemplativa.« (Spaemann 1974, 697)

In diese Zeit fallen einerseits Reflexionen über das Staatswesen – utopisch bei Morus, Campanella und Bacon, pragmatisch bei Machiavelli –, andererseits auch philosophische Reflexionen über die individuelle Lebensführung, darunter maßgeblich Montaigne[9]:

> »Die Offenheit oder Unbestimmtheit des menschlichen Lebens, die in der Hochrenaissance als Freisetzung des Menschen, als Eröffnung eines immensen Handlungsspielraums gedacht war, wandert in die Lebensführung, den Lebenslauf, die Geschichtlichkeit des Lebens hinein.« (Thomä 2011a, 147)

Es wäre nicht richtig, hier von einem Bruch mit mittelalterlichem Denken zu sprechen – wohl aber von einer intensiveren intellektuellen Auseinandersetzung mit dem Menschen und einer besseren Welt, wohl wissend, dass dem Streben nach Verbesserung im Diesseits Grenzen gesetzt sind (vgl. McMahon 2006, 149; 163).

Die stärkere Berücksichtigung individueller Glücksaspekte ist dann einem regen europäischen Glücks-Diskurs der *Aufklärung* verdankt mit einer gravierenden inhaltlichen Zäsur:

> »Die wachsende Skepsis gegenüber allen Versuchen, verallgemeinerbare Aussagen über ein gutes Leben aus einer sei es anthropologisch, sei es kosmologisch oder theologisch begründeten Wesensbestimmung des Menschen abzuleiten, wird dabei durch die normative Forderung bestärkt, Fragen der individuellen Lebensführung ganz der Autonomie des einzelnen zu überlassen« (Steinfath 1998b, 7).

---

9 Aber nicht nur: Schmid (1998, 32) nennt neben Montaigne v. a. Petrarca, Pico und Erasmus; Thomä (2011a) u. a. auch Giordano Bruno und Pascal.

Im heutigen historischen Rückblick findet diese Wende ihren politischen Ausdruck in der französischen Revolution, allerdings sind die dortigen Diskussionen (Spaemann 1974, 700; vgl. auch Gassmann 1990, 472) kein Alleinstellungsmerkmal.

In England verwendet Hutcheson (1694–1746) die Formulierung von der ›größten Beglückung für die größte Zahl‹ als Vorwegnahme des Utilitarismus eines Bentham oder Mill, wie überhaupt Schefczyk (2011) die britischen Glücksreflexionen des 18. und 19. Jahrhunderts umreißt als »Aufstieg und Niedergang des Hedonismus«. Die Reflexionen seien gekennzeichnet durch eine auf Epikur zurückgreifende Betonung der Sinne beim Glücksstreben, während Thomä (2011b) auf Gemeinsamkeiten und Unterschiede in den Glücksreflexionen im Kontext der französischen und amerikanischen Revolutionen hinweist. Überhaupt scheint v. a. die amerikanische Unabhängigkeitserklärung mit dem Rechtsanspruch des ›pursuit of happiness‹ als Symbol zu stehen für die Befreiung des modernen Menschen von überkommenen politischen und geistigen Autoritäten und damit für seine Chance, sein Glück zu suchen. Sternberg (1971, 25) sieht in dieser berühmten Formulierung eine »weltgeschichtliche Neuheit«, zugleich die Problematik einer Verschiebung hin zu einem nicht einholbaren und damit Illusionen und Frustration erzeugenden ›Rechtsanspruch auf Glück‹. Nebenbei bemerkt: Inzwischen ist die Erhöhung des Bruttonationalglücks Ziel des Himalaya-Staates Bhutan.

Im weiteren Verlauf dieser Arbeit wird sich zeigen, wie sehr im Kontext der Aufklärung das Glück und auch utilitaristisches Gedankengut in Deutschland diskutiert wurde. Allerdings geschieht mit *Kant* ein entscheidender nachhaltiger Perspektivwechsel: Das individuelle Glück wird in einen geschichts-/moralphilosophischen Kontext der Verbesserung der Welt gestellt, statt individuellem Glück geht es jetzt um moralische Glückswürdigkeit (vgl. Spaemann 1974, 703). In Folge dessen wird eine Glücksorientierung im Bereich philosophischer Ethik (aber auch der Pädagogik) verdächtigt und verdrängt. Erst in den 1980er Jahren wird in Deutschland das Thema des individuellen Glücks bzw. guten Lebens neu diskutiert (Fenner 2007). Aber auch in anderen Ländern hatte das Glück in der Philosophie aufgrund der Dominanz anderer Diskurse einen schweren Stand:

> »Engrossed in language games and analytical analysis, deconstruction and hermeneutics, professional philosophers have largely ceded the Greeks' great question – What constitutes the good life? – to popular psychologists, advertising executives, and other peddlers of good feeling« (McMahon 2006, 475).

Man kann McMahon zustimmen – in diese Lücke sind andere Disziplinen gestoßen, forciert durch v. a. amerikanische Psychologen[10].

10 Eine Auswahl von Arbeiten zur Psychologie: Seligman 2009; Kahnemann/Diener/Schwarz 1999; Argyle 2009; Diener/Biswas-Diener 2008; Lyubomirsky 2018; Gilbert 2008; Lykken 2000; Myers 1992; Haidt 2009; Bucher 2018; Bucher 2008; Schächter 2009; Auhagen 2004; Bormans 2011). Aber auch aus politisch-ökonomischer (vgl. pars pro toto Frey/Marti 2010; Frey 2008; Dutt/Radcliff 2009; Layard 2009; Wilkinson/Pickett 2009) oder biologisch-medizinischer Sicht widmet man sich intensiver dem Glück: Pars pro toto Förstl/Braunmiller 2009; Nettle 2009; Burnham/Phelan 2003. Fachübergreifend auch in Sammelbänden: Angehrn/Baertschi 1997; Bellebaum/Barhaier 1997; Steinfath 1998; Bellebaum/Hettlage 2010; Bellebaum/Braun 2004; Hentschel/Staupe 2008; Hoyer 2007; Lauster 2004; Meier 2008; Kick 2008; Thomä et al. 2011; Bauer/Tanzer 2011; Reusch 2011; Liessmann

So bleibt am Ende festzuhalten: Das Glück ist immer schon Gegenstand menschlicher Reflexionen gewesen, mit zeitbedingten Intensitäten und Ausprägungen (Leiber 2006, 13 f). Dabei haben sich zentrale Themen von der Antike bis heute gehalten. Eine heutige Aktualität des Themas mag zwar mit einer erst allmählich sich ausbreitenden Säkularisierung und individuellen Ansprüchen an die Lebensführung erklärt werden (Zirfas 2011, 224 f), ist damit aber per se kein Krisenphänomen, nicht erst durch Aufklärung ermöglicht, sondern greift letztlich auch auf antikes Denken und solches der Renaissance zurück. Es empfiehlt sich daher ausdrücklich, Phasen intensiverer Glücksreflexion nicht als Ausdruck eines kollektiven Mangels zu deuten oder der Moderne insgesamt eine »hausgemachte Unzufriedenheit oder, besser gesagt, Glücklosigkeit« (Thomä 2003, 204) zu unterstellen.

Wer denkt, der heutige Boom von Neuerscheinungen aus Wissenschaft und Ratgeberliteratur sei gänzlich neu, der lese z. B. die Einleitung von Nickel (1987) zu Epiktets ›Wege zum Glück‹. Dort wurde hinsichlich Publikationen zur Glücksthematik mit Verweis auf vermeintliche Anfänge in den 1970ern von einer »verbalen Inflation« gesprochen (7).

Ursprünglich in der philosophischen Ethik beheimatet, ist die Diskussion heute interdisziplinär, wobei in den letzten Jahrzehnten sehr viele Ergebnisse empirischer Untersuchungen publiziert wurden. Das ist einerseits Ausdifferenzierungen und Schwerpunktsetzungen im Wissenschaftsbetrieb geschuldet, andererseits auch der Tatsache, dass die Philosophie dem Feld der praktischen Lebensführung lange Zeit wenig Aufmerksamkeit widmete. So wurde in den letzten ca. 20–30 Jahren kein neues Thema entdeckt, sondern eine alte wissenschaftliche Tradition wiederbelebt.

1.4 Glücksbedingungen und -arten

Der historisch-systematische Durchgang zeigt, dass es unterschiedliche Akzentsetzungen bzgl. des Erreichens des ›guten Dämons‹ geben kann. Einerseits kann man den Schwerpunkt mit Aristoteles auf das Anstreben solcher Ziele richten, die zur Verbesserung der dem Menschen wesenhaft gegebenen Fähigkeiten führen. Die neuzeitlich übertragene individualisierte Variante dieser eudämonistischen Position bestünde dann in der Verbesserung eigener individueller Anlagen/Fähigkeiten bzw. grundsätzlich der Verwirklichung individueller Ziele. Glücklich ist demnach, wer seine wichtigsten Ziele oder einen Großteil davon im Leben umsetzen konnte, wer aus seinen Begabungen ›etwas gemacht hat‹, wer sein Leben nach eigenen Maßstäben gestalten konnte.

Dagegen orientiert sich mit Epikur die hedonistische Schwerpunktsetzung basaler und inhaltlich unspezifischer an der Befriedigung von Lust und Vermeidung

2012; Lister et al. 2019 und philosophischen Monographien (Seel 1999; Pieper 2003; Thomä 2003; Leiber 2006; Schmid 1998; 2005; 2007; Ferry 2007; Schildhammer 2009).

von Schmerzen. Zu klären wäre also eine erste Grobunterteilung hinsichtlich der Frage, was denn nun dazu führt, dass wir unser Leben als glücklich bezeichnen: Sind es erreichte Ziele/verwirklichte Wünsche oder ist es unbestimmter die Lust/der Genuss?

Eine weitere zu klärende Frage knüpft an die bei Aristoteles gegebene Theorie eines objektiv guten Lebens, für dessen Verwirklichung eine entsprechende staatliche Struktur nötig ist. Ist Glück inhaltlich objektiv als allen Menschen gemeinsames und zustehende gutes Leben bestimmbar oder bleibt es bei der für die Aufklärung typischen Skepsis gegenüber verallgemeinerbaren Aussagen, sodass man lieber beim Begriff des (individuellen) Glücks bleibt? Mit der Frage wird begonnen.

1.4.1 Glück oder gutes Leben?

Um es vorweg zu nehmen: Letztlich herrscht weitgehend Konsens darüber, dass hinter eine reflektiert subjektive Theorie des Glücks in Gänze heute niemand mehr zurückgeht. Gleichwohl wird diskutiert, inwiefern trotz einer subjektiven Bewertung objektive Aussagen über ein gutes Leben möglich und subjektive Werturteile wiederum von objektiven materiellen Bedingungen abhängig sind. Grundsätzlich unterscheidet man Theorien des guten Lebens in subjektive und objektive (vgl. zur Übersicht Steinfath 2011; Fenner 2007; Steinfath 1998b, 17–23; unterschiedliche Position gegenüber gestellt finden sich in Steinfath 1998a).

Grob betrachtet hängt für die Befürworter objektiver Theorien des guten Lebens das Glück vom Vorhandensein objektiver menschlicher Güter ab, unabhängig von einer subjektiven Bewertung. Für die Vertreter subjektiver Positionen hängt Glück von der Verwirklichung möglichst vieler/zentraler subjektiver Präferenzen ab (vgl. Steinfath 2011; Fenner 2007). Letztere werden dann noch unterteilt in Wünsche und Ziele (Eudämonismus) bzw. Lust und Freude (Hedonismus).
Die Position einer objektiven Theorie des guten Lebens fasst Fenner (2007, 103) wie folgt zusammen:

> »Es ist also gut oder schlecht für jedes menschliche Leben unabhängig davon, wie es von den einzelnen Menschen tatsächlich bewertet oder subjektiv empfunden wird.«

Fenner unterteilt Güter in physiologische (z. B. Nahrung) und ›höhere‹ wie (in Anlehnung an Maslows Bedürfnispyramide) z. B. Anerkennung oder Selbstverwirklichung und bezeichnet beide als anthropologische Güter (176), da sie als notwendig erachtet werden für ein menschliches Leben. Leiber (2006) spricht von »Belastungsfreiheiten« als »Universalbedingungen für gutes Leben, Zufriedenheit und Glück« (85)[11] und nennt fehlende Angst vor unmoralischer Tötung, vor unmoralischen physischen und psychischen Verletzungen, vor dem Entzug des Lebensnotwendigen, vor dauerhaftem Entzug der Selbstbestimmung (85 f), ähnlich Seel (1999, 83–87), der von relativer Sicherheit, relativer Gesundheit, relativer Freiheit, evtl. relativer Bildung spricht. Nach Rorty müsse man ›vom Schmerz ver-

11 Leiber verwendet, wie er selbst angibt, anders als die meiste philosophische Literatur die Begriffe ›gutes Leben‹, ›gelingendes Leben‹, ›glückliches Leben‹ nicht synonym, ebenso Seel (1999, 127).

schont‹ bleiben/geblieben sein und ›von Überlastung soweit frei bleiben‹, dass man noch zu eigenen neuen Selbstentwürfen fähig sei (Rorty 1991, 72).

Diesen ›Begrenzungen nach unten‹ kann man Positivbeschreibungen gegenüberstellen. Seel (1999, 139–176) tut dies mit den Kerndimensionen Arbeit, Interaktion, Spiel und Betrachtung. Man sieht darin die aristotelische Tätigkeit und geistige Reflexion ebenso wie den Gemeinschaftsbezug bzw. mit Epikur die Freundschaft. Aus antiker Sicht passt Spiel nicht ganz in diese Reihung, auch wenn die Antike eine ausgiebige Spielkultur hatte, allerdings ist das Spiel als Glücksinhalt für jedes Lebensalter inzwischen unbestritten. Erstaunlich allerdings, dass in dieser Systematik die Lust fehlt, obwohl diese als zum Glück gehörend unbestritten ist, wobei je nach Auffassung diese mal als Begleitung, mal als zentraler Inhalt genannt wird.

Deutlich weiter mit Positivbeschreibungen gehen Vertreter des ›Capability Approach‹ (aus pädagogischer Sicht vgl. ▶ Kap. 2.3.7) unter Rückgriff auf den Gedanken normativer Verbindlichkeit als Basis für Gerechtigkeit zurück.

Tatsächlich sagt Aristoteles gleich zu Beginn seiner ›Politik‹, das höchste Gut werde am besten in einer danach ausgerichteten Gemeinschaft verwirklicht (Pol. I 1252a – 5). Ziel seiner Überlegungen sei es, die beste Gemeinschaftsform zu finden für diejenigen, die ihr Leben nach eigenen Wünschen führen können (Pol. II 1260b 27). Der Staat sei entstanden um des Überlebens, existiere jedoch um des vollkommenen Lebens willen (Pol. II 1252b 25–30). So definiert er:

> »Ein Staat ist also eine von Familien und Dörfern gebildete Gemeinschaft, die Anteil am vollkommenen und autarken Leben hat – damit ist, wie wir behaupten, ein Leben in Glück und vollendeter menschlicher Qualität gemeint.« (Pol. III 1280b 40–1281a)

Die Frage des ›Wie‹ führe angesichts der Heterogenität der Menschen (Politik II, 1261a, 20) zum Thema Gerechtigkeit, die gleichermaßen Aufgabe des Individuums wie des Staates ist. Der gerechte Staat solle Glück fördern bzw. erhalten (NE 1129b 4–25).

Allgemein sagt Aristoteles von der Gerechtigkeit[12], sie sei die »vollkommenste Tugend« (1129b 30), da sie Gesetze, Haltungen und Handlungen zum Glück der Gemeinschaft und ihrer Mitglieder bewirke (1129a 30–1130a 15). Grundsätzlich kennzeichnet er das Gerechte als »das Gesetzliche und das Gleiche« (NE 1129a 30–1129b), was angesichts der Möglichkeit ungerechter/schlechter Gesetze und vieler nicht durch Gesetze geregelte Bereiche eigentlich nur bedeuten kann, dass es für das Zusammenleben gerechter Normen bedürfe, um eine gewisse Gleichheit herzustellen (vgl. Wolf 2013, 115). Bezüglich der herzustellenden Gleichheit als tugendhafte Mitte spricht Aristoteles vom Mittleren »in Bezug auf uns« (NE 1106a 30) und

---

12 Die Aristotelische Gerechtigkeitsthematik kann hier nicht in Gänze erörtert werden, nur so viel: Aristoteles kennt zwei ›Arten‹ von Gerechtigkeit, eine allgemeine und eine besondere. Erstere meint die Anwendung aller Tugenden auf Andere (vgl. Wolf 2013, 93; Rapp 2016, 35 f), Letztere meint als Einzeltugend den gerechten Tausch/die gerechte Verteilung von Gütern (Rapp 2012, 35). Wolf fügt dieser Gerechtigkeit noch die ›ausgleichende Gerechtigkeit‹ hinzu (Wolf 2013, 94). Inhaltlich ist ihr »Gegenstandsbereich die vertraglichen Verhältnisse zwischen Menschen« (102). Für den in dieser Arbeit vorgenommenen Diskussionszusammenhang ist das weniger entscheidend als vielmehr die Diskussion um die grundsätzliche Bedeutung politischer Strukturen für individuelles Glück.

betont, dass dies nicht als arithmetisches Mittel, sondern als Verteilung entsprechend unterschiedlicher Bedürfnisse zu verstehen sei (1106a 5–1106b 5).

Dazu bedürfe es einer gleichen Berücksichtigung aller, welche Aristoteles nicht nur vom Staat erwartet, sondern auch von jedem Einzelnen unter Absehung seines persönlichen Vorteils (NE 1134a-5).

In Linie dieses Denkens werden Kriterien für ein ›typisch‹ menschliches, objektiv gutes Leben benannt (Nussbaum 1999, 47), die im Folgenden kurz dargestellt werden sollen:

Als den Menschen als solchen auszeichnende ›Grundstruktur‹ nennt sie (vgl. Nussbaum 1999, 49–56; auch 190–197; 257–260) Sterblichkeit, den menschlichen Körper (unterteilt in das Bedürfnis nach Nahrungsmitteln, nach Schutz, nach Sexualität sowie Mobilität), die Wahrnehmung von Freude und Schmerz, kognitive Fähigkeiten, frühkindliche Entwicklung, praktische Vernunft, Verbundenheit mit anderen Menschen, Arten und Natur, Humor und Spiel, Getrenntsein sowie starkes Getrenntsein. Nussbaum bezeichnet diese Liste als offen (56) und nennt an anderer Stelle eine etwas abweichende Liste (257–260).
Aus dieser Grundstruktur leitet sie in einem zweiten Schritt ›Grundfähigkeiten‹ ab, die es staatlicherseits zu fördern gelte. Sie lauten:

»1. Die Fähigkeit, ein volles Menschenleben bis zum Ende zu führen; nicht vorzeitig zu sterben oder zu sterben, bevor das Leben so reduziert ist, daß es nicht mehr lebenswert ist.
2. Die Fähigkeit, sich guter Gesundheit zu erfreuen; sich angemessen zu ernähren; eine gemeinsame Unterkunft zu haben; Möglichkeiten zu sexueller Befriedigung zu haben; sich von einem Ort zum anderen zu bewegen.
3. Die Fähigkeit, unnötigen Schmerz zu vermeiden und freudvolle Erlebnisse zu haben.
4. Die Fähigkeit, die fünf Sinne zu benutzen, sich etwas vorzustellen, zu denken und zu urteilen.
5. Die Fähigkeit, Bindungen zu Dingen und Personen außerhalb unser selbst zu haben; diejenigen zu lieben, die uns lieben und für uns sorgen, und über ihre Abwesenheit traurig zu sein; allgemein gesagt: zu lieben, zu trauern, Sehnsucht und Dankbarkeit zu empfinden.
6. Die Fähigkeit, sich eine Vorstellung vom Guten zu machen und kritisch über die eigene Lebensplanung nachzudenken.
7. Die Fähigkeit, für andere und bezogen auf andere zu leben, Verbundenheit mit anderen Menschen zu erkennen und zu zeigen, verschiedene Formen von familiären und sozialen Bindungen einzugehen.
8. Die Fähigkeit, in Verbundenheit mit Tieren, Pflanzen und der ganzen Natur zu leben und pfleglich mit ihnen umzugehen.
9. Die Fähigkeit, zu lachen, zu spielen und Freude an erholsamen Tätigkeiten zu haben.
10. Die Fähigkeit, sein eigenes Leben und nicht das von jemand anderem zu leben.
10a. Die Fähigkeit, sein eigenes Leben in seiner eigenen Umgebung und seinem eigenen Kontext zu leben« (57 f).

In einer späteren Publikation (Nussbaum 2010, 112–114) nennt sie »1. Leben« (als ein solches von ›normaler Dauer‹ und ohne eine solche Einschränkung, die es nicht mehr lebenswert mache); »2. Körperliche Gesundheit« (›gute‹ Gesundheit, Reproduktion, ›angemessene‹ Ernährung und Unterkunft); »3. Körperliche Integrität« als Bewegungsfreiheit, Freiheit vor Übergriffen, Möglichkeit zu sexueller Befriedigung, Entscheidungsfreiheit bzgl. der Fortpflanzung; »4. Sinne, Vorstellungskraft, Denken: Die Fähigkeit, die Sinne zu benutzen, sich etwas vorzustellen, zu denken und zu schlussfolgern – und dies alles auf jene ›wahrhaft menschliche‹ Weise, die von einer angemessenen Erziehung und Ausbildung geprägt und kultiviert wird, die Lese- und Rechtschreibfähigkeit sowie basale mathematische und wissenschaftliche Kenntnisse einschließt, aber keineswegs auf sie beschränkt ist« (112 f). Hierzu zählt sie auch die Fähigkeit, dieses Wissen durch eigene Kreativität zu erproben, frei zu denken, »angenehme Erfahrungen zu machen und Schmerz zu vermeiden« (113); »5. Gefühle« als Bindungsfähigkeit, allgemein sich emotional frei zu entwickeln und Gefühle zu leben; »6. Praktische Vernunft« als Fähigkeit, sich ein Bild vom Guten zu machen; »7. Zugehörigkeit«, unterteilt in »A. Die Fähigkeit, mit anderen und für andere zu leben, andere Menschen anzuerkennen und Interessen an ihnen zu zeigen«, sowie »B. Über die sozialen Grundlagen der Selbstachtung und Nichtdemütigung zu verfügen« (113 f); »8. Andere Spezies« als Beziehung zu und Anteilnahme an Tieren, Pflanzen, Natur allgemein; »9. Spiel« als Spiel, Humor, Erholung; »10. Kontrolle über die eigene Umwelt«, unterteilt in »A. Politisch«: Partizipation am politischen Leben; »B. Inhaltlich«: Fähigkeit zu Privatbesitz, Beschäftigung, Schutz rechtlicher Willkür (Inhaftierung, Durchsuchung), sinnvolle ausfüllende Tätigkeit.

Da sie einerseits an die aristotelische Vorstellung vom objektiv guten Leben anknüpft, andererseits aber den subjektiven Aspekt des Glücks mitberücksichtigen will, nennt sie dies eine ›starke vage Konzeption des Guten‹ (Nussbaum 1999, 45). Sie soll dazu führen, die Aufgaben des Staates konkreter zu definieren mit dem Ziel,

> »(…) ein umfassendes Unterstützungssystem zu schaffen, das allen Bürgern ein ganzes Leben lang eine gute Lebensführung ermöglicht.« (62)

Damit soll das Glück nicht für andere rational festgelegt werden (wiewohl dieser Gedanke bei Aristoteles vorhanden ist), wohl aber sollen notwendige Startbedingungen für ein gutes Leben benannt und verwirklicht werden (Nussbaum 2010, 105). Ausdrücklich wird hier nicht nur auf materielle oder rechtliche, sondern auch auf pädagogische Aspekte hingewiesen (vgl. Nussbaum 1999, 24; 71; Sen 2007, 350; NE 1179b 35–1180a): Erziehung könne Horizonte erweitern und Entscheidungskompetenz fördern. Beispielhaft wird Rousseaus ›Emile‹, insbesondere das vierte Buch, genannt, da es Wert auf moralische Erziehung lege und falsche Erziehung als Ursache für Ungerechtigkeit brandmarke (Nussbaum 2010, 551). Durch das staatliche Erziehungswesen und Kultureinrichtungen erhofft man sich die Weiterentwicklung von Gesellschaften zu mehr Toleranz und Verwirklichungschancen (555).

Eine Orientierung ausschließlich an subjektivem Wohlbefinden wird aus mehreren Gründen abgelehnt: Nicht erfasst sei dadurch die überlebensnotwendige Fähigkeit, sich an schlechte Umstände anzupassen (exemplarisch dargestellt bei Biswas-Diener/Diener 2009). Unberücksichtigt bleibe auch eine mögliche Diskrepanz zwischen geäußertem Wohlbefinden und objektiv gutem Leben – Glücksvorstellungen könnten durch Erziehung, Elternhaus, kulturelles Umfeld u. ä. derart geprägt sein, dass man sich trotz eines objektiv nicht guten Lebens glücklich fühle (Sen 2010, 272 f; 310 f; 2007, 81; Nussbaum 1999, 96; 120 f). Auch gebe es Staaten, die sich um das Wohlbefinden der Menschen sorgten, aber z. B. nicht um ihre politischen Freiheiten oder generell Handlungsfähigkeiten, was dem hier vertretenen Konzept eines guten Lebens widerspreche (Nussbaum 2010, 109). Diese Herangehensweise an die Glücksthematik im Zusammenhang mit politischer Steuerung wird von den Autoren ausdrücklich in Kontrast gesetzt zum Utilitarismus. Dabei wird nicht die Orientierung am Glück selbst als problematisch erachtet, sondern die Fokussierung darauf unter Ausblendung anderer Aspekte (Sen 2010, 301; Nussbaum 2010, 106f).

Kritiker sehen darin einige Schwierigkeiten. Aufgrund der je zeitlichen und kulturellen Begrenztheit sei logisch die Erkenntnis eines zeit- und raumenthobenen menschlichen ›Wesens‹ nicht möglich. Begleitet wird dieses logische Argument von einem ethischen: In der Vergangenheit sei größtes Unrecht mit Verweis auf eine höhere Autorität legitimiert worden, hätten sich hinter einer vermeintlich objektiven Autorität immer sehr subjektive Interessen verborgen. Erst recht mit Blick auf das letzte Jahrhundert verbiete sich die Rede vom ›Wesen des Menschen‹:

> »Der Mensch in seiner Wesenhaftigkeit ist im 20. Jahrhundert gestorben in den Lagern Sibiriens und auf den Schlachtfeldern. Er ist zu Tode gebracht worden in den Konzentrationslagern. Er ist untergegangen im Inferno, das Menschen für Menschen realisiert haben. Immer im Namen eines ›wahren‹ Menschen, einer wissenschaftlich verbrämten Norm, der diejenigen geopfert wurden, die ihr nicht entsprachen.« (Schmid 1998, 81)

Ein Effekt dieser Reflexion heimlicher und offener Normierungen war die Kritik an Letztbegründungen unter dem Stichwort der ›Postmoderne‹ (vgl. Pätzold 2003), damit auch die Hinwendung zu individuellen Spielräumen der Lebensgestaltung, letztlich eine Wiederbelebung der Lebenskunst- und Tugendthematik (Liebsch 2011, 1404f; Müller 2011, 2252f). Den Gegnern objektiver Positionen dienen als inhaltliche Orientierung für ein gutes Leben jetzt solche Inhalte, die in der Reflexion historischer Texte und systematischer Gedanken über Merkmale menschlicher Existenz gewonnen werden, sich selbst aber als unabgeschlossen und zeitbedingt verstehen und in diesem Sinne auch den Begriff des menschlichen Wesens verstehen (Schmid 1998, 82f). Auch Vertreter einer objektiven Theorie eines guten Lebens räumen diesen historischen Einfluss ein (Nussbaum 1998, 201), wie ohnehin man in der Sache inhaltlich nicht auseinanderliegt, wohl aber hinsichtlich der Begründung (Steinfath 1998b, 21).

Wägt man die logischen und ethischen Argumente ab, wird man hinter eine antiessentialistische Begründung nicht mehr zurückkönnen: Einmal deshalb, weil man kontingenztheoretisch betrachtet keine zeitenthobenen Aussagen treffen kann, diese immer durchzogen sind von historisch bedingten Präferenzsetzungen (Wolf 1998, 45). Dann deshalb, weil das Postulat einer solchen zeitenthobenen Position einen Zwangscharakter hat (und nach Nussbaum auch haben soll, um Gerechtigkeit durchzusetzen, vgl. Nussbaum 1998, 210), der einer Normierung alle Türen öffnet: Dem Wesensbegriff ist eine Zielgerichtetheit inhärent (Blinne/Seubold 2003, 681), die zur Verwirklichung drängt um der eigenen Bestimmung willen (Blume 2003, 340). Gerade diesem Zwangscharakter aber wollte die Wiederbelebung der Lebenskunst entkommen zugunsten individueller Spielräume, zumal in Logik solcher Zielgerichtetheit man sein Menschsein auch verfehlen kann – eine Beurteilung, die einen unzulässigen Paternalismus darstellt, auch wenn z. B. Nussbaum (1995, 94f/ 1999, 86ff) diese Blickrichtung explizit ablehnt, vielmehr ihren Fokus auf die Optionserweiterung richtet statt auf die Analyse und Beurteilung, ob Individuen diese Spielräume auch nutzten. Aufgrund dieser Kritik verstehen sich objektive Theorien inzwischen mehrheitlich weniger essentialistisch als deskriptiv (Steinfath 1998b, 22) und insgesamt kann man vom menschlichen Leben sprechen »ohne Anleihen bei einer überkommenden Metaphysik.« (Steinfath 2011, 300). Ohnehin sei zu berücksichtigen, dass auch ohne Objektivitätsanspruch die Bewertung eigenen oder fremden Lebens nicht ohne Maßstäbe eines gelingenden Lebens auskomme (301). Die Frage ist allerdings, was sie zu leisten imstande sind. Zwar können in Inhalte eines guten Lebens im Sinne beschreibender Selbstvergewisserungen einen Reflexionsrahmen abgeben und dadurch etwas Fehlendes anzeigen (Bachmann 2013, 294); maximal können sie wahrscheinliche Bedingungen eines guten Lebens nennen (Fenner 2007, 114 f; Steinfath 2011, 300 f; Höffe 2007, 95–99; Peterson/Seligman 2004). Allerdings sagen sie mehr über äußere als innere Angelegenheiten aus, denn abgesehen von existenziellen Mängeln ist die Haltung, mit der ein Mensch sein Leben lebt, entscheidend für sein Wohlbefinden. Zudem ergeben sich logische Schwierigkeiten der objektiven Güter selbst, die im Folgenden kurz genannt werden:

Entweder sind die geforderten Inhalte zu strikt, dann sind es unzulässige Normierungen, oder zu vage, dann helfen sie im Konkreten wenig; außerdem können sie sich inhaltlich und/oder situativ widersprechen (Steinfath 1998b, 22 f; Müller 2011, 2253; Bachmann 2013, 291). In dieser Hinsicht fehlt auch eine Wertigkeit der Güter untereinander. Es müsste geklärt werden, ob allen Gütern die gleiche Wichtigkeit zukomme und woher das Kriterium der Auswahl bei widerstreitenden Gütern komme. Gleiches gilt für die im Kontext der Lebenskunst diskutierten Tugenden, die sich ebenfalls gegenseitig ausschließen können (▶ Kap. 1.5.1).

Des Weiteren garantiert eine Liste von Grundgütern keine Gerechtigkeit, denn mit der Forderung nach ihr setzt die Frage nach der Umsetzung ein. Dafür bräuchte man zunächst eine unstrittige Theorie der Gerechtigkeit, dann einen entsprechend unstrittigen politischen Ansatz, welche Bedürftigkeiten in welcher Reihenfolge wie angegangen werden sollten. Das ist nicht in Sicht (Forst 2010).

Auch müssten bei Handlungen die inneren Beweggründe berücksichtigt werden (Steinfath 2011, 301 f), sodass eine vermeintlich eudämonistisch gute Handlung sich in ihrer Motivationsstruktur als hedonistisch erweisen kann, ähnlich des Gefühls der Glückswürdigkeit (zur Thematik insgesamt Bachmann 2013). Zudem kann ein Einsatz für Gerechtigkeit auch ohne eine objektive Theorie des guten Lebens auskommen, wie ein Blick auf die o. g. ökonomisch-politisch orientieren Arbeiten und Aussagen zeigen.

Weil nun einerseits Umschreibungen eines als gut verstandenen menschlich Lebens inhaltlich unstrittig sind, andererseits aber hinter die subjektive Bewertung des Einzelnen nicht mehr zurückgegangen wird, kommt man am Ende zu einem Ansatz, den Steinfath (2011, 301) ›hybrid‹ nennt – man nimmt Vorstellungen vom guten Leben als (unabgeschlossenen) Reflexionshorizont, ohne damit subjektive Letzthoheit zu unterminieren: Letztlich ist das Glück keine rationale, sondern eine emotionale Angelegenheit (Steinfath 1998b, 18). Da man aber weiß, dass Emotionen auch den Verstand vernebeln können, spricht man von einem reflektierten Subjektivismus bzw. von einem ›aufgeklärten Wollen‹ (Stemmer 1998b, 68), ohne dafür einen absoluten Maßstab vorauszusetzen:

»Gut ist ein Leben, wenn es uns gibt, was wir von einem Leben in möglichst aufgeklärter Weise wollen, was immer es sei, und wenn wir das Glück haben, daß sich das so weit aufgeklärte Wollen mit dem Wollen deckt, das wir hätten, wenn wir alle nötigen Informationen hätten.« (ebd., 71)

Eine Voraussetzung bleibt aber doch: Die Notwendigkeit, mit sich (und da man häufig erst durch andere zu sich kommt, auch mit anderen) zu Rate zu gehen. Hier schleicht sich denn auch eine Art ethischer Imperativ ein: Von einem menschlichen Leben erwartet man, zumindest zu versuchen, sich über sich selbst im Klaren sein, anstatt sich wie eine Flipperkugel von einem Impuls zum Nächsten treiben zu lassen:

»Jede und jeder sollte wissen oder wenigstens versuchen zu wissen, was sie und er eigentlich wollen.« (Früchtl 1998, 147)

Das erfordert geistige Aktivität wie lebenspraktische Konsequenzen, weswegen hier häufig Begriffe Verwendung finden, die ein aktives Verhältnis zu sich beschreiben.[13]

Man kann also resümieren: Mindestens unbewusst hat vielleicht jeder ein Idealbild vor Augen von einer ›Fülle des Lebens‹, an dessen Ende man, wie es in der Bibel oft heißt, ›alt und lebenssatt‹ stirbt. Vielleicht gleichen sich diese Bilder im Groben, im Detail werden sie sicher sehr unterschiedlich sein. Zudem lehrt der Zufallscharakter des Glücks bzw. das Leben selbst, dass es ohnehin anders kommt, als man denkt. Mindestens im Detail ist nichts planbar. Insofern verschmelzen in individuellen Glücksstrebungen allgemeine Vorstellungen und subjektive Präferenzen, verbunden mit sehr eigenen unvorhersehbaren Erfahrungen und deren Verarbeitung zu einer Mischform: Das Leben wird hybrid gelebt und als gut empfunden, wenn einem persönlich die Mischung zusagt.

1.4.2 Ziel- und Wunschtheorien

Nachdem die theoretische Begründung einer Rede über Inhalte eines guten bzw. glücklichen Lebens dargelegt ist, kann man sich einer zentralen inhaltlichen Differenzierung widmen, die bis heute gültig und in der Antike bereits angelegt ist. Idealtypisch kontrastiert finden sie sich einerseits bei Aristoteles, andererseits bei Epikur (bzw. Aristipp). Zur Erinnerung: Die aristotelische Ethik wird als zielorientiert bezeichnet, weil das Glück in der tätigen Verwirklichung solcher Ziele liegt, die dem Wesen des Menschen entsprechen. Zwar war letztlich der Mensch als Gattungswesen gemeint, die Beispiele (Handwerk, Musik) zeigten aber schon auf der konkreten Ebene Unterschiede von Mensch zu Mensch. Heute wird dieser Ansatz noch individualistischer interpretiert: Glücklich kann werden, wer die ihm gemäßen Ziele/Wünsche verwirklichen kann. Diese Kategorisierung geht nach

13 Daher wird in diesem Kontext auch von »Selbstverwirklichung« (Krämer 1998), »spielerischer Selbstbeherrschung« (Früchtl 1998), oder »Selbstbejahung, Selbstreflexion und Sinnbedürfnis« (Steinfath 1998 c) gesprochen, von Selbsterschaffung (Rorty 1991, 52–83), Selbsterzählung (Thomä 1998), »Philosophie als Lebenspraxis« (Shusterman 2001), vom »Lebensplan sinnvolles Leben« bzw. »Lebensentwurf: Selbstverwirklichung« (Fenner 2007, 80–102).

Steinfath (2011, 297) auf Kant zurück, der eine Person dann als glücklich kennzeichnet, wenn es ihr »nach Wunsch und Willen« gehe (Kant, KpV A 224). Entsprechend formuliert Seel (1999, 125 f):

> »Ein im ganzen glückliches Leben hat, wem die wesentlichen Wünsche (die er in der Zeit seines Lebens entwickelt) auf eine nicht-illusionäre und tatsächlich befriedigende Weise in Erfüllung gehen.«

Analog zur aristotelischen Verbesserung des Menschen durch Denken und Tun des Guten kann man unter Ziel- und Wunschtheorien auch die Verbesserung individueller Fähigkeiten bzw. geistiges Wachstum fassen. Die Chancen und Schwierigkeiten von Wunsch- und Zieltheorien werden bei der näheren Betrachtung schnell einsichtig[14]:

Zur Notwendigkeit rationaler Überprüfung: Ziele/Wünsche können *unerreichbar* sein, was permanente Unzufriedenheit nach sich zieht; sie können auch derart überfordernd sein, dass sie einen ins *Unglück* stürzen – z. B. berufliche Ambitionen oder sportliche Leistungen, denen man von vornherein nicht gewachsen ist; darüber hinaus können sie *unmoralisch* sein – vorstellbar ist das Ziel, Macht zu erreichen, dafür anderen zu schaden, so wie überhaupt denkbar ist, dass jemand als Ziel sieht, andere zu unterdrücken, quälen u. Ä.; Wünsche können sich widerstreiten – also muss man *Ziel-/Wunschhierarchien* erstellen; Gleiches gilt für die *Flüchtigkeit von Wünschen* – sie können aktuell sehr dringlich erscheinen, auf die Gesamtbefindlichkeit dauerhaft aber nicht so entscheidende Wirkungen haben wie Realisierungen relativ dauerhafter Dinge wie Beruf, Partnerschaft o. ä.; ebenso kann man Wünsche hegen, deren *Realisierung man nicht erlebt* oder zu deren *Realisierung man nichts beisteuern kann* – fraglich, ob die das eigene Glück mehren würden; weiter: zum Glück gehört auch, sich mit *nicht Erreichtem zu versöhnen*, und möglicherweise ändert sich in dieser Haltung auch die Wertigkeit eigener Wünsche/Beurteilung der Gegenwart. In diesem Kontext gilt auch zu bedenken, dass eine *absolute Wunscherfüllung nicht wünschenswert* ist, da aufgrund fehlender Kontrasterfahrung das Erreichte langweilig wäre (vgl. Seel 1999, 97–101). Insofern gehört rational gesehen zum Wünschen, sich solche *Versagungen und Leiden zu wünschen, die ertragbar* sind – was wiederum niemand im Voraus sagen kann.

Zur Problematik von Ziel-/Wunschtheorien: Hier zeigt sich, dass eine Orientierung an Zielen und Wünschen auch Kehrseiten hat – das Verfolgen von (durchaus vernünftigen) Zielen kann zu einer *Verbissenheit* führen und zur *Ignoranz gegenüber anderen Glücksmöglichkeiten.* Hier wäre die Erinnerung an fehlende Lust ›hier und jetzt‹ ein Korrektiv. In diesem Kontext muss daran erinnert werden, dass hinter einer eudämonistischen Glücksvorstellung das Streben nach Höchstem, nach *Vollkommenheit* steht – da die nicht erreichbar ist, besteht die Gefahr lebenslanger Unzufriedenheit bzw. lebenslangen Unglücks, weil es einen Ruhezustand nicht gibt.

Problematisch kann auch sein, dass *Ziele sich verändern* können, weil Prioritäten verschoben werden, Ereignisse anderes erfordern u. Ä.; Ziele sind per se *zukünftig* und damit *ungewiss* – erst in der Realisierung entdeckt man, ob Vorfreude tatsächlich die schönste Freude ist, das Erreichte doch den Wünschen entspricht oder, für das

14 Vgl. zum Folgenden Steinfath 2011; Steinfath 1998b; Fenner 2007; Felder 2012; Seel 1999.

Glück typisch, sich sogar ein nicht gedachtes Mehr an positiver Erfahrung einstellt. Dazu ist zu bedenken, dass das Glück letztlich nicht ›zielgerichtet‹ angegangen werden kann, da es *nicht (oder nicht nur) planbar* ist, vielmehr der Zufall sich dazu gesellen muss. Weiter – ›*Irren ist menschlich*‹ – trotz aller intellektueller Anstrengung kann man sich in seiner Wahl irren; mehr noch: aus kognitionspsychologischer Perspektive wird eingewendet, der Mensch projiziere nicht nur beim Gedanken an Zukünftiges lediglich die Gegenwart nach vorne, er blende schon bei der Wahrnehmung der Gegenwart Etliches aus bzw. nehme neige dazu, sich selbst besser einzuschätzen als dritte (vgl. Gilbert 2009); gleichzeitig kennt man das alltägliche Phänomen, dass man sich Unangenehmes rational angenehmer erscheinen lässt, was bisweilen produktiv, bisweilen aber auch (markiert mit dem Begriff des Selbstbetrugs) kontraproduktiv sein kann. In letzteren Fällen wäre gerade der Zugang zu Emotionen hilfreich, um näher an ein Glücksgefühl zu gelangen. Dafür müsste man allerdings den Primat der Vernünftigkeit aufheben und sich seine Emotionen eingestehen, was wiederum umgangen werden kann, um unbequemen Wahrheiten oder damit einhergehenden notwendigen Veränderungen aus dem Weg zu gehen.

Und schließlich macht möglicherweise gerade die *Irrationalität* von Wünschen aus, dass sie die *je eigenen* sind bzw. dass sich in ihrer Verwirklichung das große Glück zeigt – viele Entdeckungen z. B. im Wissenschaftsbereich kamen bekanntlich dadurch zustande, dass Forscher ihr Ziel gegen eine kritische Umwelt und den Vorwurf der Irrationalität verfolgt haben. Und weiter scheint es unmöglich zu sein, *individuelle Wünsche und Ziele einer* (von den eigenen Gefühlen unabhängigen) *rationalen Prüfung zu unterziehen*, die dann festlegt, ob diese zu verfolgen sind oder nicht. Es würde sich dann nicht um die tatsächlichen Wünsche einer Person, sondern um ein idealisiertes Abbild für vernünftig erachteter, aber im Grunde nicht affektiv bejahter Glücksvorstellungen handeln. Ein Übergang zu objektiven Theorien des guten Lebens scheint hier also fließend.

Erst recht eine Prüfung von außen erscheint schwierig. Zumal, zu guter Letzt, ein Mensch durchaus nachvollziehbare Ziele und Wünsche artikulieren und umsetzen, am Ende aber die *Motivationslage einem reinen inneren Lustgefühl* entsprechen kann: zum Beispiel, um Anerkennung zu erlangen und dadurch sich selbst aufzuwerten. Ziele können also rational nachvollziehbar sein, müssen aber nicht rational gegründet, sondern können höchst emotionalen Ursprungs sein.

So liegt die Stärke von Wunsch- und Zieltheorien in ihrem Hinweis auf die Bedeutung der Selbstreflexion, darin verwoben in der Selbsteinschätzung bzgl. eigener Fähigkeiten, Neigungen, Vorstellungen vom Glück, und darauf aufbauend in der zielgerichteten Vorstellung als für wichtig empfundener Wünsche. Schließlich auch, zu Ende gedacht, im Plädoyer für ein lebenslanges Streben nach Verbesserung bei gleichzeitiger Fähigkeit, Erreichtes zu genießen.

Werden Wunschtheorien als Gegensatz zu hedonistischen Vorstellungen betrachtet, wird der Schwerpunkt bei der ›Zielvorgabe‹ auf die rationale Reflexion gelegt. Der obige Hinweis auf die mögliche korrektivische Funktion des Genusses während des Strebens macht deutlich, dass ein nach Wunsch- und Zielerfüllung strebendes Leben ohne Genussaspekte vermutlich nicht allgemein als glücklich anerkannt würde. So gesehen steht bei einer Gegenüberstellung von Ziel- und Wunschtheorien zu hedonistischen Theorien nicht die Wichtigkeit des Genusses in

Frage, sondern seine Wertigkeit. Versteht man Ziel- und Wunschtheorien also lediglich als Verweis darauf, dass es dem Individuum selbst überlassen bleibt, zu entscheiden, was für es gut erachtet (Steinfath 1998b, 9), könnte man es dabei bewenden lassen. Zwei Punkte sprechen allerdings gegen eine vorschnelle Glättung der Differenzen: Klassisch geht es bei Aristoteles (und später auch bei Kant) nicht um subjektives Wohlbefinden, sondern ein objektiv gutes bzw. moralisch gutes Leben. Bei Aristoteles ist das Leben gemäß der Vernunft (damit das philosophische) das höchste, weil dem Göttlichen am nächsten und der Vervollkommnung dienend, danach die für das Zwischenmenschliche notwendigen Tugenden (1177b 5–1178b 20). Heutige Ziel- und Wunschtheorien sind da weitaus demokratischer. Zum anderen: Da die Lust als eigentlicher Glücksinhalt seit jeher verpönt ist, lohnt sich durchaus noch ein genauerer Blick auf das Verhältnis von Eudämonismus und Hedonismus.

1.4.3 Hedonistische Theorien

Das Genießen von erreichten Zielen artikuliert sich ohne Frage häufig in einer tiefen Freude, erst recht im Rückblick auf ein diesbezüglich reiches Leben. Das zeigt, dass auch ein Streben, welches zumindest nicht bewusst auf den Genuss zielt, trotzdem diesen zur Folge hat. Insofern stellt eine eudämonistische Ethik keine generelle Ablehnung der Lust dar, wie überhaupt der Eindruck falsch wäre, in der Antike sei die Lust grundsätzlich verpönt gewesen.[15] Nach Aristoteles sollte man sie als »eine ›Tätigkeit der naturgegebenen Disposition‹ bezeichnen« (1153a 10), die die menschliche Tätigkeit im Idealfall begleite und vollende, sofern es sich eben um die tugendhafte Tätigkeit und die daraus resultierende, je entsprechende Lust handele; insofern gebe es Lusthierarchien, die dem Menschen eigentümliche Lust entspringe dem Denken (NE 1174b 5–1176a 25) mit der Konsequenz: »Das Glück besteht folglich nicht in der Vergnügung.« (1176b 25). Allerdings sei die Lust stark mit der menschlichen Natur verbunden, sodass die Prinzipien von Lust und Unlust in der Erziehung Anwendung fänden (NE 1172a 20). Aber sie bleibt Mittel, ist kein Selbstzweck. Hedonisten sehen das ganz anders, wie im Gefolge Epikurs Bentham prägnant formuliert:

> »Die Natur hat die Menschheit unter die Herrschaft zweier souveräner Gebieter – *Leid* und *Freude* – gestellt. Es ist an ihnen allein aufzuzeigen, was wir tun sollen, wie auch zu bestimmen, was wir tun werden. Sowohl der Maßstab für Richtig und Falsch als auch die Kette der Ursachen und Wirkungen sind an ihrem Thron festgemacht. Sie beherrschen uns in allem, was wir tun, was wir sagen, was wir denken: jegliche Anstrengung, die wir auf uns nehmen können, um unser Joch von uns zu schütteln, wird lediglich dazu dienen, es zu beweisen und zu bestätigen.« (Bentham 2013, 55, Herv. i. Orig.)

Strittig ist also nicht die Lust an sich, sondern der Stellenwert, den sie in der Ethik einnimmt. Für die einen ist Luststreben (und Schmerzvermeidung) ein empirisches menschliches Phänomen, für die anderen zeigt sich darin das höchste Gut, dem wir

15 Vgl. Horn (2010, 148–164). Zur Lust der Sinne und der Tätigkeit bei Aristoteles Wolf (2013, 190–212).

bewusst oder unbewusst alles unterordnen (sollten). Entsprechend unterteilt man heute in einen psychologischen und einen ethischen Hedonismus (vgl. Ricken, F. 2010; Regenbogen/Meyer 2013, 284). Hügli und Lübke (2013, 359) definieren den Begriff:

> »1. Psychologische Theorie, nach der die menschlichen Handlungen im Grunde durch Streben nach Lust und Vermeidung von Schmerz und Unlust gekennzeichnet sind. 2. Form der Glücksethik, d. h. der ethischen Auffassung, nach der menschliches Vergnügen oder Lustgefühl das einzige an sich selbst Gute ist und Unlust und Schmerz das einzige an sich selbst Schlechte. Alles übrige Gute oder Schlechte besitzt nur bedingt Wert oder Unwert, nämlich in dem Maß, wie es Lust oder Unlust hervorruft.«

Vertreter letzterer Position wurden und werden immer wieder weitaus deutlicher kritisiert als eudämonistische Positionen. Wie die antike Philosophie kennt auch das Wörterbuch der Brüder Grimm eine mehrdeutige Verwendung des Lustbegriffs, der sowohl leibliche als auch geistige Freuden einschließt, wobei der leiblichen Lust mehr Stärke zugesprochen und sie mit dem Tierreich assoziiert wird (DWB Bd.12, Sp. 1314–1325). Das macht den Genuss für einige verdächtig, da die von allen anerkannte starke Kraft des menschlichen Genusswunsches nicht für die vermeintlich höherwertigen geistigen Tätigkeiten genutzt wird. Aristoteles unterstellt der breiten Masse eine Genussorientierung aufgrund eines falschen Verständnisses von Lust als Glück und sieht darin eine viehische Versklavung (1095b 15–20). Ähnlich drastisch und elitär die Worte, die Platon dem Sokrates in den Mund legt: Der breiten Masse fehle es an Verstand und Tugend, weswegen sie den Genuss suchten und dabei kopulierten und kämpften wie Tiere (Pol. 586a–c). In Anlehnung an die Bibel verknüpft das christliche Mittelalter diese Verknechtung unter die leibliche Lust mit dem Begriff der Sündhaftigkeit (Hauser 1974b, 555–556). Weitere Nahrung gibt der ablehnenden Haltung die Konzentration auf die Glückserfüllung hier und jetzt, bei Epikur verbunden mit einer Kritik an seiner Meinung nach falschen Göttervorstellungen. Vollends säkularisiert, könnte ein Hedonismus auch ohne Gott auskommen. So bewirken antike Kritik und christliche Theologie eine bis heute wirksame Verurteilung des Hedonismus und Etablierung des Begriffs als negatives Wertungswort für egoistisches ausschließliches Luststreben (Regenbogen/Meyer 2013, 284; Bachmann 2013, 11).[16]

Für eine sachliche Bewertung muss man sich den Hedonismus genauer anschauen: Man kann zwar unterteilen in einen psychischen und einen ethischen Hedonismus, so ganz eindeutig ist das aber nicht. Einem Hedonisten ist ja gerade das empirisch beobachtbare Streben nach Lust ein Zeichen dafür, dass wir nicht nur nolens volens lustorientiert sind (weil wir einen in Teilen unbeherrschbaren Körper haben), sondern uns generell von Lust/Unlust leiten lassen. Die Hedonisten konstatieren ebenso wie Aristoteles die intensive Verbindung des Menschen zur Lust, sie nennen auch die Beobachtung der Kinder als Beleg, ziehen ›lediglich‹ daraus einen

16 Exemplarisch der Beginn der Darstellung Epikurs bei Diogenes Laertius (DL 10, 1–4) mit einer Widergabe gängiger Kritikpunkte an Epikur, darunter Plagiatsvorwürfe, sexuelle Ausschweifungen, Falschheit/Opportunismus, Völlerei – um sie dann allerdings als Verleumdungen zu entlarven (DL 10, 5). Im Grunde ähnlich die Kritik an Bentham und die entsprechende ›Ergänzung‹, man müsste sagen: Verteidigung durch Verweis auf die Höherwertigkeit der Moral bei Mill (2006, 27).

radikaleren Schluss (vgl. die Schilderung der Kyrenäiker DL 2, 88). Insofern sind psychologischer und ethischer Hedonismus zwei Seiten der gleichen Medaille (Ruhnau 1974, 1024): Das höchste Gut des Menschen ist die Lust. Und zu dieser Lust gehört auch, aber nicht nur, die körperliche. Daher richtet sich die Verurteilung der Lustorientierung in letzter Konsequenz gegen ein Selbstverständnis vom Menschen, in dem der Mensch weniger rational und moralisch gezeichnet wird als vielmehr in seiner Rationalität und Sittlichkeit durchzogen von sehr basalen Emotionen: Aus hedonistischer Sicht ist der Mensch nicht so edel und dem Tierreich weit überlegen, wie viele es gerne hätten, und trotzdem vernünftig und tugendhaft. Nur ist die Begründung dafür eine andere – man ist nicht tugendhaft, weil Tugend ein Wert an sich sei, sondern weil man sich von ihr Lust verspricht, welch letztere das höchste Gut ist. Einer Amoralität wird deswegen nicht das Wort geredet. Andererseits wird auch im Eudämonismus die Lust nicht prinzipiell abgelehnt. Man sollte daher insgesamt den Hedonismus ebenso wenig einseitig körperlich-lustorientiert verstehen wie den Eudämonismus ausschließlich rational. Der zentrale Unterschied besteht aus hedonistischer Sicht wohl darin, die Leibhaftigkeit des Menschen als Ausgangspunkt seiner Handlungen anzusehen, erkenntnistheoretisch unter dem Begriff des ›Sensualismus‹ diskutiert

> »(…) als Bezeichnung für die Lehre, nach der Erkennen und Handeln allein oder weitgehend von den Sinnesempfindungen bestimmt werden« (Vollmer 1995, 614).

Hinter einer vermeintlich banalen Lustorientierung verbirgt sich vielmehr eine bestimmte Sicht auf den Menschen. Versteht man den Hedonismus also nicht naiv als Orientierung auf möglichst viele und intensive Lusterfahrungen, kommt man, in Anlehnung an Feldmann (2004), zu einer Position, wonach das menschliche Streben letztlich auf einer ›intentionalen Werthaltung zum Leben‹ (Steinfath 2011, 299) beruht. Das impliziert rationale Prüfung, gibt aber den von Lust und Unlust geprägten Intentionen den Letztausschlag. Entsprechend interpretiert Fenner (2007, 31–58) Epikur und Utilitarismus.

Ein so verstandener Hedonismus hat die gleichen *Schwierigkeiten wie Wunsch- und Zieltheorien:* Wie *widerstreitende* Ziele müssen auch *Wünsche* gegeneinander abgewogen werden; dass angestrebte Lüste nicht immer das halten, was sie versprechen, trifft jegliches angestrebte Glück: Es kann sich als Scheinriese erweisen – je näher man ihm kommt, umso kleiner wird es. Warum aber besonders der Genuss in *Katerstimmung* (Fenner 2007, 57) enden soll, ist nicht einsichtig – denkbar ist genauso ein ›Genuss ohne Reue‹ und vermutlich liegt der generellen Unterstellung einer Katerstimmung der Wunsch zugrunde, ein am Genuss orientiertes Leben (und damit offensichtlich ein unterstelltes egoistisches im Gegensatz zu einem moralischen) möge nicht auch noch belohnt werden. Dass die intendierte Lust wie ein intendiertes Ziel nicht das sein *muss,* was man sich versprochen hat, ist unbenommen; warum sie aber es nicht sein *kann*, ist nicht einsichtig.

Auch die dem Hedonismus vorgeworfene vermeintlich *sklavische Unterwerfung* unter die Lüste oder, wie Fenner (2007, 175), ihn als *zielgerichtetes Aneinander Ketten sinnlicher Lüste* zu verstehen, ist nicht haltbar, schließlich geht es Epikur gerade um die Unabhängigkeit von einem unglücklichen Dauerstreben durch Konzentration auf Wesentliches. Diese Unabhängigkeit betont schon der ›klassische‹ Hedonist Aristipp anhand des Bordellbesuchs: Problematisch sei nicht das Hineingehen, sondern die Unfähigkeit, wieder herausgehen zu können (DL 2,69). Im Übrigen haben Ziele die gleiche Problematik – man hetzt von einem zum nächsten, ohne mit Erreichtem zufrieden zu sein, zumal der dem Eudämonismus inhärente Perfektionierungsgedanke eigentlich keine Ruhe zulässt.

Auch ist der Verzicht auf Lust um einer späteren Lust willen kein Beweis für das Abweichen vom Lustprinzip, denn eine warum auch immer gerade ›unpassende‹ Lustbefriedigung ist keine solche. Im Übrigen muss daran erinnert werden, dass für Epikur die Konzentration auf Wesentliches erst zum reflektierten Genuss führt.

Auch eine *Abwertung der Vernunft* ist keine hedonistische Position – nicht umsonst spricht man bei Epikur von rationalem Hedonismus, und auch Aristipp wird wie folgt wiedergegeben:

> »Besser ist's, ein Bettler sein, als ungebildet, denn jenem fehlt es nur an Geld, diesem aber an Menschheit« (DL 2, 70).

Im Übrigen können auch geistige Vergnügen zum Hedonismus zählen, und wer die Würde des Menschen als intelligentem Wesen gefährdet sieht, kann sie höher bewerten. Der klassische Hedonismus der Kyrenäiker tat es nicht (»Vergnügen sei von Vergnügen nicht verschieden, noch das eine mehr Vergnügen als das andere.« DL 2, 87) bzw. sah eher die körperlichen stärker an (DL 2, 90), und auch heute finden sich Positionen, die das vertreten (Bachmann 2013[17]). Daraus muss nun keine ›widersinnige hedonistische Innenorientiertheit‹ mit einer ›Entwertung bzw. Instrumentalisierung der Um- und Mitwelt‹ (Fenner 2007, 174f) resultieren. Das Beispiel Epikurs zeigt, dass eine Position, die den Nutzen hervorhebt, aus eben diesem Grund sehr interessiert an der Welt seiner direkten Mitmenschen sein kann. Nimmt man dagegen wiederum Epikurs Rede vom ›Leben im Verborgenen‹ als Beweis für eine Uninteressiertheit in Sachen Polis, übersieht man, dass seine Argumentationsstruktur ähnlich der Stoa darauf zielt, das Innere gegen äußere Unbillen zu schützen. Das darf nicht mit Uninteressiertheit verwechselt werden. Und auch die Sittlichkeit wird nicht geleugnet, lediglich von den Kyrenäikern als historisch begründet und im Eigennutz motiviert angesehen (DL 2, 93), was Epikur später ebenso vertritt. Und schließlich wird allzu gerne übersehen, dass die platonisch-aristotelische Ethik das echte Glück nur einigen wenigen Privilegierten zugestand, während Epikur in seinen Garten schon Frauen und Sklaven aufnahm und der Spätepikuräer Zenon von Sidon den Gedanken einer Menschheitsgemeinschaft vertrat (McMahon 2006, 59).

Im Übrigen zeigt der Utilitarismus in der berühmten Benthamschen Formel des größten Glücks für die höchstmögliche Zahl, dass daraus durchaus soziales Engagement entstehen kann. Überhaupt wird die prosoziale Pointe hedonistischen Denkens meistens übersehen:

---

17 Im Grunde vertritt Bachmann (2013) einen klassischen Hedonismus, wonach der Mensch aus Eigeninteresse nach Lust und Vermeidung von Unlust strebe, und nennt diese Position einen »prudentiellen Hedonismus« und »eine Spielart des quantitativen Hedonismus« (12). Mit Blick auf ihre gleiche Wirkung lehnt er eine qualitative Unterteilung der Lüste ab: »Solange sich die Person an ihrem Leben freut, ist es gut für sie« (Bachmann 2013, 317).

»Mit Maximierung von Glück und Minimierung von sinnlosem Leid plädiert dieser Hedonismus gerade nicht für Eigennutz oder privates Glück.« (Regenbogen/Meyer 2013, 284)

1.4.4 Fazit: Lebensfreude mit hedonistischer Schlagseite

Bei der Bewertung muss man sich auf wesentliche Punkte konzentrieren: Gegenüber einer objektiven Theorie eines guten Lebens verweist der Hedonismus ebenso wie Wunsch- und Zieltheorien auf die *subjektiven Bewertungen durch das Individuum.*

In der Hervorhebung der Bedeutung von Lust und Schmerz, seien sie sinnlich, seien sie geistig, und noch in ihrem eben nicht nur sinnlich, sondern in ihren reflektiert ausgewählten und genossenen Seiten wird die *leibliche*, wenn man so will auch *nicht-kognitive Seite unserer Existenz* betont und damit ein für das Glück des Einzelnen zentrales Element:

»Noch der simple Hedonist trifft etwas Richtiges: Ein Leben, das keinerlei Lustempfinden kennt, ist schwerlich ein gutes, und kein Leben kann gut für jemanden sein, der ganz im Schatten chronischer Schmerzen steht. Wichtiger ist aber, dass eine hedonistische Theorie nicht allein Lustempfindungen zur Basis eines guten Lebens erklären muss. Stattdessen kann sie unsere intentionalen (also objektgerichteten) emotionalen Reaktionen betonen. Entscheidend ist dann nicht, wie viel Lust wir empfinden, sondern dass unser Leben von Tätigkeiten und Konstellationen geprägt ist, an denen wir uns freuen, und dass wir dieses Leben selbst als erfüllt und befriedigend erleben.« (Steinfath 2011, 299)

Steinfath nennt dies eine »differenziertere Form des Hedonismus«, die »eine offenkundige Nähe zu Wunschtheorien aufweist« (ebd.). Dem würde wohl kein Hedonist widersprechen, denn damit wird letztlich auf die Lust als Basismotiv rekurriert; trotzdem wäre ein Hedonist nicht in Gänze mit Steinfath einverstanden, denn dieser sieht als Basis für das Glück, »sich seines Lebens zu freuen«, was eine Wertung »nicht sensorischer Natur« sei (ebd.). Das ginge einem Hedonisten dann doch wohl zu weit, denn hinter dem Versuch, Eudämonismus und Hedonismus zu harmonisieren, würde durch die Hintertür wieder klassisch eudämonistisch der Leib dem Geistigen untergeordnet. Auch sinnliche Freuden können auf den Geist wirken, sie können auch die Bewertung des eigenen Lebens positiv beeinflussen durch aktuelle unmittelbare Lustzustände. Der Unterschied zwischen beiden Theorien ist dann keiner oder zumindest kein so gravierender, wenn man Ziele wie Lust als ›Wege der Wunscherfüllung‹ kennzeichnet (Seel 1999), die in der Tat um das Gefühl der Freude kreisen. Woher diese Freude kommt, ist dann egal. Insofern könnte eine eine unsinnige Trennung zwischen geistigen und leiblichen aufgehoben werden mit Verweis auf die Konnotationen des Begriffs ›Freude‹ im Griechischen und Lateinischen: In der griechischen Antike gibt es für beide unterschiedliche Begriffe: »Das griechische Wort für L. ist ἡδονή, eigentlich ›die durch den Geschmack vermittelte angenehme Empfindung‹; die Römer übersetzten es mit ›voluptas‹.« (Lieberg 1980, 552). Für die Freude gilt: »Das griechische Wort für Freude (F.) ist χαρά. Von der Wurzel χαρ-abgeleitet, bezeichnet es einen vom Subjekt positiv bewerteten Zustand körperlich-seelischer Erregtheit [1].« (ebd., 553). Allerdings sind bereits in der Antike die Differenzen zwischen einem angenehmen leiblichen Gefühl als Lust und geistigem Zustand als Freude nicht trennscharf:

> »Im außerphilosophischen Sprachgebrauch spiegelt sich die Doppelheit der ursprünglichen Bedeutung wider, insofern sich Chara einerseits etwa auf die mit der Sättigung verbundene Lustempfindung [2], andererseits auf freudige seelische Erregungen [3], auf die beim Empfang guter Nachrichten empfundene F. [4] und auf ästhetischen Genuß [5] bezieht.« (ebd.).

Daher umfasst das spätere lateinische ›gaudium‹ sowohl sinnliche als auch geistige Freuden (ebd., 554).

Allerdings neigt man wohl mehrheitlich zu eudämonistischen Positionen, weil die Frage nach dem höchsten Gut immer Selbstbeschreibungen des Menschen enthalten. Da sieht man sich vermutlich mit einer rosaroten Brille als vernünftig, ›hilfreich, edel und gut‹, obwohl man sich in der Praxis letztlich doch nach seinem je eigenen Dämon richtet. Damit läuft man Gefahr, das Glück seiner Sinnlichkeit zu berauben oder mindestens wieder eine Güterhierarchie einzuführen,[18] was dann auch schnell wieder zu Bewertungen des Lebens anderer führt. Deshalb soll dieser Kompromiss mit einem kleinen Plädoyer für den Angeklagten, den Hedonismus mit seinem Ausgangspunkt bei der Leiblichkeit des Menschen, enden. Was für Epikurs Lehre gilt, kann man auch auf den Menschen im Ganzen beziehen:

> »Man tut ihm *(gemeint ist Epikur, C. B.)* daher keinen Gefallen, wenn man versucht, sein höchstes Gut zu vergeistigen und statt mit ›Lust‹ mit ›Freude‹, ›joy‹ u. ä. zu übersetzen, um ihn gewissermaßen ›hoffähig‹ und auch für das christliche Abendland akzeptabel zu machen. Man verfälscht dadurch nur seine Grundüberlegung, daß sich unser Werten letztlich nicht auf rationale Einsicht gründen könne, und es besteht kein Grund, diese Überlegung der platonisch-christlichen Sinnenfeindlichkeit zu opfern.« (Hossenfelder 2006, 72)

1.5 Lebenskunst

Nachdem bislang ein kurzer historischer Abriss erfolgte und formal und inhaltlich zentrale Aspekte des Glücks dargelegt wurden, drängt sich an dieser Stelle die Frage auf: Wie wird man denn glücklich? Um es vorwegzunehmen: Wohl nur durch Erfahrungen und deren Reflexion, und dann braucht man dazu viel Glück. Aber natürlich war die Frage nach dem ›Was‹ immer mit der nach dem ›Wie‹ verbunden. Klassisch wurde dazu die Figur des Weisen gezeichnet (bzw. von Lebensweisheit gesprochen, Höffe 2007, 93) als jemand, dem das glückliche Leben gelungen ist, je nach Schwerpunktsetzung mit entsprechenden inhaltlichen Umschreibungen. Dass es sich dabei um eine nicht selbstverständliche Leistung handelt, zeigt schon der Begriff der Lebenskunst. Er umfasst mehr als Schmerzfreiheit oder reine Ziel- bzw. Lustverwirklichung. Vielmehr wohnt der Lebenskunst eine gewisse Geschmeidigkeit inne, mit der man den Anforderungen, Verlockungen, Freuden und Leiden des Lebens so begegnet, dass man sich ohne Überanstrengung den inneren guten Geist

18 Was sich darin zeigt, dass z. B. Seel (1999) und später mit ihm Leiber (2006) unter zentralen Inhalten des Glücks den Genuss schlicht nicht nennen.

erhält, was als nicht selbstverständlich erachtet wird. Insofern geht es nicht nur um Selbstmächtigkeit bei der Lebensführung (Schmid 1998, 27), sondern darüber hinaus um eine gewisse Lässigkeit, was Krämer (1988, 5, Herv. im Orig.) mit »Leichtigkeit« und »Selbstverständlichkeit« umschreibt. Er definiert:

> »›Lebenskünstler‹ ist nach allgemein verbreitetem Verständnis der, der über die Kunst und die Fähigkeit verfügt, das jeweils Bestmögliche aus seinem Leben zu machen, ihm die schönen, erfreulichen Seiten abzugewinnen und insbesondere die *kleinen* Dinge schön und angenehm zu gestalten, bis hin zum stillen Glück im Winkel.«

Da das individuelle Leben aber immer eingebunden ist in Gemeinschaften, steht schnell die Sorge im Raum, ein Lebenskünstler könnte in Sachen Moral mindestens ein kleiner Schlawiner, wenn nicht ein ausgemachter Egoist sein. Deswegen werden in Diskussionen zur Lebenskunst immer das Verhältnis von Individuum und Gemeinschaft sowie der Ursprung möglicher Inhalte von Lebenskunst erörtert (vgl. zum Folgenden Liebsch 2011; Müller 2011; Fellmann 2009; Krämer 1992, 1988; Schmid 1998). Hier kommt der Begriff der Tugenden ins Spiel.

1.5.1 Tugenden als Weg zum Glück?

Interpretiert man die Philosophie der Lebenskunst v. a. moralisch (Fellmann 2009, 14), kann man Tugenden als gelungenen Ausgleich zwischen Eigen- und Fremdinteressen verstehen (Seel 2012; 2011, 274). Klassisch wird hier immer die Gerechtigkeit hervorgehoben, wobei Krämer (1988, 12) zurecht daran erinnert, dass viele Bereiche der Lebensführung nicht mit moralischen Fragen verbunden sind. Worum geht es bei Tugenden?

Zur Erinnerung: Der griechische Begriff der Arete kennzeichnet eine besondere Fähigkeit (oder Qualität oder eben Tüchtigkeit), die den Träger von anderen abhebt und die er zu seinem Glück und zum Wohl der Gemeinschaft zu perfektionieren sucht. Tugenden kann man als solche hervorragenden moralische und intellektuelle, aber auch praxisbezogene Qualitäten bezeichnen, die es dem Menschen ermöglichen, ein für sich und andere (moralisch) gutes Leben zu führen. Ursprünglich verstand man unter dem Begriff Qualitäten einzelner Berufe (Stemmer 1998a, 1534) bzw. Helden (Horster 1996, 529). Eine explizite philosophische Reflexion über Tugenden setzt erst im fünften vorchristlichen Jahrhundert mit den Sophisten[19] ein (Stemmer 1998a, 1534):

> »In der *Sophistik* wird die Frage nach der Arete zu einem zentralen Thema der Philosophie. Die Sophisten machten die Frage, wie man leben soll, auf welchem Wege man also das erstrebte Glücklichsein erreicht, zum ersten Gegenstand der Philosophie. (...) Die Sophisten dachten nicht nur darüber nach, was die Arete ist und wie man sie erlangen könne, sie praktizierten auch als professionelle Lehrer der Arete und boten jungen Leuten gegen Geld Unterricht im Gutsein an.« (Stemmer 1998a, 1534, Herv. im Orig.)

19 »Als ›Sophisten‹ bezeichnet man im frühen Griechisch die Koryphäen des Geistes und der Weisheit wie z. B. die Sieben Weisen [1], Priester [2], Philosophen [3] und Dichter (bzw. ›Musiker‹) [4]. Im engeren, nach Mitte des 5. Jh. sich zunehmend herauskristallisierenden Sinn ist ein Sophist derjenige, der die ›sophistische Kunst‹ (σοφιστικὴ τέχνη) [5] professionell ausübt.« (Buchheim 1995, 1075)

Für Höffe ist für die Sophisten kennzeichnend, dass sie den Menschen in seinen konkreten Lebensumständen zum Gegenstand philosophischer Reflexion erheben; weiter, dass in diesem Zusammenhang die Bedeutung der sprachlichen Formulierung und Art der Argumentation für Entscheidungen in sozialen Prozessen hervorgehoben wird; drittens, dass sie damit die Frage aufwerfen, ob Wörter einen Bedeutungsgehalt an sich haben oder Bedeutung durch Konventionen sich entwickelt hat; viertens, ob die Konventionen so entscheidend sind, dass auch unsere Rechtsnormen letztlich Entwicklungsergebnis kontingenter Prozesse und daher nicht mehr naturrechtlich begründet sind, sondern ›lediglich‹ historisch; und fünftens daran anschließend die grundsätzliche Frage, ob und wie sich angesichts der letztlich kontingenztheoretischen Anfrage der Sophisten noch allgemeingültige Aussagen formulieren lassen (Höffe 2018, 31–33; vgl. dazu auch die Bezüge auf Nietzsche und Feyerabend bei Buchheim 1995, 1079–1080, sowie die Darlegung bei Buchheim (1995). Insofern sie bei allen metatheoretischen Reflexionen die Hoffnung hatten, durch sie »das Leben des Menschen besser zu meistern« (ebd., 1075), und für ihre Beratungstätigkeit auch Geld nahmen, kann man sie als Vorläufer dessen, was heute unter dem Label der Lebensberatung oder des Coachings firmiert (ebd.), und Vorbereiter einer Wende der Philosophie zum Menschen bezeichnen (Höffe 2018, 31). Platon knüpft daran an und systematisiert als erster konkrete Tugenden als Bedingung für ein gutes Leben (vgl. Vretska 2010, 528 f; Stemmer 1998a, 1536–1538; Ricken, F. 2019, 303 f). Sein Grundgedanke: So wie die Einheit des Staates durch die Ordnung der Tugenden, so entstehe die Einheit und damit Harmonie der Seele, wenn die innere Vielfalt in eine harmonische Ordnung gebracht sei. Aristoteles knüpft daran an, erweitert die bei Platon genannten Tugenden und unterteilt sie in rationale und ethische (1103a -5)[20]. Erste müssten über einen längeren Zeitraum gelehrt werden, zweite bildeten sich durch Gewöhnung (1103a 15–20). Als rationale Tugenden nennt er in Summe »(...) Kunst, Wissenschaft, Klugheit, Weisheit und intuitive Vernunft.« (1139b 15–20)[21]. Die ethischen (Charakter-)Tugenden sollen gewährleisten, dass der Einsicht auch die entsprechende Handlung folgt. Diese sind Tapferkeit, Besonnenheit, Freigebigkeit, Großzügigkeit, Hochgesinntheit, Ausgeglichenheit, Wahrhaftigkeit, Unterhaltsamkeit, Freundlichkeit, Schamhaftigkeit, Entrüstung (1107a 30–1108b).[22]

---

20 Er gewinnt sie aus einer Unterteilung der Seele in einen irrationalen und einen rationalen Teil (1102a 25–1103a 5). Das Irrationale ist dann noch einmal unterteilt: einmal in sog. ›vegetative‹ Vorgänge wie Ernährung und Schlaf, dann in einen strebenden Teil, der der Vernunft gehorchen kann, es aber nicht immer tut.

21 Die Übersetzungen schwanken, Rapp (2016, 29) z. B. übersetzt: »(...) das Wissen (epistêmê), die Weisheit (sophia), den Geist/die Einsicht (nous) sowie die Kunst (technê) und die praktische Vernünftigkeit (phronêsis).« Er unterteilt auch noch inhaltlich. Während Vernünftigkeit und Kunst (phronêsis und technê) sich »(...) auf die veränderliche Welt richten, haben es Wissen, Weisheit und Geist mit dem Unveränderlichen und Notwendigen zu tun.« F. Ricken (2019, 304, Herv. im Orig.) nennt die Verstandestugenden »Weisheit *(sophia)*, Wissenschaft *(episteme)*, intuitive Vernunft *(nous)*, sittliche Einsicht *(phronesis)* und Kunstfertigkeit *(techne)*«.

22 Im Text finden sich inhaltliche Umschreibungen der jeweiligen Positionen. Eine gute Übersicht gibt Wolf (2013, 79 f).

Als mittleres Idealmaß sollen Tugenden durch intellektuelle Einsicht und Selbstdisziplinierung gute Entscheidungen bewirken (NE 1106b 35–1107a 5). Als Garant für die situationsgerechte Beurteilung und Reaktion dient die Klugheit.

Im weiteren Verlauf haben die Tugenden inhaltliche Veränderungen erfahren, v. a. durch die paulinischen Kardinaltugenden Glaube, Hoffnung und Liebe, aber auch durch Thomas von Aquin, Geulincx und Kant (vgl. Schönberger 1998; vgl. Trampota 2010, 519; Regenbogen/Meyer 2013, 677; Lätzel 2012, 34; Horster 1996, 530). Wie bei Aristoteles wird auch in theologischer Konzeption die Gerechtigkeit besonders betont. Obwohl sie ursprünglich jedoch dem Glück des Menschen diente, wird sie nun zu einer menschlichen Pflicht als Eigenschaft Gottes, der der Mensch zu folgen habe (Hauser 1974a, 332–333). Trampota (2010, 519) sieht hier inhaltliche Verbindungen zu Kants Lehre vom pflichtgemäßen moralischen Handeln.

Allerdings ist unter dem Einfluss einer neuzeitlichen Relativierung der Bedeutung der Tugenden (Höffe/Rapp 1998, 1554) ein Bezug auf sie als Weg zum Lebensglück heute so ohne weiteres nicht mehr möglich. Problematisch sei zum einen die historische Bedingtheit des Zustandekommens der Tugendkataloge in ihrer jeweiligen Ausprägung, damit verbunden auch die Feststellung, dass jede Zeit unter jeder Tugend etwas Anderes verstehe (Trampota 2010, 519). So sagten Tugendkataloge mehr über ihre jeweilige Zeit und die sie beherrschenden Weltbilder als über überzeitliche menschliche Gegebenheiten, und entbehrten heute ihrer argumentativen Basis (MacIntyre 1987, 86). Man könne sich ihnen lediglich als historischem Ausdruck bestimmter Wertvorstellungen nähern und die aktuellen Reflexionen in diesen historischen Kontext stellen:

> »(…) ich kann die Frage ›Was soll ich tun?‹ nur beantworten, wenn ich die vorgängige Frage beantworten kann: ›Als Teil welcher Geschichte oder welcher Geschichten sehe ich mich?‹« (ebd., 288; ähnlich Rorty 1991, 108; Bollnow 2009, 140)

Neben Anzahl und Inhalt ist auch ein Wandel des Verständnisses einzelner Tugenden selbst feststellbar (Müller 2011, 2244). Seel (2011, 280) spricht sogar von 111 Tugenden und Lastern, betont am Ende jedoch, dass es auch mehr als 500 hätten sein können. Dagegen gibt es wiederum Versuche einer verbindlicheren Festlegung von Tugenden (Höffe/Rapp 1998, 1566f). Dessen ungeachtet bleiben inhaltlich problematische Voraussetzungen (vgl. Müller 2011): Die Tugendlehre fußt darauf, dass mithilfe der Vernunft erkennbar ist, was im Ganzen gut und in unterschiedlichen Situationen zu tun ist. Grundsätzlich liegt hier schon die Schwierigkeit, zu benennen, was ›das Gute‹ und das ›für alle verbindlich Gute‹ ist und worauf sich sein Status gründet. Man kommt bestenfalls zu Aufzählungen aus Erfahrung gewonnener Inhalte, ohne etwas über ihr Verhältnis zueinander sagen zu können, auch nicht darüber, für wen sie allgemein bzw. in der jeweiligen Situation gut sind – für die Gemeinschaft oder das Individuum. Ohnehin zeigt die Erfahrung, dass es in der Praxis oftmals keine eindeutigen Entscheidungen gibt; weiter, dass unsere Entscheidungen längst nicht immer rational begründet sind bzw. einige wie Hume davon ausgehen, letztlich sei ein angenehmes Gefühl ausschlaggebend für Vernunftentscheidungen (Ricken, F. 2019, 304f); ferner, dass trotz bester Überlegung sich in der Praxis das Getane als nicht gut erweisen, während wiederum das irrational oder gar ›böse‹ Motivierte gute Folgen zeitigen kann. Hinzu kommt, dass

Tugenden sich gegenseitig ausschließen bzw. situationsbedingt ein Fehler sein können. Bezweifelt werden kann ohnehin, ob man sich Tugenden derart ›angewöhnen‹ kann, dass sie auf jede neue Situation ›passen‹, und ob sie als solche trainierte Verhaltensweise noch der geforderten bewussten sittlichen Reflexion/Haltung entsprächen. Auch liegt den Tugenden der Glaube an die Existenz einer menschlichen Seele zugrunde, die in Teilaspekte kategorisiert werden, und über Kulturen und Jahrhunderte gleichbleiben kann, was kontingenztheoretisch bestritten wird. Und letztlich darf nicht vergessen werden, dass Tugenden kein Selbstzweck sind, sie sollen dem Glück dienen (Stemmer 1998a, 1536). Eine Abarbeitung an Tugendkatalogen wäre zu einseitig pflichtorientiert. So können Tugenden sprachlicher Ausdruck gewisser Vorstellungen über ein gelingendes Leben sein. Dass sie darin aber ein ›Know How‹ (Höffe 2007, 92) für die jeweilige Situation sein können, darf bezweifelt werden.

Dass an ihnen trotzdem festgehalten wird, liegt an dem hartnäckigen Vorwurf, wer sein Glück suche, vernachlässige das der anderen. Daher wird mit Kant argumentiert, es gehe nicht um individuelles Glück, sondern darum, sich als Mensch würdig erwiesen zu haben:

> »Letztlich spricht für die Moralität nicht das Glücksverlangen des Menschen, sondern sein Interesse, als Moralwesen mit sich im reinen zu sein. Wer die Frage, warum soll man moralisch sein, im strengen Sinn versteht, wer sich also nicht damit begnügt zu erfahren, warum soll man häufig, sondern warum man stets und um der Moral willen moralisch sein soll, dem kann man nur mit dem Interesse an moralischer Selbstachtung und der Sorge antworten, sie aus eigener Schuld zu verlieren.« (Höffe 2007, 361)

Allerdings muss man dann auch eingestehen, dass Selbstachtung wiederum eine positive innere Befindlichkeit ist, man somit in gewisser Weise doch wieder aus Eigeninteresse moralisch ist. Dann ist man bei der epikureischen Position, wonach wir moralisch handeln, weil wir davon einen Nutzen, eine Lust haben:

> »Epikur sagt, dass auch die Tugenden um der Lust willen gewählt würden, nicht um ihrer selbst willen.« (Hossenfelder 2013, 270/DL 10, 138)

So ist die Epikur zugeschriebene provokante Aussage zu verstehen, er

> »spucke auf das Sittlichschöne und diejenigen, die es anschauen, wenn es keine Lust verschafft.« (Hossenfelder 2013, 269/Epikur bei Athenaeus 547a)

Epikur zeigt aber, dass individuelles Glücksstreben zu moralischem Handeln führen kann, allerdings schlicht aus Eigeninteresse: Die Selbstsorge schließt Fremdsorge ein (Schmid 1998, 265–267), so wie Epikur ja auch den reziproken Charakter und den Nutzen der Freundschaft hervorhebt[23]. Man sollte Vertrauen nicht gefährden, da sonst Freundschaft unmöglich werde (Hartmann 2011, 225), und man sollte um seiner selbst willen an wechselseitigem moralischem Verhalten interessiert sein (Leiber 2006, 217). Das Streben nach Glück hat daher weder etwas mit reiner Spaßgesellschaft noch mit rücksichtslosem Egoismus zu tun, aber sehr viel mit

23 Vgl. die ähnlichen Überlegungen von Singer (2013, 33–44) zur Notwendigkeit einer universalisierbaren und damit potenziell über das jeweilige Individuum hinausgehenden Perspektive seiner funktionalistischen Ethik; ebenso Seel (1999, 256–266), freilich in Abgrenzung zu Singers Tierethik; auch Fenner (2007, 166f).

Normen wechselseitiger Toleranz. In der praktischen Konsequenz sind die Unterschiede ohnehin weit weniger bis gar nicht relevant (Fonfara 2009, 89). Entscheidender scheint zu sein, welche Selbstbeschreibungen uns angenehmer erscheinen – solche des moralischen Handelns aus der Überzeugung, ein guter Mensch zu sein oder von Gott belohnt zu werden, oder aus ethischen Nutzenüberlegungen im Wissen um die Abhängigkeit der Menschen untereinander. Dann ist man aber bei einem ganz anderen Thema, nämlich der Frage nach dem Stellenwert von Selbsterzählungen für unser eigenes Befinden: Man versuche sich nur einmal Märchen, Erzählungen, Filme vorzustellen, die wir unseren Kindern vorlesen oder mit unseren Kindern ansehen, in denen am Ende der Böse siegt – Rotkäppchen bleibt nebst Großmutter vom Wolf verschluckt, Aschenputtel bleibt Magd, während der betrogene Prinz eine Lügnerin heiratet, Darth Vader zieht Luke auf die dunkle Seite der Macht, Voldemort tötet Harry Potter und übernimmt die Weltherrschaft. Auf Dauer würde es uns vermutlich schwerfallen, solche Geschichten zu hören und zu sehen, und wir würden sie wohl kaum unseren Kindern vorlesen. Es kann also nicht nur hilfreich sein, die Hoffnung zu haben, dass moralisches Handeln sich doch in irgendeiner Weise lohne, man kann auch vertreten, dass bei allem Wissen um alltagspraktische Gegenbeweise Hoffnung spendende Erzählungen für unsere innere Befindlichkeit notwendig sind (Pieper 2003, 227 f).

Trotzdem ist damit noch nichts über Motive und Güte unserer Handlungen gesagt: In Rechnung zu stellen ist in jedem Fall, dass moralisches Handeln immer auch um eines guten inneren Gefühls willen geschehen kann. Zu bedenken ist auch, dass der Altruist als vermeintlich moralisch Guter Negatives bewirken kann, sodass man besser daran täte, auf die Folgen der jeweiligen Handlung zu blicken statt auf ihre Motive (Singer 2016, 133). Insofern sollte man sich an dieser Stelle von der unreflektierten Lesart einer Glücks- (im Gegensatz zu Moral-)Orientierung als rücksichtslosem Egoismus verabschieden. Wer angesichts dessen trotzdem noch Angst vor zu viel Egoismus hat, den kann man darauf verweisen, dass Prosozialität evolutionsbiologisch im Menschen verankert ist (Singer 2013, 25 f) und Egoismus und ethisches Handeln einander bedingen (ausführlicher Singer 2013, 492–509).

1.5.2 Inhalte von Lebenskunst

Ohnehin, hier schließt der Tugend-Exkurs, ist die im deutschsprachigen Raum gegen Ende des 20. Jahrhunderts einsetzende Wiederbelebung der Lebenskunst nicht der Tradition der Tugendethik, Moralphilosophie oder Arbeiten im Gefolge aristotelischer Glückslehre zu verdanken. Die Lebenskunstthematik hat sich in den letzten Jahrzehnten des 20. Jahrhunderts als Kontrapunkt gegen eine zu starke Sollensethik bei Unterschlagung der Könnensethik etabliert. Krämers Aufsatz ›Plädoyer für eine Philosophie der Lebenskunst‹ (Krämer 1988) kann als »Geburtsstunde des Begriffs« angesehen werden (Fellmann 2009, 14), gefolgt ist dann Schmids »Philosophie der Lebenskunst« (Schmid 1998). Ziel der neuen Lebenskunstthematisierung war die »Rehabilitierung der Individualethik« insbesondere gegen die Tradition kantischer Ethik, die Krämer (1983, 1) als »in der Form zwar individuell, im Inhalt aber universalistisch« kennzeichnet. Auch die Habermassche Konsensethik interpretiert er als »kontinuierliche Entfaltung eines Neo-Kantianismus« (Krämer 1983, 2). Entsprechend abstinent verhält sich die Lebenskunst[24] auch in der Postulierung anderer als individueller Ziele und in der Unterstützung, diese zu realisieren (3 f). Heute wird die Lebenskunst wieder in ihren antiken Ursprüngen und Akzentsetzungen thematisiert (Ernst 2016). Eine Philosophie der Lebenskunst gibt keine Ratschläge, vielmehr reflektiert sie zeitbedingt und im Wissen um ihre eigene Geschichte Gegebenheiten menschlichen Lebens in ihrer Bedeutung für die Führung desselben.

Die erste Gegebenheit ist, sich seiner eigenen Leiblichkeit bewusst zu werden. Zu ihr gehört das Faktum der Sterblichkeit. Es ist berechtigt zu sagen, der Mensch als Lebewesen strebe nach *Selbsterhalt.* Hier zielt Lebenskunst auf eine grundsätzliche Selbstmächtigkeit (Krämer 1992, 158), auf das *›Können‹ und ›Könnenwollen‹* (Krämer 1992, 164), was auch bzw. zuallererst die *Sorge um das biologische Leben* einschließt[25]. Hierhin gehört auch der banale Wunsch nach Erhalt der *Gesundheit*, die Schopenhauer (2000, 68/Lebensregel Nr. 32) als 9/10 des Glücks ansah, in engem Zusammenhang mit der Heiterkeit und analog zum heutigen Gesundheitsbegriff als umfassendes Wohlbefinden. Zur *körperlichen Sorge* für die Gesundheit gehört auch die Diätetik, deren philosophische Bedeutung kaum einer so treffend formuliert wie Feuerbach (1960a, 14):

> »Das Sein ist eins mit dem Essen; Sein heisst essen; was ist, isst, und wird gegessen. (…) Der Anfang der Existenz ist aber das Essen; die Nahrung also der Anfang der Weisheit.«

Zusammen mit der körperlichen muss man auch von der *geistigen Sorge* als Teil des Überlebenstriebes sprechen. Klassisch wohnt das Glück in der Seele, griechisch ›psyche‹, verstanden als

> »(…) das Lebensprinzip, dessen Träger der Leib und das beim Menschen der Träger des Geistes ist« (Regenbogen/Meyer 2013, 531).

Ähnlich im Deutschen, wo sie historisch »als baumeister des lebens gedacht« und die Verbindung zwischen Leib und Seele genannt wird (DWB Bd. 15, Sp. 2857). Insofern kann man den Beginn der Psychologie auch in den Reflexionen antiker Phi-

24 Krämer selbst verwendet für seine Strebensethik ausdrücklich nicht den Begriff der Lebenskunst, da er ihn als zu elitär und enggeführt und zu sehr mit »teleologischen Prämissen und ästhetischen Konnotaten« verhaftet sieht (Krämer 1992, 185). Sachlich scheint diese Abgrenzung jedoch nicht notwendig. Die in der Lebenskunst thematisierten Elemente der Gestaltung des Lebens insgesamt sind zu weiträumig, als dass sie auf ästhetische Elemente reduziert wären. Versteht man sie als unabgeschlossene und zeitbedingte Reflexionsanregungen, verlieren sie einen möglichen normativen Anspruch.

25 Krämer nennt an dieser Stelle explizit auch die Freiheit zum Selbstmord; an anderer Stelle verweist er im Rahmen der Freiheit des Strebens darauf, dass man bis zur schwer aushaltbaren Grenze der Vergleichgültigung gehen müsse, wenn man es mit der Nichtteleologisierung ernst meine (Krämer 1992, 156). Als Grenzfall dient ihm dann das Streben – dieses müsse in irgendeiner Form noch aufweisbar sein, und hier spricht er vom »verfehlten Selbst- und Weltverhältnis« sowie von »Aufklärung über das eigentliche und bessere Selbstverhältnis« (156). Wenn es aber ein ›eigentlich besseres‹ gibt, stellt sich die Frage, ob man angesichts dessen noch die Freiheit der Entscheidung stehen lassen sollte. Dies ist für Menschen in helfenden Berufen keine akademische Frage, da sich z. B. die Frage bei einer möglichen Zwangseinweisung bei Suizidgefahr stellt. Das Thema soll hier nicht weiterverfolgt werden, zeigt aber, dass es Grenzfälle gibt, in denen keine eindeutige Lösung möglich ist, ohne einen hohen Wert zu relativieren.

losophie verorten (Scheerer 1995, 1599), und der Begriff des ›guten inneren Dämons‹ legt auch sprachlich die Verbindung von geistiger Gesundheit und Glück nahe. Hier geht es v. a. um den Umgang mit der Passivität des Menschen und meint die *Hinnahme nicht änderbarer Widerfahrnisse*, was Böhme (2008, 12–19; 46–49; 119–128) eine »Ethik der Pathischen« nennt. Das beginnt mit der eigenen Existenz und meint v. a. eine »Versöhnung mit den zufallsblinden Prägungen« (Rorty 1991, 83) unseres Heranwachsens, die i. d. R. nur thematisiert werden, wenn sie als schmerzhaft empfunden werden, weswegen das Leid häufig Ausgangspunkt der Lebenskunst ist (Schmid 1998, 94; Krämer 1992, 158). Das Wissen um die Bedrohung der Lebensenergie durch die Unfähigkeit, sich vom Leid zu lösen, liegt der stoischen Haltung der Hinnahme des nicht Änderbaren zugrunde. Andererseits kann der Schmerz auch in glückshemmenden Hass umschlagen (Leiber 2006, 75 f). Das deutet an, dass zur klugen Selbstsorge nicht nur der Umgang mit Scheitern gehört (zur Gesamtthematik Zahlmann/Scholz 2005), sondern auch die Dimension des *Kampfes* bzw. der ›Kriegskunst‹ (Fellmann 2009, 22) gegen andere wie gegen sich selbst, ein Gegner, der allen als ›innerer Schweinehund‹ bekannt sein dürfte. Schmid (1998, 84) spricht im Kontext vom Menschen als ›sozialem Wesen‹ auch von ›agonalen Beziehungen‹ (263) und ›Machtbeziehungen‹ (264), aber auch vom ›Wesen der Widersprüche‹ (83 f), das seine eigenen Ambivalenzen unentwegt harmonisieren müsse, um nicht zerrissen zu werden.

Mit dieser Leiblichkeit verbunden ist die *Zeitdimension* – weil er sterblich ist, kann er nicht alles wollen. Der Mensch muss sich mit seiner befristeten Zeit abfinden bzw. mit ihr »befreundet sein« (Fellmann 2009, 208) und vor ihrem Horizont kluge Entscheidungen treffen (209; Schmid 1998, 85, 88), entsprechend mit sich zu Rate gehen. Man sollte sich zwar nicht anmaßen, darüber zu urteilen, ob jemand sein Leben ›verfehlt‹ habe[26], aber die Möglichkeit, sich auf dem Totenbett im Rückblick zu ärgern, ist nicht ausgeschlossen. Man kann versucht sein, empfundenen Zeitmangel[27] als typisch modernes Phänomen zu deuten (Rosa 2005; vgl. auch Virilio 1993), aber Seneca belehrt uns eines anderen. Er schildert die Klagen seiner Zeitgenossen über die Kürze des Lebens, während sie gleichzeitig mit unwichtigen Dingen ihre Zeit vergeudeten. Man kann einen seiner Sätze als Motto für den reflektierten Umgang mit der eigenen Lebenszeit nehmen:

---

26 Krämer spricht von der Möglichkeit der ›Verfehlung des Selbst- und Weltverhältnisses‹ (1992, 156 f). So weit muss man nicht gehen. Der Lebensführung können immer Motive zugrundliegen, die von außen nicht einsichtig, vielleicht auch dem Individuum selbst nicht ganz transparent sind. Als Begründung für die Beschäftigung mit der Lebenskunst reicht es, sich die Möglichkeit vorzustellen, man könne am Ende seines Lebens den (durchaus dramatisch empfundenen) Eindruck zu haben, zentrale Dinge nicht angegangen zu sein.

27 Es kann an dieser Stelle nicht auf die systematischen, historischen, kulturellen und subjektiven Dimensionen der Zeitthematik eingegangen werden. Einführungen bei Geißler/Geißler 2017, 27–206; entscheidend an dieser Stelle ist das im Bedenken der Zeitlichkeit gegebene Bewusstsein der Einmaligkeit von Situationen und eines möglichen bewussteren Verhaltens dazu: »›Zeit‹ ist ein ganz kurzes Wort dafür, in welchem Zustand alle Dinge um uns herum sind und wie sie sich verändern – ein Gefüge der Welt, das wir intuitiv selbst im Zerbrechen einer Teetasse erkennen. So erleben wir jeden Augenblick deswegen als unwiederbringlich, weil sich das Universum entwickelt.« (Klein 2008, 263).

> »Es ist doch reichlich spät, erst mit dem Leben zu beginnen, wenn man es schon bald beenden muss.« (Seneca 2009, 14/De brevitate vitae 3)

Dafür muss man sich allerdings einen Freiraum jenseits der Alltagsverrichtungen schaffen, der im Begriff der Muße zum Gelegenheitsraum für neue Möglichkeiten wird (Martin 1984, 257). Man muss allerdings auch bereit sein, sich der Leere, *dem Nichts zu stellen*, was der Mensch nach Pascal (2019, 49/151)[28] deswegen nicht gern tue, weil er dann eben seiner Sterblichkeit Gewahr werde. Interessanterweise ist aber gerade das Nichts philosophisch betrachtet nicht das Gegenteil von Etwas, sondern eine andere Form desselben (Kobusch 1984; Fornet-Betancourt 2010, 1785). Klassisch war die Betrachtung in der Muße der Ort des Glücks. Heute kann es Gelegenheit für alles Mögliche sein, sicher aber auch ein Ort, um über sich und seine Lebensmaßstäbe nachzudenken, was als ›hermeneutische‹ Dimension (Fellmann 2009, 188; 199; Müller 2011, 2250; Schmid 1998, 86, 292 ff) der Lebenskunst verstanden wird.

Hier kommen die Begriffe der *Selbstbetrachtung und Selbsterzählung* ins Spiel als Akt, in dem das Individuum in innerer Distanz sich selbst betrachtet und in einer Erzählung über sich selbst deutet bzw. darin auch eine geplante/gewünschte Zukunft entwirft. Schon der hier verwendete Terminus ›Individuum‹ zeigt die Problematik dieses Unterfangens: Vorausgesetzt wird ein ›Modell interner Reflexion‹ (Krämer 1992, 216), was eine Binnendifferenzierung des Individuums voraussetzt. Ähnlich Schmid (1998, 240 f), der von Selbstbewusstsein I (als Betrachtung) und II (als Gestaltung) spricht. Selbstbetrachtung und Selbsterzählung sind die praktische Umsetzung des vom Menschen im Kontext der Diskussionen um ein gutes Leben geforderten Einnahme eines bewussten Verhältnisses zu sich selbst und zeigen zumindest den Willen zur aktiven bejahenswerten Gestaltung (Krämer 1992, 250; Schmid 1998, 244).

Die Leistung der Selbsterzählung ist so gesehen nicht nur ein Entwurf nach vorne, sondern zuerst Herstellung einer einigermaßen harmonischen Kohärenz, damit auch Steuerungsfähigkeit angesichts z. T. widerstreitender Aspekte des Ichs (Schmid 2008, 27). Treffend ist daher auch im Kontext der Selbsterzählung der Terminus ›Selbsterschaffung‹ (Leiber 2006, 73), exemplarisch dargelegt bei Rorty (1991, v. a. 52–83). Hier kommt der Begriff des *Sinns* ins Spiel. Gemeint ist nicht eine Kohärenz in Form religiöser Erzählungen. Vielmehr geht es um die Dimension der Handhabbarkeit, des Einklangs mit sich: Rückblickend wird das eigene Ich verstehbar, nach vorne dem Lebensweg eine bejahenswerte Richtung gegeben. Insofern ist es nicht verwunderlich, dass der Begriff des Sinns ursprünglich eine Ortsbewegung bezeichnet (DWB Bd. 16, Sp. 1103–1152; vgl. Pieper 2011, 31).

Zu bedenken dabei ist: Selbstbetrachtung und Selbsterzählung sind durch und durch situativ, sodass zu anderer Zeit die Betrachtung/Erzählung anders ausfallen kann. Und: Wer immer nur mit sich zu Rate geht, läuft Gefahr, bestenfalls zu wenig Anregungen von außen zu erhalten, schlimmstenfalls sich über sich selbst zu betrügen (Hügli 1980, 132 f).

28 Die erste Seitenzahl bezieht sich auf die Neuübersetzung von 2019, die zweite auf die ihr zugrundeliegende Textausgabe von 1840.

Es ist also bei aller individueller Lebensführung dringend daran zu erinnern, dass man erst durch Andere zu sich kommt. Insofern hat die *Beratungsthematik* einen festen Sitz in der Lebenskunst und berührt auch andere Disziplinen, auch die Pädagogik (Krämer 1992, 208–212). Deren Güte zeigt sich in eben diesem Prozedere. Ob Entscheidungen sich als glücklich erweisen, zeigt sich erst in der Praxis. Ein normatives Ziel außerhalb bewusster Entscheidungen hat Lebenskunst nicht. Sie dient nicht mehr der Herausbildung eines sittlich guten Lebens, sondern der Eröffnung von Spielräumen individueller Lebensgestaltung (Krämer 1992, 127; Schmid 1998, 82). Daher sind Inhalte letztlich nur im Einzelfall anhand konkreter, i. d. R. praktischer Fragen zu klären. Wie beim Glück gibt auch hier die *emotionale Zustimmung* den Ausschlag zur Entscheidung: Ziel der Lebenskunst ist nicht das richtige, sondern das gewollte Leben, weswegen man sich v. a. mit Gefühlen und dem Wünschen und Wollen beschäftigt (Krämer 1992, 203). Hier fällt auch der Begriff des ›schönen‹ Lebens (Schmid 1998, 170) und stellt die Nähe zum Kunstbegriff her, in dem positive emotionale Haltung, Sinnlichkeit, auch Harmonie mitklingt. Es wäre falsch, hier eine Art nicht notwendigen, ästhetischen Zusatz zum basalen Lebenserhalt zu sehen. Sollte ein Mensch dem Leben keine schönen Seiten abgewinnen können, stellte sich die Frage nach dem Grund des Erhalts. Nicht umsonst ist die Genussunfähigkeit/Anhedonie ein Merkmal der Depression. Daher darf man ein Grundbedürfnis nach schönen, auch sinnlichen Erfahrungen unterstellen, weswegen zur Lebenskunst auch das *Genießen der Lüste* bis hin zum Rausch gehört. Man darf davon ausgehen, dass die gezielte Zubereitung psychoaktiver Substanzen den Homo Sapiens in seinen Anfängen begleitet: Die Verwendung des Fliegenpilzes lässt sich auf mindestens 7.000 Jahre zurückdatieren (Blätter 2005, 1), das Brauen von Bier auf mehr als 10.000 Jahre (Rätsch 1996, 6). Die Verbindung von Rauschmitteln und kultischen Zeiten/Praktiken zum ritualisierten Ausstieg aus dem Alltag und Eintauchen in eine kosmische Ordnung war gängige vorchristliche Praxis (Passie 2013, 53–58).

Im Zusammenhang mit der auf die Zukunft ausgerichteten Selbsterzählung, Sinn und Zielsetzungen nimmt die Frage nach dem *eigenen Können* und entsprechenden *Zielen* eine zentrale Bedeutung ein. Grundsätzlich birgt die Zielthematik Dimensionen, die eine genauere Betrachtung Wert sind (Krämer 1992, 155 f; Seel 2011, 246). Mit Aristoteles kann man sagen: Wem es gelingt, seine Fähigkeiten in einer ihm gemäßen *Tätigkeit* auszuüben und zu verbessern, hat eine große Chance auf Glück. Nach Viktor Frankls Reflexionen seiner KZ-Erfahrungen stellt Sinn (seiner Meinung nach erste Überlebensressource) sich für denjenigen ein, der eine noch zu erfüllenden Aufgabe vor sich sieht, die nur er selbst erfüllen könne. Allerdings sei es für das Individuum entscheidend, den Blick zu wenden weg von Erwartungen an die Welt hin zu Aufgaben, die in der Welt zu erledigen seien (Frankl 2016, 117 f). Daher nennt Seel als Ressource einer Tätigkeit die Möglichkeit, trotz größter Einschränkung noch einen eigenen Bezug zur Welt herzustellen und sich ein Minimum an Selbstbestimmung zu bewahren (Seel 1999, 130).

Wichtig bei Tätigkeiten ist, dass man ein eigenes Können erfährt bzw. dieses erweitert und sich in zeitlicher und energetischer Hinsicht so anstrengen muss, dass man sich in einem Idealmaß zwischen Über- und Unterforderung bewegt; nicht wichtig ist, ob es sich um Lohnarbeit oder Freizeittätigkeit handelt. Mit Blick auf die Literatur könnte der Eindruck entstehen, der amerikanische Psychologe Csikszentmihalyi habe dieses positive Empfinden bei Tätigkeiten unter dem Begriff des ›Flow‹ bzw. ›Flow-Effekts‹ (2010; 2019) ›entdeckt‹. Das ist nicht der Fall, wie ein Blick in die auch pädagogische Historie (▶ Kap. 2.1) zeigt. Es wäre auch verwunderlich, wenn ein so zentrales menschliches Glücksgefühl wie das einer intrinsisch motivierten Tätigkeit nicht seit Jahrhunderten oder gar Jahrtausenden in verschiedenen Kulturen bekannt wäre, wie überhaupt Aristoteles den Selbstzweck einer Tätigkeit als für das Glück zentral ansah (NE 1176b-5).

Die *soziale Seite der Existenz* wurde schon bei der Beratungsthematik angesprochen. Klug ist es, Freundschaften zu pflegen. Man wird heute wohl kaum noch den aristotelischen Gedanken einer idealen Freundschaft zwischen zwei an sich guten Menschen vertreten. Dass sie um des Nutzens willen da sei, wie Epikur sagt, klingt heute eher zweckrational anstößig. Bedenkt man aber, dass damit auch das innere gute Gefühl gemeint ist, dann kann man dem eher zustimmen: Die Anwesenheit des Freundes tut uns i. d. R. gut, sie ist angenehm und man erkennt die Güte einer Freundschaft bekanntlich und unbestritten in der Not. Außerdem darf man von einem guten Freund auch die Äußerung unangenehmer Dinge erwarten um unserer selbst willen. Und da die Antike kein Sozialversicherungssystem kannte, war das Pflegen von Freundschaft eine entsprechende Absicherung. Zur Berücksichtigung der sozialen Seite sollte zumindest ein *Interesse an Politik* gehören. Hier kann man auch vielfältige empirische Arbeiten über den Zusammenhang von Wohlbefinden und Staats-/Wirtschaftsform verweisen. Daraus rührt jedoch keine Empfehlung für politisches Engagement – hier müsste im Sinne einer Beratung reflektiert werden, inwieweit die politische Agenda des Kampfes um Macht den eigenen Fähigkeiten entspreche oder ob ein kluger Selbstschutz in der Konzentration auf das Privatleben liege.

Das alles sind Themen/Reflexionsebenen von Lebenskunst. Die Frage stellt sich, ob ein Mensch das nicht zumindest weitestgehend allein bewältigen kann und ob es eine *Begründung für das Erlernen* von, *möglicherweise auch das Beraten in Sachen Lebenskunst* gibt, die nicht paternalistisch ist. Krämer (1992, 258) löst diese Frage durch die Behauptung einer ›formalen anthropologischen Grundstruktur‹: Der Mensch sei sowohl *Strebender als auch Gehemmter.* Gehemmt ist er einerseits durch andere, weswegen das Verhältnis des Ichs zur Gemeinschaft in der Lebenskunst immer thematisiert wird (Liebsch 2011, 1414f; Fellmann 2009, 33; Krämer 1992, 257; Schmid 1998, 258). Gehemmt ist er aber immer auch durch sich, alltagssprachlich in Formulierungen wie ›sich selbst im Weg stehen‹ oder ›über sich ärgern‹, oder ›eigener blinder Fleck‹ festgehalten. Damit wird es sinnvoll, sich Hilfe von anderen zu holen, ohne eine grundsätzliche Inkompetenz vorauszusetzen, zumal die Hilfe ohnehin nur der eigenen Entscheidungsfindung dient. Insofern ist der Begriff des »Lebenlernens« als Kern von Lebenskunst (Krämer 1992, 185) problematisch, denn jemand, der sich beraten lässt, besitzt schon eine zentrale Lebenskompetenz oder gar Klugheit, nämlich die, sich Hilfe zu holen.

Schlussendlich ist das Gelingen der Lebenskunst aber unsicher. Tatsächlich beginnt die Reflexion über ein glückliches Leben im Moment der erfahrenen Abwesenheit desselben. Gerade ihre prospektiven Seiten drohen vernachlässigt zu werden in den Momenten, in denen man keinen Mangel spürt. Vermutlich ist der Mensch als ›Wesen der Sorge‹ nicht zu allen Zeiten gleich sorgsam, vielleicht kann er es auch nicht sein, weil er nicht weiß, was ihn erwartet. Eventuell liegt es an dem Ineinander von Vernunft und Emotion, dass erst das erfahrene Leid Anlass nicht nur zu seiner Behebung, sondern auch zukünftigen Vermeidung ist, weil erst diese Erfahrung zur notwendigen Horizonterweiterung führt. Hier muss an das Bild der Steuermannskunst erinnert werden: Noch der beste Steuermann kann einem Sturm nicht entkommen. Der Ereignischarakter des Lebens, die dem Menschen gegebene Passivität bedeuten letztlich, dass man nicht nur sein Ziel aus den Augen verlieren kann, sondern neu justieren muss, weil das Leben nicht planbar ist. Daher müssen an dieser Stelle zwei für die Lebenskunstthematik wichtige Einschränkungen gemacht werden:

Möglicherweise ist nicht das Erarbeiten und Verfolgen von Zielen das Allerwichtigste, sondern der *Erwerb gewisser Grundkompetenzen* wie z. B. generelle Widerstandsfähigkeit, Flexibilität, Offenheit, Selbsttransparenz, Beziehungsfähigkeit, Entscheidungsfähigkeit, …, die weit vor der Beschäftigung mit der Kunst der Lebensführung vermutlich in sehr jungen Jahren erworben werden. Hier kommen pädagogische Institutionen ins Spiel, angefangen bei der Familie. Insofern muss man pädagogisch nicht vom Glück reden, um glücksrelevant sein zu können. Systematisch angegangen wird es dann erst in der Not.

Zum anderen: Man darf sich von einer Beratung in Sachen Lebenskunst nicht zu viel erwarten. Angesichts der Offenheit des Lebens können Lebensziele nur relativ verstanden werden: Weniger das Reflektieren über einen möglichen Lebensweg, sondern die *Offenheit für neue Erfahrungen* und Reflexion derselben könnte für ein glückliches Leben entscheidend sein. Wie Gilbert anschaulich (und durchaus als gelungener Kontrapunkt zu Glücksversprechungen der ›Positiven Psychologie‹ lesbar) darlegt, ist der Weg ins Glück kein zurechtgelegter wohlüberlegter. Kognitionspsychologie lehre uns die Fehlerhaftigkeit unserer Selbst- und Weltwahrnehmung inklusive Zukunftsplanung. Zwar gebe es verallgemeinerbare Erfahrungen, leider könne der Mensch sie emotional nicht wahrnehmen bzw. weigere sich, sie aufgrund vermuteter Einzigartigkeit der eigenen Person auf sich zu übertragen. Was also ist zu tun? ›Ins Glück stolpern‹, so der programmatische Titel des Buches, was praktisch bedeutet:

> »Es ist nicht immer sinnvoll, das zu beherzigen, was uns andere Menschen erzählen, wenn sie uns ihre Vorstellungen vom Glück mitteilen, aber es ist durchaus sinnvoll zu beobachten, wie glücklich sie in bestimmten Situationen sind. Leider halten wir uns selbst jedoch für einzigartige Wesen – Seelen sondergleichen –, und daher weisen wir oft das zurück, was wir aus der emotionalen Erfahrung anderer Menschen lernen können.« (Gilbert 2008, 379f)

Das muss noch nicht einmal ein ›Aha-Effekt‹ sein, es kann sich auch als Gefühl von ›das will ich auch‹ oder ›das ist cool‹ einem Streben gleichsam unterlegen. Lebenskunst besteht also nicht darin, sich einen Kurs durchs Leben zurecht zu legen, und sei es auch noch so (selbst-)reflexiv mithilfe anderer. Die Kunst besteht eher darin, in den notwendigen Routinen des Alltags mit sich selbst in Kontakt zu bleiben. Den Kurs bestimmt mindestens zu gleichen Teilen das Leben selbst in Form ungeplanter Erfahrungen. Durch deren emotionale Bedeutsamkeit wird dem Ich ein Ziel gezeigt oder kristallisiert sich ein solches durch mehrere solcher Erfahrungen erst sukzessive heraus. Hier muss die antike Skepsis ernst genommen werden, ohne dass man die Erlernbarkeit der Lebenskunst in Gänze negiert. Das Glück ist immer etwas Zusätzliches, Unerwartetes, entweder es ereignet sich oder eben nicht. Man darf sich daher nicht auf das Glück fokussieren, auch nicht auf vermeintlich notwendige Ziele. Vielmehr braucht man eine gewisse tänzerische Geschmeidigkeit in der Hüfte, um Ziele anzusteuern und bei Widerständen die Richtung zu modifizieren, um sich schön durchs Leben zu manövrieren und unerwartet beim Glück zu landen. Deswegen muss auch eine Philosophie der Lebenskunst am Ende die Waffen strecken und auf das verweisen, was man macht, wenn man keinen Plan mehr hat, aber es irgendwie weitergehen muss: *Improvisieren.* Schmid (1998, 361) spricht vom experimentellen Charakter der Lebenskunst, Fellmann (2011, 306) von der Metapher des Spiels als Orientierung der Lebenskunst im 21. Jahrhundert. Während Fellmann dieses Experimentieren und Improvisieren ausschließlich als musikalische Figur kennzeichnet, drängt sich mit Blick auf das *Spiel* als zentralem Inhalt das Improvisationstheater als Lebensmetapher auf (Blomberg 2003, 248–267): Es gibt keinen Plan, die Themenvorgaben kommen von Anderen. Nur in der bejahenden Annahme dieser Unverfügbarkeiten tun sich im Spiel spontan und intuitiv Gestaltungsspielräumen auf. Lebenskunst als Kunst der Improvisation impliziert daher zunächst die Anerkennung der eigenen Kontingenzen – Geburt, Lebensumstände, Schicksalsschläge, Zufallsbegegnungen/-ereignisse u. v. m. Es impliziert ferner den Abschied von der Planbarkeit, von einem abgeschlossenen Ziel des Projekts sowie die Offenheit für Neues und den spielerischen Umgang mit sich Bietendem. Das erfordert Absichtsfreiheit, Mut zur Offenheit der eigenen Biographie, dadurch auch Veränderungsbereitschaft, schließlich *Neugierde.* Das Spiel kann eine ›Oase des Glücks‹ sein (Fink 1995, 420), es hat aber immer auch agonalen Charakter (Caillois 1960, 46). Die spielerische Improvisation mit der eigenen Biographie ist nicht nur Ausdruck eines notwendigen Umgangs mit Begrenzung, sondern eine bewusste Bejahung derselben in offen neugieriger Haltung. Nur so kann das Neue zum vollen, weil vom Zufall begleiteten Glück werden. Daher wird das Spiel (von Pädagogen!) als zentraler Glücksinhalt benannt und das Aufsuchen des Spiels über die Lebensspanne privat und beruflich empfohlen (Röhrs 1981, 19 f; Wegener-Spöhring 2007, 924). Man muss daran erinnern, dass die Improvisation der Ursprung des Schauspiels ist (Ebert 1993, 24) und der Ursprung des Schauspiels im kultischen Spiel eine »Nachahmung des Lebens« beinhaltet, auch dessen, was erlaubt und verboten ist (Brauneck 1993, 2000; auch Berthold 1968, 121). Die dem freien Spiel zugeschrieben Aspekte der Freude um ihrer selbst willen finden sich am deutlichsten in der Komödie, in der die Freude, das Lachen letztlich auch Ausdruck ungezügelter Lebenslust sind (Herter 1947, 5; 42). Erinnert werden muss hier auch an die Verbindung von Spiel und Fest und die marginale Position des Festbegriffs in der Philosophie (Maurer 2012, 299; 302).

Zu solcher als spielerische Improvisation verstandenen Lebenskunst gehört eventuell auch eine gewisse Begabung, wie der Kunstbegriff es nahelegt. Und wie bei aller scheinbar leicht aussehenden Kunst liegt dem vermutlich auch jede Menge ›Training‹ zugrunde in Form von Erfahrungen, Reflexion derselben und Neujustierung von Denken und Handeln. Aber am Ende jeder harten Aneignung von Techniken lebt der beste Künstler vom Einlassen auf einen ungewissen Prozess und Vertrauen auf seine Intuition. Nichts Anderes gilt für den Lebenskünstler:

> »Der Durchblick, der in der grossen Welt in allen feinen, bösen, kitzlichen und gefährlichen Umständen des Lebens für jeden Menschen Alles sagt und Alles entscheidet, ist nicht die Philosophie. Er ist nicht das Federlesen, nicht das langsame Abwickeln der Gedanken, nicht das Zweifeln und Schwanken, nicht das Ja und Nein, woran sich oft der größte philosophische Denker in der Einsamkeit so sehr gewöhnt. Rasch und schlank, auf allen Seiten beweglich und doch fest und keck, muss man in Allem zu Werke gehen, immer geschwind, furchtfrei und muthig. Dies ist zwar der Weg zu unzähligen Fehlern, die kein Philosoph begeht, aber auch der einzige, beste und sicherste Weg zum Glücke in der grossen Welt.« (Hegel 1991, 99)

2 Glück als pädagogische Zielkategorie

2.1 Die Glücksthematik an der Wiege der Pädagogik als Wissenschaft

Wenn Glück etwas ist, wonach alle streben, dann müsste es doch sehr verwundern, wenn es in der Pädagogik keine Rolle spielte. Der Befund zum Thema Pädagogik und Glück ist allerdings zweideutig. Einerseits hebt bereits Aristoteles die pädagogische Bedeutung hervor, wenn er über die Lust schreibt:

> »Denn von ihr gilt, daß sie mit unserer Menschennatur durch ein ganz besonders inniges Band der Zugehörigkeit verknüpft ist. Dies ist der Grund, weshalb die Erziehung der Kinder durch Lust- und Unlustempfindungen gesteuert wird.« (NE 1172a 19–b2)

An gleicher Stelle betont er den Beitrag dieser Gefühle für Charakterbildung und Glück, auch ihr Vorhandensein im Lebenslauf. Ganz ähnlich spricht ca. zwei Jahrtausende später Rousseau davon, der Mensch würde zu Beginn seines Lebens die äußeren Eindrücke suchen oder meiden, je nachdem, ob sie ihm angenehm oder unangenehm seien (▶ Kap. 2.1.3), und entfaltet von da aus sein Konzept einer ›negativen‹ Erziehung; entsprechend ist wie selbstverständlich von Glück als Erziehungsziel bei den Philanthropen die Rede (▶ Kap. 2.1.7). Daher kann man aus pädagogischer Sicht mit Lassahn (1975, 556) vom Glück als ›einheimischem Begriff‹ sprechen. Andererseits ist das Glück nicht zu allen Zeiten und Orten in der Pädagogik heimisch gewesen, zumindest nicht explizit. Als Erziehungsziel ist Glück erst im 18. Jahrhundert breit thematisiert worden im Gefolge der generellen Glücksthematisierung der Aufklärung (▶ Kap. 1.3). Die Gründe sieht Oelkers (2011, 430) darin, dass bis dato eine Erziehung v. a. im Privaten und unter religiösen Vorstellungen stattgefunden habe und dass angesichts eines nicht selbstverständlichen Überlebens das Leben selbst als Glück verstanden wurde. Wie im Folgenden gezeigt wird, ist für viele, die im Zuge der Aufklärung Pädagogik in Deutschland neu und v. a. wissenschaftlich denken wollen, das Glück selbstverständliches Erziehungsziel. Man kann die Texte aber nicht verstehen, wenn man deren Wegbereiter unberücksichtigt lässt. Das ist die angelsächsische Tradition, aber darin und darüber hinaus v. a. solches Denken, dass das menschliche Erkennen und Streben insgesamt als durch die sinnliche Wahrnehmung geprägt ansieht. Damit kann man in Konflikt geraten mit idealistischen Positionen, die in der Orientierung an den Sinnen bzw. an einem nicht inhaltlichen (v. a. nicht moralisch definierten) Glücksgefühl eine Herabwürdigung des Menschen, Ablehnung von Moral, Verbreitung einer egoistischen Lebenshaltung sehen. Letztere Position hat sich durchgesetzt und eine weitere

Rezeption des Glücks von pädagogischer Seite (aber nicht nur der) verhindert. Dabei sind die Frontstellungen nicht immer eindeutig. Auch in den Texten, die vom Glück als Erziehungsziel sprechen, finden sich Überlegungen, pädagogisch zwar bei den Sinnen zu beginnen. Sie können aber bei einem sittlichen Leben unter starker Eindämmung der Sinne enden. Das ist sogar eher öfter der Fall. Allerdings finden sich auch sehr radikale Positionen, die, wie Epikur, auch die Moral im individuellen bzw. kollektiven Nutzen, damit im Gefühl von Lust oder Unlust begründet sehen.

Dagegen formiert sich mit und nach Kant eine sehr deutliche und nachhaltig wirksame Kritik, in deren Gefolge eine Glücksorientierung mit dem Begriff ›Eudämonismus‹ zum negativen Wertungswort wird, konnotiert mit Amoral und Tierhaftigkeit. Dies trifft auf solche für die Pädagogik so einflussreichen Autoren wie Schleiermacher, Herbart und v. a. Humboldt zu. Dessen Bildungsbegriff enthält das Glück nur sehr beiläufig. Sein Bildungsideal der optimalen Entwicklung der Kräfte als Verwirklichung höheren/höchsten Menschseins hat offensichtlich das Glück als Leitziel abgelöst. Dieser Prozess wird im Folgenden nachgezeichnet. Begonnen wird dabei mit theoretischen Vorbereitungen zu Beginn der Aufklärung. Insgesamt zeigen die Texte eine sehr breite Vielfalt und, vielleicht zur Verwunderung des einen oder anderen, die Tatsache, dass der Utilitarismus in Deutschland diskutiert wurde, bevor es ihn als Label gab. Der ebenfalls hier dargestellte Johan Amos Comenius fällt zeitlich etwas ›aus der Reihe‹. Wenn man aber vom Beginn der Pädagogik als Wissenschaft spricht, dann kann man neben z. B. Rousseau oder Pestalozzi nicht auf ihn verzichten, erst recht nicht, wenn man seine Schrift ›Der Glücksschmied‹ liest. Comenius steht in seiner tiefen Religiosität und seinem Bedürfnis nach wissenschaftlicher Pädagogik am Beginn aufklärerischer Pädagogik und an der Schnittstelle zwischen religiösem und säkularem Weltbild, einer Schnittstelle, die allerdings in den Texten der Zeit längst nicht als Riss wahrgenommen wird. Eher geht es um eine vernünftige Religion, weswegen Glücksorientierung nicht automatisch Areligiosität oder Atheismus impliziert, auch wenn viele das wohl geglaubt und das Glück entsprechend bekämpft haben.

2.1.1 Historische Vorbereitungen

Dass das Glück für die Pädagogik zu einem einheimischen Begriff wurde, ist Konsequenz einer Position, die den Menschen in seiner Leiblichkeit ernst nimmt und den Einfluss der Sinne auf das Denken hervorhebt. Dadurch wird das Glücksverständnis aus theonomen Weltdeutungen befreit. In Konsequenz heißt das: Wenn es ›echtes‹ Glück auf Erden geben kann, dann auch in der Erziehung bzw. durch sie ermöglicht. So formuliert Bentham bündig: »The common end of every person's education is happiness.« (Bentham 1843, 71) Bentham et al. sind aber nicht die Einzigen bzw. haben theoretische Vorläufer, die das Glück aus theonomen Orientierungen lösen. Die Renaissance bringt im 15. Jahrhundert durch die Rezeption des Lukrez und Epikur ›christliche Epikureer‹ (Kimmich 1993, 67–83) hervor, allen voran Lorenzo Valla und Cosma Raimondi (ebd., 83). Auch wenn die jeweiligen Positionen differenziert zu betrachten wären und Epikureismus in Reinform nicht vorhanden ist, dringt doch eine Perspektive (wieder) stärker auf, die die Leiblichkeit des Menschen, seiner Erkenntnis und seines innerweltlichen Glücks stärker reflektiert. Für das 17. Jahrhundert sieht Kimmich den »Epikureismus als französische Mode« (ebd., 89), was u. a. auch am Franzosen Gassendi liegt (1592–1655), dessen Werk insgesamt wissenschaftsgeschichtlich einflussreich war und dessen Arbeit zu Epikur letztlich auch Lockes Hedonismus-Verständnis beeinflusste (Fisher 2014; McMahon 2006, 181). Gassendi beschreibt den Zustand der seligen Schau der (jetzt philosophischen statt theologischen) Kontemplation als »Schmerzlosigkeit des Körpers und der Seele« (Spaemann 1974, 698) und ist damit direkt beim epikureischen Glücksverständnis. Folgt man Spaemann, ist es *Hobbes*, der mit der zunächst theologischen, dann philosophischen ›visio beatifica‹ als Kern des Glücks bricht und Glück als »andauerndes Fortschreiten von einer Begierde zur anderen« definiert (ebd.), einem Streben, das erst mit dem Tod und nicht in einer Gottesschau endet. Überaus einflussreich auch *Locke*, für den die (irdische) Freude als solche schon Glück ist (Locke 1990, 143, (4))[29], ihr Verlust bzw. der Schmerz das vom Menschen natürlich Gemiedene (ebd., 115). Nicht zufällig beginnen seine ›Gedanken über Erziehung‹ mit einer Beschreibung des Glücks und der Behauptung der Möglichkeit seiner Realisierung (durch, so kann man ergänzen, Erziehung):

> »Ein gesunder Geist in einem gesunden Leib, das ist eine kurze, aber vollständige Beschreibung eines glücklichen Zustandes in dieser Welt. (…) Glück und Elend des Menschen sind größtenteils sein eigenes Werk.« (ebd., 1)

Locke sieht den eigenen Anteil des Menschen auf zweierlei Weise: Einmal, ähnlich Epikur, in der Möglichkeit, sich auf Wesentliches zu konzentrieren, hier psychische und physische Gesundheit. Zum anderen aber auch darin, sich jenseits von Konventionen und Erziehung für genau das ihm Gemäße zu entscheiden. In der gründlichen Prüfung dessen, was ihm persönlich guttue, liegt für Locke die Freiheit eines jeden Menschen, und bzgl. der gewählten Güter/Anlässe gibt es für Locke keinen inhaltlichen Maßstab. Glück sei die Maximierung von Freude und Minimierung von Schmerz (Locke 1894, 340), Glücksanlässe seien individuell sowie hinsichtlich geistiger und körperliche Freuden unterschiedlich (341, Herv. im Orig.). Das Individuum könne sich in seinen Glückspräferenzen nicht täuschen, lediglich hinsichtlich zukünftiger erwarteter Freuden (378). Um eigene Präferenzen aber zu entwickeln und sich von fremdem Einfluss zu befreien, ermuntert Locke zur praktischen Erprobung und Schulung der Freuden (363), mithin von seiner Freiheit Gebrauch zu machen und die Dinge nach eigenen Maßstäben zu beurteilen (345). Im Streben nach Lust und Vermeidung von Schmerz sieht er keine Reduktion intellektueller Größe, sondern deren höchste Perfektion und einen Garanten für Freiheit (376). Erstes Handlungsmotiv sei Schmerzvermeidung/-beseitigung (344).

Obwohl Locke, anders als Hobbes, das höchste Gut immer noch im Jenseits gesehen habe, werde mit ihm das Glück ins Diesseits überführt (›From Heaven to Earth‹, McMahon 2006, 184 ff) als im Menschen angelegtes Streben:

> »For whatever else might be said, Locke *had* legitimated the search for happiness, in this life, grounding it in science, human impulse, and divine order. (…) Here there was little room

29 Die Angabe bezieht sich auf die von Locke vorgenommener Nummerierung der Kapitel, nicht auf Seitenzahlen.

for divine intervention, little need for grace: Happiness was in the natural things.« (185, Herv. im Orig.)

Ähnlich sinnlich orientiert ist auch *Hume*, für den das Gefühl von Lust und Unlust zentraler menschlicher Wirkfaktor ist (Hume 1978a, 162), auch in moralischen Entscheidungen (Hume 1978b, 217). Er bezeichnet den Verstand sogar als ›Sklaven‹ der Gefühle (Hume (1978b, 153) und sieht die Empfindungen von Lust und Unlust in allen menschlicher Aktivitäten wirksam (Hume 1978b, 327).

Diese Gedanken sind auch in Deutschland diskutiert worden (vgl. Hruschka 1991) – Lockes Gedanken über Erziehung wurden auch in Campes ›Revision‹ publiziert, Helvétius, der wiederum großen Einfluss auf Bentham hatte, hatte Kontakt zum preußischen Königshaus. Häufig entsteht allerdings der Eindruck, die philosophische Wertschätzung von Luststreben und Schmerzvermeidung sei v. a. eine angelsächsische Tradition, ebenso ihr Etikett ›Utilitarismus‹. In Tradition des deutschen Idealismus wird dies bis heute als intellektuell weniger wertvoll bzw. amoralisch konnotiert. Übersehen wird, dass es auch in Deutschland eine rege Diskussion um utilitaristische Grundpositionen gab, ohne sich des Labels zu bedienen bzw. bevor es dies gab, stark in juristischen Kontexten. Sogar die vermeintlich Benthamsche Formulierung des größtmöglichen Glücks der größten Zahl wird Leibniz zugeschrieben. In der vierten Auflage seines ›Philosophischen Lexicons‹ von 1775 reflektiert *Johann Georg Walch* unter dem Begriff ›Eigennützig‹ das Verhältnis von Individual- und Kollektivwohl, man könnte auch sagen: Glück des Einzelnen im Verhältnis zu dem der Gemeinschaft, mit im Zweifelsfall Plädoyer für Letzteres (Walch 1968, 921). *Christian Thomasius* schreibt 1730 in seinem Werk ›Institutiones Jurisprudentiae Divinae‹, das individuelle Wohl sei mit dem Gemeinwohl eng verbunden und diene wechselseitig als Maßstab (Thomasius 1963a, 94 = Lib.I. Cap.II, §96; vgl. auch Thomasius 1963b, 131 = Lib.I. Cap. IV, § XXXIX). Selbstliebe und Freundliebe seien kein Widerspruch (132 = § XLI; XLII). In seiner Schrift ›Philosophie Pragmatica‹ von 1729 vertritt *Andreas Rüdiger* den pragmatischen Standpunkt, dass Gott die Menschen liebe und wolle, dass alle sich erfreuten, und da Gott die Mehrzahl an Menschen mehr liebe als einen Einzigen, habe das Gemeinwohl Vorrang vor dem des Individuums (Rüdiger 1729, 489 = § 518). Weitere Belege für eine epikureisch-aufklärerisch motivierte Diskussion zum Glück finden sich bei Kimmich1(993, 135–157).

Diskussionen über utilitaristische Gedanken in anderen europäischen Ländern zeigt Shackleton (1988, 375–387). Genannt wird Helvétius (1715–1771), andererseits Hutcheson (1694–1746), dessen Gedanken zunächst in Frankreich verbreitet und abgelehnt wurden, dann in Italien (Lombardei/Florenz) aufgenommen und übersetzt wurden, von dort wiederum neu und positiv in Frankreich aufgenommen wurden, bis sie schließlich von Bentham in England rezipiert wurden. Man kann also sagen, dass Diskussionen um das Glück auch als Ausrichtung von Politik in Europa Jahrzehnte vor der französischen Revolution diskutiert wurden. Man muss das im Blick haben, wenn man sich den historischen Arbeiten zur Erziehung in Deutschland seit dem 18. Jahrhundert widmet. Es gab eine Glücksorientierung in der Pädagogik, die stark am menschlichen Grundstreben nach Lust und Schmerzvermeidung orientiert war. Durchgesetzt haben sich diese Positionen auf lange Sicht allerdings nicht, was, wie zu zeigen sein wird, dem Einfluss Kants geschuldet ist, den Hruschka (1991, 177) als »one of the greatest opponents of utilitarianism« bezeichnet.

Vor diesem Hintergrund sind die folgenden Darlegungen zu verstehen. Begonnen wird allerdings mit einem historischen ›Rückschritt‹ – mit Comenius, der am Übergang steht von einer in der Religion verwurzelten Weltsicht hin zu einem säkularen Weltverständnis. Er ist der erste, der sich dezidiert umfassend ausschließlich pädagogischen Fragestellungen widmet (Treml 2005, 227). Wiewohl er einerseits damit zu einer Säkularisierung des Denkens beiträgt, bleibt er dennoch gänzlich in einer religiösen Weltanschauung verhaftet, aus der sich später die pädagogischen Reflexionen als eigenständige entfalten.

2.1.2 Innere Ruhe und Heiterkeit angesichts äußerer Katastrophen – Comenius

Man kann darüber streiten, ob man Comenius (1592–1670) unter dem Thema ›Pädagogik und Glück‹ nennen muss, denn streng genommen geht es in seiner Pädagogik nicht um Glück. Tiefreligiös wie er war, ist ohnehin das Leben nur Vorbereitung auf die himmlische Glückseligkeit. Aufgabe des Menschen sei es, sein natürliches Streben nach Bildung, Sittlichkeit und Religiosität zu verwirklichen (29), während andere Dinge, die man heute klassisch als Glücksinhalte nennt, wie u. a. Gesundheit, Freundschaft und Zufallsglück (er nennt es ›Glückserfolg‹, womit letzteres offensichtlich gemeint ist), nur »Zugabe und äußerliche Verschönerung des Lebens« seien (ebd.).

Andererseits ist es gemäß den berühmten Eingangszeilen seiner ›Grossen Didaktik‹ (Comenius 2000) sein Hauptanliegen, das Lernen für Lehrer und Schüler zu erleichtern zur ›raschen, angenehmen und gründlichen Bildung‹ (1) u. a. mit dem Ziel, dass

> »(…) in den Schulen weniger Lärm, Überdruß und unnütze Mühe herrsche, dafür mehr Freiheit, Vergnügen und wahrer Fortschritt.« (ebd.)

Diese Aussagen sind vergleichbar mit denen des Jean Paul weit später, und eine Quintessenz der pädagogischen Beschäftigung mit dem Glück ist die Bedeutung der Freude für das Lernen. Unter diesem Aspekt, und ohne sich Comenius neuzeitlich und inhaltlich zurechtzubiegen, kann man doch zumindest teilweise von einer impliziten Glücksthematisierung sprechen. Explizit findet sie sich in einer weniger bekannten Schrift, die er für zwei Adelssöhne als deren Lehrer unter dem schönen Titel ›Der Schmied des Glückes oder Die Kunst, sich selbst zu raten‹ schrieb. Sie enthält Reflexionen zur Lebenskunst. Aus diesen Gründen scheint es gerechtfertigt, zumindest einen kurzen Blick auf Comenius zu werfen.

Comenius analogisiert in seiner ›Grossen Didaktik‹ das menschliche Heranwachsen mit dem anderer Lebewesen und möchte die Pädagogik analog zum sinnvollen geplanten Aufbau der Natur vollzogen wissen. Das Ergebnis ist dann die erfreuende Leichtigkeit und Heiterkeit, die er eingangs auch als innere Harmonie beschreibt: So wie das Auge am Licht und den Gegenständen, erfreue sich der

Verstand an Erkenntnis (36). Eine Orientierung an Tugenden bewirke eine innere und äußere Harmonie (ebd.), der Mensch sei zur Harmonie hingeordnet. Die sei durch den Sündenfall verloren gegangen, könne aber (durch gute Pädagogik) wiederhergestellt werden (37f). Er spricht auch von ›Heilung‹ (15), was den Begriff des ›Heils‹ als höchstem religiösen Glück und darin traditionell die Verbindung von Glück und Gesundheit impliziert. Zur Freude nennt er (und unter Absehung der des Körpers in Folge Gesundheit, Essens oder Schlafs) die klassisch eudämonistische Betrachtung des Weisen, die Freude über die eigene Sittlichkeit sowie als höchste die über Gott (57). Schulen sollen »eine liebliche Stätte sein, von außen und innen den Augen einen angenehmen Anblick bieten«, Lehrgegenstände sollen anziehend sein, wozu auch Humor eingesetzt werden könne, auf jeden Fall solle es aber erfreulich zugehen, sodass die Kinder ebenso gerne zur Schule wie zum Jahrmarkt gingen in Erwartung immer neuer Reize (99). Verhindert werde diese Freude durch schlechte Pädagogik, zu der u. a. eine als »grausam« und »Folterei« bezeichnete schlechte didaktische Aufgabenstellung gezählt wird (104), zu viel, zudem auf Übungen und Prüfungen ausgerichteter und nicht altersentsprechender Unterricht (103). Befördert werde er durch – wo eben mögliche – Berücksichtigung sinnlicher Wahrnehmung (105), da die Sinne »Kundschafter und Späher« der vernunftbegabten Seele seien (33). Zudem durch einen geordneten Aufbau und das Einordnen des Lernthemas in das gesamte Lehrgebiet (z. B. 109), aber auch durch Aufzeigen des Alltagsnutzens des zu Lernenden (105). Man könnte jetzt lange Comenius' Didaktik referieren, dafür ist hier nicht der Ort. Man kann aber festhalten: Gute Pädagogik bewirkt und ist durchzogen von Freude, es ist eine prozess- wie ergebnisbezogene Freude. Das kann mit Comenius auch ohne seine heilsgeschichtliche Einordnung gesagt werden, weswegen es inhaltlich berechtigt ist, seine Didaktik hier zu nennen. Rein semantisch allemal berechtigt ist ein Blick auf seinen Lebensratgeber, den 1637 geschriebenen ›Glücksschmied‹ (Comenius 1895).

Dort sieht er das gesamte Glücksstreben eingebettet in die Ausrichtung auf Gott als Ziel und Ermöglichung des Glücks. Die Bibel gibt ihm dafür die sittlichen Vorgaben, das Vertrauen in die göttliche Vorsehung, die Fähigkeit zum Ertragen auch schwerster Schicksalsschläge. Trotz seines Gottvertrauens sieht er es nicht nur als Möglichkeit, sondern sogar als Aufgabe an, für sein eigenes Glück zu sorgen. Ganz modern ist ihm diese Aufgabe eine zu verfeinernde Kunst, der er Leichtigkeit in der Ausführung zuspricht. Wer seine Weisheit nicht nutze, um sich selbst zu raten, sei »nutzlos weise« (Comenius 1895, 25). Leider habe es bislang noch keine systematische Darlegung der Kunst der Selbstberatung gegeben, was er nun nachholen wolle (ebd.). Lebensaufgabe sei,

> »acht zu haben auf sich, auf die Dinge, auf Gott, und in den Besitz des eigenen Selbst, der Dinge und Gottes zu gelangen«. (27)

Allerdings grenzt er dies ab gegen ein aus seiner Sicht falsches (aus unserer Sicht eher zeitgemäßes) Verständnis von Selbstbildung (25). Comenius geht es darum, sich selbst im Gesamtplan Gottes zu verstehen und zu verwirklichen resp. nicht zu verlieren (27). In Kontrast zum Zufallsglück oder seiner Meinung nach heidnischen Göttervorstellungen definiert er Glück als »die erwünschten Erfolge der Angelegenheiten, daran sich jedweder freut« (ebd.). Ziel des Glücksschmiedens sei, »(...)

ein bequemes Leben mit allen möglichen Mitteln zu schaffen.« Hier verwendet er auch den Kunstbegriff als gelungene Tätigkeit mit einer gewissen Leichtigkeit (31). Sie sei möglich wie aus Selbstsorge nötig:

> »Die Kunst das Glück zu schmieden ist eine solche Aufnahme all dessen, was uns im Leben zu thun und zu leiden vorkommt, daß nicht uns die Zufälle hinreißen, sondern wir jene.« (ebd.)

Streng eudämonistisch unterteilt er in wahre und falsche Glücksgüter (33; 35), wozu Ansehen, materielle Güter, leibliche Genüsse gezählt werden, die allesamt abgelehnt werden aufgrund ihrer Vergänglichkeit, in letzter Konsequenz der Vergänglichkeit des Lebens (35). Für Comenius gilt:

> »Ein wahres Glück ist also jenes allein, daß mit äußerer Ehrbarkeit innere Gemütsruhe und dauernde Glückseligkeit nicht so fast verspricht, als bringt: wie es die Bestrebungen der Frömmigkeit und Tugenden sind und jene Dinge, die Veranlassung und Werkzeug sein können, Frömmigkeit und Tugenden zu üben, nämlich Leibes- und Glücksgüter, welcher Art Schönheit, Adel, Bildung, Ehren, guter Ruf, Reichtum, Macht, die Gunst der Menge sind« (35).

Zwar werden damit einige ›weltliche‹ Güter anerkannt, letztlich aber nur in ihrer Hinwendung auf das höchste Gut, das bei ihm als christlicher Aristotelismus erscheint: Frömmigkeit und Tugenden, weswegen die ›weltlichen‹ den ›geistigen‹ Gütern untergeordnet sind und »der weise Schmied Gradabstufungen der Güter und den Wert der Dinge kennt« (35).

Ist diese Grundlage gelegt, geht es im Folgenden um das ›Wie‹ – hier betont Comenius den landläufigen Spruch, dass der Weg das Ziel sei. Ein guter Zweck benötige gute Mittel, und, ganz im Sinne der ›goldenen Regel‹, wer für sich Gutes will, müsse es anderen wünschen (ebd.). Neben dieser inhaltlichen gibt es auch eine methodische Ausrichtung. Gut seien solche Mittel, »(…) die gewiß, sicher und soweit wie möglich leicht.« (39) Im Folgenden systematisiert er diesbezüglich Reflexionsebenen, namentlich solche der körperlichen Gesundheit, dann der psychischen (des ›Gemüts‹), der Weisheit, der Unbesiegbarkeit, schließlich des Reichtums (39 f). Jeder Ebene ordnet er eine entsprechende ideale Grundhaltung zu, die sich ergibt aus dem klassischen Gedanken des Mittleren wie offensichtlich sozialer Klugheit:

Für die körperliche Gesundheit ›Mäßigkeit‹, für die geistige Gesundheit die Warnung, sich nicht mit Zuviel und Unnötigem zu beschäftigen und die Gedanken nicht ins Böse abgleiten zu lassen; für die Weisheit die Empfehlung der Beschränkung von Ansprüchen, des Zweifels an Gehörtem, des Vermeidens, alles das auszusprechen was man wisse, nicht alles zu tun, was man könne, sondern nur das, was nütze; für die Unbesiegbarkeit das Verfolgen nur erreichbarer Ziele sowie für den Reichtum das ehrliche Erwerben desselben, den mäßigen Genuss und die Sparsamkeit (ebd.).

Sodann werden kurz zeitliche Aspekte genannt: Comenius beton den ›Kairos‹, also die günstige Gelegenheit, die es unbedingt zu erkennen und zu ergreifen gelte; böten sich keine Gelegenheiten, gebe es einerseits die Möglichkeit, solche zu ›schmieden‹; andererseits rät Comenius davon ab, sie erzwingen zu wollen. Böten sie sich nicht, müsse man von den Zielen Abstand nehmen (41). Andererseits dürfe man bei guten Mitteln berechtigt (auf Gott) hoffen (43), ohne den ohnehin kein Glück möglich sei. Beständiges ›Wohlergehen‹ hänge nicht vom einmaligen Erreichen, sondern von der dauerhaften habitualisierten Sorge um das Eigene ab.

Auch eine innere Haltung sei ausschlaggebend für das Wohlbefinden – Gottvertrauen schenke innere Sicherheit und Heiterkeit (45), auch angesichts von Schicksalsschlägen oder denen anderer Menschen (47).

Schließlich kennt Comenius auch eine Art kluge Selbst-/Vorsorge: Da viele ›Unfälle‹ sich ankündigten bzw. lange zeitliche Wurzeln haben können, sei die Achtsamkeit als »Ausweichen für Gelegenheiten hiezu« (49) anzuraten. Wenn aber Schicksalsschläge einen ereilten, müssten sie ausgehalten werden im Wissen ihrer Unausweichlichkeit (49). Die Einstellung auf schlimmste Nöte lasse sie besser ertragen, ihr Ausbleiben beschere große Freude (51). Und schließlich lassen sich aus Unglück Lehren ziehen für die Zukunft (53). Diese lebenspraktischen Ratschläge inkludieren auch den klugen Umgang mit Menschen (55–57).

Als Quintessenz formuliert Comenius, man solle in dieser Reihenfolge zunächst der Klugheit selbst, dann der eigenen, schließlich der göttlichen vertrauen (57), nicht aber materiellen Dingen (59). Am Ende wird noch der klassische Gedanke des ›Mittleren‹ als Richtschnur empfohlen sowie, fast schon modern individualistisch, die Eigenverantwortung gleichsam imperativisch beschwört:

> »Der fremden Klugheit jedoch ist nicht zu trauen, als ob sie heilsame Rathschläge erteile; jeder muß selbst für sich selbst vorsichtig sein.« (61)

Man muss sich die Kulisse des 30-jährigen Krieges vor Augen halten sowie darin Comenius' eigene biographischen Schicksalsschläge (Verlust von Ehefrauen, Kindern und Heimat, vgl. Treml. 2005, 233). Gemessen daran ist die Betonung der Leichtigkeit und Möglichkeit des Unterfangens mehr als erstaunlich und begründet in seiner humanistischen Hoffnung auf Weltverbesserung (Treml 2005, 228) wie religiösen Hoffnung auf Gottes Heilshandeln (ebd., 233). Ebenso erstaunlich ist auch die gleiche freudige Leichtigkeit, als welche das Lernen skizziert wird. Hier zeigen sich Parallelen von Leben und Lehren. Beides kann für Comenius mit Leichtigkeit und Freude beglücken.

2.1.3 Das Glück des geringsten Leides – Rousseau

Zwar spricht Rousseau (1712–1778) in seinem pädagogischen Hauptwerk, dem ›Emile‹ (Rousseau 1998), an einigen Stellen über das Glück, allerdings wenig schwärmerisch. Um das zu verstehen, muss man sie im Kontext seines grundsätzlichen Erziehungsziels lesen: Erziehungsziel ist die Natur selbst (11), das Mensch-Sein bzw., ganz im Sinne des Selbsterhalts, das Leben selbst: »Leben ist ein Beruf, den ich ihn lehren will.« (14) Das hat zwei Gründe: Zum einen die Berücksichtigung, dass der Mensch qua Natur durch Krankheiten und Tod bedroht ist, gegen die es sich zu wappnen gilt. Zum anderen sein skeptischer Blick auf die seiner Meinung nach ›verlogene‹ Gesellschaft, in der die Menschen sich aufgrund Konventionen vom eigentlich guten Naturzustand entfernt hätten. Dagegen sichert eine an der Natur orientierte Erziehung gegen die Härten des Lebens und bringt andererseits den

Menschen wieder näher an seinen guten Urzustand bzw. zur Vollkommenheit. Das geschieht durch Konzentration auf die Erfüllung notwendiger und Beherrschung ›nicht notwendiger‹ Bedürfnisse, durch Erhalt der Gesundheit, Akzeptanz von Leid und Endlichkeit. Zwar sei das Streben nach Glück jedem Menschen von Natur aus gegeben und sein lebenslanger Begleiter (488), erfüllt werde es aber im Leben gemäß der Natur.

Entsprechend unromantisch beginnen denn seine direkten Überlegungen zum ›wahren Glück und Unglück‹ (55) mit der Konstatierung der hohen Kindersterblichkeit (»Die Hälfte der Neugeborenen erreicht höchstens das Jünglingsalter«), woraus für ihn der Imperativ resultiert, die Kinder gegenwärtige Freude erfahren zu lassen und sie in der Erziehung nicht zukünftigen, wohlmöglich nicht mehr erlebten Zielen unterzuordnen. Bezüglich der Kindheit vertritt Rousseau eine Art geistigen Hedonismus – Kinder sollen das Leben genießen, sich an ihm freuen,

> »(...) sobald sie es können: Sorgt dafür, dass sie das Leben gekostet haben, ganz gleich, zu welcher Stunde Gott sie ruft.« (56)

An anderer Stelle heißt es:

> »Liebt die Kinder, fördert ihre Spiele, ihre Freuden, ihr liebenswürdiges Wesen! Wer von Euch hat sich nicht manchmal nach dem Alter zurückgesehnt, in dem das Lachen immer um die Lippen spielt und der Friede immer in der Seele wohnt?« (55)

Andererseits, und aufs gesamte Leben betrachtet grundsätzlich, redet Rousseau der Freude, aber nicht dem Genuss das Wort. Einmal deswegen, weil v. a. die sinnlichen Genüsse keine notwendigen Bedürfnisse befriedigten, sondern als Begierden den Menschen durch sinnloses Streben vom Glück entfernten (57; 489; 492), auch wenn er eingesteht, dass sinnliche Begierden ein Leben lang und v. a. in der Jugend sehr wirkmächtig seien (309).

Andererseits deswegen, weil das Leben mehr Leid mit sich bringe als Freude, weswegen das größte Glück schon in der Schmerzfreiheit bzw. dem Ertragen von Leid liege:

> »Das Glück auf dieser Erde ist nur ein negativer Zustand; man muß es nach dem geringsten Maß an Leid messen.« (57)

Wie die Sensualisten sieht er Lust und Unlust als erste Triebkräfte des Menschen, die erst später intellektuell gewertet würden (11); ein Effekt der rationalen Beurteilung sei die Anpassung eigener Wünsche an eigene Fähigkeiten, was unerfülltes Streben und damit Unausgeglichenheit verhindere (57). Wahres Glück liege im Erreichen des Naturzustandes, der wiederum durch die Einheit von Wünschen und Fähigkeiten charakterisiert werde (58). Ein freier Mensch sei der, der nur nach dem strebt, was in seinen Kräften liegt und ihm gefällt (61). Viele Eltern hingegen machten ihre Kinder unfrei und schwach durch das Wecken und Erfüllen falscher Bedürfnisse (62). Dabei sei das Leben als solches schon höchstes Gut und damit Glück, wohingegen das Streben nach nicht Notwendigem (als ›Überarbeitung‹ an Glücksvermehrung verstanden) zum Unglück führe (ebd.). Daher solle der Mensch sich nicht ständig um sein Wohlergehen in der Zukunft sorgen und dabei den Fehler begehen, die Gegenwart zu vergessen (60). Kinder solle man die Freude an kleinen Dingen lehren und ihnen die Freude an der Erfüllung natürlicher Bedürfnisse nicht verderben (372).

Umgekehrt dürfe der Mensch sich auch nicht in einem aussichtslosen Kampf gegen Leid abarbeiten: »Leiden ist das erste, was er lernen und unbedingt kennen muß.« (54) Entsprechend minimalistisch fällt dann auch eine über Freiheit von Schmerz bzw. Minimierung desselben hinausgehende ›positive‹ Glücksdefinition aus:

> »Das Glück des natürlichen Menschen ist so einfach wie sein Leben: Es besteht darin, nicht zu leiden: Gesundheit, Freiheit, der Lebensunterhalt machen es aus.« (172)

Reichtum ist daher auch keine Glücksquelle, wohl aber Ermöglichung von Muße und Freiheit. Wenn es ginge, so Rousseau, würde er sich auch Gesundheit kaufen (373), was aus heutiger Sicht über den Zusammenhang zumindest von Armut und Gesundheit durchaus aktuell ist.

In Summe vertritt Rousseau Glücksvorstellungen, wie sie in Stoa und bei Epikur zu finden sind: Schmerzfreiheit bzw. geringes Leid als höchstes Gut, Orientierung an einer natürlichen Ordnung, Freiheit von Angst und nicht notwendigen Bedürfnissen. Gleichzeitig, durchaus aristotelisch, lobt er das sittliche Leben und ist sicher, durch ein solches schon jetzt einer erst im Jenseits eintretenden göttlichen Glückseligkeit teilhaft zu werden (310). Im Vergleich zu Epikur, aber auch einigen stoischen Texten lehnt er den Genuss klarer ab, wenngleich es ihm letztlich dabei um den Erhalt der körperlichen und geistigen Gesundheit und Freiheit geht. Auch wenn er, wie Aristoteles, Freude und Schmerz als zentrale (und einzige) Empfindungen des Kindes ausmacht (11; 233) und auch wenn er weiß, dass dem Zögling in der Pubertät (›Reifezeit‹) kaum etwas wichtiger ist als die in ihm wohnenden »Bilder der Genüsse«, als die »Begierden (…) die ihn quälen« (236), führt dies nicht zu einer anderen als eindämmenden Position hinsichtlich der Lüste/Leidenschaften. Und so ›ernüchtert‹ sein Erzieher den Emile am Ende dessen erster rauschhafter Zeit mit Sophie mit dem Hinweis, die soeben genossene Zeit der (Sinnes-)Freude kehre nie wieder, weil das Leben ohnehin vergänglich sei, damit das Glück auch, weswegen man ideelle Güter verfolgen solle.

> »Willst Du glücklich und weise leben, dann hänge dein Herz nur an die Schönheit, die unvergänglich ist: Begrenz deine Wünsche nach deinen Verhältnissen, stell deine Pflichten über deine Neigungen! Wende das Gebot der Notwendigkeit auf das Moralische an; lern verlieren, was dir genommen werden kann; lern aufgeben, wenn es die Tugend gebietet; lern, dich über die Geschehnisse zu stellen, dein Herz von ihnen zu lösen, ohne daß sie es dir zerreißen; mutig sein im Unglück, damit du niemals elend wirst; unbeugsam in deiner Pflicht, damit du niemals frevelst. Dann wirst du glücklich trotz dem Schicksal und weise trotz den Leidenschaften. Dann findest du selbst im Genuß vergänglicher Güter eine Lust, die nichts trüben kann. Du besitzt sie, ohne daß sie dich besitzen, und du entdeckst, daß der Mensch, dem alles entgleitet, nur das wahrhaft genießt, was er zu verlieren versteht.« (491)

Letzteres ist eine fast wörtliche Wiedergabe des Aristipp oder Senecas. Aber im Gesamtduktus ist Rousseaus Glück ›negativ‹ wie seine Erziehung auch: Sie besteht bekanntlich darin, möglichst nichts zu tun bzw. defensiv das Kind vor Laster und Irrtum zu bewahren und es zunächst körperlich zu ertüchtigen (72 f). Analog dazu ist nicht das Glück anzustreben, sondern die Bewältigung des Lebens durch Orientierung an der Natur. Dann stellt sich Glück als Freude am Leben selbst ein.

2.1.4 Selbstliebe als Basis des Glücks – Helvétius

Zentrale Gedanken des Claude Adrien Helvétius (1715–1771), eigentlich Claude Adrien Schweitzer, französischer Philosoph, finden sich später bei Bentham wieder. Mit seiner 1772, 1774 auf Deutsch erschienen Schrift ›Vom Menschen, von seinen geistigen Fähigkeiten und von seiner Erziehung‹ (Helvétius 1976) knüpft er an seine 1758 erschienene Schrift ›Diskurs über den Geist des Menschen‹ (Helvétius 1973) an und legt deren Konsequenzen für die Pädagogik dar. Die Schrift über den Geist des Menschen, die ihn als Sensualisten zeigt, wurde nach Erscheinen indiziert auf Betreiben kirchlicher Vertreter. Helvétius sieht als Ausgangspunkt von Erkenntnis die Fähigkeit zu sinnlicher Empfindung und deren Speicherung im Gedächtnis (1973, 81), sodass er grundsätzlich formuliert:

> »Das physische Empfindungsvermögen ist die einzige Ursache unserer Handlungen, unserer Gedanken, unserer Leidenschaften und unserer Geselligkeit.« (Helvétius 1976, 84)

Inhaltlich geleitet werde der Mensch durch sein Glücksstreben, manifest in der Vermeidung von sinnlichen Leiden und dem Suchen physischer Vergnügen, welche beide für ihn »das unbekannte Prinzip menschlicher Handlungen sind.« (ebd., 83).

Helvétius sieht darin aber auch ein Problem: Empfindungen seien immer situativ zufällig und singulär, was Irrtum und Einseitigkeit impliziere (Helvétius 1973, 86 f). In Folge werde oft übersehen, dass Lebenskunst als Fähigkeit, sich selbst glücklich zu machen, sehr viel mit Weisheit und Mäßigung zu tun habe (Helvétius 1973, 476), denn Glück bestehe in der höchstmöglichen Übereinstimmung individuellen Strebens mit der Stellung des Individuums in der Gemeinschaft (ebd., 480; 487); praktiziert werde Lebenskunst jedoch als möglichst geschickte und intrigante Durchsetzung eigener Interessen (477).

Helvétius zieht daraus zwei Konsequenzen: Zunächst komme es für den Einzelnen darauf an, sein Wollen zu beherrschen bzw. sich belehren zu lassen hinsichtlich Fehlerhaftigkeit und Durchsetzbarkeit. Das ist Aufgabe der Erziehung. Die zweite Konsequenz betrifft die Politik: Statt zeitenthobene Normen durchzusetzen, müssten Gesetze immer wieder neu überprüft werden auf ihre aktuelle Nützlichkeit. Maßstab dafür sei die größtmögliche Übereinstimmung des individuellen und des kollektiven Wohls (177; 190). Die Glückseligkeit der Menschen hänge also von politischen Gesetzen und vom Unterricht ab (Helvétius 1976, 11). Vorherrschend sei allerdings Dummheit, verursacht durch schlechte Erziehung, schlechten Unterricht, schlechte Lehrer und falsche Autoritäten: »Das gute Buch ist fast überall das verbotene Buch.« (ebd., 14).

Überaus aktuell hebt Helvétius auf die Bedeutung der ersten Sinneseindrücke (auch intra-uterin) ab (21). Die »wahren Lehrmeister in unserer Kindheit« seien die uns umgebenden Gegenstände (22). Aufgrund dieser sehr konkreten und individuell verschiedenen Erfahrungen sei jedes einzelne Leben »(…) nur ein langes Gewebe solcher Zufälligkeiten.« (23), weswegen man auch kein Kind gleich erziehen könne (23–25). Hinzu komme, dass nicht nur verschiedene Eindrücke auf uns wirkten, sondern auch gleiche Eindrücke verschieden aufgenommen würden, da ihre Wirkung von unserem grundsätzlichen Charakter wie der je augenblickshaften Befindlichkeit abhingen. Nur in ausgeglichener Ruhe (hier verwendet Helvétius das klassische Bild der Ataraxie als Windstille der Seele, 24) könne man sich ungestört dem Gegenstand widmen und sich in ihn vertiefen (Helvétius beschreibt hier kurz, was Montessori Jahrhunderte später in ihrer klassischen Beobachtung eines in der Beschäftigung versunkenen Kindes beschreibt).

Insofern ist für Helvétius der Charakter eines Menschen auch Produkt seiner Leidenschaften, und sind diese Produkte der jeweiligen Situationen (28 f). Daher bestimme in hohem Maße der Zufall über unsere Biographien (29–33; vgl. auch 141 f). Pädagogisch bedeutsam sei in diesem Zusammenhang das Interesse – es vergleiche Reize und entscheide die Konzentration auf einen bestimmten Reiz, wobei auch hier die Situation mitentscheidend sei: Die heiter-gelassene Stimmung bewirke die höchste Aufmerksamkeit (82). Grundlage des Interesses am Gegenstand ist (natürlich) das Glücksstreben als Lustsuche und Schmerzvermeidung, letztlich Selbstliebe:

> »Die Menschen lieben sich selbst, alle wollen glücklich werden. Sie glauben, sie wären es vollkommen, wenn sie mit dem Grad an Macht versehen wären, der notwendig ist, um ihnen jede Art von Vergnügen zu verschaffen. Das Verlangen nach Macht hat also seine Quelle im Verlangen nach Vergnügen.« (87)

Gemäß der Überzeugung, dass das individuelle Glück in der optimalen Passung individueller und kollektiver Interessen bestehe und der Maßstab für ein allgemeines Gut dessen öffentlicher Nutzen sei (115), gilt als Erziehungsziel:

> »Der größte allgemeine Vorteil, das heißt das größte Vergnügen und das größte Glück der größten Anzahl von Bürgern.« (38)[30]

Von der Erziehung erwartet Helvétius viel, wenn nicht alles: Ohne Umweltprägung sei der Mensch moralisch indifferent bzw. hinsichtlich seines Gewaltpotenzials auch ausgestattet mit dem »Zahn des Raubtiers« (255). Menschenliebe sei »Wirkung der Erziehung« (257), die ›alles vermag‹ (481) und der nichts unmöglich sei (509). Daher seien unter demokratischen Regierungen die Menschen offener, mitmenschlicher, arbeitsamer (481) als unter despotischen Regierungen. Erziehungswissenschaft ist für Helvétius

> »(...) die Wissenschaft von den Mitteln, die den Menschen zwingen, wünschenswerte Tugenden und Talente zu erwerben.« (509)

Ganz im Sinne damaliger Fortschrittsgläubigkeit wird die öffentliche Erziehung als besser angesehen als die private (485–487), nur durch sie werde individuelles und kollektives Glück verbunden (487). Zweifach müsse die Erziehung sein, die der Kindheit durch Lehrer, die der Jugend durch Gesetze und Sitten (501). Insofern erfordere moralische Erziehung zuallererst moralische Gesetze (504–506). An dieser Stelle bricht die Schrift abrupt ab. Helvétius geht nicht näher z. B. auf Struktur oder Inhalte ein, sondern betont vielmehr das öffentliche Leben, in Sonderheit die Gesetze als entscheidende Erziehung:

> »Die gute oder schlechte Erziehung ist fast nur ein Werk der Gesetze.« (507)

30 Der Einfluss Helvétius auf Bentham ist bekannt und springt bei der Lektüre ins Auge, vgl. Bentham (2013, 74–83).

Eine gute Entwicklung der Menschen vollziehe sich quasi von selbst, wenn Gesetze gerecht seien, bei Belohnungen das meritokratische Prinzip herrsche, öffentliches mit privatem Interesse verknüpft sei, die Lehrer frei im Denken und ohne Rücksicht auf überkommene Gebräuche seien.

Aber trotz seiner materialistischen, bei der Leiblichkeit des Menschen ansetzenden Überlegungen ist auch Helvétius kein Hedonist. Das von ihm propagierte Glück ist keines des differenzierten Genusses sinnlicher Freuden, keines der Muße, es ist Arbeit, und auch die im steten Prozess, wenig als Glück des vollendeten Werkes:

> »Die Beschäftigung ist das Glück des Menschen. Aber was ist nötig, damit man sich beschäftigt und sich bewegt? Ein Antrieb. Welches ist der mächtgste und allgemeinste? Der Hunger. Er veranlaßt auf dem Land den Bauern zur Feldarbeit und treibt in den Wäldern den Wilden zu Fischfang und Jagd. Ein Bedürfnis anderer Art beseelt den Künstler und den Wissenschaftler: das Bedürfnis nach Ruhm, nach öffentlicher Achtung und dem Vergnügen, die sie verbürgt. Jedes Bedürfnis, jedes Verlangen zwingt zur Arbeit. Hat man sich frühzeitig an sie gewöhnt, ist sie angenehm. Fehlt diese Gewohnheit, so macht Trägheit die Arbeit verhaßt, und dann sät, pflanzt und denkt nur mit Widerwillen.« (398)

Allein, es ist keine Wonne des erfüllten Augenblicks, keine Ekstase. Die beatitudo als, wenn auch nur augenblickshaft erfahrenes, ›volles‹ Glück kommt bei ihm nicht vor:

> »Um glücklich zu sein, muß immer etwas zu unserem Glück fehlen. Nicht nachdem man zwanzig Millionen erworben hat, sondern während man sie erwirbt, ist man wirklich reich. Nicht nachdem man zu Wohlstand gekommen ist, sondern während man zu Wohlstand kommt, ist man glücklich. Dann kennt die Seele, die immer tätig und immer angenehm erregt ist, keine Langeweile.« (396)[31]

So liest sich das Buch als Aufforderung zur Verwirklichung gerechter Gesetze und einer von religiösen und Standeszwängen befreiten Erziehung zum strebsamen Arbeiten als wahrem Glück. Mit Blick auf eudämonistisches Glück klingt das nachvollziehbar, für denjenigen, der sich vom Glück mehr als Arbeit oder stetes Streben verspricht, eher spröde.

2.1.5 Erziehung und Unterricht zur Glückseligkeit der Menschheit – Französische Revolution

Den Menschen mithilfe von Erziehung/Bildung zur Glückseligkeit und/oder Vollkommenheit (beides wird nicht selten in einem Atemzug genannt) zu führen, ist ein typischer Topos der Aufklärung. Texte zur Gestaltung der Erziehung allgemein, des Unterrichts im Besonderen in Frankreich im Zuge der französischen Revolution atmen denn auch den gleichen Optimismus wie den des Helvétius – ist die Welt erst einmal von falschen Autoritäten befreit und die Menschheit in der Lage, sich gemäß

31 Man muss am Rande auf verstörende Passagen hinweisen, in denen Helvétius in einer Fußnote darauf hinweist, dass die natürliche Reichhaltigkeit ihrer Länder ›die Afrikaner‹ und Bewohner der Karibik zu Unwissenheit und Faulheit gebracht habe, da sie kaum Anstrengung benötigten für ihren Lebensunterhalt: »Daher hat auch der Afrikaner kein Interesse zu denken und denkt auch nur wenig. Von dem *Karaiben* läßt sich dasselbe sagen.« (219, Herv. im Orig.)

den Regeln der Vernunft zu organisieren, werde es dem Individuum wie der Gemeinschaft bessergehen, emotional wie materiell.

So heißt es im ›Bericht und Entwurf einer Verordnung über die allgemeine Organisation des öffentlichen Unterrichtswesens‹ von *Condorcet*[32] (1743–1794) (und möglicherweise anderen Mitschreibern, offiziell wurde der Text der Nationalversammlung vorgelegt vom ›Komitee für öffentlichen Unterricht‹), Ziel des Unterrichts müsse die Vervollkommnung der Talente und beruflichen Fertigkeiten eines jeden sein zum Wohle der Gemeinschaft (Condorcet 1949, 63). Dies führe zu mehr individuellem Wohlbefinden und gesellschaftlichem Fortschritt:

> »Den Unterricht so zu leiten, daß die Vervollkommnung der Kunstfertigkeiten den Lebensgenuß der Allgemeinheit der Bürger erhöht und den Wohlstand derjenigen, die sie betreiben; daß immer mehr Menschen fähig werden, die für die Gesellschaft notwendigen Aufgaben bestens zu erfüllen; daß die stets wachsenden Fortschritte der Aufklärung eine unerschöpfliche Hilfsquellen zur Befriedigung unserer Bedürfnisse erschließen, Heilmittel für unsere Leiden bereitstellen und Beiträge zum persönlichen Glück und dem allgemeinen Gedeihen leisten; in jeder Generation die körperlichen, geistigen und moralischen Fähigkeiten zu pflegen und damit zu der allgemeinen von Stufe zu Stufe fortschreitenden Vervollkommnung des Menschengeschlechts beizusteuern, dem letzten Ziel, auf das gesellschaftlichen Einrichtungen gerichtet sein sollten; das alles muß außerdem der Zweck des Unterrichts sein; und darauf zu achten, daß dies so sei, ist eine der öffentlichen Gewalt vom allgemeinen Interesse der Gesellschaft, ja von dem der gesamten Menschheit auferlegte Pflicht.« (63)

In Aussicht gestellt wird hier nicht mehr und nicht weniger als eine harmonische Entwicklung von Individuen und Gemeinschaft hin zu umfassendem Glück, auf lange Sicht Vervollkommnung der Menschheit durch Pädagogik. Typisch aufklärerisch ist auch der Wunsch nach umfassendem staatlichen (= wissenschaftlichen) Einfluss auf Erziehung und Unterricht zur Sicherstellung des Ziels, Gedanken, wie sie auch bei Kant zu finden sind. Eigennutz und Nützlichkeit für die Gemeinschaft werden als harmonisierbar gedacht, sofern man auf individuelle Neigungen eingehe und sie gesellschaftlich nutzbringend lenke und platziere (77). Auch *Mirabeau*[33] (1749–1791) sieht diese Harmonisierbarkeit (Mirabeau 1949, 37), sofern die Erziehung nicht mehr im antiaufklärerischen Geist betrieben werde (38). Daher auch die Betonung der Notwendigkeit von Gedankenfreiheit im Unterricht und Freiheit der Lehrmittelauswahl, um der Wahrheit und damit der Vervollkommnung nicht im Wege zu stehen (Condorcet 1949, 77). Während Condorcet neutraler von der Parallelität der Entfaltung individueller Anlagen und ihrer kollektiven Nutzung spricht (92), formuliert *Lepeletier* (1760–1793) weitaus drastischer, die Kinder ›entschlüpften‹ in den pädagogisch so bedeutsamen ersten sechs Lebensjahren dem Staate (Lepeletier 1949, 122), weswegen es des Plans einer Nationalerziehung bedürfe und für Eltern staatliche Verpflichtung werden solle, ihre Kinder dieser Nationalerziehung ›hinzugeben‹ (128). Durch Erziehung sollten Charaktere gebildet, durch Unterricht solle Wissen verbreitet werden (121). Darin sieht er die Chance zu umfassendem Einfluss:

32 Offiziell Marie Jean Antoine Nicolas Caritat, Marquis de Condorcet.

33 Offiziell Honoré Gabriel Victor de Riqueti, Marquis de Mirabeau; auch hier geht man davon aus, dass der Text mehrere Autoren hat, vgl. Alt (1949, 22–29).

> »In der öffentlichen Erziehung dagegen gehört die ganze Existenz der Kinder uns an, die Materie, wenn ich mich so ausdrücken darf, kommt nie aus der Form heraus, kein Gegenstand von außen kann die Gestalt, die Ihr ihm gebt, verändern.« (136)

Legitimiert wird dieser umfangreiche Zugriff v. a. mit fehlender sozialer Gerechtigkeit (123; 136). Durch im alltäglichen Umgang praktizierte Gleichheit werde gesellschaftliche Gleichheit erreicht, sodass am Ende der Nationalerziehung gleichberechtigte Kinder zum Wohle des Staates herausgebildet seien. Wie sehr bei ihm die Herausbildung des nützlichen Bürgers im Vordergrund steht, zeigt sich in den von ihm hervorgehobenen Inhalten der ›physischen Erziehung‹ – es geht um Abhärtung und Entbehrung (130), den Entzug von Überfluss, die Gewöhnung an Härte durch ›hartes Schlafen‹, an Arbeit (131), Ordnung und Disziplin (132).

Zwar solle Erziehung dem Genuss der Freiheit dienen, der Weg dorthin führe aber über Gehorsam und den täglichen Zwang unter Regeln (133). Zur Finanzierung soll auch Kinderarbeit in den Fabriken dienen (140), mit Erreichung des 12. Lebensjahres sei die öffentliche Erziehung beendet (145), nur ein geringer Teil solle dann Künste und Wissenschaften studieren können (146). Die so gleich erzogenen Kinder kehrten dann in ihre Familien zurück und vermehrten das Glück derselben, da sie

> »(…) Kraft, Gesundheit, Liebe und Gewöhnung zur Arbeit mit sich führen.« (139)

Lepeletiers Nationalerziehung dient letztlich der Herausbildung eines nützlichen Bürgers:

> »Eine ganz neue, arbeitsame, geregelte, disziplinierte Masse soll sich also bilden und welche eine undurchdringliche Mauer von der unreinen Berührung mit den Vorurteilen des alten Geschlechts ferngehalten hat.« (144)

Lepeletier ist von den drei hier genannten hinsichtlich der Erziehung zur Nützlichkeit sicherlich der markanteste Autor. Aber die harmonisch gedachte Vereinbarkeit von individuellem und kollektivem Glück insbesondere durch Arbeit ist Kernbestand der Pädagogik der Aufklärung. Was für heutige Ohren zu sehr gemeinschaftsverpflichtend ist, war es offenbar auch zu damaliger Zeit, denn Mirabeau wie Condorcet erachten es als notwendig, dem Menschen nicht nur via Moral die Perspektive des Gemeinwohls nahe zu bringen, sondern auch ein (nationales) Gemeinschaftsgefühl durch Feste zu erzeugen (Mirabeau 1949, 59 f; Condorcet 1949, 82).

Man kann und müsste an dieser Stelle die Texte jeweils in Sonderheit diskutieren – eine vergleichende Analyse findet sich bei Alt (1949). Bedenkt man die Formulierung des Helvétius, die Erziehung sei und vermöge alles, betrachtet man dann diese politischen Texte, erkennt man in ihnen eine enorme Wucht an Hoffnung und Veränderungswille. Die Gestaltung eines neuen Menschen durch Erziehung und Unterricht steht auf der Agenda, befreit von den Fesseln irrationaler Religion, befreit aber auch von der als schlecht gedachten frühkindlichen häuslichen Erziehung. Geredet wird hier zwar vom Glück. Gemeint ist aber das, was Lüth/Wulf (1997) berechtigt hinsichtlich seiner Machbarkeit mit einem Fragezeichen versehen: »Vervollkommnung durch Arbeit und Bildung?«. Die Idee einer »Konstruktion des ›neuen Menschen‹« (Herrmann (1997, 30) mithilfe einer politisch verschränkten

Pädagogik (ebd., 183–194) atmet durch diese und andere zeitgenössische Texte. Selbstverständlich war dieses Gedankengut nicht auf Frankreich beschränkt. »Wohlstand und Glück« (98) als Leitbegriffe auch der deutschen Aufklärung sind nicht unbedingt als individuelle Lebensgestaltung heutiger Provenienz zu verstehen, sondern Ziele einer »Erziehung und Formung des gemeinnützigen Bürgers« (ebd.). Diese Hinweise sind nötig, dürfen aber den Gewinn an Bildung für viele/alle und einen möglichen Zuwachs an Wohlstand, Gerechtigkeit, auch geistiger Freiheit nicht unterschlagen. Sie zeigen aber die Ambivalenzen, die sich im Detail hinter dem vermeintlich ausschließlich positiv wirkenden Begriff des Glücks verbinden können. Glücksorientierung kann auch dem totalitären staatlichen Zugriff auf Kinder dienen.

2.1.6 ›Hausglück‹ durch Liebe, Arbeit und Glauben – Pestalozzi

Auch wenn es auf den ersten Blick so nicht erscheinen mag, steht bei Pestalozzi (1776–1827) das Glück im Zentrum seiner Schriften, und zwar als emotionale Bedingung des Aufwachsens, Lebens und Lernens (und die er in der Liebe zwischen Menschen und dem Vertrauen der Menschen auf Gottesliebe sieht, vgl. Benner/Brüggen 2011a, 195). Deswegen finden sich bei ihm einerseits Aussagen dahingehend, das Ziel von Bildung sei ein innerer friedlicher Gemütszustand, der sachlich die klassische Ataraxie trifft und auch als glücklich bezeichnet wird; und andererseits idealistische Beschreibungen eines solchen Zustandes im häuslichen Zusammenleben, den Pestalozzi ›Hausglück‹ nennt. Die Familie (oder ein familienähnlicher Zustand wie in Stans) ist für ihn ohnehin der erste Ort der Verwirklichung einer als wahr verstandenen Bildung. Durch Elternliebe werde Vertrauen und Geborgenheit vermittelt, die eine Entwicklung der eigenen Kräfte in alters- und situationsentsprechender Tätigkeit ermöglichten. Und selbst die im Elternhaus erfahrenen, aber ausgehaltenen realen Nöte bewirkten durch Modellverhalten der Eltern Widerstandskraft (2016, 207 f). Allerdings sieht Pestalozzi dieses häusliche Glück, Bildung und Glück überhaupt behindert durch gesellschaftliche Gegebenheiten.
Zunächst zur *inneren Ruhe:* Sie ist das eigentliche Ziel von Bildung:

> »Der Mensch muß zu innerer Ruhe gebildet werden.« (2018a, 272) Die finde er im Befolgen seiner natürlichen Regungen, beginnend beim Säugling, der das Dasein und den Sinn einer Mutter erfahre durch die Muttermilch, und der Erkenntnis der Ordnung der Natur: »Mensch, forsehest du in dieser Ordnung der Natur nach Wahrheit, so findest du sie, wie du sie brauchst für deinen Standpunkt und für deine Laufbahn. So wie sie dir Bedürfnis deiner Ruhe und deines Friedens ist, Mensch, so wie sie dir in deinen nähesten Angelegenheiten sicherster Leitstern, so wie sie Stütze ist, auf der dein Leben ruht, so ist sie dir Segen.« (ebd., 266)

Als Gefahren für die innere Ruhe sieht Pestalozzi u. a. »Neugierde und Ehrbegierde« (272).

Dass ein Pädagoge die Neugierde als Gefahr für das innere Wohlbefinden sieht, mag erstaunlich klingen, wird aber verständlich bei der Betrachtung des Gemeinten: Ruhe stelle sich durch eine gerechte Ordnung und ein tiefes Gottvertrauen ein.

Dementsprechend könne intensives und fruchtloses Grübeln zu fortdauernder innerer Unruhe führen, wogegen das genannte Beobachten der Natur helfe, über das der Mensch letztlich zu Gott gelange. Neugierde nicht als Grübelei, sondern Streben nach Wahrheit ist dagegen positiv und in jedem Menschen vorhanden. Dieses Streben ist auch bei ihm eine Kraft (268). Den Zustand, in dem die Kraft zur Ruhe kommt durch harmonische Verwirklichung der Anlagen zur Vervollkommnung, bezeichnet er auch mit dem religiösen Begriff des Heils bezeichnet (269). Die religiöse Terminologie ist keineswegs zufällig: Folgten alle Menschen diesem Ziel, vervollkommne sich die gesamte Menschheit zu einer »Menschenweisheit« (270), an deren Ende die klassische Schau Gottes steht:

> »Glauben an Gott, Quelle der Ruhe des Lebens – Ruhe des Lebens, Quelle innerer Ordnung – innere Ordnung, Quelle der unverwirrten Anwendung unserer Kräfte, Quelle ihres Wachstums und Bildung zur Weisheit – Weisheit, Quelle alles Menschensegens.« (273)

Pestalozzi geht allerdings davon aus, dass man diese Wahrheit verfehlen kann, z. B. durch zu viel, zu frühes, zu abstraktes Wissen.

Die innere Ruhe ist natürlich auch abhängig von *äußeren Bedingungen.* Die *Familie* wurde bereits in diesem Kontext genannt. Pestalozzi lässt in ›Christoph und Else‹ den Knecht Joost in pathetischem Überschwang die häusliche Gemeinschaft preisen:

> »Oh, es ist ein heiliger Ort um die Wohnung des Menschen; da kennt, da versteht man einander, da geht einem so alles ans Herz; da soll man einander lieb sein, wie man sonst nirgends in der Welt einander lieb ist; da ist es so still, da ist nichts fremdes und kein Schulgewühl, da schneidet ein Sohn Rüben und rechnet mit dem Vater; da spinnt die Tochter und lernt im Spinnen die Lieder alle, die ihre Mutter neben ihr singt; da hält man keine Hand still um des Lernens willen und für das Landvolk ist das, keine Arbeitszeit beim Lernen verlieren und keine Hand beim Lernen stille halten, das allerwichtigste (...)« (2021a, 253).

Allerdings ist dieses Glück auch gefährdet durch negative *gesellschaftliche Einflüsse.* So lässt Pestalozzi Else über das Fehlen glücklicher alter Menschen klagen, deren Beschreibung Pestalozzis Ideal eines glücklichen Menschen beschreibt mit Begriffen wie »Zufriedenheit« und »Gemütsruhe«, auch mit einem

> »(...) stillen, frohen, lächelnden Auge, so voll Heiterkeit, Erfahrung, Ordnung und Geduld, so voll ruhiger, nicht huschender Arbeitsamkeit, so voll Sparsamkeit und Dienstfertigkeit (...).« (405)

Sachlich wird für die Gegenwart eine Art Vertreibung aus dem Paradies geschildert – während es in früheren Zeiten noch eine Kultur der Bescheidenheit und Arbeitsamkeit gegeben habe, sei das Glück der Gegenwart zerstört, v. a. aufgrund materiellen Strebens, sodass die Mitte verlorengegangen sei und die Menschen aufgrund vermeintlicher Leidenschaften überflüssigen Lüsten nachjagten und unglücklich würden (406). Zwar wird diese Kulturkritik ein wenig relativiert mit Verweis z. B. auf Irrglaube und Hexenverbrennung früherer Zeiten, es bleibt aber bei dem kulturpessimistischen Blick auf die Gegenwart (408).

Auch hier dient als Kriterium für die Unterscheidung zwischen ›guten und bösen Zeiten‹ ein vermeintlich ›natürlicher‹ Weg (410). Kritik wird auch an der politischen

Führung geübt, die mehr an Macht und äußerlichem Glanz denn an der Förderung einer guten Ordnung für das private Glück interessiert sei (ebd.).

Dieses ›Hausglück‹ wird von Pestalozzi immer wieder beschrieben, auch in ›Lienhard und Gertrud‹ unter der Kapitelüberschrift »12. Haushaltungsfreuden«. Man wird aus der Distanz einige Passagen nicht anders als idealisierend-schwülstig bezeichnen können, aber man muss gerade bei Pestalozzi im Original lesen, um den Geist seiner Schrift zu spüren. Hier wird Lienhard nach der Arbeit zu Hause von seiner Frau empfangen, die ihre Haushaltsarbeit getan, zusätzlich die Kinder sorgsam zu Recht gemacht und ihnen ein Lied beigebracht hat, das sie nun zu seiner Ankunft singen. Lienhard ist zu Tränen gerührt beim Angesicht seiner ›heiteren und ruhigen‹ Familie. Lienhard wünscht seiner Frau Gottes Segen, woraufhin sie ihm erwidert, mit der *rechten Lebenseinstellung* sei bereits der Himmel auf Erden (2015, 50).

Diese ist gekennzeichnet durch Arbeitsamkeit, Beschränkung auf das Notwendige, ein moralisch integres Leben und ein Wohlwollen gegenüber allen Menschen (ebd.; vgl. auch 2018, 271). So zumindest Gertrud auf den Einwand ihres Mannes, man könne einem armen Menschen den Diebstahl nicht übelnehmen – entscheidend ist für Gertrud vielmehr, dass der Mensch die Widrigkeiten als Prüfung verstehe und durch Standhaftigkeit zum inneren Glück gelange, woran es gegenwärtig mangele:

> »Bei Reichen und Armen muß das Herz in Ordnung sein, wenn sie glücklich sein sollen, und zu diesem Zweck kommen die weit mehreren Menschen eher durch Not und Sorgen, als durch Ruhe und Freuden. Gott würde uns sonst wohl gerne lauter Freuden gönnen. Da aber die Menschen Glück und Ruhe und Freuden nur alsdann ertragen können, wenn ihr Herz zu vielen Überwindungen gebildet, standhaft, stark, geduldig und weise ist, so ist offenbar notwendig, daß viel Elend und Not in der Welt sein muß. Denn ohne das kommt bei wenigen Menschen das Herz in Ordnung und zu innerer Ruhe. (…) Der reiche alte Meier hat, was er will, und steckt alle Tage im Wirtshause; dabei ist er aber nicht glücklicher, als der arme Wächter, der's nicht hat, und ob er gleich auch alle Tage dürstet, dennoch nur dann und wann ein Glas Wein in seinem Winkel findet.« (2015, 56)

Da die Herzensbildung fundamental ist, bedarf es für Pestalozzi auch nicht zwingend formaler *Bildung*, um glücklich zu sein; sie könne, in schlechter Form ausgeübt, auch zum Gegenteil gereichen, wie überhaupt bei Pestalozzi und vielen anderen das real existierende Schulsystem an der Möglichkeit einer Glücksverwirklichung gemessen wird und schlechte Noten erhält.

In ›Christoph und Else‹ lässt Pestalozzi den Knecht Joost sagen, zur Lebenstauglichkeit und zum Lebensglück des gemeinen Menschen bedürfe es ›natürlichen Verstandes und Mutterwitz‹, Schulbildung stehe Brauchbarkeit im Wege (2021a, 251). Man gewinne Lebenstauglichkeit durch die oben beschriebene Einheit häuslicher Arbeit und häuslichen Lernens in Verbindung mit einem warmherzigen Elternhaus. Für den ›gewöhnlichen‹ Menschen reiche das völlig aus. Sollte Schulbildung für andere Zwecke nötig sein, sollte Schule ein analoger Ort häuslichen Glücks, der

> »(…) Schulmeister ein offener, heiterer, lieber, menschlicher und froher Mann sein, dem seine Dorfkinder so zu sagen ans Vaterherz gewachsen wären (…).« (ebd.)

Ein auf Anschauung und praktischer Übung beruhender Unterricht bewirke bei Kindern lebendiges und freudiges Lernen und beglücke auch die Lehrkraft (2019a, 334).

Zu glücklichem Lernen führt für Pestalozzi neben o. g. Methode auch die Wahl des Lernstoffs entlang der Fähigkeiten und Lebenswelten der Kinder: Dadurch erfolge das Lernen lustvoll, spielerisch und leicht, das jeweils nächste Anforderungsniveau ergebe sich aus der Entwicklung des Kindes im Lernprozess selbst und aufbauend auf erworbenen Fähigkeiten (2019b, 73).

Nach allem Gesagten kann es nicht verwundern, dass *sinnliche Freuden* bei Pestalozzi keinen hohen Stellenwert haben. Insgesamt liest sich seine Beschreibung des Glücks auch als Inkarnation einer protestantischen Erwerbsethik in Verbindung mit der gängigen Warnung vor dem Herabsinken des Menschen ins Tierreich und Verlust seines gottebenbildlichen Anteils:

> »Was er immer mit allen sinnlichen Wesen der Schöpfung gemein hat, gibt seiner Menschlichkeit keinen Wert, am wenigsten Anspruch an Unsterblichkeit.« (2012, 23)

Zwar werden die Sinne als Ausgangspunkt allen Lernens anerkannt als ›erste Bildung‹, aber die eigentliche ›zweite‹ sei die Entwicklung geistiger Anlagen (2018b, 16). So sind ihm die sinnlichen Genüsse Trugbilder, die den Menschen vom eigentlich Menschlichen entfernen (15). Und wie zu erwarten ist auch für ihn ihr Verfolgen Ursache einer konstatierten allgemeinen »Entsittlichung« (20).

Man könnte Pestalozzi jetzt mit Bahrdt parallelisieren, der ja auch von Liebe spricht. Man könnte seine didaktischen Gedanken zum erfolgreichen Lernen mit dem Flow-Begriff fokussieren, man könnte seine sehr einseitige, durchaus auch sehr wehklagend klingende Gesellschafts›analyse‹ kritisieren wie auch seine Lustfeindlichkeit. Zentral aus pädagogischer Sicht erscheint aber tatsächlich seine Hervorhebung nicht so sehr der Liebe, sondern einer liebevollen Atmosphäre in ihrer Bedeutung für das Lernen. Dazu gehört natürlich die notwendige Sicherheit erfahrener Liebe für die Weltaneignung. Aber vielmehr zeichnet Pestalozzi mit der Liebe eine Lernatmosphäre der auf ihr aufbauenden Ruhe und des strukturierten Vorgehens. Man mag die Beschreibungen des ›Hausglücks‹ zurecht als kitschig empfinden, man wird aber zustimmen müssen, dass eine entsprechende pädagogische Beziehung und ein entsprechendes Setting sowohl das Lernen glücken als auch die Beteiligten beglücken lassen kann. Dass dies nicht alles ist, andere Emotionen dazu gehören (dürfen) und das Lernen immer auch zwischenmenschliche Kampfaspekte hat/haben kann, ist richtig, trotzdem benötigen sie, um nicht Selbstzweck zu werden, dieser im weiteren Sinne liebevollen Basis. Ob Pestalozzi tatsächlich dem Kinderglück als solchem und als Selbstzweck Raum gibt, muss allerdings bezweifelt werden. Fuchs (1995a; 1995b) z. B. sieht bei Pestalozzi eine starke Ausrichtung auf zukünftige Sittlichkeit und Arbeitsfähigkeit. Am Ende seiner Ausführungen (Fuchs 1995a, 120 f) hebt er quasi als Korrektiv zu seiner kritischen Interpretation doch eine Passage hervor, die scheinbar dem Kinderglück hier und jetzt einen Raum gibt:

> »Der Mensch, wenn er werden soll, was er seyn muß, muß als Kind seyn, und als Kind thun; was ihn als Kind glüklich macht.« (Pestalozzi 2021b, 273)

Das klingt zunächst nach Carlos Santanas ›Let the children play‹. Man muss die Passage aber weiterlesen. Zunächst heißt es dann:

> »Er muß als Kind alles, aber nicht mehr seyn, als er seyn kann, ohne sich in dem zu verderben, was er in seiner Lag, und in seinem Stand als Mann werden wird. Das ist in meinen Augen das erste Grundgesäz einer guten Auferziehung (...).« (ebd.)

Zur Konkretisierung folgt im Folgenden ein Lobpreis der Erziehung durch Beteiligung an Alltagsaufgaben (Pestalozzi nennt hier beispielhaft seine eigene Kindheit in der väterlichen Werkstatt) als Einspannen in den »armen Lebenskarren« (275), dem man doch nicht entrinnen könne, weswegen eine auf Freiheit und Spiel ausgerichtete Pädagogik ausdrücklich abgelehnt wird (274–276). Wenn also Pestalozzi vom Glück spricht, dann als Bedingung des Lernens für ein sittliches und arbeitsames Leben. Das macht seine Glücksaussagen nicht weniger bedeutsam, schützt aber vor Fehlinterpretationen.

2.1.7 Glück als Erziehungsziel – die Philanthropen

2.1.7.1 Glück als pflichtgemäßes tugendhaftes Leben – Basedow

Zeitlich parallel entsteht mit den Philanthropen und in ihrem Gefolge eine Pädagogik in aufklärerischer Absicht. Auch sie will die Erziehung aus den alten Traditionen befreien, auch sie spricht von Glück bzw. Glückseligkeit. Johann Bernhard Basedow (1724–1790) war ein führender Vertreter, seine ›Vorstellung an Menschenfreunde‹ 1768 eine erste programmatische Schrift, der u. a. 1774 das vierbändige und zur Veranschaulichung mit Kupfertafeln versehene ›Elementarwerk‹ folgte als genaue Beschreibung bzw. pädagogische Anleitung für die entlang der Entwicklungsstufen sich zu vollziehende Pädagogik, in welchem er sich wechselweise an Erwachsene und Kinder richtet. Aber bereits 1770 veröffentlichte er ein vielbeachtetes ›Methodenbuch für Väter und Mütter der Familien und Völker‹, das in den Folgejahren 1772 und 1773 jeweils Neuauflagen erhielt. Hier wie in der ›Vorstellung an Menschenfreunde‹ kritisiert er die zeitgenössische Schul- und Universitätsausbildung. Schulischer Unterricht und Unterrichtsmittel seien so schlecht, dass die ersten Schuljahre im Rückblick »Abscheu und Ekel« hervorriefen. Sittlichkeit und Glück der Menschheit seien gefährdet (Basedow 1914, 7) und damit Erziehung insgesamt, deren Hauptziel sei,

> »(...) die Kinder zu einem gemeinnützigen, patriotischen und glückseligen Leben vorzubereiten.« (Basedow ebd., 19, Herv. im Orig.; vgl. auch 60)

Auch wenn im ›Elementarwerk‹ einer spielerischen und heiteren Erziehung das Wort geredet wird, empfiehlt Basedow unter Verweis auf die Härte des Lebens im ›Methodenbuch‹ das Lehren von Entsagung und Aufschub sinnlicher Lust, sogar durch Unterbrechungen von Mahlzeiten durch andere Tätigkeiten:

> »Mitten im Essen, Trinken und Spielen saget zuweilen mit freundlicher Ernsthaftigkeit, daß sie einige Minuten ihr Vergnügen unterbrechen und etwas anderes vornehmen sollten.« (ebd., 35)

Auch sollen Kinder lernen, sich an unabwendbares Leid zu gewöhnen als Voraussetzung für Tapferkeit (38). Als größtes Vergnügen solle den Kindern Arbeit vorgestellt werden (47) und obgleich die Erziehung neu zu gestalten sei, wird vor einer Akademisierung der Kindheit und Jugend gewarnt. Glück, Sittlichkeit und Herzensbildung könnten auch ohne die Fähigkeit zum Lesen und Schreiben erworben werden (60). Ohnehin gehöre die Zeit der ›ersten Jugend‹ (10–16 Jahre)

> »(…) größtenteils dem Wachstume, der Munterkeit, der Übung des Körpers und der Aufmerksamkeit auf die äußerlichen Handlungen, nicht aber denjenigen Übungen des Verstandes und Gedächtnisses, durch welche fast alle genannten Wirksamkeiten verhindert werden.« (61)

Neben der später im ›Elementarwerk‹ gezeigten notwendigen Ordnung des Lernstoffs wird v. a. die Freude am Lernen hervorgehoben. Der Unterricht solle so angenehm wie möglich sein (64) bzgl. der Stoffmenge gelte: »Nicht viel, aber mit Lust.« (62) Auch Basedow sieht individuelle und staatliche Glückseligkeit im Einklang durch die Ausrichtung an der Tugend (108), sodass die öffentliche Erziehung auch das Glück des Staates zum Ziel habe (108). Genau wie bei seinen französischen Pendants wird auf die gemeinschaftserzeugende Bedeutung von Festen hingewiesen, auch auf die Förderung einer patriotischen Gesinnung und eines Aufopferungsgeistes im Unterricht (116 f).

Im ›Methodenbuch‹ werden als Glück bringend v. a. Arbeit und, relativ zu Beginn, Glaube und Sittlichkeit (als Verbindung von Selbstliebe und Gemeinnutz, 13) vorgestellt.

In seiner ›Practischen Philosophie‹ geht er dezidierter und zunächst wertschätzender vor. So geht er im sechsten Hauptstück ›Vom Vergnügen und Mißvergnügen‹ (Basedow 1777, 173–214), das auch als kleine Skizze der Lebenskunst gelesen werden kann, auf die sinnlichen Freuden ein. Einerseits sei ihre Erfüllung »sehr beträchtlicher Theil« des diesseitigen Glücks, andererseits aber auch Verursacher großen Leids (ebd., 173), weswegen er den Genuss kleinerer, alltäglicher Freuden empfiehlt:

> »Ihr wünscht mir Recht sinnliches Vergnügen. Fühlet also mit vorsätzlichem Bedachte, die fast allenthalben angetroffnen oder sehr leicht anzuschaffenden angenehmen Gegenstände der Sinne. Ich meyne den wirklich schönen Geschmack der allgemeinsten Speisen und Getränke, die angenehme Farbe der Luft, der Morgenröthe und Abendröthe, des schattigen Waldes, der beblümten Wiese, des krystallenen Baches, des abwechselnden Gartens, den Geruch der gemeinsten Kräuter, Blumen und Speisen; den Schall der zwitschernden Vögel, der rieselnden Bäche, des säuselnden Windes, ja selbst des majestätischen Donners; die gemäßigte Wärme, die kühlenden Lüfte, und die gehörig abwechselnde Lust der Bewegung und der Ruhe.« (173 f)

Um Abhängigkeit, Abstumpfung und ruinöses Streben zu vermeiden, solle man vielfältig einfach Verfügbares genießen und die Fähigkeit des Aufschubs für Größeres entwickeln (174). Allerdings sei die größte Lust ohnehin das Erfüllen moralischer Pflicht (»Gottseligkeit und Menschenliebe«, 175).

In seinen Reflexionen über den Schmerz zeigt er (ohne Bezug darauf) epikureisch-stoische Positionen, indem er die epikureische Schmerzeinteilung nach Dauer und Stärke übernimmt, eine Fokussierung auf Schmerzvermeidung bei Lüsten und Affekten und das Vermeiden des Grübelns empfiehlt (ebd.).

Als geistige Freuden nennt er das Gefühl einer harmonisch geordneten Welt, Freude an Erkenntnis, an (in harmonischem Mittelmaß durchgeführter) Arbeit, Humor (»Witz und Scherz«), Naturnachahmung (175 f) und sieht eine Parallelität der Harmonie in Natur und Kunst, weswegen ein natürlicher Geschmack herauszubilden sei, der nütze und unschädlich sei (176). Für die Psychohygiene warnt er vor Perfektionismus, der Überhandnahme des Arbeitscharakters in Kunst und Wissenschaft und Snobismus gegenüber anderen Kunstauffassungen (177). In jedem Fall seien geistige Genüsse den sinnlichen vorzuziehen, da man weniger abhängig werde oder abstumpfe, sie uns moralisch verbesserten, man sie meistens mit anderen genieße und in ihnen Pflichten erfüllen und sich Ansehen verschaffen könne (ebd.).

Auch Gesundheitsvorsorge ist ihm eine Pflicht, namentlich der regelmäßige Arztbesuch und bewusstes Verhalten bzgl. Ernährung, Bewegung, Keuschheit, Affektbeherrschung, Abhärtung, Bewegung, Ruhe, Schlaf, Wahl von frischer Luft, Wärme, Kleidung (ebd.), nicht ohne im Falle der Missachtung vor Spätfolgen zu warnen (178), expressis verbis an anderer Stelle vor denen sexueller Ausschweifung (182–195).

Äußere Umstände wie Sicherheit und materielle Aspekte schätzt er in ihrer Freiheitsermöglichung, auch er sieht die Möglichkeit einer Harmonisierung von Rechten und Pflichten und einer Freude an materiellen Gütern, ohne in Abhängigkeit zu geraten. Sein Weg zum Glück ist geprägt durch die Maximen der Mäßigung, Sittlichkeit und des Gottvertrauens, entsprechend der in Aussicht gestellte Zustand eher ein mittleres Wohlbefinden:

> »Um Zufriedenheit bemüht sich derjenige weislich, der das Gute in seinen Umständen erkennt und fühlt; der das Andenken des Bösen, dem er nicht abhelfen kann, zu zerstreuen sucht; der so viel Gutes, als sich thun läßt, aus dem Bösen heraus zieht, der ein dauerhafteres Gut keinem kürzeren und flüchtigeren aufopfert, der, gleichwie Gesellschaft und Einsamkeit, als auch Geschäftigkeit und Ruhe abwechselt, der übrigens seinem Gott und allmächtigen Vater, zu seiner Beruhigung, traut, daß er ihn doch endlich glücklich machen werde. Man darf die Zufriedenheit nur beschreiben; so sieht man, daß es unsere Pflicht ist, sie zu suchen.« (179)

Strategien und Mittel gegen Langeweile werden vorgeschlagen (179–182), zu denen auch das Spiel gehört, allerdings auch hier wieder versehen mit einer Warnung vor Glücksspiel und moralisch schlechten Inhalten von Schauspielen.

Schließlich empfiehlt Basedow Mäßigung auch in den Reaktionen auf unabwendbares Leid (195–212), um weder in Traurigkeit noch Furcht zu versinken (195). Grundsätzlich sieht er Grund für Optimismus: Die Welt biete, bis auf wenige Ausnahmen, in Summe mehr Freud als Leid, zudem die Aussicht auf Vervollkommnung im Jenseits (198 f).

Ganz epikureisch sind seine Ratschläge zu Schmerz und Tod: Der Angst vor Letzterem wird begegnet mit Verweis auf seine Natürlichkeit und Notwendigkeit zur Vervollkommnung, die eintretende Empfindungslosigkeit, seine Kürze sowie die Trennung von Schmerz und Tod. Schmerzen gehörten nicht zwangsläufig zum Tod, bisweilen sei er auch angenehm (198). Einen frühen Tod zu beklagen hieße, ein Anrecht auf das Leben zu erheben wie auf das noch nicht geregelte Erbe eines Verwandten (199). So solle auch der Tod Angehöriger nicht beklagt, sondern grundsätzlich einkalkuliert werden (203). Über den Schmerz heißt es, er trete seltener ein und höre eher auf, als wir dächten, und sei meistens nicht so groß wie erwartet. Positiv zu betrachten sei der angenehme Zustand nach seinem Ende, seine Notwendigkeit zur Beendigung größerer Schmerzen sowie seine Funktion als Warnung vor schadhaften Handlungen. Als Strafe von Lastern habe er eine positive moralische Wirkung (200). Grundsätzlich empfiehlt er Techniken der Psychohygiene zum Umgang mit Leid: Zerstreuung oder Erinnerung an frühere Lust; Vermeidung negativer Gedanken; Ratsuche bei Freunden; Vermeidung der Übernahme negativer Weltsichten; auch Konzentration auf einen möglichen Nutzen des Übels bzw. Möglichkeiten seiner Behebung (196). Gewarnt wird er auch vor einer gänzlich negativen Weltsicht und Selbstmitleid, geraten die Konzentration auf noch vorhandene Glücksquellen, Gebet und Vertrauen in die göttliche Vorsehung, die Vorstellung im Leid geduldiger Menschen sowie eine frühe Gewöhnung an die Härte des Lebens (197).

In Linie dieser akzeptieren Haltung von Tod und Schmerz liegt auch der Hinweis, nicht zu sehr über den Tod naher Angehöriger/Freunde zu trauern, sondern sich vielmehr sehr früh mit dem Gedanken anzufreunden, dass einer immer der Erste sei, der sterben müsse, und parallel durchaus auch die dann neuen Beziehungsperspektiven zu bedenken (203).

Es folgen Überlegungen über gesellschaftlichen ›Absturz‹ (»Armuth und Schimpf«), den Sinn von Strafen und den Umgang mit ihnen, über Egoismus und Stolz (203–212), schließlich noch ein Kapitel zur Tapferkeit (213–214), mit dem Basedows Erörterungen über »Vergnügen und Mißvergnügen« endet.

Auf den ersten Blick mag es verwundern, dass hier auch die Tapferkeit erörtert wird. Verständlich ist dies nur mit Blick auf Basedows Postulat der Erfüllung moralischer Pflichten als bessere Form des Glücksempfindens gegenüber den sinnlichen Genüssen. Tapferkeit ist für Basedow

> »(…) eine solche Vollkommenheit des Geistes, vermöge welcher man sich, auch mit großer Gefahr, besonders des Lebens, entschließt, seine Pflicht zu thun, den Entschluß ausführt, und in der Ausführung durch die herannahende Gefahr nicht abgehalten noch untüchtig gemacht wird, mit Klugheit seine Pflicht zu erfüllen.« (213)

Insgesamt, so kann man resümieren, enthält dieser Absatz, wie überhaupt die gesamte ›Practische Philosophie‹, Gedanken zu zentralen Themen der Lebenskunst: Geistige und körperliche Gesundheit (vgl. dazu auch die sehr ›handfesten‹ Passagen über ›Krankheit und Diät‹ im ›Elementarwerk‹, Basedow 1785, 280–293), Krisenbewältigung, sinnvolles (weil tugendhaftes) Leben. Allerdings spricht Basedow wenig vom individuellen Glück oder gar individueller Lust. Natürlich weiß er auch, dass der Mensch die sinnliche Lust will und haben darf, dass er eher die diesseitige als die jenseitige Glückseligkeit anstrebe (Basedow 1777, 109). Aber daraus resultieren keine Anleitungen zum differenzierten Genuss, sondern eine Betonung der Pflicht des tugendhaften Lebens. Da Selbstliebe nicht nur Affekt, sondern auch Pflicht sei (104 f) und Glückseligkeit sich bemesse nach unserer Mitmenschlichkeit im Diesseits (110), diene man in Form der Menschenliebe aus Selbstliebe seinem eigenen Wohl (Basedow 1785, 252). Ratsam sind also die gleichmäßige Berücksichtigung von Selbst- und Fremdliebe, die Mäßigung und Beherrschung sinnlicher Lüste, das vorrangige Streben nach geistigen Genüssen, in Sonderheit nach einem tugendhaften Leben, das auf die eigene geistige und körperliche Gesundheit und insbesondere moralische Integrität achtet. Dann lebt man optimistisch im Diesseits mit berechtigter Aussicht auf Glückseligkeit im Jenseits.

2.1.7.2 Glück durch lustorientierte Pädagogik – Trapp

Angesichts der pädagogischen Randständigkeit des Glücks heute kann man sich kaum vorstellen, dass die Antrittsvorlesung zur Besetzung des ersten Lehrstuhls für Pädagogik in Deutschland vom Glück als Erziehungsziel handelte. So geschehen durch Ernst Christian Trapp (1745–1818), der ganz selbstverständlich Leidvermeidung und Glücksförderung (was eins sei) als Erziehungs- und Unterrichtsziel nennt (Trapp 1779, 4) und damit die Pädagogik seiner Zeit wissenschaftlich fundieren will:

> »Was fangen wir mit diesem Geschöpf an, aus dem so viel werden kann, und gewöhnlich so wenig wird? Das sich und andere glücklich machen kann, und gar häufig so unglücklich macht? Wir müssen es erziehen.« (7)

Ähnlich wie Basedow sieht Trapp in einer systematisch aufgebauten Didaktik die Möglichkeit, gute, weil glücksorientierte Pädagogik zu verwirklichen. Ihre innere Logik erhält sie durch Anknüpfen an das individuelle, zuallererst sinnliche Glücksstreben. Entsprechend ist seine Didaktik grundsätzlich hedonistisch ausgerichtet unter Berücksichtigung individueller und lebensalterbezogenen Besonderheiten. Darin sieht Trapp eine Kunst analog zur Lebenskunst, denn sie geschehe

> »(...) mit Leichtigkeit und Lust und im Augenblick, was den Unerfahrnen in der Kunst Angstschweiß auspressen und Tage kosten, und am Ende doch nicht geraten würde.« (9)

Durch Glücksorientierung stellt er also ein leichteres, effektiveres und freudigeres Lernen in Aussicht, gleichzeitig eine Vermehrung des Glücks selbst. Konsequent beginnt auch sein Hauptwerk ›Versuch einer Pädagogik‹ (Trapp 1780) mit dem Glück.

Der Text beginnt mit grundsätzlichen Überlegungen zu formalen Beschreibungen der Erziehung und zum Verhältnis der Erziehung des Individuums zum Gemeinwohl. Aufgabe der Erziehung sei die Vervollkommnung natürlicher Anlagen (mit Verweis auf antike ›Autoren‹ Lykurg[34], Xenophon, Plato, Aristoteles aber auch Montaigne, Locke, Fenelon, Helvétius und Rousseau), an deren Spitze er moralische Integrität (»Rechtschaffenheit«) und Gesundheit sieht (4). Letztere sei in gewisser Weise Quelle aller anderer Vollkommenheiten, für höheres Glück notwendig und stark von Erziehung abhängig.

Glücksrelevanz hätten auch äußere Umstände (ebd.). Wie Basedow geht auch Trapp von der Existenz des glückseligen ewigen Lebens aus und von der Abhängigkeit der Qualität desselben von der irdischen Glückseligkeit, sodass daraus auch für ihn das Streben nach irdischer Vollkommenheit resultiert. Auch er sieht, ganz utilitaristisch, ein Zusammenspiel zwischen individuellem und kollektivem Glück, weswegen eine Erziehung zum individuellen Glück dem Wohl der Gemeinschaft diene (5). Aufgrund seiner Angewiesenheit auf Andere habe der Einzelne ein na-

34 Gesetzgeber Spartas, nach heutigem Stand eher mythische Figur.

türliches Interesse am Gemeinwesen und seiner Nützlichkeit für es, auch am Wohlwollen/Ansehen anderer (7). Angesichts menschlicher Unbestimmtheit und Verschiedenheit bedürfe es einer systematischen Ordnung von Inhalten und Vorgehen (12), und die müsse beim Glück ansetzen:

Erziehung »(...) ist *Bildung des Menschen* zur *Glückseligkeit.*« (S. 25, Herv. im Orig.[35]), da sie das Ziel allen Strebens sei, auch wenn dafür andere Begriffe, teils auch mit religiös-theologischem Hintergrund verwendet würden (25 f)[36].

Es folgt eine inhaltliche Klärung des Begriffs Glückseligkeit als »Zustand angenehmer Empfindung« (26), auch hier mit Nennung zahlreicher Synonyma, die man mit den Polen Lust – Unlust kennzeichnen kann (28). Indem er dieses Streben auch in religiösen und moralischen Angelegenheiten wirken sieht, zeigt er sich im Grunde radikal hedonistisch – der Wunsch nach angenehmen Empfindungen sei letzte, nicht mehr zu begründende Wirkkraft (31 f).

> »Kurz, man thut was man thut, und läßt alles, was man läßt, von der Wiege bis ins Grab, damit man sein Wohlsein, das ist, den Zustand angenehmer Empfindungen, oder seine *Glückseligkeit* schaffe, erhalte und vermehre, oder damit man auf die angenehmste Weise existiere.« (28 f, Herv. im Orig.)

Als nächstes folgt eine genauere Kennzeichnung des Glücksgefühls, zunächst entlang der zeitlichen Dimension: Länge, Unvergänglichkeit, Vollkommenheit (32). Trapp wendet sich dann einer inhaltlichen Beurteilung zu und man könnte hier, wie bei vielen v. a. konfessionell geprägten Autoren, eine Ablehnung sinnlicher und Hervorhebung sittlicher Freuden erwarten. Aber Trapp geht gegenüber der Lust wertschätzender vor: Man müsse zugestehen, dass auch der nach sinnlicher Lust Strebende (»Wohllüstling«) wahre Glückseligkeit erfahre, allerdings in geringerem Grad, da diese vergänglich seien, was auch der Wohllüstling zugeben müsse (33). Anhand dessen kommt Trapp zu einer differenzierteren Einteilung des Glücks:

> »(...) die *Quantität*, *Qualität* und *Dauer* der angenehmen Empfindungen bestimmen den Grad der Glückseligkeit« (35, Herv. im Orig.).

Unterteilt werden die Freuden dann in sinnlich, geistig, moralisch. Idealziel ist für Trapp die Harmonisierung dieser drei Glücksempfindungen (35 f).[37]

Auch müsse differenziert werden nach individuellen Glücksvorstellungen, Erziehung also nicht nur generell, sondern auch individuell wirken als o. g. Vervoll-

35 An anderer Stelle heißt es: »Erziehung ist Modifikation des Menschen in der Absicht ihn glücklich zu machen.« (330) Das schließt auch den Unterricht mit ein: »*Der Hauptzweck des Unterrichts,* in so fern er als ein Theil der gesamten Erziehung betrachtet wird, ist *Bildung des Menschen zur Glückseligkeit,* in so fern sie durch ihn bewirkt werden kann.« (315, Herv. im Orig.).

36 Trapp nennt einige Synonyme und spiegelt damit eine Begriffsvielfalt, wie sie auch heute noch vorhanden ist: »Nur muß man es mit dem Worte so genau nicht nehmen, sondern statt Glückseligkeit auch Wohlfahrt, Wohlergehen, Glück, vergnügtes Leben, Heil und Seligkeit u. a. m. gebrauchen, weil alle diese Wörter in der gewöhnlichen menschlichen Sprache, sie mag geredet oder geschrieben werden, und einige besonders als Heil, Seligkeit, im theologischen und ascetischen Sprachgebrauch, Synonyma von Glückseligkeit sind.« (25 f).

37 Anzumerken ist, dass Trapp hier die Triebe sehr typisch für seine Zeit der Tierwelt (dem ›Animalischen‹) zuordnet, ähnlich Kant in seiner ›Vorlesung über Pädagogik‹.

kommnung natürlicher Anlagen (38). Zu leisten sei auch die Harmonisierung individuellen Strebens mit dem legitimen Anspruch gemeinschaftlicher Nützlichkeit, sodass im Ergebnis das größtmögliche Glück für den Einzelnen und die Gemeinschaft erreicht werde (44).

Was dann folgt, ist der systematische Aufbau einer Pädagogik entlang der Pole Lust und Unlust: Weil der Mensch von Natur aus nach Glück strebt, muss man die Pädagogik diesem natürlichen Streben anpassen, damit das Erziehungsgeschäft, damit das Glücksstreben, erfolgreich wird. Was Humboldt später Energie bzw. Kraft nennt, ist bei Trapp Glücksstreben, in welchem er basal auch den Trieb zum Lebenserhalt (44; 300) sieht. Dieses Streben sei maßgeblich für die Weltaneignung und orientiere sich zunächst an sinnlichen Erfahrungen von Lust und Schmerz. Kinder benötigten daher v. a. vielfältige solcher Erfahrungen, gut strukturiert und mit maßvoller Intensität (44 f; 61–70; 86). Auch in der Schule solle der Weg des Lernens über konkrete Erfahrungen gehen und erst sukzessive und altersadäquat zu abstrakteren Inhalten zu führen, da Kinder Abstraktes mieden (45–48; 51; 95). Kinder orientierten sich am augenblicklichen sinnlichen Genuss (164; 170), den sie mit ihrer charakteristischen ›Regsamkeit‹ (später spricht Humboldt vom Bildungstrieb) suchten (160; 168) und dem mit Ermahnung und Strafen (162) kaum beizukommen sei[38].

Das Glücksstreben führe sie gleichsam automatisch in eigenem Interesse zu prosozialem Verhalten wie zu länger währenden geistigen Freuden – ersteres, weil die Sympathie anderer ihnen guttue, zweites, weil sie allmählich die länger dauernden geistigen Freuden bevorzugen würden. Zwar dürfe man lebenspraktisch gesehen dem Kind nicht jede Erfüllung sofort erlauben, andererseits solle man dem Kind sein unbeschwertes Kinderglück möglichst lange erhalten, weil es der langfristigen Gesundheit diene und Versagungen/Leiden in der Erwachsenenwelt ohnehin noch früh genug kämen (56 f). Gleichzeitig dürfe man die kindliche Neugierde nicht instrumentalisieren, es schade der Gesundheit des Kindes und auch dem selbst angestrebten Ziel: Nicht das früh mit Blick auf akademisches Wissen gezielt geförderte Kind, sondern das sich frei und mit Freude spielerisch die Welt aneignende Kind (und der Jugendliche) entwickele Lebensfreude und Phantasie und könne sich später gesund und kreativ in die Allgemeinheit einbringen (57 f). Für die pädagogisch notwendige strukturierte Beobachtung und das Verständnis kindlicher Weltaneignung (65 f; 80) notwendig sei es, sich in die jeweilige Lebensphase hineinzuversetzen, um das Regelhafte der Weltaneignung des Kindes zu verstehen (87). Zwar schließe der Ansatz bei den Sinnen rein kognitives Lernen nicht aus, hinsichtlich der Wirksamkeit hat Trapp jedoch eine klare Position:

> »Wir werden mehr von Empfindungen, als von Erkenntniß regiert.« (146, Herv. im Orig.)

38 Trapp benennt angesichts dessen auch sehr pragmatisch Grenzen der Anleitung zur Ordnung von schulischen Arbeitsmitteln: Die Jugend habe kein Interesse an einer Ordnung seiner Lernmittel, weil sie ihr nicht wichtig genug seien, das könne man weder mit einer Anleitung zur Ordnung noch durch Strafankündigungen austreiben. Durch letztere würde ihre Energie und Fantasie ohnehin wieder in eine andere Richtung gelenkt, außerdem bestehe ein Unterschied zwischen der Einsicht in die Notwendigkeit einer Sache und ihrer praktischen Umsetzung (S. 208).

Das heißt nun nicht, dass seine Pädagogik ohne Normierungen auskomme. Die Leidenschaften und Bedürfnisse müssten gemäßigt (39), das Interesse an Schädlichem umgelenkt werden; auch im glücksorientierten Unterricht müssten solche Inhalte gelehrt werden, die zu einer nützlichen Mitgliedschaft, damit zum Glück in der Gemeinschaft befähigten (314f). Aus der Natur des Menschen resultierten für den Unterricht didaktische Konsequenzen, den vorhandenen Trieb produktiv zu lenken. Einige seien hier kurz genannt: Alters- und Situationsadäquatheit, Abwechslung, Versinnlichung, Heiterkeit, Freundlichkeit, Lebhaftigkeit, Gelassenheit, Langsamkeit (315–317), wie überhaupt der Weg zum geglückten Lernen über Glückserfahrungen führt:

> »(…) man soll dem jungen Menschen zu so viel Glückseligkeit verhelfen, als für ihn möglich ist.« (51)

Sind so die Grundzüge seiner Pädagogik skizziert, kann man noch einen kurzen Blick auf die seiner Meinung nach zu verwirklichenden Grad der Glückseligkeit eingehen, namentlich ›allgemein, besonders, besonderst‹ (330). Als allgemeinen Teil sieht er im Grunde alle Themen/Inhalte, die der Mensch als Kulturwesen benötigt, als besonderen nationale/regionale Spezifika, als besonderst die individuellen Anlagen und äußere Umstände eines jeden Menschen.

Diese Grade müssten, so Trapp, durch Unterricht und Einübung angeeignet werden. Letzteres kennzeichnet er kurz mit Bildung, um das dann doch wieder zu verwerfen unter Verweis auf die Verwendung des Bildungsbegriffs auch für den Unterricht, womit er inhaltlich die heutige Unterteilung in formale, non-formale und informelle Bildung vornimmt (330–332).

Wiederum unterteilt wird das Allgemeine in einen für das Über- und Zusammenleben notwendigen Grundbestand an Wissen und Können (332[39]; 342) und einen zur Verfeinerung desselben sowie zu Kunst und Zeitvertreib, man könnte auch sagen, Muße (343).

Dass Trapp hier wie selbstverständlich von protestantischen (›lutherischen‹) Kindern und von der Höherentwicklung der eigenen gegenüber der Kultur der ›Wilden‹ spricht, entspricht dem Horizont damaligen Denkens und der religiösen Prägung vieler Philanthropen. Bemerkenswert auch gerade deswegen ist die Gesamtkonstruktion seiner Arbeit in ihrer Hervorhebung des Vergnügens als Lebens- und pädagogisches Leitprinzip. Die Lust wird nicht nolens volens als Faktum akzeptiert, mit dem pädagogisch zu rechnen ist, sondern als Triebfeder menschlichen Handelns und Denkens, und zwar in dieser Reihenfolge. Pädagogik darf nicht nur Freude bereiten, sie sollte es, da das Ziel des Menschen die Glückseligkeit ist. Dieses Streben bestimmt die Systematik der Weltaneignung, damit auch des pädagogischen

39 Trapp nennt an anderer Stelle noch eine andere Definition, die er hier aber verwirft. Sie zielt mehr auf Kulturtechniken ab und lautet: »Will man die *allgemeinnützigen Kenntnisse* bestimmen, so muß man theils darauf sehen, was allen kultivierten Staaten (im Gegensatz von den Wilden), was allen besonderen Ständen in diesen Staaten unentbehrlich ist, und was allen einzelnen Menschen, als Menschen, vielen, besonders unmittelbaren Nutzen bringt; theils daraus, welche Kenntnisse und Anfänge, Quellen und Mittel aller Übrigen sind.« (317, Herv. im Orig.)

›Zeigens‹, und es bestimmt die Art des Zeigens: Möglichst freudig und lustvoll soll bzw. muss Lernen sein, damit es ›zum Glück‹ gelingt.

2.1.7.3 Glück durch (Nächsten-)Liebe – Bahrdt

Karl Friedrich Bahrdt (1740–1792), ursprünglich Theologe, mehrfach Professor für Theologie (immer wieder unterbrochen durch den Entzug der Lehrbefugnis), war auch als Lehrer bzw. Schulleiter einer Schule im philanthropischen Sinne tätig. Seine Arbeit ›Über den Zweck der Erziehung‹ (Bahrdt 1785) eröffnet den inhaltlichen Teil von Campes ›Allgemeiner Revision des gesamten Schul- und Erziehungswesens‹, ein Werk, das in Campes Worten

> »(...) bei seiner Vollendung das vollständigste und ausgearbeiteste seyn wird, welches in diesem Fache der Litteratur jemals ans Licht getreten ist.« (Campe 1785a, III)

Ein Blick in den inhaltlichen Abriss des theoretischen Teils (Campe 1785a) zeigt, welch umfassender Anspruch mit der Arbeit verbunden und wie vielfältig das Themenfeld ist: Es geht um familiale als auch Heimerziehung, um Unterricht allgemein wie den einzelner Fächer, um Ernährungslehre für Mütter, Säuglinge und Kinder, um Erhalt körperlicher wie seelischer Gesundheit, Methoden bei besonderen körperlichen, geistigen oder seelischen Beeinträchtigungen, den Aufgaben familialer und staatlicher Erziehung u. v. m. Die kurze Aufzählung zeigt: Es geht um Verbesserung in allen pädagogisch relevanten, fast schon menschlichen Bereichen, darin um die Verbesserung der Menschheit. Ebenso anspruchsvoll wie das Unterfangen ist nach Campe auch der Kreis der Autoren als die gegenwärtig ›besten praktischen Erziehungsphilosophen‹ (IV). Man kann jetzt spekulieren, ob in einem im Selbstverständnis so bedeutsamen und umfassenden Werk dem ersten Beitrag programmatischer Charakter zukommt. Bzgl. Bahrdts Fokussierung der Glücksthematik auf die Liebe vermutlich eher nicht. Hinsichtlich seiner Thematisierung des Glücks als Ziel von Pädagogik sicherlich schon.

Gleich zu Beginn verbindet er zwei zentrale Themen der Aufklärung, den Gedanken einer Vervollkommnung des Menschen und Glück, miteinander. Festgestellt wird die Notwendigkeit der Erziehung,

> »›(...) durch Bildung und Leitung früher – den Menschen, und andere durch ihn zu beglücken: – ihn schneller und leichter zu seinem Ziele, zu seiner Bestimmung zu führen.‹« (Bahrdt 1785, 4f)

Ohne Erziehung würde es ungleich länger dauern mit der Folge, dass der Mensch lange Zeit unglücklich lebe,

> »(...) eher er eingermaßen glücklich leben, oder, welches ebenso viel ist, ehe er seine Bestimmung erreichen lernte!« (4)

Davon ausgehend macht er sich an die Klärung des Glücksbegriffs, den er zunächst, analog zu Trapp, als angenehmen Zustand kennzeichnet (5). Zum spezifisch menschlichen Glück werden die sinnlichen Freuden hier nicht gezählt (6). Klassisch aristotelisch verbindet er Glück mit Verstandestätigkeit, weswegen er den angenehmen inneren Zustand unterteilt in weniger wertvolles körperliches Wohlbefinden und Glückseligkeit, letztere resultierend aus Vorstellungen über positive Handlungsfolgen für den Einzelnen, sei es direkt, in den Augen anderer oder Gottes (7–10). Dazwischen gebe es angenehme Gefühle resultierend aus einer Mischung aus Tätigkeit und Vorstellung (11). Seine Definition von Glück ist allerdings ungewöhnlich, da inhaltlich aristotelisch die Tätigkeit, sprachlich aber hedonistisch das Vergnügen hervorgehoben wird, wobei Tätigkeit sehr weit gefasst ist als Lebensvollzug:

> »Also – Thätigkeit (nehmlich von außen her, zwanglose, freye und dem Grade der Kräfte angemessene Thätigkeit) oder Leben ist – was die Griechen hedone nannten – Vergnügen. Das vollkommenste Leben, das angenehmste Gefühl ist bei dem Leben, oder den Thätigkeiten des Geistes: das unvollkommenste bei der bloßen Körperbewegung.« (17; vgl. 14)

Ziel der Pädagogik müsse daher die Gewöhnung an Tätigkeiten sein (ebd.), die Verfeinerung derjenigen Tätigkeiten, die zum Glück führen, was angesichts des umfassenden Tätigkeitsbegriffs das Erlernen lebensnotweniger Vollzüge ebenso einschließt wie des Geschmacks und des Denkens. Die höchste Form der Verstandestätigkeit ist die Erkenntnis der Wahrheit, welche Lebensweisheit, den Genuss ohne Gefahr, die Freude an von Reflexion begleiteter Arbeit bewirke (28), was Grund geistiger Freuden wie Widerstandsfähigkeit sei (29). Noch einmal sehr klassisch wird als Ort der Erkenntnis die Kontemplation (26) genannt, inhaltlich ist Erkenntnis unterteilt in

> »Selbstkenntniß, Menschenkenntniß, gesunde Begriffe von Gott, Vorsehung, Unsterblichkeit der Seele und die – von den letztgenannten Wahrheiten abgezogenen Lehren der Weisheit und Klugheit.« (27)

Bahrdt erwähnt, man fasse diese Inhalte aktuell unter den Begriff der »Glückseligkeitslehre«, deren Quellen seien:

> »(...) richtige sinnliche Wahrnehmungen, eigene und mitgetheilte Erfahrungen, Naturgeschichte und Historie.« (ebd.)

Das Thema Liebe resultiert bei Bahrdt aus anthropologischen und religiösen Setzungen: Sowohl in seinem geistigen wie im leiblichen Streben ziele der Mensch letztlich naturgemäß auf Liebe (40), damit auf Gott (42). In der Selbstbetrachtung werde er des Göttlichen in sich und der Liebe Gottes zu ihm gewahr und erkenne, dass Liebe die größte Freude bereite. In Folge bereiteten Tätigkeiten der Nächstenliebe und der Nützlichkeit, weil aus Liebe getan, größte Freuden, weswegen höchste Aufgabe einer am Glück orientierten Pädagogik die Ausbildung zur Liebe sei, vermittelt durch Nachahmung (51) und Verbergen negativer Gefühle (52). Für heutige Ohren bedenklich, soll bei Vergehen gegen die Nächstenliebe mit Liebesentzug geantwortet werden (53). Das ist der Kontext, in den das Glück hier gestellt wird: Beständige Freude durch Erfahrung von und Taten der Liebe, zuallererst Gottes (vgl. auch Bahrdt 1789, 15–25; 32–39).

Allerdings bleibt Bahrdt bei der Erziehung zur Liebe nicht stehen. Realitätsnah werden als zu vermittelnde Tätigkeiten bzw. Kenntnisse und Haltungen die Arbeit genannt (1785, 62), weswegen Basedows vermeintlich zu sehr am Spiel und zu wenig am Fleiß orientierte Pädagogik kritisiert wird (65). Zur Gemeinschaftstauglichkeit gehört für Basedow auch das Erlernen des (nicht sklavisch gemeinten)

Unterordnens (74) als Folge der Verschiedenheit der Stände (71), des Umgangs mit Konventionen (88), und allgemein menschlich das Ertragen von Leid (86). Schließlich müssten auch regionale und nationale Besonderheiten erlernt werden, sodass das Lernen allgemein Menschliches (›Kosmopolit‹) wie situativ Notwendiges (›Bürger‹) umfasse (117).

Im ›Handbuch der Moral für den Bürgerstand‹ führt Bahrdt (1789) seine Gedanken mit praktischen Ratschlägen weiter aus, sodass man es lesen kann als Ratgeber zur Lebenskunst für die im Titel genannte Zielgruppe. So wird auch gleich zu Beginn der umfassende Anspruch erhoben,

> »(...) eine vollständige und befriedigende Anweisung zu geben, wie ein Bürger in seinem Stande ein recht glücklicher und zufriedner Mensch werden kann (...).« (ebd., 3)

Das impliziert für Bahrdt eine Kenntnis seiner selbst, seiner gesellschaftlichen Position mit ihren Möglichkeiten und Verpflichtungen, aber auch die Reflexion äußerer/politischer Umstände. Ein starkes Motiv ist das der Nützlichkeit.
Als diesseitige Glückseligkeit definiert er zunächst die

> »(...) Zufriedenheit mit sich selbst, das heist, mit seinen moralischen Beschaffenheiten sowohl, als mit seinem äußerlichen Zustande oder Schiksale.« (16)

Selbstbetrachtung sieht er als höchste Seligkeit, in der der Mensch sich »mit sich selbst bekannt machen« könne (17; Wilhelm Schmid spricht Jahrhunderte später von der ›Befreundung mit sich selbst‹). Die Selbstbetrachtung solle ohne Selbsttäuschung sein (21) und münde in die o. g. Themen der Gottesebenbildlichkeit und Nächstenliebe/Nützlichkeit (22–24).

Die positive innere Gestimmtheit könne man weiter beeinflussen durch Kultivierung des alltäglichen, auch sinnlichen Genusses hin zu einer habitualisierten inneren Geöffnetheit zur Freude (33), ganz wie später Bollnow es formulieren wird (► Kap. 2.3.5). Freude helfe gegen Leid und Kummer, könne durch Wiederholung zu einer dauerhaften Fertigkeit werden und so einen heiteren und achtsamen Menschen hervorbringen (34–36), wobei unabhängig von Charakter und äußeren Umständen mindestens Zufriedenheit erreicht werden könne (36). Sowohl der Geschmack wie auch die o. g. Sittlichkeit seien erlernbar, was zur Glückseligkeit befähige. Für diejenigen, die seinen Gedanken folgen, verspricht Bahrdt konkrete Vorteile für ihr Leben, als deren wichtigsten er ihnen in Aussicht stellt, sie würden »vollkommnere, tugendhaftere und frömmere Menschen werden, je eifriger ihr seyn werdet« (48 f).

Einige zentrale Themen sind Genuss, Verhältnis zu sich und anderen, Muße, abschließend eine entsprechende Erziehung.

Den Genuss empfiehlt er ausdrücklich, indem er sagt, man müsse nicht nur ›Sinn für alle Menschenfreuden haben‹ (auch die sinnlichen, weil auch von Gott gegeben), man müsse sie auch genießen können bzw. sich Aussicht auf Genuss erhalten (28–30). Wer diesen Sinn verloren habe, könne kaum glücklich genannt werden (29).

Ausdrücklich hebt er den Anteil der Sinnlichkeit am Glück hervor (29[40]) und bilanziert:

> »(...) zur Zufriedenheit gehört das Bewußtsein, daß der Mensch für alle ihm möglichen Menschenfreuden Sinn habe, daß er sie, so viel ihm Gott Gelegenheit gab, wirklich genieße, und daß er wenigstens so viel Mittel oder doch Hoffnung dazu vor sich sehe, als zu diesem Genuß schlechterdings unentbehrlich sind.« (30)

Insgesamt plädiert er für einen moderaten (= ausbalancierten, d. h. vernunftbegleiteten) Genuss (52f; 262). Er sei nicht nur erlaubt, sondern sogar verpflichtend, weil von Gott zum Wohle des Menschen eingerichtet (262). Angesichts dieser Aussagen kann man Hett (2007, 84f) zustimmen in der Feststellung, im ›Handbuch‹ sei Bahrdt stärker hedonistisch als in der ›Revision‹. Zu bedenken ist aber auch: Noch stärker als das Lob des Genusses fällt die Warnung vor falscher Praxis aus: Der sinnliche Genuss müsse klar (und von der Arbeitszeit getrennt) begrenzt und beendet werden (Bahrdt 1789, 264), abwechselnd und mit geistigen Freuden durchsetzt sein (264f). Entsprechend wird vor Exzess und Kontrollverlust gewarnt (264; vgl. auch 288f), ebenso vor schädlichen Spielen (266–268). Die beste sinnliche Freude sei ohnehin der

> »*Genuß der schönen Natur,* verbunden mit dem Genuß der freyen Luft, einer gemässigten Leibesbewegung und eines unterhaltenden Gesprächs« (268, Herv. im Orig.).

Als Genuss wird auch die Freundschaft mit einem guten Menschen empfohlen, die (Bahrdt wendet sich wie selbstverständlich an Männer) im Falle des Ehegattenstandes nicht weiblich sein dürfe (274). Dass zum sinnlichen Genuss auch die Sexualität gehört, weiß auch Bahrdt und spricht daher auch über die Ehe, eheliche Rechte und Pflichten beider Geschlechter sowie den Sexualtrieb als ebenfalls mäßig auszuführende Ehepflicht, inklusive Hinweisen zur Notwendigkeit körperlicher Hygiene (291–313).

Bahrdts Aussagen über das Verhältnis des Individuums zu anderen sind überaus pragmatisch. Er plädiert für ein harmonisches Verhältnis des Individuums zu kommunalen Gegebenheiten und den Mitmenschen (192ff) mit Empfehlungen zu sozial erwünschtem Verhalten. Grundsätzlich solle der Bürger ein positives Verhältnis zu seinem Staat ohne unreflektierten Patriotismus haben (152). Sein ›Patriotismus‹ basiert auf christlicher Nächstenliebe und ist mit Bezug auf Jesus als bereits o. g. »Kosmopolitismus« zu verstehen, wobei aus gesundem Eigeninteresse der eigene Staat einem mehr bedeuten dürfe (154). Zur Nächstenliebe hinzu kommt aber auch die wechselseitige Anerkennung von Rechten (116f). Letztere führt er in den folgenden Seiten noch aus als Recht auf Leben, Gebrauch der natürlichen Kräfte, Eigentum, Ehre sowie Denk- und Redefreiheit. Für das Wohlbefinden des Menschen sei auch gut, wenn er im Einklang mit einer guten Regierung stehe und grundsätzlich das Recht eines guten Staates auf Reglementierung des Lebens und auf das Wohlwollen seiner Bürger anerkenne.

---

40 Vgl. dazu auch die ähnliche Wertschätzung der sinnlichen freudvollen Tätigkeiten in der ›Revision‹ (Bahrdt 1785, 40).

Für das harmonische Verhältnis zu den Mitmenschen gibt Bahrdt Empfehlungen hinsichtlich eines klugen, man könnte auch sagen taktischen Umgangs mit anderen Menschen, aber auch zu eigenen egoistischen und gemeinschaftlichen Einstellungen, die Wahrnehmung von Rechten und Pflichten, sodass ein ganzes Kapitel sich dem ›bürgerlichen Umgang‹ widmet (230–249). Ein Kapitel widmet sich dem ›bürgerlichen Metier‹ (210–230) mit generellen Überlegungen zu ›Fleiß und Arbeitsamkeit‹, Umgang mit Mitmenschen, Wohltätigkeiten gegenüber Arbeitern, ›Pünktlichkeit und Ordnung‹ sowie Pflichten gegenüber Bediensteten. Unter bürgerlichen Vorrechten (218–230) werden u. a. Betriebsgründungen und Innungszusammenschlüsse genannt, wie überhaupt in der ganzen Anlage des Textes der Bürger als ›homo oeconomicus‹ erscheint, und dezidiert dies auch in einer Kapitelüberschrift ›Ökonomie des Bürgers‹ (198–209), nicht zuletzt durch die dort genannten Themen ›Pünktlichkeit und Ordnung‹ (198) und ›Sparsamkeit und Wirtschaftlichkeit‹ (199). Grundsätzlich ist der Bürger aber v. a. eines: dem Staate nützlich. Nützlichkeit wird als erstes genannt als notwendiges Verhalten gegenüber dem Staat:

> »Das erste und vornehmste, was der Staat von jedem Bürger fordern kann, (...) ist, – daß jeder Bürger seine Kräfte und Talente dem Staate widme, und zwar so, daß er irgend ein dem Staate nutzbares Fach von Geschäfte hauptsächlich betreibe (...).« (187)

Danach werden das Zeugen von Nachkommen, die finanzielle Unterstützung, pünktliche Steuerzahlungen und Gesetzestreue genannt (186–192).

Wie in heutigen Glücks-Ratgebern enthält auch das ›Handbuch‹ ein Kapitel über Religion, das man der Muße-Thematik zuordnen muss in seinen Aussagen über öffentliche praktizierte Religion wie zur Bedeutung der Einsamkeit, stoisch hier v. a. die Erkenntnis des Tugendhaften durch Betrachtung der Natur (177). Hier wird erneut auf Selbstbetrachtung verwiesen (180), aber auch auf das Lesen guter Lektüre (181) und das Tun des Guten gehört empfohlen (181 f).

Das Ende der Abhandlung widmet sich, aus Platzgründen allerdings nur knapp, wie Bahrdt selbst bemerkt, der ›bürgerlichen Erziehung‹ (313–333), die, das kann nicht mehr verwundern, ihr erstes Spezifikum als ›vernünftige‹ erhält (313). Sie soll das Wohl des Kindes zum Gegenstand haben (314), früh ansetzen (»in den allerersten Jahren«, 315), die körperliche Gesundheit betreffen (316), auf Hygiene achten (317) ebenso wie auf frische Luft und Bewegung (318); ferner soll sie »Schamhaftigkeit« bewirken, um »Unzucht« zu vermeiden (321), an Arbeit (323) ebenso wie an Pünktlichkeit und gehorsam gewöhnen (327). Bzgl. Letzterem spricht er sich auch für Strafen aus. Das allerdings klingt auch im Vergleich mit anderen Autoren/vielleicht auch anderen Aussagen Bahrdts selbst wenig freudig bzw. freundlich: Sobald das Kind »(...) das thierische Alter verläßt (...)« (329), empfiehlt er im Falle eines Ungehorsams:

> »Und in diesem Augenblicke sammlet dann eure ganze Geisteskraft, und *ergreift die Ruthe*, aber – führet sie dabei auf der einen Seite ohne Hitze und merkbare Leidenschaft, und auf der andern Seite *so lange, – so lange – und so scheinbar unbarmherzig*, daß euer Kind mehrere Tage die Schmerzen empfinde und in seinem Innersten sich erschüttert fühle. Und ihr

werdet sehen, (ich habe dies schon vielen Eltern empfohlen, und es ist allemal bewährt empfunden worden,) daß euer Kind durch eine solche ernsthafte und durchgreifende Exekution so zahm und biegsam wird, daß, wenn ihr künftig nur ernsthaft befehlet, geschweige nach der Ruthe greift, es schon eilen wird, euch zu gehorchen. Und erlangt ihr, Eltern! Einen solchen Gehorsam, daß euer Kind auf den Wink euch folgt, dann habt ihr für die ganze übrige Erziehung alles erreicht, was ihr euch zum Heil eures Kindes wünschen könnt« (330, Herv. im Orig.).

Angesichts solcher Aussagen wirkt die abschließende Aufforderung an die Eltern, den Kindern Menschenliebe »einzuflössen« (331), verbunden mit dem Hinweis, wichtigstes Erziehungsmittel sei angesichts des nachahmungslernen der Kinder das eigene Vorbild (332), heute mindestens absurd und/oder zynisch.

In Summe handelt es sich bei Bahrdt um das Glück eines stabilen Gemütszustands, der zwar hin und wieder durch Leid gedämpft werden kann, aber niemals ganz verschwindet. Er verdankt sich dem Wissen um Gottes Liebe und tätiger Nächstenliebe, die uminterpretiert wird zu bürgerlicher Nützlichkeit, und kann verbessert werden durch Genuss, der sinnlich sein darf, aber nachhaltiger als geistiger wirkt. Dabei war Bahrdt in seinem Leben vermutlich hedonistischer und im Umgang mit Anderen weniger taktisch, als es seine Schriften vermuten lassen.

2.1.7.4 Glück des einfachen, fröhlichen und sittlichen Lebens – Campe

Nach Bahrdts Beitrag würde man von dem dann folgenden von Joachim Heinrich Campe (1746–1818), dem Herausgeber der ›Revision‹ und Erzieher beider Humboldt-Söhne, mit dem Titel »Von den Erfordernissen einer guten Erziehung von Seiten der Eltern vor und nach der Geburt des Kindes« (Campe 1785b) eher eine Grundsatzarbeit über Kindererziehung erwarten. Stattdessen spricht Campe über Eltern bzw. über das Eheleben.Bezüglich der Glücksthematik ist diese Reihenfolge der Zielgruppen jedoch absolut berechtigt, wenn nicht notwendig. Mit Blick auf das Modelllernen, auch auf die Möglichkeit der Übertragung eigener unverwirklichter Wünsche auf Kinder, lautet der wohl erste pädagogische Imperativ an Eltern und Pädagogen, selbst glücklich zu sein. Campe zieht diese Verbindung gleich zu Beginn: Ziel des Menschen, damit auch der Erziehung, sei es, »glücklich zu seyn und glücklich zu machen« (130). Da aber der Mensch ein »nachahmendes Thier« (131) sei, müsse das Leben der Eltern dem Kinde »zum Muster aufgestellt werden können« (132), denn

»(...) niemand kann Weisheit, sittliche Güte und Glückseligkeit seinen Kindern mittheilen, als nur in dem Maaße, in welchem er selbst schon weise, gut und glücklich geworden ist.« (131)

Darüber hinaus könnten diese Themen nur durch Beispiele und Gewöhnung gelehrt werden (132). Was dann folgt, atmet allerdings im Gegensatz zu anderen Texten Campes wenig Fröhlichkeit und wenig Wertschätzung sinnlicher Freuden, die doch nach heutigen Maßstäben fester Bestandteil eines guten Ehelebens sind. Die Arbeit ist vielmehr getragen von der Sorge vor übermäßigen, damit schädigenden körperlichen und seelischen Empfindungen. Erstere ordnet er wie viele dem

Tierreich zu mit besonderer Sorge vor Unzucht (142f). Aus pädagogischer Sicht ist daher die o. g. Aufforderung zum Glück als fachliches Qualitätsmerkmal das vielleicht wichtigste Thema, und man könnte sich schnell anderen Schriften Campes zuwenden. Allerdings gibt es doch noch einige Dinge hervorzuheben:

Zunächst die gegen Ende in einem weitaus gelasseneren Ton vorgetragene Aufforderung zu Partizipation im Erziehungsgeschehen, die angesichts heutiger Partizipationsdiskussionen aktueller denn je ist:

> »(...) so erwäget oft, daß eure Kinder, bei aller ihrer Schwäche, doch schon wirkliche Mitglieder der menschlichen Gesellschaft sind, welche nicht blos Pflichten gegen euch und andere, sondern auch ihre Rechte, Rechte der Menschheit und des Bürgers haben, welche uns um soviel heiliger seyn sollten, weil sie selbst noch zu schwach und unvermögend sind, sie gegen uns geltend zu machen.« (230)

Erwähnenswert auch, dass auch Campe grundsätzlich auf den (aristotelischen) Gedanken der rechten Mitte rekurriert als Leitbild eines guten Lebens. Bei genauerer Betrachtung zeigt sich jedoch auch hier die Kontingenz unserer Moralvorstellungen in Form seines Lobs des Lebens und der Moral des (protestantischen) Bürgertums. Gegeißelt wird nicht nur das Übermaß v. a. sinnlicher Lust, auch sog. ›feine Genüsse‹ des ›Weltmenschen‹ werden vehement abgelehnt (163), ebenso wie übermäßige geistige Anstrengung durch zu viel Lektüre (173); aber auch vor dem Einfluss ungebildeter Dienerschaft wird gewarnt (230; vgl. auch Campe 1785c, 7). Damit verbunden, aber als bemerkenswertes Thema extra zu nennen, ist seine Klage über einen starken Anstieg geistiger Krankheiten (er spricht von einer Seuche, Campe 1785b, 161 f; vgl. auch 184f), die er als Folge des Verlustes der Mitte ansieht und öfter intensiv thematisiert. Das erinnert stark an aktuelle Debatten und legt die Vermutung nahe, dass heute wie damals mit Voreingenommenheit bewertet statt analysiert wird. Und schließlich zeigt sich Campe in dieser Schrift als im christlichen Glauben verwurzelt, was aber v. a. die ›Gottesfurcht‹ als moralische Notwendigkeit für Glück betrifft (192; 194f). Gleichzeitig wirbt er für religiöse Toleranz hinsichtlich der drei großen monotheistischen Religionen und für die politische Umsetzung der Meinungsfreiheit (203).

Wendet man sich jetzt den direkt pädagogischen Aussagen Campes zu Glück und Erziehung zu, entdeckt man eine Systematik, die wie bei anderen ihren Ausgang bei den sinnlichen Empfindungen nimmt und dann doch wesentlich selbstverständlicher vom Glück als Genuss spricht. In der Schrift ›Ueber die früheste Erziehung junger Kinderseelen, im ersten und zweiten Jahre der Kindheit‹ betont er allgemein die Bedeutung der Sinne für das Lernen und Wohlbefinden. Für das Kind komme es in den ersten Monaten nicht auf Gespräche an,

> »(...) sondern darauf, was ihr ihm thut, welche Luft ihr es einathmen, welche Nahrungsmittel ihr es genießen, welche Ausdünstungen riechen, welche Gegenstände sehen, welche Töne hören, mit einem Worte, was ihr es empfinden lasset.« (Campe 1785c, 35f)

Nach menschlichen und individuellen Fähigkeiten glücklich zu sein wird als Ziel des Daseins genannt (74); gegen eine Vertröstung aufs Jenseits betont er die Gleichwertigkeit diesseitigen Glücks und die Notwendigkeit, hier auf Erden an einer Verbesserung eigener Fähigkeiten und Anlagen zum Glücks zu arbeiten (74f); diese Vervollkommnung sei nichts anderes als »Frohseyn«, weswegen so erlangtes Glück nicht verboten werden könne, was auch »der blödeste Verstand« einsehen könne (75); überhaupt sei die Natur mit ihren sinnlichen Reizen von Gott als Einladung gegeben »zum lieblichen Genuß«, »zum Vergnügen und zur Glückseligkeit«, sodass ein Verbot des Genusses schon Gotteslästerung gleichkomme (ebd.). In diesem Kontext werden auch Lust und Unlust gewürdigt als grundsätzliche Triebfedern menschlichen Lebens:

> »Daß auch die Beobachtung unserer Selbst, unserer natürlichen Neigungen und Triebe, und besonders des allen Menschen eigenen Hungers und Durstes nach allem, was gut, schön und lieblich ist, und unsers natürlichen Abscheus vor allem, was unangenehme oder schmerzhafte Empfindungen erweckt, gleichfalls auf eine unwidersprechliche Weise bezeuge, daß schon jetzt der Zweck unseres Daseyns, nach der Absicht dessen, der uns so geschaffen hat, kein anderer als der sey, daß wir aller der Glückseligkeit hienieden genießen sollen, deren wir in der Lage, worinn die Vorsehung einen jeden von uns zu setzen für gut befindet, nur immer theilhaftig werden können (...).« (76)

Aufgrund des im Menschen vorhandenen ›Geselligkeitstriebes‹ könne man dieses Glück allerdings nur erreichen, wenn man sich auch um das Glück seiner Mitmenschen kümmere – Sympathie lasse mit anderen mitfühlen, Hilflosigkeit bedürfe der anderen:

> »Also glücklich seyn und glücklich machen, das ist der Endzweck unseres Daseyns auf Erden (...). Dazu sollen wir also auch unsre Kinder erziehn, damit sie nicht blos nach ihrem Tode, in jedem künftigen Abschnitte ihres endlosen Daseyns, sondern schon hier, hier auf dieser Erde, ein, soviel möglich harmloses, zufriedenes und glückliches Leben führen, und zum Glück ihrer Mitmenschen so viel beitragen mögen, als die Vorsehung ihnen Kräfte und Gelegenheiten dazu verleihen wird.« (77)

Hindernisse dafür seien Übel, die er einteilt in natürliche, sittliche und gesellschaftliche (79). Natürliche Übel seien Klima, körperliche Gebrechen sowie Mangel an Lebensnotwendigem und Dingen, die zwar nicht notwendig seien, aber das Leben angenehm machten, wobei Letzteres zum Glück nicht notwendig, manchmal sogar hinderlich sei (81 f), weswegen er vor Verzärtelung und übertriebener Sorge warnt (82). Auch solle man Kinder nicht vor Ungemach schützen, da dies ohnehin auf einen Menschen zukomme (84). Unter sittlichen Leiden versteht er Erscheinungen, die man heute mit Neurotizismus, Hypochondrie, vielleicht auch Depression beschreiben würde, deren Ursache er in einer »verfeinerten Lebensart« ausmacht (87) und für deren Abhilfe er den Eltern bei der Kindererziehung eine Konzentration auf einfache Bedürfnisse (89), Vermeidung von Nervenanspannung und des Zeigens elterlicher Boshaftigkeit, das Ärgern von Kindern und eigene Vorbild empfiehlt (90). Unter den gesellschaftlichen Übeln fasst er Phänomene der gegenseitigen Beeinträchtigung, des Ärgerns und Kränkens, des sich das Leben schwer Machens, was er insgesamt mit Hobbes als Haltung eines ›Kriegs aller gegen alle‹ skizziert (92). Seine dann folgende Beschreibung eines gesellschaftlichen Ist-Zustandes, bei dem der sich Verstellende der Erfolgreichste ist, ähnelt stark Rousseaus Einschätzung. Gegen diese Leiden helfe nur Abhärtung, Vermeiden von Luxus (98), das Zulassen natürlichen Leides (99). Überhaupt müssten Kinder, wie Generationen vor ihnen auch, lernen, die Beschwerlichkeiten des Lebens zu bewältigen (85 f). Moderates Leid sei heilsam, Glück ohne Leid nicht erfahrbar. Es lasse angenehme Gefühle deutlicher hervortreten, ohne Leid erfolge kein Streben nach Verbesserung (42 f). Und schließlich könne man zwar an einem Übermaß an Leid seelisch zugrunde gehen, andererseits aber auch in der Bewältigung wachsen und zu tiefem Glück gelangen. Umgekehrt könnte ein Übermaß an Wohlergehen die Antriebskräfte senken (44 f). Daher komme es auf das rechte Maß an (48), welches für jeden unterschiedlich sei (46), weswegen Kinder die Freiheit benötigten, möglichst viele Empfindungen suchen und wählen zu können (53; 56), was zur Vervollkommnung führe (54 f). Gemäß seiner Ansicht, auch Unangenehmes sei für die Entwicklung gut, sollten Kinder so viele angenehme Empfindungen wie möglich, unangenehme wie nötig machen (50). Campe geht von einer sinnvollen Naturordnung aus, weswegen künstliche Erfahrungen (z. B. künstliche Speisen, ängstliche Abwehr unangenehmer Naturerfahrungen, stickige Betten und Luft, überflüssige Kleidung, Einsperren im Hause, strammes Wickeln ebenso wie Luxuskleidung, 52) abzulehnen, natürliche (z. B. freie geistige und körperliche Tätigkeiten, frische Luft, freie Beschäftigung mit natürlichen Gegenständen) zu empfehlen seien (51 f). Campe vertritt hier die Notwendigkeit praktischer Erfahrung für nachhaltiges Lernen:

> »Alles, was dem Kinde eingegossen wird, sey's auch der Weisheit Quintessenz, frommt seinem Geiste und seinem Herzen nicht, wird nicht in Mark und Blut, nicht in fruchtbringende, das Wohlseyn und die Kraft der Seele befördernde Empfindung und Erkenntnis verwandelt. (...) Selbstthätigkeit allein übt, stärkt und entwickelt die geistigen wie die körperlichen Kräfte.« (57)

Die Bedeutung frühkindlicher Erfahrungen beschreibt er als »unaustilgbare Grundfarbe«, die positive wie negative Tendenzen für die weitere Selbst- und Weltwahrnehmung anlege (41).

Da zu diesen Empfindungen auch das sie auslösende Erzieherverhalten gehören kann, ist es von Campe konsequent, sich eingehend der Bedeutung von Belohnungen und Strafen zu widmen; ein Thema, von dem er überzeugt ist, dass in kaum einem Feld mehr Fehler gemacht würden als in diesem (Campe 1788, 447). Ohne hier näher auf diese Schrift eizugehen (Campe plädiert für solche Konsequenzen, die dem Kind einsichtig sind, das Gute fördern und das Böse mindern; auch wird Wert gelegt auf Affektfreiheit in Wort und Tat sowie Abstimmung mit anderen im Hause), zeigt die Eingangspassage doch Campes Bild vom Kind bzw. von der Kindheit: Er kritisiert eine harte, unreflektiert affektive und ungerechte Erziehungspraxis mit der Folge »gemisshandelter junger Geschöpfe« (453), das Verhalten mancher Erzieher und Eltern als ›barbarisch‹ (ebd.), sodass man den Eindruck erhalte, Kinder würden nicht als Menschen mit unveräußerlichen Rechten angesehen (451). Es habe den Eindruck, Kinder dürften von Erwachsenen nichts, letztere aber von ihnen alles fordern, »(...) was Laune, Eigensinn und Selbstsüchtigkeit uns nur immer eingeben mögen.« (452).

Nun muss dieses Plädoyer für eine individuelle Weltaneignung eingefügt werden in den Gedanken vom mittleren Idealzustand, was geschieht unter dem Titel »Von der nöthigen Sorge über die Erhaltung des Gleichgewichts in den menschlichen Kräften« (Campe 1785d). Das Gleichgewicht betrifft ein innerpsychisches Verhältnis, aber auch eines zwischen Neigungen und Nützlichkeit.

Campe konzediert, dass unterschiedliche Berufe einer unterschiedlichen Ausbildung bedürften und für einige Berufe die Ausbildung gewisser Anlagen kontraproduktiv sei (ebd., 338); auch, dass eine gleichmäßige Ausbildung geistiger und körperlicher Fähigkeiten bei allen Menschen in Summe lediglich zu Mittelmäßigkeit führe (340). Dass er trotzdem für eine gewisse gleichmäßige Ausbildung plädiert, wird verständlich im Kontext der im Untertitel des Aufsatzes angegeben Zielrichtung der Arbeit. Ihm geht es um die Vermeidung schädlicher Einseitigkeiten, die er in o. g. psychischen Erkrankungen (›Empfindsamkeit‹) sieht. Man kann darin Sorge um den Einzelnen, aber auch Sorge um die Gemeinschaft sehen. Zu viel Empfindsamkeit schade dem Einzelnen, darin aber auch der Gemeinschaft, da er den Anforderungen des Lebens nicht gewachsen sei. Plädiert wird daher für eine Erziehung, die sowohl körperliche als auch geistige Fähigkeiten berücksichtigt, allerdings mit Rücksicht auf die individuellen Anlagen und Notwendigkeiten in Intensität und Ausmaß (341 ff). Eine solche Ausbildung komme dem Individuum und der Gemeinschaft zugute, da ein Mensch, der seine natürlichen Kräfte gefördert habe, im Berufsleben brauchbarer sei, sich mehr seines Lebens freue und umso williger seinen Mitmenschen Freude bereite (349).

Der Erziehung zu einem glücklichen Kind und zum Wohl der Gemeinschaft müsse also die Idee einer solchen gesunden Erziehung zugrunde liegen, die Einseitigkeiten in körperlicher und geistiger Hinsicht vermeide. Deren Maßstäbe gewinnt Campe wiederum aus der Natur, aus deren Beobachtung er sieben Imperative ableitet. Zunächst den zur Beobachtung der natürlichen Entwicklung des Menschen, um die erzieherischen Tätigkeiten entsprechend aufzubauen (369), was ihn konkret zu Appetitförderung, Gesundheit/körperlichem Wohlbefinden, Bewegungsfreiheit (›Gebrauch der sinnlichen Werkzeuge‹,) führt (372). Als zweites Thema die Beobachtung der Auswirkungen einer Anlage auf andere im Sinne einer beizubehaltenden bzw. herzustellenden Balance (375), woraus konkret Stärkung der Körperkraft und der sinnlichen Wahrnehmung abgeleitet werden, unter erneuter Warnung vor zu früher Verfeinerung der Empfindung (›Seelenkräfte‹) (382). Drittens eine Art Situationsanalyse der gegenwärtigen Gesellschaft hinsichtlich aktuell notwendiger Schwerpunktsetzungen für eine ausgeglichene Erziehung, woraus er die Warnung vor zu früher ›Verfeinerung‹ durch künstliche Reize, die Forderung nach Stärkung von Nerven und Empfindungen lediglich durch natürliche Reize sowie die Einübung eines ungekünstelten sachlichen Denkens ohne Attitude ableitet (386–388). Viertens die Beobachtung des jeweiligen Zöglings, was in diesem Kontext offensichtlich und als solches hervorgehoben bedeutet, ihn das zu lehren, was hinsichtlich seiner zu erwartenden gesellschaftlichen Position (z. B. Stand und Beruf) notwendig ist (388). Fünftens didaktische Vielfalt, was v. a. gegen einseitiges kognitives Lernen gerichtet ist und zum Einbezug von Tätigkeiten auffordert (390). Sechstens Beobachtung individueller Stärken und Schwächen sowie siebtens die des Verhältnisses der jeweiligen Kräfte im konkreten Kinde, um die Balance zu behalten, was konkret bedeute, an der Verbesserung der Schwächen intensiv zu arbeiten und die der Stärken ruhen zu lassen (391–393). Damit enden in dieser Arbeit die grundlegenden Gedanken zu einer systematischen Erziehung. Was dann folgt, ist eine lange und intensive Warnung vor Nervenleiden, verursacht durch zu viel künstliche (= gesellschaftliche) Einflüsse und Einseitigkeiten. Campe differenziert dafür seine Begrifflichkeit:

> »Jede Vorstellung unserer Seele, welche mit einer merklichen Lust oder Unlust verbunden ist, heißt Empfindung.« (395)

Sie sei das Wirkprinzip des Menschen und Richtschnur der Pädagogik. Da diese Vorstellungen aber adäquat und inadäquat gefördert werden könnten, wird dann folgende Unterteilung vorgenommen:

> »Um einer Verwirrung der Begriffe vorzubauen; wollen wir das allgemeine Vermögen zu Empfindnissen als Empfindnißkraft, diejenige Stärke und Ausbildung derselben, welche mit der Ausbildung und Stärke der übrigen Kräfte des Menschen in richtiger Proportion steht, Empfindsamkeit, und endlich diejenige Empfindsamkeit, welche unverhältnismäßig ausgebildet worden ist, und die übrigen Kräfte des Menschen an Stärke überwiegt, Empfindlichkeit nennen.« (396)

Zusätzlich unterteilt Campe dann noch die Empfindlichkeit in eine solche, die gleichsam naturgegeben ist, und eine solche, die vom Menschen selbst intendiert bzw. initiiert ist und die er »Empfindelei« und nicht unverhältnismäßig, sondern »albern« nennt (ebd.).

Bei der Lektüre der dann folgenden Passagen wird deutlich, dass es Campe hier um Resilienz geht. Kritisiert wird übertriebene Empfindlichkeit, die zur Lebensuntauglichkeit und zu psychischen bzw. psychosomatischen Erkrankungen führe (411–413). Betroffene hätten mehr negative als positive Empfindungen, beklagten den Zustand der Welt und erwarteten von dieser eine übertriebene und nicht leistbare Rücksichtnahme, was wiederum zur Interpretation der Welt als hart, falsch und schlecht führe (414). Neben den bereits genannten pädagogischen Imperativen resultieren für Campe daraus auch die Vermittlung einer positiven Weltsicht und Lebensfreude sowie das Erlernen des Genusses (428).

In Summe lesen sich Campes Texte ambivalent: In den Passagen, in denen er ausgehend vom Trieb nach angenehmen Empfindungen eine pädagogische Haltung und Systematik entwickelt, wird eine sehr kinder- und lebensfreundliche, heitere, gleichwohl auch angesichts der Rauheit des Lebens pragmatische Pädagogik deutlich. Andererseits treibt ihn eine große Sorge vor zu viel Sinnlichkeit, einmal hinsichtlich psychischer Erkrankungen, zum anderen und damit verbunden vor Amoral um. Man lese einmal sein Vorwort (Campe 1787) zur preisgekrönten Schrift ›Beehrung und Warnung für Jünglinge‹ (Oest 1787). Beide Texte warnen inhaltlich und verbal derart dramatisch vor unkontrollierten körperlichen Freuden, in erster Linie der Selbstbefriedigung, dass man sie nur als religiös motivierte Triebunterdrückung und Leibfeindlichkeit deuten kann. So wird das Motiv einer beständig mittleren Heiterkeit in einen harten Rahmen von Sorge und Warnung vor möglichen Überschreitungen gepresst, was weniger harmonisch klingt als das versprochene Glück selbst.

2.1.7.5 Individuelles Glück trotz und wegen gesellschaftlicher Einordnung – Stuve

Anders als Campe und andere spricht Johann Stuve (1752–1793), Theologe und Pädagoge, Schulleiter und Professor (er lehrte philosophisch-anthropologische Themen und Geographie), sehr viel positiver über sinnliche Freuden. Aber nicht nur dadurch hebt sich Beitrag von anderen ab. Auch das Verhältnis von individuellem und gesellschaftlichen Glück wird bei ihm sehr viel ehrlicher diskutiert, die letztlich auch behauptete Harmonie beider Bereiche erscheint dadurch realistischer, wenngleich auch er hinsichtlich des Glücks vom Gedanken der rechten Mitte ausgeht. Seine Gedanken über ›Allgemeinste Grundsätze der Erziehung‹ (so der Titel seines ersten Beitrags in der ›Revision‹) basieren auf anthropologischen Grundannahmen, mit denen Glück als Ziel, sinnenbetontes Lernen und Gemeinschafts- und Individualorientierung als Aufgabe von Pädagogik dargestellt werden. Interessant ist Stuve aber auch deshalb, weil er sich (an anderer Stelle) dezidiert gegen Kants Glückskonzeption wendet eben aufgrund seiner sensualistischen Ausgangsposition. Daher wird nach Darstellung der Arbeit über die Grundsätze von Pädagogik auch darauf noch eingegangen.
Zunächst zu den ›Allgemeinsten Grundsätzen‹: Pädagogik müsse sich herleiten aus anthropologischen Grundsätzen (›Kenntnis des Menschen‹), was er inhaltlich skizziert mit

> »(…) seine Bestimmung, seine körperliche und geistige Natur und deren innigste Verbindung, seine Fähigkeit zur Glückseligkeit und seine Bestimmung für die Gesellschaft.« (Stuve 1785, 234)

Seine erste anthropologische Grundannahme ist erkenntnistheoretischer Art: Er geht davon aus, dass die Vorstellungen von sinnlichen Empfindungen abhingen (ebd., 240). Zu den Vorstellungen rechnet Stuve sowohl Angestrebtes (das Wollen) als auch rein theoretisch Gedachtes. Hinzu komme, dass der Mensch nur durch eigene starke Empfindungen lerne. Daraus folgt, dass Pädagogik bei den (man könnte hier schon zufügen: v. a. individuellen) Trieben und Leidenschaften ansetzen und reflektieren müsse, wie diese zu wecken und formen seien (251–252). Eine andere Grundannahme ist strebensethischer Natur:

> »Alles, was lebt und empfindet, ist bestimmt, glücklich zu seyn.« (255)

Von diesen beiden Annahmen ausgehend, wendet er sich dann einer glücksorientierten Pädagogik zu. Dies geschieht zunächst durch nähere Bestimmung des Glücks: Inhaltlich wird es wie folgt charakterisiert:

> »Der Zustand einer verhältnismäßigen Ausbildung und Vervollkommnung der Anlagen und Kräfte unserer Natur, und die übereinstimmende Befriedigung unserer natürlichen Triebe; denn hieraus erwächset unsere Vollkommenheit, und das Anschaun eigener Vollkommenheit macht Vergnügen, ist angenehm, wird Glückseligkeit.« (257)

Äußere Dinge könnten additiv hinzukommen, letztlich entscheidend sei aber die Bewertung des Einzelnen (ebd.). Diese ergebe sich aus einer Harmonie, einmal der zwischen geistigen und körperlichen Kräften, welche das höchste menschliche Glück darstelle (258–260); dann der zwischen Individuum und Gesellschaft. Um es vorwegzunehmen: Bezüglich Letzterem spiegelt der Text die damalige Standesgesellschaft wider. Jeder Mensch solle auf seine Art glücklich sein, aber auch zum Glück der Gesellschaft beitragen, woraus je nach Begabung und Anforderungen sehr individuelle Ausbildungen resultierten (261 f). Notwendig sei dafür eine Kenntnis der menschlichen Natur (womit er v. a. die Art und Weise des Lernens durch das Prinzip von Lust/Unlust meint) sowie die Kenntnis seiner selbst (264).

Nachdem Glück als harmonische Vollkommenheit geistiger und körperlicher Kräfte sowie Individuum und Gemeinschaft bezeichnet wird, untersucht Stuve die unterschiedlichen menschlichen Kräfte, die der Natur und die des Geistes (›Seele‹). Bezüglich der Sorge um den Körper, den er wie La Mettrie »die kunstvollste Maschine« nennt (265), empfiehlt er die Beachtung der Primärbedürfnisse und verweist auf die Bedeutung des Körpers für die Seele (266–269), verbunden mit Empfehlungen zu Ruhe und Schlaf (271). Empfohlen wird auch eine systematische Körpererziehung (272) mit ebenfalls der Natur als Richtschnur (273). Da der Körper als gesunder oder kranker entsprechende Empfindungen verursache, komme ihm eine zentrale Bedeutung für das Wohlbefinden/Glück zu (274).

Danach wendet Stuve sich der Seele zu, deren Wesen/Natur er als »Vorstellungskraft und Streben nach freier Wirksamkeit« kennzeichnet (275) und ihre Abhängigkeit von sinnlicher Wahrnehmung betont:

> »Die Seele bringt von nichts Kenntnisse mit auf die Welt, nicht das Materielle, nur das Formelle ist ihr angeboren. Die Grundlage und der Anfang der ganzen Seelenthätigkeit sind daher Empfindungen und Vorstellungen von einzelnen durchaus bestimmten Dingen, und deren Veränderungen.« (279)

Auf die nähere Kennzeichnung der Seele soll hier nicht weiter eingegangen werden. Für diesen Kontext ist wichtig, dass Stuve aus dem Primat der Sinne und der Unterschiedlichkeit jedes konkreten Aufwachsens eine »unendliche Verschiedenheit menschlicher Sinnes- und Denkungsarten« (281) folgert. Als Triebfeder der Erkenntnis wird bei Stuve das Lustprinzip vorgestellt:

> »Die ganze Thätigkeit der Seele zielt auf Erwerbung und Erhaltung angenehmer Empfindungen. Darin besteht der einzige Grundtrieb aller empfindenden Wesen.«

Diese Empfindungen bescherten dem Menschen ein im Ganzen positives Gefühl, wenngleich ihr Ursprung mal stärker geistig, mal leiblich sei (284).

Der Trieb nach angenehmen körperlichen Empfindungen ziele auf

> »(...) angenehme Reize der Gefühls-, Geruchs-, Geschmacksnerven, Sättigung, Behaglichkeit, Thätigkeit, Ruhe, Gefühl von Gesundheit, Stärke, Geschicklichkeit, Munterkeit, Geschlechtslust und die blos sinnliche Lust des Auges und Ohres.« (285)

Dem Trieb nach angenehmen geistigen Empfindungen entspringen nach Stuve konkret

> »(...) der Trieb nach Freiheit, Selbstthätigkeit, der Trieb nach Nachahmung, der nach Vermögen und Eigenthum, der Trieb der Theilnehmung, Gesälligkeit, Freundschaft, ehelicher, älterlicher und kindlicher Liebe, der Trieb nach Ehre und Ansehn, Macht und Oberherrschaft.« (286)

Im Folgenden (286–288) erörtert Stuve noch den Unterschied zwischen ungezügelten Begierden und einem reflektierten Streben, das Einüben eines gezielten Anstrebens als Gewöhnung, schließlich auch Tugend und Laster.

Nachdem so körperliche und geistige Kräfte behandelt sind, widmet er sich der Harmonie beider und geht Vor- und Nachteile körperlicher und seelischer Kräfte durch, Letztere unterteilt in erkenntnisbezogene und sittliche. Zunächst hält er ein Plädoyer einerseits für die Berücksichtigung des Körpers in Theorie und Praxis (288–294), andererseits für die Gleichwertigkeit aller Arten von Glücksquellen (294–313), mit vehementer Kritik an einer Herabsetzung sinnlicher Freuden:

> »Wenn trübselige Phantasten das gegenwärtige Leben als bloße Vorbereitungszeit, für die noch kein Genuß und keine Glückseligkeit gehöre, ansehen wollen, so ist das eine elende, seltsame Grille, die keiner Widerlegung bedarf. Eben so thörigt ist es, gewisse Gattungen oder Arten des Vergnügens oder der angenehmen Empfindungen, als des Menschen unwürdig, oder als unerlaubt und strafbar anzusehen, da nur ihr Übermaaß und ihre Unregelmäßigkeit schadet und den Menschen entehrt.« (295)

Stuve bleibt hier seiner Grundüberzeugung von der Bedeutung der Leiblichkeit treu, indem er dem Menschen ohne Wertung auch animalische Triebe zuschreibt (296), diese wertschätzt für die Arterhaltung und das Lernen (297), und ganz lebenspraktisch negative Einflüsse der Enthaltsamkeit auf Charakter und Stimmung konstatiert (299). Die dann genannten Kehrseiten sinnlicher Reize beziehen sich auf eine einseitige und zu intensive Orientierung an ihnen (300–303). Anders als Campe empfiehlt er die Entwicklung eines reflektierten Genusses als rationale Bereicherung/Vervollkommnung, warnt aber auch vor Suchtpotenzial und körperlicher Schwächung (303–305).
Die geistigen Freuden werden dann ganz klassisch in Begriffen der Muße beschrieben als

> »(...) anschauende und lebhafte Erkenntnis der Wahrheit, der Harmonie und des Zusammenhangs der Dinge und vorzüglich der Vollkommenheit der Geister. Deutliche Einsicht wird also bei allem ihrem Genuß vorausgesetzt.« (305)

Ein großer Vorteil sei ihre geringere Unabhängigkeit von äußeren Bedingungen (306), gewarnt wird aber auch vor einseitiger Orientierung an ihnen, infolgedessen Körperschwächung und Pflichtvernachlässigung (307).

Die sittlichen Freuden sieht Stuve als Teil der geistigen und beide als die höchste Form des Vergnügens an (307). Sittlichkeit gebe dem Menschen mit dem Gefühl von Würde ein höchstes Glück, dessen Pendant bei den geistigen Freuden die Schau Gottes sei (308). Geistige und sittliche Vergnügen entsprächen dem geistigen Trieb des Menschen nach Betätigung und Vollkommenheit, erfreuten als Lohn eigener Anstrengung und gäben ein Gefühl der Gottebenbildlichkeit (308–310).

Bilanzierend empfiehlt Stuve die Erhöhung von Vergnügen nach Quantität und Qualität zur Maximierung des Glücks, verschweigt aber die Unausweichlichkeit negativer Gefühle nicht. Ihre negativen Auswirkungen minimiert er durch Hervorhebung ihrer positiven Aspekte für die Vervollkommnung und das Glück: Als Indikator für Anzustrebendes/zu Meidendes, notwendiger Kontrast für Glückserfahrungen, Anregung zu Verbesserung. Zudem träten Gefühle zumeist vermischt auf, müsse man zuweilen Unangenehmes in Kauf nehmen für ein höheres Gut bzw. zur Vermeidung noch größeren Übels (311–313).

Damit sind alle grundsätzlichen Überlegungen Stuves über Glücksgefühle genannt. Aus pädagogischer Sicht würde man jetzt die Darlegung detaillierterer pädagogischer Konsequenzen erwarten, was aber erst später geschieht. Stattdessen erfolgt an dieser Stelle eine Thematisierung des Verhältnisses von Individuum und Gemeinschaft (313–324), die zweite für das Glück notwendige Harmonie neben der der Kräfte. Auch hier argumentiert er anthropologisch und pragmatisch: Der Mensch sei auf Sozialität angewiesen, was unterschiedliche Konsequenzen habe: Einerseits sei man dem Willen und den Launen anderer ausgesetzt und müsse damit ebenso umgehen lernen wie mit der Tatsache der Existenz schlechter Menschen generell (»(...) Tirannen, Meuchelmörder, Jugendverführer, Giftmischer, Ehrenschänder usw.«) (321). Andererseits gebe es kein wahres Glück ohne andere Menschen (317). Da Sozialität wesenhaft zum Menschen gehöre, resultiere daraus eine Pflicht gegenüber der Allgemeinheit, sodass das Individuum Teile seines Glücks bzw. seiner Unabhängigkeit ›aufopfern‹ bzw. das für ihn von der Gesellschaft vorgesehene Glück akzeptieren müsse (318 f). Stuve (ver-)tröstet sich und seine Leser mit Verweis auf den Überhang des Positiven gegenüber dem Negativen der Gemeinschaftsgebundenheit und einem optimistischen Blick auf das Faktum des Leids als solchem: In Summe überwöge die Freude in der Welt, sie sei auch in größter Not noch vorhanden und Leid durch individuelle Wahrnehmung beeinflussbar, schließlich forme Leid den Charakter, erhöhe als Kontrast bzw. als Freude an der Vervollkommnung der Welt und Hoffnung auf jenseitigen Lohn das Glück (321–323). So endet dieses Kapitel weit weniger individualistisch hedonistisch als an anderen Stellen vorher und gipfelt gar in einer Relativierung des Diesseits:

> »Unser hiesiges Leben ist nichts, als der Anfang unseres ganzen Lebens; noch immer also können wir über dieses nicht urtheilen. Was hier mißlingt, löst sich dort in Harmonien!« (324)

Stuve wendet sich danach im letzten Kapitel (325–382) der Pädagogik zu, eingeleitet mit der soeben geschilderten Ambivalenz individuellen und kollektiven Glücksstrebens:

> »Der Endzweck ist, jeden Menschen, nach seiner eigenthümlichen Beschaffenheit, und nach seinem Standpunkt in der Gesellschaft für sich selbst so vollkommen und glücklich, und für andere so nützlich wie möglich zu machen.« (325)

Es folgen vier grundsätzliche Erziehungsregeln: Die Förderung der freien Entfaltung allgemein menschlicher, individueller und gesellschaftlich nützlicher Fähigkeiten. Die Verhinderung der Selbst- und Fremdschädigung. Die Gewöhnung an gute Umgangsformen, schließlich die Verfestigung guter Gewohnheiten durch eigenes Denken, Belehrung und Unterricht (325 f).

Konkret folgen dann Themen, die er z. T. vorher schon angesprochen hat und sich wieder auf Körper, Geist und Gemeinschaftstauglichkeit beziehen: Sorge um körperliche, geistige und moralische Stärke und Schönheit (326), angemessene Nahrungsmittel und mäßigen Genuss (326 f), Bewegung und körperliche Tätigkeit, ausreichend Schlaf und frische Luft sowie ein passendes Maß an Wärme und Kälte

(327); das Erlernen geistiger Beschäftigung, Schulung von Empfindungen, Begierden und Leidenschaften zu in einem mittleren Maß, man möchte sagen natürlich auch unter Warnung einer zu frühen Regung des Geschlechtstriebs (328). Grundsätzlich wird die Bedeutung der Gesundheit für das Glück hervorgehoben (329).

Empfohlen wird eine systematisch geordnete Anregung des Kindes durch sinnliche Reize (330–335) mit folgender Sprach- und Denkerziehung (335 ff); weiter gezielte Beobachtung und aufbauende Anregung des Individuums (338; 356 f) durch ausgebildete Fachkräfte (340).

Auch in Sachen Sittlichkeit solle formal beim Streben nach individuellem Glück angesetzt werden (347), wie insgesamt das Primat der Förderung und Weckung freier Selbsttätigkeit gilt (347; 350), andernfalls werde das Kind »(...) ängstlich, verzagt, blöde und trübsinnig.« (348). Das gelte für jedes Lebensalter:

> »Also das Grundgesetz der Ausbildung des Begehrungsvermögens ist Erhaltung der freien Selbstthätigkeit, und dieses Gesetz gilt nicht blos für das ganz kleine Kind, sondern für das Kind und den Menschen überhaupt in jeder Periode des Alters und Lebens.« (350)

Da Selbsttätigkeit durch Freude geweckt werde, gelte sie als pädagogisches Leitprinzip – mit erneutem Vereis auf die Notwendigkeit individueller Förderung (357).

Hinsichtlich des Harmoniegedankens gelte es, Übermaß zu vermeiden, Schlechtes umzulenken (358 f), Gelerntes zu wiederholen und zu veranschaulichen (361). Beklagt wird auch, dass statt der Freude am Lernen selbst Belohnungen und Strafen nicht nach logischer Konsequenz, sondern willkürlich eingesetzt würden (384).

Schließlich summiert Stuve noch Hauptregeln, einmal als pädagogische Konsequenz aus dem Studium der Vergnügungen, zum anderen als Konsequenz auf die soziale Verfasstheit des Menschen. Zunächst die Aufforderung, dem Kind so viel angenehme Vergnügen zu bereiten und unangenehme abzuwehren (365). Als zweites das Lehren von Entsagung für ein höheres Vergnügen bzw. zur Vermeidung eines Missvergnügens (366). Allerdings dürfe nicht grundsätzlich oder zu sehr die Gegenwart für die Zukunft geopfert werden (368), eine Formulierung, die Schleiermacher später als einen formalen Grundsatz der Erziehung formuliert. Schließlich müssten Vergnügen verwehrt werden, die der Natur oder dem Recht widersprächen (370).

Mit Blick auf die Gesellschaft gelte es, Kinder zu Fertigkeiten zu verhelfen, in der jeweiligen Gesellschaft glücklich zu werden (371). Wesentlich dafür sei, Wohlwollen und Nächstenliebe bzw. Gemeinnützigkeit zu erlernen (372). In Konsequenz des vorher Gesagten über die Bedeutung der Empfindungen resultiert daraus die Liebe als pädagogische Forderung:

> »Man muß also das Kind in jedem Verhältnisse mit möglichster Liebe, Güte und Freundlichkeit behandeln.« (372)

Zum Lehren von Nächstenliebe gehöre auch das Zeigen realer Bedürftigkeiten, z. B. in Krankenhäusern oder unter Armen, Dienst am Nächsten, die Unterweisung in Menschenrechten und -würde (374). Rücksichtnahme müsse das Kind lernen durch Kenntnisse über das in der Gesellschaft nötige Glück (377), durch Gehorsam durch

Dankbarkeit gegenüber Eltern und Lehrern (377) sowie durch Selbstkontrolle und Vermeidung von Eigensinn (378). Zudem sollten gesellschaftlich nützliche Fähigkeiten und Fertigkeiten gelehrt werden (379) zum Wohle der Gemeinschaft (381). Und schließlich, gemäß Stuves pragmatischem Umgang mit dem durch Andere verursachtem Leid, solle das Kind Zufriedenheit mit seinem Schicksal und seiner gesellschaftlichen Position erlernen durch die Veranschaulichung der Freuden einer jeden Positionierung (381) und Vertrauen in die göttliche Vorsehung (382).

Ähnlich wie bei Campe ist eine Bewertung Stuves nicht ganz einheitlich vorzunehmen. Klar und auch vehement vorgetragen ist sein Sensualismus, aus dem pädagogisch ein Plädoyer für Freude und Selbsttätigkeit, individuelle Beobachtung und Förderung, stufenweise arrangierte Lernumgebung, Lernen am Modell wie insgesamt durch Erfahrung resultiert. Lebenspraktisch gut erklärbar sind die Passagen über die Notwendigkeit gesellschaftlicher Rücksichtnahme, vielleicht auch noch die Einzwingung in eine ständische Gesellschaftsstruktur. Allerdings sind die Passagen zum Gehorsam und zur Unterordnung schon sehr irritierend. Nicht auflösbar sind jedoch die Widersprüche zwischen den Aussagen über das diesseitige wie jenseitige Glück. Lehnt er einerseits eine Vertröstung aufs Jenseits ab und fordert auch zur Weiterentwicklung eines lebenslangen Genusses (des Lebens insgesamt wie einzelner Freuden) auf, spricht er andererseits vom Jenseits als Eigentlichem. Man kann hier spekulieren, ob und inwieweit das auch den damaligen politischen Gegebenheiten geschuldet ist. Vermuten darf man das, denn der Gesamtduktus der Arbeit ist sinnenfroh diesseitig, sehr wenig religiös moralisierend. Bestärkt wird das durch einen Blick auf einen gegen Kant verfassten Aufsatz (Stuve 1982a) und eine weitere Präzisierung (Stuve 1982b). Ohne hier näher auf Kant einzugehen (► Kap. 2.2.1), kurz Stuves zentrale Gedanken: An Kant kritisiert er dessen Trennung der Sittlichkeit von der Glückseligkeit und die Positionierung der Sittlichkeit als der Glückseligkeit übergeordnetem Maßstab, sodass im Zweifelsfall die Moral über das Glücksstreben siegen müsse (Stuve 1982a, 171). Diesen Gegensatz zwischen Moral und Glücksstreben sieht Stuve nicht. Für ihn richtet sich die Bewertung der Güte einer Handlung nach ihrer Glücksförderung. Glückseligkeit gilt ihm als

> »(…) das letzte Prinzip der Moral, aus welchem sich alles herleiten, auf das sich alles zurückzuführen läßt, welches rein, würdig, allumfassend ist, welches zu gleicher Zeit der Quell der moralischen Erkenntnis und der moralischen Selbstthätigkeit ist.« (Stuve 1982a, 173)

Stuve sieht demnach auch keinen Widerspruch zwischen einer reinen Vernunft- und einer Glücksorientierung. Gegen Kants Position, die vernünftige Natur existiere als Zweck an sich, wendet Stuve ein, die Formulierung ›Zweck an sich‹ lege nahe, dass etwas um seiner selbst willen da sei. Das hieße, dass die Vernunft sich an sich selbst erfreue, was wiederum auf die Glückseligkeit verweise (179). Grundsätzlich sei die Forderung nach Vernunftorientierung lediglich die nach logischer Konsistenz. Darüber hinaus benötige die Vernunft einen Bewertungsmaßstab. Recht und Gut seien keine für sich selbständigen Begriffe, sie erhielten ihre inhaltliche Ausrichtung nach der Glücksförderung:

> »Ein absolutes Recht, ein absolutes Gut sind Chimären und keine reellen Begriffe. Recht und Gut sind relative Begriffe, die sich auf die Glückseligkeit beziehen. Gingen nicht die

> Begriffe von Wohlseyn und Glückseligkeit der empfindenden und vernünftigen Wesen vorher, oder lägen sie nicht zum Grunde: So würden wir gar keine Vorstellung vom Recht, Pflicht u. s. w. haben.« (Stuve 1982b, 228)

Der Sorge vor Amoralität und Egoismus begegnet Stuve, wie bereits dargestellt, mit dem Eigeninteresse des Menschen – weil der Mensch ein soziales Wesen sei und erkennen und fühlen könne, dass sein Wohl vom Wohl der Gemeinschaft abhänge, handele er moralisch. So formuliert er gegen Kant:

> »Es ist daher das höchste praktische Princip der reinen Vernunft: befördere die Glückseligkeit der vernünftigen Wesen. Zu diesem Imperativ der Vernunft, wie Hr. Kant sagen würde, gesellt sich nun der allmächtige Naturtrieb, der zwar ursprünglich und zunächst auf eigene Glückseligkeit gehet, sich in der Folge aber selbst instinktartig auch auf Andere erstreckt. Weiterhin leitet und berichtigt ihn die Vernunft, die einsieht, daß das Wohl des Ganzen und der einzelnen Glieder unzertrennlich verbunden ist, daß sich keine isolierte Glückseligkeit denken läßt, daß die höchste Realität und Würde des Menschen und die Quelle des reinsten und sichersten Vergnügens in dem Bewußtsein eines guten Willens und eines reinen Bestrebens zur Beförderung des höchsten Weltbesten liegen.« (Stuve 1982a, 193 f)

So schätzt Stuve das tugendhafte Leben als höchstes Glück (Stuve 1982b, 235), aber die Begründung erfolgt wie bei Epikur aus dem Nutzen für den Einzelnen. Die postulierte Lust des Einzelnen wird hier wie dort stark auch durch Bedürfnisreduktion, Unabhängigkeit von außen und Konzentration auf innere Zufriedenheit erreicht (Stuve 1982c. 99). Das in seiner Schrift ›Ueber die Erziehung‹ postulierte Ziel der Vorzüglichkeit, des Glücks und der Nützlichkeit (Stuve 1982c, 73) ergibt sich aus der Harmonie entfalteter Kräfte und mit Anderen. Diese Harmonie mag für heutige Ohren arg erkauft sein, seine grundlegenden erkenntnis- und glückstheoretischen Positionen dagegen erscheinen überaus aktuell.

2.1.7.6 Das Vergnügen als Tätigkeit der individuellen Kräfte – Villaume

Auch Peter Villaume (1746–1825), Theologe und Pädagoge, verfasste mehrere Beiträge zu Campes ›Revision‹, die meisten mit pädagogischem Inhalt schon in der Überschrift, einen davon über körperliche Erziehung, weswegen Villaume häufig zitiert wird, wenn es um die Tradition körper- bzw. sportbezogener Pädagogik geht. Zwei Bände, die er unabhängig davon schrieb, tragen indes den Titel ›Vom Vergnügen‹ (Villaume 1788a und b[41]), sodass man den Eindruck gewinnen könnte, hier handele es sich um Darlegungen des Hedonismus nebst Anleitungen zur Lustmaximierung. Bereits zu Beginn des ersten Bandes jedoch wird dieser Eindruck (oder

41 Es gibt im Jahre 1788 von Villaume zwei Publikationen unter dem Titel. Die eine erschien in Berlin, besteht aus zwei Bänden, die aber in einem Buch zusammengebunden sind, von denen jeder Band aber für sich durchnummeriert wurde; die andere erschien in Tübingen. Die Ausgaben stimmen bzgl. der Seitenzahlen nicht überein. Für den heutigen Leser ist es sinnvoll, die Tübinger Ausgabe heranzuziehen, da sie digitalisiert wurde und somit online frei verfügbar ist. Allerdings fehlt dort die letzte Seite des ersten Bandes, die aber nur wenige Zeilen umfasst. Für die Gesamteinschätzung der Arbeit Villaumes können diese Zeilen vernachlässigt werden. Um die Arbeit als zweibändige kenntlich zu machen, wird sie mit 1788a und 1788b zitiert.

die Hoffnung) enttäuscht: Ihm gehe es nicht darum, einen Katalog aller Vergnügen inklusive ihrer Beschreibungen vorzulegen, vielmehr das ihnen zugrundeliegende Gesetz zu analysieren (Villaume 1788a, Einleitung, 15). Auch Villaume sieht das Streben nach Vergnügen (= Glück[42]) als Motiv menschlichen Denkens und Handelns. In o. g. Arbeit analysiert er die strukturellen Bedingungen für das Eintreten von Vergnügen im Denken und Handeln, von deren Erkenntnis er sich viel verspricht:

> »Das Vergnügen ist die mächtigste, und wenn wir jenes Wort in der weitläufigsten Bedeutung nehmen, die allgemeine, die einzige Triebfeder menschlichen Thuns und Lassens. Wer diese Triebfeder recht kennen, recht zu gebrauchen wissen wird, der wird auch die Menschen regieren, sie dahin lenken, wohin er sie haben will. Um diese Triebfeder aber zu brauchen, muß man sie kennen.« (Villaume 1788a, Vorrede, IVf)

Zwar könne man auch ohne theoretische Kenntnisse glücklich sein, aber die Kenntnis über das Vergnügen ermögliche eine Veredelung des Menschen (1788a, Einleitung, 9). Vergnügen ohne diese Kenntnis anerkennt er zwar als solche, ordnet sie aber dem Tierreich bzw. ›den Wilden‹ zu.[43] Gleichwohl sieht auch er die Sinne als eine legitime und erste Quelle des Vergnügens (ebd., 14).

Zur Analyse der Bedingungen für Vergnügen muss zunächst der Begriff selbst geklärt werden. Er wird charakterisiert mit dem Begriff der Vollkommenheit, verstanden nicht im klassischen Sinne als absolute Harmonie oder Seinsfülle, sondern als

> »(...) ein gewisser Zustand unsrer Sinne und Empfindungen, vermöge welches wir im Stande sind, Eindrücke anzunehmen, welche uns angenehm sind.« (40)

Wie nun muss dieser Zustand beschaffen sein? Zunächst wird dafür auf das Ergon-Argument zurückgegriffen: Vergnügen ist eine Tätigkeit[44], aber nicht jede Tätigkeit ist Vergnügen, weswegen es eines idealen Mittelmaßes bedürfe. Die entsprechenden Pole sind ihm Intensität der Kraft und die des Reizes/des Strebensziels. Der Mensch werde von Reizen affiziert und stelle sich ein Gut vor, welches er dann anstrebe. Der Einsatz des Strebens und das dafür erwartete und erreichte Gut müssten einander entsprechen, um ›vollkommenes‹ Vergnügen zu bewirken. So lautet die Definition von Vergnügen:

> »»Das (genaue) Verhältnis der Thätigkeit (des Wirkens und Empfindens, des Thuns und Bewegtwerdens) mit (allen) Kräften (des Leibes und der Seele, des Geistes und des Herzens; den wirkenden, empfangenden und leidenden) (nach Intensität, Extensität, Dauer, Qualität,

42 Hett (2007, 154) weist zu Recht darauf hin, dass Villaume weder Glückseligkeit noch Vergnügen näher definiert, z. B. nach Intensität, Dauer u. Ä., und dass man davon ausgehen muss, dass Villaume ›Vergnügen‹ und ›Glückseligkeit‹ synonym verwendet.

43 Villaume erläutert das am Beispiel von ›Schafen auf der Weide‹ und ›dem Wilden‹. Hier findet sich, wie bei den meisten zeitgenössischen Autoren, eine Gleichsetzung von Tieren und vermeintlich weniger vernünftigen sog. ›Wilden‹. Villaume ist damit ein Kind seiner Zeit, für die in vielen philosophischen Positionen ein teleologisches Denken, wonach der Mensch sich mithilfe der Vernunft vervollkommne, typisch, verbunden mit einer Abwertung vermeintlich unvernünftiger Menschen, sog. ›Wilden‹, die, wie Kinder, näher an der Sphäre des Tierischen gedacht werden.

44 Villaume geht davon aus, dass das Streben selbst schon höchstes Vergnügen bereite, nicht der Besitz des Angestrebten (50f).

persönlicher und augenblicklicher Stimmung, und nach nächster Fähigkeit derselben.‹« (1788b, 28)

Da aber alles Streben individuell und situativ bedingt sei, sei die jeweilige Vollkommenheit es auch (1788a, 72). Bezüglich geistiger und sinnlicher Vergnügen vertritt Villaume deren Gleichwertigkeit (1788a, 90), ganz gegen einen Gedanken vom objektiv höchsten Gut sieht er als Gut oder Vollkommenes das an, wovon das Individuum weiß, dass es ihm Vergnügen gewähre bzw. es auch erreiche (1788a, 96). Für Villaume vollzieht sich Streben jedweder Art nach diesem Gesetz, weswegen die Kategorie des Moralischen hier nicht relevant sei und eine theoretische Überhöhung dieses Strebens nicht notwendig bzw. möglich sei:

»Man gehe so alle Leidenschaften durch, man wird überall die nämlichen Merkmale finden: – bei Befriedigung Vergnügen; nach der Sättigung Ruhe, oftmals Reue, Widerwillen, Ekel gegen den vorher geliebten Gegenstand.« (1788a, 102)

In diesem »Kitzel der Sinne« sieht Villaume das grundlegende menschliche Wirkprinzip:

»Ohne Wohl- und Misbehagen würden wir nie zum Bewußtseyn denn zur Erkenntniß der Dinge kommen.« (ebd.)

Bezöge Villaume seine Aussagen auf Vergnügen in engerem Sinne, würde es wohl lediglich Diskussionen geben über Subjektivität oder Objektivität des ästhetischen Empfindens. Villaume geht aber aus von der Subjektivität aller Erkenntnis, gründend auf der Orientierung am Angenehmen:

»Der Mensch ist sich selbst der Maaßstab der Wahrheit und des Rechts. Was mit seinen Vorstellungen harmonirt, ist ihm wahr; was zu seinen Trieben paßt, ist ihm Recht.« (1788b, 56; auch 57; 169 f)

Entlang seiner Überzeugung, dass jedes Vergnügen situativ und subjektiv, damit zufällig sei (ebd., 77), geht er auch von jeweils kulturellen Prägungen des Vergnügens aus: »Auch Wahrheit und Moralität hängen von der Gewöhnung ab.« (83). Da alle Erkenntnis bei den sinnlichen Reizen beginne und erst dann zu Abstraktem fortschreite, seien die Sinne ein Leben lang zu entfalten, sinnliche Reize seien die stärksten und am leichtesten zu befriedigenden Triebe (81).

Im Sinne seiner Hoffnung auf Veredelung der Welt folgen dann Überlegungen zur Schulung des Vergnügens: Er plädiert für Übungen des Genusses (85) zur Entwicklung bzw. Verfestigung eines eigenen Geschmacks, Bildungsförderung durch Setzen solcher Reize, die an Gewohntes anknüpfen und es um Neues erweitern (87). Die Leichtigkeit einer Tätigkeit ergebe sich aus der Verbindung von Übung und individueller Kraft (115), was eine Beschreibung des Flow ist.

Geschult sei Schönheit besser zu erkennen, weswegen es entsprechend gebildete Menschen in der frühkindlichen Bildung benötige (104). Obwohl er vorher subjektivistische Positionen des Vergnügens vertreten hat, vertritt er gegenüber der Schönheit doch eine elitäre Auffassung: Das ›gemeine Volk‹ könne differenzierte Schönheit nicht erkennen, da es ihm dazu an Bildung (= Gewöhnung) fehle (109; auch 111). Andererseits betont er an anderer Stelle, es gebe keinen ›höheren‹ Geschmack im Sinne einer hierarchischen Ordnung. Der Geschmack bestimme sich ausschließlich aus der Übereinstimmung mit Anlagen, Vermögen und Reiz: »Vergnügen ist Verhältniß.« (186). Entsprechend wird für den Maßstab für Schönheit der Vollkommenheitsbegriff konkretisiert:

> »Ein vollkommenes Werk ist also ein solches, welches seine Absichten am vollkommensten, am geschwindesten, und mit dem geringsten Aufwande in allen Stücken errreicht.« (188)

Mit dieser Verhältnishaftigkeit erklärt Villaume auch die größere Freude am eigenen Werk, da es mit der eigenen Idee übereinstimme und deswegen ein Passungsverhältnis bestehe zwischen eigener Kraft und Gegenstand (183).

Obwohl es im Verlauf des zweiten Bandes um Genussförderung und Geschmacksbildung geht, darf man nicht vergessen, dass die systematischen Überlegungen zum Vergnügen sich auf alle menschlichen Tätigkeiten erstrecken, also auch auf Erkenntnis und Moral[45]. Gegen den an dieser Stelle gängigen Vorwurf der Amoralität bzw. fehlender Mitmenschlichkeit argumentiert er mit der Annahme einer angeborenen Empfindung mit seinen Mitmenschen, sodass wahrgenommenes Leid anderer auch ihn affiziere, behobenes einen auch erfreue (117).

So bilanziert er seine systematischen Überlegungen zum Vergnügen als Basis menschlicher Tätigkeiten, man könnte auch sagen, des Lebens überhaupt:

> »Daß die Thätigkeit die Quelle des Vergnügens sein muß, läßt sich aus der Betrachtung erweisen, daß wir, und alle der Thätigkeit fähige Geschöpfe, zur Thätigkeit bestimmt sind. Thätigkeit allein ist Leben; ohne sie läßt sich nichts, kein Genuß, kein Zweck der Existenz denken. Die Thätigkeit muß aber erweckt werden, sie bedarf eines Reizes; und worin kann dieser bestehen? In nichts, als in der Empfindung; und diese Empfindung muß Vergnügen seyn. Misbehagen würde abschrecken; Gleichgültigkeit ist gar nicht, man kann sie weder Reiz noch Empfindung nennen. Bloße Thätigkeit kann aber auch das Vergnügen nicht ausmachen; sonst müßte jede Thätigkeit angenehm seyn, und wenn sie nur im Grade gleich wäre, wäre auch das Vergnügen gleich; was doch nicht so ist. Es muß also die Thätigkeit gewisse Eigenschaften und Merkmale haben. Diese können nur in Vergleichung des thätigen Subjekts erkannt werden; es sind also Verhältnisse zu letzterm. Dieses scheint unumstößlich.« (118)

Wie bei vielen Zeitgenossen resultiert aus Villaumes Grundgedanken keine in heutigem Sinne individuumszentrierte Pädagogik. In der Beantwortung der Frage, »Ob und in wiefern bei der Erziehung die Vollkommenheit des einzelnen Menschen seiner Brauchbarkeit aufzuopfern sey« (Villaume 1785), skizziert Villaume ein idealerweise harmonisches Verhältnis, hebt aber die Berechtigung der Opferung für den Staat aus pragmatischen Gründen hervor.

> »Die Frage an und für sich hat schon etwas hartes. Eigene Vollkommenheit und Glückseligkeit dem Dienste der Menschheit aufopfern – Das ist hart. Aber es ist ja nun einmahl Nothwendigkeit. Wenn es von mir abhinge – o so mögte ich die ganze Menschheit veredeln, alle Glieder derselben zu Newtone oder Sokraten machen. – Allein es ist unmöglich.« (ebd. 438)

Ohne auf die Argumentation hier im Einzelnen einzugehen, lautet seine Argumentation im Kern: Kein Mensch könne ohne Gesellschaft leben, weswegen man sie

45 Im ›Handbuch der Moral für den Bürgerstand‹ heißt es: »Moral oder Sittenlehre, oder Anweisung zur Glückseligkeit, ist freylich in der Hauptsache sich immer gleich, (...)« (Villaume 1789, 9). Etwas weiter spricht er von Moral als »Anweisung zur Glückseligkeit« (10).

als »Pflegemutter des Menschen« bezeichnen könne (531). Für dieses Verhältnis gelte: Ohne vorherigen Einsatz des Staates hätte es das Individuum niemals gegeben, daher stehe es in der Schuld des Staates und daher habe eine Gesellschaft »(...) ein unverletzliches Recht auf ihre Mitglieder.« (531). Offensichtlich im Wissen um den Sprengstoff dieser Aussage ergänzt Villaume, dass er die Begriffe ›Gesellschaft‹ und ›Obrigkeit‹ nicht im realpolitischen, sondern universalen Sinne gebrauche. Es geht um Menschen an sich und Regierungen insofern, wenn sie das Volk repräsentierten (532). Da eine vollkommene Ausbildung individueller Anlagen nicht ohne (auch vorangegangenen) Einsatz des Sozialen gebe, sei die Gesellschaft Ursprung aller Vollkommenheit und dürfe gesellschaftliche Brauchbarkeit als Verzicht individueller Vollkommenheit einfordern (533 f). Auch dürfe der Staat Unterrichtsinhalte bestimmen und staatsgefährdenden Unterricht unterbinden. Andererseits müssten Anlässe der Einschränkung gut begründet sein, weswegen er auf allgemeine Grundsätze wie v. a. auf einen anzustrebenden Ausgleich mit individuellen Rechten verweist. In einem vernünftig regierten Staat würden sich staatliche Forderung nach der Natur des Menschen und der jeweiligen Notwendigkeit (Billigkeit) richten; ein Staat sei ungerecht, wenn er zum Zwecke eigener Ziele die Menschenrechte einschränkte oder individuelle Vervollkommnung verhindere (538 f). Wohl wissend, dass dieses Thema überaus heikel ist, heißt es:

> »Glücklich ist der Mensch, der in einem Staate lebt, wo die Verfassung vernünftig genug ist, um eines allzugroßen Opfers nicht zu bedürfen.« (537)

Die Bildung sollte den Menschen zum Leben in seinem Staat, durchaus auch in seinem Stand (542), aber auch in der Welt befähigen (605–607), bzgl. des Verhältnisses zwischen allgemeiner Förderung und der individuellen Begabungen geht er, ähnlich Campe, einen Mittelweg: Alle Fähigkeiten seien hin zu einer mittelmäßigen Brauchbarkeit zu entwickeln, letztlich solle man aber aus pragmatischen Gründen den Fokus auf die jeweiligen Besonderheiten des Individuums legen, auf

> »(...) dasjenige, wozu er am mehresten Geschmack und Fähigkeit äussert. Wenn man das nicht thut, so läuft man Gefahr, statt eines brauchbaren Mannes, einen unnützen und unglücklichen Stümper zu ziehn.« (616)

Da Villaume wie die alle der hier behandelten Pädagogen der Zeit die sinnlichen Erfahrungen von Lust und Unlust als Ausgangspunkt ihrer Pädagogik nehmen, ist es nicht verwunderlich, dass er sich auch dezidiert der körperlichen Bildung und Erziehung widmet (Villaume 1787b). Er sieht sie als Basis des Glücks insgesamt, wie er am Ende der Schrift zusammenfasst:

> »Die Sinne sind die Werkzeuge, durch die die Seele ihre Kenntnisse erhält. Wie sehr muß ihr nicht an der Richtigkeit derselben gelegen seyn? Auf den Sinnen beruht bald mittelbarer, bald unmittelbarer Weise die Ruhe und Zufriedenheit der Seele, die Richtigkeit ihrer Operationen, mit einem Wort ihr ganzes Wesen. Auf der andern Seite bedürfen die Sinne Bildung, und vornemlich die edleren, das Gefühl, das Gehör und das Gesicht.« (Villaume 1787b, 474)

Damit liegt er ganz auf der Linie Rousseaus, dessen Emile er auch vorher länger zitiert. Die Verbindung von Sinnen und Erkenntnis/Wohlbefinden hebt er an mehreren Stellen hervor (ebd. 216; 219; 282; 285). Körperbildung sei notwendig für die Bildung der Seele (233). Inhaltlich gehe es darum, präventiv zu wirken, indem man Schaden und ›Widernatürliches‹ vom Körper abwende (292) und die Vervollkommnung durch das betreibe, was die Natur zur Gesundheit bereithalte (»Luft, Nahrung, Bewegung, Gymnastik sind die Mittel dazu.«, 293). Das erfolge durch Abhärtung, Behebung/Minimierung natürlicher Mängel und Vermeidung von Verwöhnung, Bildung der Sinnesorgane (ebd.). Villaume sieht hinsichtlich der Berücksichtigung des Körpers Nachholbedarf, v. a. in der Schule (233), mit insgesamt negativen Folgen: »Dieser Verlust des Körpers fällt nachher wieder auf die Seele zurück.« (228). Die körperliche Bildung unterteilt er inhaltlich in ›Diät, Übung, Arznei‹ (252), und definiert Diät als

> »(…) alles, was zu den Bedürfnissen des Lebens gehört (…): Nahrung, Kleidung, Wohnung, Reinigung, Pflege, Luft, Bequehmlichkeit; und ich möchte noch sagen – Eindrücke der Gegenstände auf die Sinne, und Behandlung der Leidenschaften.«

Zur Übung zählt er »(…) Arbeit, Übung, Spiel, Gymnastik.« (ebd.). Villaume fordert, die körperliche Bildung nach der Natur auszurichten, was ihn zu einer Betonung der Bewegung führt:

> »Bewegung ist bei Kindern Bedürfniß. Die Natur gibt ihr Absichten und Fordrungen deutlich genug zu erkennen. Die Kinder sind alle, wenn sie nur gesund und gut organisirt sind, thätig, unruhig, beständig auf den Füßen; wenn sie dürfen, sieht man sie selten sitzen, man sollte sagen, sie wären unermüdet (…). Was folgt daraus? Daß es Fordrung der Natur ist.« (268)

Bewegung fördere Muskelkraft und insgesamt Gesundheit (269), insbesondere Bewegung in der Natur wird das Wort geredet (274f). Vor zu früher intellektueller Unterweisung wird ebenso gewarnt (276) wir vor einer Einengung jugendlicher Ungestümheit:

> »Daraus folgt, daß man das Feuer der Jugend nicht ersticken muß, wenn man haben will, daß der Mensch einst in reifen Jahren noch Leben haben soll. Denn da der Fortgang in Abnahme der Lebhaftigkeit besteht, so ist es klar, daß es endlich am Leben fehlen muß, wenn man gar zu früh mäßigen will.« (279)

Konkret wird dann gewarnt u. a. vor zu viel und ungesunder Ernährung (303–307), emotional negativer Erregung der Kinder (314–316), Willkürlichkeit im Erziehungsprozess (317). Schlägen steht er skeptisch bzgl. ihrer Wirkung und verursachender Schäden gegenüber (318), ebenso damals gängigen Methoden wie z. B. den ›Gängelbändern‹ oder ›Leitzäumen‹ (319). Vielmehr empfiehlt er, Kindern mögliche Gefahren nicht vorzuenthalten, sondern ihnen mit Schutz die Freiheit zu geben, unter Aufsicht ihre Kräfte zu erproben (326). Entsprechend robust begegnet er Gefahren unter dem Aspekt der Risikokompetenz: Klettern müsse gelernt werden (325), auch das Betreten von Eis sei einzuüben wie das Schwimmen (330f) und auch bzgl. des Ringens, Hebens und Springens gelte: Man dürfe nicht alles verbieten, was gefährlich sein könnte (332). Die Arbeit enthält auch etliche Erörterungen empfehlenswerter Spiele und Übungen (vom Kreiselschlagen bis zum Fünfkampf), die zu behandeln hier zu sehr ins Detail gehen würde. Nicht zu verhehlen ist allerdings, dass Villaume, auch hier Kind seiner Zeit, die körperliche Ertüchtigung auch als Kriegsvorbereitung sieht analog antiker Beispiele (419). So empfiehlt er den temporären Entzug des Lebensnotwendigen inklusive Schlafentzug (471f) oder das »Soldatenspiel« (466). Man kann aber nicht behaupten, dass der Fokus der Arbeit, zumindest nicht der alleinige, auf diesem Aspekt liegt. Villaume sieht die körperliche Bildung und Erziehung in enger Verbindung zur Glücksfähigkeit; eine ›natürliche Erziehung‹ (Villaume ist hier eng an Rousseau angelegt) fördere die allgemeine Lebenstauglichkeit und entspreche den natürlichen Forderungen der jeweiligen Lebensphase. So warnt er die Erwachsenenwelt, ihre Maßstäbe an Kindheit und Jugend anzulegen:

> »Noch einmal, unsre Begriffe von Sittlichkeit, die wir mehrentheils in Stille und Ebenmäßigkeit des Betragens setzen; unsre Anhänglichkeit für den Anstand, den wir überall haben wollen; unsre ängstliche Sorge für Reinlichkeit, unsre Putzliebe, und unsre ins Kleine fallende Eitelkeit, werden immer ein mächtiges Hindernis seyn, das viele Eltern abhalten wird, ihren Kindern die Übungen zu erlauben, wodurch die Jugend gebildet, gestärkt, muthig gemacht, und die Gesundheit derselben befestigt wird. Ein Kind, das viel läuft, springt, klettert, spielt, hebt, trägt, auch wol zuweilen sich balgt, wird freilich im fünften Jahre nicht so artig, so gesetzt, so galant seyn, daß es die Bewunderung auf sich zieht; freilich wird es manchmal Flecke in Wäsche und Kleidern haben; sein Zeug wird nicht so lange ganz und rein bleiben, als wenn es zierlich in der Stube säße; machen Riß wird es in seine Kleidung thun, und auch wol manchen blauen Fleck an seinem Leibe davon tragen.« (422 f)

Auch eine frühzeitige Intellektualisierung hält er für schädlich:

> »Man laße die Kinder ja viel in der freien Luft, zu allen Jahreszeiten und bei allerlei Witterung, spielen und laufen – bis ins siebente Jahr sollten sie zum Sitzen und Lernen gar nicht angehalten, gar nicht ermuntert oder gereizt werden. Nach dem siebenten Jahre müßte ihr Schulfleiß sich höchstens auf eine oder zwei Stunden täglich, in mehreren Abläßen einschränken. – Erst nach dem zwölften Jahr würde ich sie ernstlich zur Arbeit anhalten.« (337)

Körperbildung sei nötig, damit der Mensch

> »zufrieden und glücklich werden könne, damit er die Güter des Lebens recht genieße, die Pflichten desselben willig und ohne Beschwerden erfülle, und die Unbequemlichkeiten desselben so leicht als möglich ertrage. Zum Genuß des Lebens, zur Ausübung der Pflichten gehört ein gesunder Körper (…).« (281)

Angesichts der damaligen Lebenserwartung, bedingt durch Krankheiten und Kriege, wäre es vorschnell, die hier geäußerten Gedanken zur Abhärtung ausschließlich im Kontext einer ›schwarzen Pädagogik‹ zu lesen. Vielmehr verbinden sich hier pragmatische Überlegungen zum Überleben des Menschen und seiner Gemeinschaft mit Vorstellungen der über die Möglichkeit eines individuellen glücklichen Lebens und seiner pädagogischen Unterstützung.

Andererseits verfasste auch Villaume (1787a) eine preisgekrönte Schrift über die Selbstbefriedigung (»Unzuchtsünden«), die gerahmt ist vom Krisenszenario einer ›seuchen‹-artigen Verbreitung der Selbstbefriedigung wie der sexueller Übergriffe an Kindern (5 f) und einer Art Lehrgeschichten über dauerhaft durch Selbstbefriedigung an Körper und Seele geschädigte Jungen und Mädchen, die dann doch nicht anders als ›schwarz‹ bezeichnet werden können und gar nichts mehr von den körperlichen Freuden und ihren Auswirkungen auf den Geist übrig lassen.

2.2 Kants Eudämonismuskritik und die Folgen

2.2.1 Glückswürdigkeit statt Glückseligkeit – Kant

Angesichts dieser intensiven Thematisierung des Glücks von pädagogischer Seite muss es verwundern, dass die Glücksthematik erst wieder in der zweiten Hälfte des 20. Jahrhunderts in Deutschland Einzug in die pädagogische Disziplin hält. Es gab und gibt wohl immer noch ein grundsätzliches Misstrauen gegenüber dem Glück, was maßgeblich auf Kant (1724–1804) zurückzuführen ist, der erstmals grundsätzlich mit »dem Gedanken der Orientierung des Handelns am Ziel der Glückseligkeit bricht« (Spaemann 1974, 703).

Dabei erkennt Kant das Streben nach Glück »jedes vernünftigen, aber endlichen Wesens« an als »unvermeidlicher Bestimmungsgrund seines Begehrungsvermögens« (1788/KpV 25).

Eine Definition der Glückseligkeit (in Abgrenzung zum Glück durch äußere Umstände) lautet bei Kant:

> »Glückseligkeit ist die Befriedigung aller unserer Neigungen (sowohl *extensive* der Mannigfaltigkeit derselben, als *intensive* dem Grade und auch *protensive* der Dauer nach).« (1787/KrV B 523, Herv. im Orig.)

Kant verwendet für die Glückseligkeit auch andere Begriffe, insgesamt kennzeichnen sie aber alle eine reflektierte mehrdimensionale und umfassende Zufriedenheit mit dem eigenen Leben (vgl. die entsprechenden Angaben bei Marwede 2018, 134). Auch definiert er an anderer Stelle pointierter hinsichtlich seiner grundsätzlichen Position zum Glücksstreben. Für den Moment genügt diese Definition und die Feststellung, dass Glücksstreben für Kant nicht nur erlaubt bzw. von Natur vorhanden, sondern sogar geboten ist, da es insgesamt dem körperlichen und geistigen Wohlbefinden diene (1785/GMS 399). Andererseits stellt dieses Glücksstreben aus moralischer Sicht auch ein Problem dar. Gemäß Kants kategorischem Imperativ müssten die Maximen individueller Handlungen als Gesetze verallgemeinerbar sein. Nimmt man das konkrete Glücksstreben eines Menschen mit Kant als ›empirisches‹ Phänomen, d. h. materiell, ort- und zeitgebunden, kann es nicht allgemeiner Maßstab menschlichen Handelns sein:

> »Empirische Bestimmungsgründe taugen zu keiner allgemeinen äußeren Gesetzgebung, aber auch eben so wenig zur innern; denn jeder legt sein Subject, ein anderer aber ein anderes Subject der Neigung zum Grunde, und in jedem Subject selber ist bald die, bald eine andere im Vorzuge des Einflusses.« (1788/KpV, 28)

Insofern ist das individuelle Glücksstreben für Kant von vornherein eingebunden in die Perspektive einer gesetzesmäßigen Verallgemeinbarkeit. Hier nun kommt der Begriff des höchsten Gutes ins Spiel (vgl. insgesamt Marwede 2018), inhaltlich definiert als Verbindung von Glückseligkeit und Sittlichkeit (letztere häufig synonym mit Moralität bezeichnet, vgl. Grünewald 2015, 974), wobei Sittlichkeit die moralische Qualität einer Person bzw. Handlung meint (Willaschek et al. 2015, 2122)[46].

46 Eine differenziertere Thematisierung muss hier unterbleiben, nur so viel: Genau genom-

Sittlichkeit sei mit Vernunft einsichtig, gleichwohl kein Naturgesetz, weil sie wesensmäßig des freien Willens zum Guten bedürfe, was dem geforderten Kriterium der Selbstsetzung entspreche. Unter diesen Kriterien könne individuelles Glücksstreben kein Maßstab sein, denn man würde kaum ein egoistisches Verhalten gutheißen, das mit Verweis auf ein allgemein gültiges Glücksstreben begründet werde. Sittlichkeit und Selbstliebe seien klar voneinander abgegrenzt (1788/KpV 35). Die Selbstliebe rate lediglich etwas an, das moralische Gesetz aber gebiete. Es sei notwendig, weil es generalisierbar sei für alle, die Vernunft und freien Willen hätten (ebd.).

So kommt bei Kants Reflexionen über Glückseligkeit ein ganz anderer Begriff ins Spiel, der der Pflicht. Die kann nach Kant aber keine des Gehorsams sein, sondern sei zu verstehen als eine Art auf rationaler Einsicht gründende Bereitschaft, sein Glücksstreben in ein Gesamtkonzept von Sittlichkeit, damit Wohl der gesamten Welt einzubinden (Marwede 2018, 227). Der Mensch

> »muß sich verbunden finden seine Pflicht zu thun, ehe er noch und ohne daß er daran denkt, daß Glückseligkeit die Folge der Pflichtbeobachtung sein werde« (1797/Metaphysik der Sitten, 377).

Vor diesem Hintergrund muss man seine Verwendung des Begriffs Eudämonismus (vgl. Reiner 1972) betrachten: Grundsätzlich verwendet er den Begriff zwar mehrdeutig: Zum einen charakterisiert er damit eine optimistische Haltung bzgl. einer steten moralischen Verbesserung der Welt, auch als Chiliasmus bezeichnet (Kant 1798a/Streit der Facultäten, 81); dann eine ethische Position, wonach die moralische Pflichterfüllung motiviert werde durch die Aussicht auf Glück; schließlich zur Kennzeichnung einer Haltung, die den Willen nicht nach moralischer Pflicht, sondern nach eigener Glückseligkeit ausrichte. Mit letzterer Perspektive kennzeichnet und bewertet er allerdings antike Glücklehren, die er insgesamt, v. a. aber Epikur und Stoa, hedonistisch deutet (vgl. Horn 2015, 881). Wenn statt der freien Entscheidung zu Moralität das Streben nach Glückseligkeit Maßstab des Handelns werde, führe das zu einer »Euthanasie aller Moral.« (ebd., 378). So werden Eudämonismus und Egoismus bei Kant quasi Synonyme:

> »Endlich ist der moralische Egoist der, welcher alle Zwecke auf sich selbst einschränkt, der keinen Nutzen worin sieht, als in dem, was ihm nützt, auch wohl als Eudämonist blos im Nutzen und der eigenen Glückseligkeit, nicht in der Pflichtvorstellung den obersten Bestimmungsgrund seines Willens setzt. Denn weil jeder andere Mensch sich auch andere Begriffe von dem macht, was er zur Glückseligkeit rechnet, so ists gerade der Egoism, der es so weit bringt, gar keinen Probirstein des ächten Pflichtbegriffs zu haben, als welcher durchaus ein allgmemein geltendes Princip geltend muß. Alle Eudämonisten sind praktische Egoisten.« (1798b/Anthropologie, 130)

Diese Verwendung des Begriffs Eudämonismus hat Auswirkungen, dazu weiter unten. Zunächst noch kurz zu einer inhaltlichen Weiterführung seines Gedankens des höchsten Gutes: Alltagspraktisch zeigt sich oft, dass Sittlichkeit nicht immer durchgesetzt wird, sodass den einen oder anderen beim Lesen der Verdacht be-

men unterscheidet Kant noch Gott als ursprüngliches Gut, davon abgeleitet ein höchstes Gut in der Welt, unterteilt in das einer Person und einer möglichen Welt (Grünewald 2015, 974).

schleichen könnte, diese Gedanken führten in der Praxis nicht zum Glück, einerseits angesichts der Devise ›Der Ehrliche ist der Dumme‹, andererseits angesichts der oftmaligen Schwierigkeiten, das Gute konkret zu erkennen und umzusetzen. Wenn also die Forderung nach Sittlichkeit Sinn ergibt, d. h., wenn sittliches Handeln möglich ist und wenn das letzten Endes zu umfassender Glückseligkeit führen soll, dann ergibt das nur unter der Prämisse Sinn, dass beides zusammen möglich ist. Die Möglichkeit der Verwirklichung eines höchsten Gutes in der Welt ist daher für Kant nur dann denkbar, wenn dieses höchste Gut garantiert wird – nicht nur durch einen guten Willen, sondern auch dadurch, dass die durch den guten Willen bewirkte Tat auch notwendig, d. h. gesetzmäßig zum Guten führt. Damit das gegeben ist, müsste Sittlichkeit und Glücksstreben eine Ursache zugrunde liegen, die sowohl Gutes will als auch Gutes notwendig bewirkt, also ein wollendes und intelligentes Wesen. Dies könne nur Gott sein. In Kants Worten:

> »Also ist die oberste Ursache der Natur, so fern sie zum höchsten Gute vorausgesetzt werden muß, ein Wesen, das durch *Verstand* und *Willen* die Ursache (folglich der Urheber) der Natur ist, d. i. *Gott*. Folglich ist das Postulat der Möglichkeit des *höchsten abgeleiteten Guts* (der besten Welt) zugleich das Postulat der Wirklichkeit eines *höchsten ursprünglichen Guts*, nämlich der Existenz Gottes.« (1788/KpV, 125, Herv. im Orig.)

Ohne Gott hätte die Natur keinen Zweck außer sich, der Mensch keinen Grund, das moralisch Gute dem individuellen Glücksstreben vorzuziehen. Insofern endet diese Passage mit dem bekannten Satz: »(…) es ist moralisch nothwendig, das Dasein Gottes anzunehmen.« (ebd.).

Für Kant ist diese moralische Pflicht kein blindes Befolgen willkürlicher Gebote, sondern eine Pflicht sich selbst gegenüber als vernunftbegabtem und mit freiem Willen ausgestatteten Wesen, das sich so seiner selbst würdig sei. Dem Menschen ist nach Kant nicht individuelles Glücksstreben aufgegeben, sondern sich als Mensch dem höchsten Gut würdig zu erweisen:

> »Daher ist auch die Moral nicht eigentlich die Lehre, wie wir uns glücklich machen, sondern wie wir der Glückseligkeit würdig werden sollen.« (ebd., 130)

Allerdings, das muss man einschränkend hinzufügen, gilt dies unter idealen Bedingungen. Wäre die eigene Glückseligkeit sicheres Ergebnis moralischen Handelns, wäre es kein solches Handeln mehr, sondern der von Kant bekämpfte Egoismus. Würdig ist der Mensch unter den Augen eines neutralen Beobachters; glückselig wäre er lediglich in einer Welt, die sich insgesamt nach dem kategorischen Imperativ richtete und so das ihr mögliche höchste Gut bewirkte (Marwede 2018, 231). Kant selbst war zwar pessimistisch bzgl. der Fähigkeit des Menschen, alleine diese Welt herzustellen, hoffte aber auf göttliches Heilshandeln. Von daher darf der Mensch auf Glückseligkeit hoffen, denn ohne diese Hoffnung wäre moralisches Handeln sinnlos und fehlte dem Menschen eine »Triebfeder« für moralisches Handeln (1787/KrV A 813/B 841; weitere Belege bei Theis 2015, 897).

Vor diesem Hintergrund dieser theoretischen Konzeption muss man eine andere Glücksdefinition Kants verstehen, die oft als Grundlage für die Kategorie der Ziel- und Wunschtheorien herangezogen wird:

> »Glückseligkeit ist der Zustand eines vernünftigen Wesens in der Welt, dem es im Ganzen seiner Existenz alles nach Wunsch und Willen geht, und beruht also auf der Übereinstim-

mung der Natur zu seinem ganzen Zwecke, imgleichen zum wesentlichen Bestimmungsgrunde seines Willens.« (KpV, 124)

Für heutige Ohren klingt das wesentlich subjektiver, als es gemeint ist. Sie meint vielmehr, dass der Mensch sich nach rationalen und moralischen Erwägungen verpflichtet fühlen sollte, das jeweils Gute zu wollen. Er muss deswegen nicht seine Glücksansprüche gegenüber anderen zurückstellen, wohl aber gegenüber einer Verwirklichung der Sittlichkeit. Insofern enthält Kants Glücksbegriff mehr Pflicht als Selbstverwirklichung, was sich auch an Passagen zeigt, in denen er den Vorrang der Verbesserung der Menschheit vor dem individuellen Glück behauptet. So heißt es im zweiten Satz der ›Geschichte‹ (Kant 1784, 18), die Anlagen zur Vervollkommnung durch Vernunft sollten sich in der Gattung, nicht im Individuum realisieren. Kant mutmaßt, der Mensch sei von der Natur ohnehin nicht so angelegt, dass er sich wohlfühlen solle, sondern sich aufgrund seiner Taten als für Leben und Wohlbefinden würdig erweise. Der Mensch müsse sich zum Glück ›empor arbeiten‹ (ebd., 20). Insofern ist es für Kant auch konsequent, dass Erziehung nicht dem Glück des einzelnen Menschen dienen soll, sondern der Vervollkommnung der Menschheit:

»Kinder sollen nicht dem gegenwärtigen, sondern dem zukünftig möglich bessern Zustande des menschlichen Geschlechts, und deren ganzer Bestimmung angemessen, erzogen werden.« (1803/Pädagogik, 447)

Angesichts dieser Aufgabe sinkt für Kant der Wert eines ausschließlich am Genuss orientierten Lebens »unter Null« (1790/KU 434 Anm.). Auch wenn Kant die Bedeutung der habituellen Freude und des sie unterstützenden täglichen Genusses wertschätzt (Rother 2012), sein Glücksverständnis ist untrennbar verbunden mit den Begriffen der Pflicht und der Sittlichkeit, letztere oft auch synonym bezeichnet als Tugend (Willaschek et al. 2015, 2124).

2.2.2 ›Eudämonismus‹ als Wertungswort – Fichte, Hegel, Schleiermacher, Herbart

Kants Bearbeitung der Glücksthematik hatte inhaltlich und sprachlich entscheidende Auswirkungen: einerseits in der Durchsetzung der Begriffsverwendung Eudämonismus zur Kennzeichnung einer ethischen Position, die allerdings inhaltlich unterschiedlich verwendet wird (Reiner 1972, 820), andererseits zeitgeschichtlich nachhaltig negativ als Kennzeichnung einer Haltung individueller Lustmaximierung unter Absehung moralischer Aspekte, in Philosophie und Pädagogik, aber nicht nur dort. So konstatiert Iggers (1997, 56) für die Geschichtswissenschaft:

»Die Ablehnung des ›Glücks‹ als Lebensziel ist der gesamten Tradition des Historismus von Humboldt und Ranke bis zu Meineke gemeinsam. Mit dem abwertenden Ausdruck ›Eudämonismus‹ suchten die deutschen Historiker ihre eigene idealistische Position vom überwiegenden Teil englischen und französischen Geschichtsdenkens abzuheben.«

Allerdings sei diese ablehnende Haltung keine singuläre der Historiker gewesen, sondern

»(...) steht im Mittelpunkt des Denkens bei allen herausragenden Gestalten der deutschen Historikertradition von Humboldt bis Meinecke und des deutschen Idealismus von Kant bis zu den Hegelianern.« (ebd., 66)

Einige Beispiele:

Fichte (vgl. Reiner 1970, 820) kritisiert die Glücksorientierung, bspw. im ›System der Sittenlehre‹ im Kontext der Frage nach dem Verhältnis von Freiheit und Zwang in der Erziehung (Fichte 1845a, 327 ff). Hier kritisiert er ein in seinen Augen einseitiges Appellieren an die Vernunft von Kindern unter Verzicht des Gehorsams. Fichte nennt dies ein Übel, das man dem »ehemals herrschenden Eudämonismus« verdanke (339).

An anderer Stelle, in seiner ›Appellation an das Publicum‹, verteidigt er sich gegen den Vorwurf der Gottesleugnung. Er habe lediglich die reine Geistigkeit Gottes behauptet gegen Versuche, Gott als aus der substanziellen Welt ableitbar und bestehend zu behaupten. Das täten Eudämonisten, die er so charakterisiert:

»(...) es giebt für sie überhaupt nichts anderes, als substantielles und sinnliches, sonach auch nur einen substantiellen und aus der sinnlichen Welt abzuleitenden Gott. (...) Jene bleiben mit ihrem Verstande bei dem sinnlichen Seyn stehen, weil ihr Herz durch dasselbe befriedigt wird; sie kennen nichts über dasselbe hinaus Liegendes, weil ihr Trieb nicht darüber hinausgeht. Sie sind Eudämonisten in der Sittenlehre, müssen sonach wohl Dogmatiker werden in der Speculation. Eudämonismus und Dogmatismus sind, wenn man nur consequent ist, nothwendig beieinander, ebenso wie Moralismus und Idealismus.« (Fichte 1845b, 217)

Folglich argumentiert auch Fichte mit einem einseitigen und amoralischen Genussstreben seiner Kritiker:

»Ihr Endzweck ist immer Genuss, ob sie denselben nun grob begehren, oder noch so fein ihn geläutert haben, Genuss in diesem Leben, und wenn sie eine Fortdauer über den irdischen Tod hinaus sich gedenken, auch dort Genuss: – sie kennen nichts anders, als Genuss.« (ebd., 218)

Ihr Gott sei ein Genuss-Geber, weil sie selbst ihr eigenes sinnengebundenes Wesen als Gott personifiziert hätten, daher seien sie auch der Ansicht, es sei Gottes Schöpfungsplan gewesen, »die höchstmögliche Summe des Genusses hervorzubringen« (ebd.).

Nach Fichte führe eine solche Ansicht zum Befolgen religiöser Normen um Willen einer verheißenen Glückseligkeit, eines verheißenen Genusses bzw. äußeren Anscheins von Ehrbarkeit (220 f). Ihr von Herzen kommendes Streben ziele auf Sinnlichkeit statt auf vernünftige Erkenntnis. Auch Fichte folgt dabei einer Vorstellung vom sinnenverhafteten Menschen, der eher dem Tierreich zuzuordnen sei und ›wahre‹, weil vernunftorientierte Menschlichkeit verfehle:

»Wer da Genuss will, ist ein sinnlicher, fleischlicher Mensch, der keine Religion hat und keiner Religion fähig ist; die erste religiöse Empfindung tötet in uns auf immer die Begierde (...).« (219)

Wer so Glückseligkeit erwarte, sei ein Tor, die erreichte Glückseligkeit eine »Abgötterei« (219), ein Gott, der Glück verspreche, ein »Götze« (220), dagegen der wahre »ein von aller Sinnlichkeit und allen sinnlichen Zusätzen befreites Wesen« (220).

Und auch Fichte reiht sich in die jahrtausendealte Kritik ein – seine Gegner seien »Epikuräer« und verfälschten das Evangelium. Darüber hinaus verdürben sie die nächste Generation. Geistig bleibe man »ein seichter Kopf«, wenn man nicht ständig gegen seine Lüste und aktuellen Gedanken ankämpfen und sich selbst zum Nachdenken über letzte Dinge und zur geistigen Produktion zwinge (224). Dem jungen Menschen untergrabe diesen eigentlichen Wert menschlicher Tätigkeit nichts so sehr wie »das eudämonistische System« (225). Der eudämonistische junge Mensch scheue den Widerstand und die Anstrengung beim Denken, bleibe daher immer an der Oberfläche, vertreibe sich die Zeit mit nutzloser ästhetischer Literatur, nur um damit später andere zur »Lüsternheit« zu verderben (ebd.). Solche Gesinnung gebe es in allen Fächern, mit der Folge einer verderbten Kultur, die Fichte mit drastischen Worten beschreibt: Die Rede ist von Lüsternheit, Missachtung von Gesetzen, Diskussionen ohne Sachkenntnis, fehlender Einpassung in gesellschaftliche Ordnung, unendliches Streben nach immer neuen Genüssen. Fichte unterstellt dies der großen Masse und warnt eindringlich: Glücksorientierung führe zur Untergrabung der Arbeitsmoral wie der Moral insgesamt (226). Und auch Fichte empfiehlt hinsichtlich des Glücks eine Jenseitsorientierung, im Diesseits eine an moralischer Pflicht und Würde:

> »(...) diese Welt ist nicht meine Heimath, und nichts, was sie zu geben vermag, kann mich befriedigen; mein wahres Seyn hängt nicht von der Rolle ab, die ich unter den Erscheinungen spiele, sondern von der Art, *wie* ich sie spiele. Da ich an dem Platze stehe, so ist es der Wille Gottes, dass ich an ihm stehe, und freudig und muthig vollbringe, was an diesem Platze sich gehört. So unscheinbar mein Geschäft sey, es geschieht um Gottes und der Pflicht willen, und dadurch erhält es Würde.« (227)[47]

Auch bei *Hegel* sind Eudämonismus und Hedonismus Synonyme. In seiner ›Geschichte der Philosophie‹ vom Sommersemester 1819 bezeichnet er »Epikuräismus« als eine falsche Lehre, die das Wohlbefinden (»das Positiv-Gefühlte«) zur Wahrheit erhebe (Hegel 2016b, 17) bzw. Epikur als jemanden, dessen Moral das Wohlbefinden sei (119). Epikurs Philosophie sei ein euphemistisch verkleidetes Frönen des Genusses (ebd.). In der Vorlesung vom Wintersemester 1820/21 schätzt er an epikureischer Position die Kritik am Aberglauben, geht aber hinsichtlich ihrer Moral und ihres Gewinns für spekulative Philosophie hart mit ihr ins Gericht. Sie habe wenig spekulativen Wert (ebd., 368), ihre Moral sei »das Verschrieenste« an ihrer Lehre, die er offensichtlich für unsittlich erachtet:

> »Wenn man diese in dem trocknen, rohen Sinne nimmt, daß das Vergnügen das Princip des Handelns ist, so ist damit die unmittelbare sinnliche Einzelnheit zum Princip gemacht. Die epikuräische Lehre wäre so *das* schlechteste (sic!) was sich in Ansehung der Moral und der Sittlichkeit sagen läßt.« (366, Herv. im Orig.)

47 Reiner (1970, 820) verweist auch auf die Schrift ›Aus einem Privatschreiben‹ (Fichte 1845c, 393), in welcher er einen Eudämonisten kennzeichnet als jemanden, der bei sich ein Wollen registriere, dieses aber aus Vernunftgründen mit Blick auf seine Folgen als nicht zu verfolgen einstufe, daraufhin aber von der Vernunft ausweiche auf ›empirische‹ Gründe dieses Wollens, um es dann doch zu realisieren. Anders aber als ein Eudämonist richte sich jeder (man müsste einfügen: ›vernünftige‹) Mensch nach den moralischen Folgen einer Handlung.

In seiner Schrift ›Glauben und Wissen‹ reflektiert er über das Verhältnis von Vernunft und Glauben, von Subjektivität und Objektivität, und konstatiert eine vollzogene Wendung weg vom als objektiv Gedachten hin zu einer empirisch feststellbaren Objektivität, die das Sehnen des Subjekts nach Vereinigung von Subjektivität und Objektivität, wie es im ästhetischen Gefühl sich ausdrücke, ausschließlich auf die empirisch beobachtbare Realität richte und dort sinnliche Erfüllung suche. Als theoretischen Kristallisationspunkt dieser Versöhnung sieht er die von ihm sog. »Glückseligkeitslehre«, deren Bezugspunkte nur noch empirisches Subjekt und objektive Realität seien. Zwar sei nichts dagegen einzuwenden, wenn man ein höchstes Glück, eine höchste Seligkeit propagiere, denn nur im Genuss durch Vernunft sei der Genuss in höchster Form möglich. Die Orientierung des Eudämonismus an ›empirischer Glückseligkeit‹, sinnlichem Genuss unterlaufe aber dieses höchste Glück (Hegel 2016a, 319).

Hegel wertet diese für ihn den Kern der sog. ›Glückseligkeitslehre‹ ausmachende Position drastisch als »tiefe Rohheit und völlige Gemeinheit« (ebd., 318).

In einem Atemzug nennt er hier auch Locke und kritisiert die Verwandlung der Philosophie in empirische Psychologie (322). Zerstört werde ein durch die Welt nicht befriedigtes, nach Höherem strebendes Sehnen, das er als typisch protestantisch kennzeichnet (ebd., 319).

In diesem Kontext kritisiert er Kant und Fichte. Ihre Trennung zwischen Vernunft und empirischer Wahrnehmung hätte unwillentlich zur Fokussierung auf das empirisch Wahrnehmbare beigetragen (ebd., 321). Indem Kant dem moralisch Handelnden durch seinen ›Gottesbeweis‹ ein Glück im Jenseits in Aussicht stellt und ihm ein jetzt wirksames Gefühl von Würde verspricht, bleibe auch er in der sog. Empirie verhaftet.

Andererseits sei Kant zu loben, weil er dem Eudämonismus in Form der praktischen Vernunft ein überschreitendes allgemeines vernünftiges und moralisches Ziel entgegengesetzt habe (Hegel 2017, 848).

Dezidiert mit dem Glück beschäftigt sich Hegels kleine Schrift ›Wahre Glückseligkeit‹, die einen kleinen Ratgeber zur Lebenskunst darstellt und erwartbar mit einer Definition ›wahrer Glückseligkeit‹ entlang religiös-moralischer Inhalte aufwartet:

> »Die Seligkeit der Auserwählten wird theils dem Vergnügen über ihre guten Handlungen auf Erden, theils in der höheren Erkenntniss Gottes und seiner herrlichen Werke bestehen« (Hegel 1991, 76).

Mit Verweis auf Jesus wird ewige Glückseligkeit in Aussicht gestellt für die Tugendhaften, die statt irdischer Freuden Weisheit und Gotteserkenntnis erlangen wollen (76–79). Umschrieben wird das wahre Glücksgefühl als »Zufriedenheit des Geistes« (81). Um dies zu erreichen, müsse man Gott ehren und seinen Nächsten lieben (88), wobei ›Gott ehren‹ definiert wird als Neugierde und Erlernen neuer Dinge sowie Dankbarkeit über Gottes Güte (88 f). Begünstigt werde das Glück durch die dem Menschen innewohnende Leidenschaften, die es zu kultivieren gelte, zuallererst ›Liebe‹, die als »einzige Quelle menschlicher Glückseligkeit« bezeichnet wird (91). Weiterhin solle man mit Maß nach Ehre, Ruhm, Ansehen streben. Gewarnt wird vor zu viel Optimismus und Sorge sowie davor, Besorgtheit nicht öffentlich zu zeigen. Falls ein angestrebtes Gut nicht erreichbar sei, wird geraten, sich auf ein anderes zu fokussieren sowie generell sich freundschaftlichen Rat einzuholen (94f). Allerdings müsse man bei der Wahl der Freunde sorgfältig sein (96f). Zwar wird die Glücksrelevanz des Wohlstands anerkannt (81), aber wieder verbunden mit der Warnung, von ihnen zu viel zu erwarten:

> »(…) das wahre Glück hingegen befindet sich gleichsam erst am Ende unserer irdischen Laufbahn und ist jetzt gewissermaassen noch von uns entfernt.« (83)

Am Ende allerdings hält dieses Plädoyer für geistiges Glück eine zumal für einen Philosophen recht schöne Pointe bereit, die bereits am Ende des Kapitels zur Lebenskunst zitiert wurde (▶ Kap. 1.5) und wonach Glück nicht durch Philosophie, sondern optimistische Lebenspraxis erreicht werde.

Eigentlich sollte man an dieser Stelle mit Hegel schließen. Leider kann und muss man das Gesagte mit dem Geschichtsphilosophen Hegel selbst wieder einschränken: Zwar nenne man denjenigen glücklich, der sich und sein Dasein genieße, dies sei in der Weltgeschichte aber weder garantiert noch vorgesehen:

> »In dieser Rücksicht kann bemerkt werden, daß die Weltgeschichte nicht ein Boden des Glücks ist, denn die Perioden des Glücks sind für die Geschichte leere Blätter, denn der Gegenstand der Geschichte ist wenigstens Verandrung. (…) Die Gegenstände der Weltgeschichte sind Zwecke, die mit Energie, einem abstracten Wollen durchgeführt werden, das oft gegen das Glück der Individuen selbst und andrer Individuen gerichtet ist.« (Hegel 2015, 54f)

Kant, Fichte und Hegel sind schon intellektuelle Schwergewichte ihrer Zeit und in der deutschen Philosophie überhaupt, insofern kann ihr Einfluss auf die Glücksthematik kaum überschätzt werden. Ergänzend seien mit Schleiermacher und Herbart noch zwei Philosophen genannt, die auch als pädagogische Klassiker gelten und u. a. Arbeiten zur Ethik/praktischen Philosophie verfassten. Auch sie lehnen die Glücksorientierung im gängigen Duktus ab.

Schleiermacher (1981, 3[48]) kritisiert in der Einleitung, Kapitel ›1. Stunde‹ der kleinen Schrift ›Brouillon zur Ethik‹:

> »Der Eudämonismus bezieht sich auf die niedere Persönlichkeit, die, weil alles in ihr zufällig ist, unter der Würde der Philosophie steht.«

Für Schleiermacher ist es das Ziel von Ethik, Individualität und Gemeinschaft mit Vernunft zu vereinen zu einem Idealzustand, der die menschliche »Tierhaftigkeit« überwindet (10). Der Vernunft- stehe aber die Lustorientierung entgegen mit entsprechender Bewertung:

> »Also das subjective Erkennen auf Lust und Unlust beschränken ist das Böse, die sinnliche Denkungsart, Egoismus und in der Reflexion eingestanden, Eudämonismus.« (58. Stunde, 63)

Das Individuum müsse verstehen, dass es auf moralische Gemeinschaft (wie sie Religion darstelle) angewiesen sei, und sich entsprechend verhalten. Sinnliches

48 Die Seitenangaben folgen der ersten Gesamtausgabe der Schrift, herausgegeben von Braun 1927.

Streben laufe dem zuwider, sodass seine Gleichung lautet: Eudämonismus = sinnliches (›empirisches‹) Glücksstreben = irreligiös bzw. atheistisch (64). Ganz in Kants Sinne ist für Schleiermacher Strebensziel nicht Glückseligkeit, sondern Glückswürdigkeit (74. Stunde, 83), was nichts mit Lust zu tun habe:

> »Die durchgängige Aufnahme von Lust und Unlust in die Religion (...) scheint nun (...) abentheuerlich.« (59. Stunde, 64)

Wer trotzdem weiter nach individuellem Glück strebe, dem fehle es an Selbstkenntnis (64).

Unter dem Titel ›Allgemeine Praktische Philosophie‹ legt *Herbart* seine Gedanken zur Ethik dar und auch sie enthalten wenig Glück, dafür viel Reflexion über die Güte des Willens (Herbart 1873, 4). Man müsste sich an dieser Stelle nicht intensiv mit der Arbeit beschäftigen, wenn seine dortigen Überlegungen nicht in Pädagogik mündeten und er nicht an anderer Stelle, im ›Umriß pädagogischer Vorlesungen‹, die Begründung der Pädagogik auch aus der praktischen Philosophie ableiten und mit einer aus der praktischen Philosophie entwickelten Systematik beginnen würde (Herbart, 1891, 308–311). Sowohl in der Ethik wie der Pädagogik geht es Herbart nicht ums Glück, sondern: »Tugend ist der Name für das Ganze des pädagogischen Zwecks.« (308). Und aus Sicht der praktischen Philosophie ist Erziehung notwendig, um die tugendhafte Vervollkommnung des Menschen zu gewährleisten (Herbart 1873, 149). Es gibt zwei Gründe, warum Herbart den Eudämonismus ablehnt: Zum einen die gängige Kritik einer Orientierung an äußeren (sinnlichen) Gütern, was den Fortgang der Moral hemme. Zum anderen aufgrund seiner eigenen Konzeption moralischer Einstellungen und Handlungen: Herbart lehnt eine Güter- ebenso wie eine Pflichtethik deswegen ab, weil sie die Motive für das Wollen nicht hinreichend darlegten. Seiner Meinung nach ist der Maßstab für ein Wollen nicht eine Pflicht, auch nicht ein Gut an sich. Vielmehr geht er der eher innerpsychischen Frage nach, aufgrund welchen Gefühls ein Mensch etwas anstrebt. Hier greift er auf das Wohlbefinden bzw. die Pole von Lust und Unlust (15). Der ›sittliche‹ Geschmack sei kein anderer als der plastische, der der Kunst u. ä., wobei der sittliche Geschmack sich gegen einen selbst richten könne im Sinne des Verzichtes auf ein spontanes Begehren (21). Das Motiv für ein Wollen nun, und hier setzt er sich von der »sogenannten Glückseligkeitslehre« (15) ab, sieht Herbart in dem angenehmen Gefühl des »Sittlich-Schönen« gegeben, weswegen für ihn moralische Einsicht eine ›ästhetische‹ ist (22). Dieses Gefühl liegt den Regungen von Lust/Unlust zugrunde, und das habe der Eudämonismus nicht erkannt. Damit ist noch nicht gesagt, wie dieses Gefühl zustande kommt. Hier greift Herbart ähnlich Villaume auf den Gedanken der Verhältnismäßigkeit der Kräfte beim Zustandekommen des angenehmen Gefühls zurück. Es geht beim ästhetischen Gefühl wie beim Geschmack allgemein um die Beurteilung von Verhältnissen (27). Wie muss ein solches Verhältnis beschaffen sein? Herbart geht von vielfältigen Regungen im Menschen aus, die als solche noch unbestimmt sind. Konkret werden sie (zu einer ›praktischen Idee‹), wenn eine ›vollendete Auffassung‹ vom Gegenstand und seinem Erreichen vorliege und keine Regungen untereinander konkurrieren (28). Soweit könnte man mit Villaume auch noch gehen, allerdings fehlen inhaltliche Maßstäbe der Beurteilung. Die postuliert

Herbart als vorgegebene Ideen: Innere Freiheit (31–34), Vollkommenheit (35–38), Wohlwollen (39–43), Recht (43–51), Billigkeit (51–58). Aus diesen Ideen leitet er dann noch etwas konkreter Ideen ab, die das Gesagte über innerpsychische Prozesse mit Sozialem verbinden, namentlich Rechts-, Lohn, Verwaltungs- und Kultursystem sowie eine beseelte Gesellschaft (vgl. Vorländer 1903).

Das muss hier nicht weiterverfolgt werden, wichtig ist die Quintessenz: Im Idealfall begegneten sich Erkenntnis und Willen in einem ästhetischen Gefühl des Wohlwollens als mittlere Harmonie zwischen allen Einsichten und allem Wollen (107) als *»Einheit des Gewissens mit dem sämmtlichem Wissen«*, was Tugend in Form von Einstellung und Handeln sei (108; Herv. im Orig.). Aus diesem Gefühl erwachse dann sicher eine tugendhafte Handlung, ohne dass sie eines extra intentionalen Momentes bedürfe (111 f).

Hier schließt sich der Kreis zum eingangs genannten Stellenwert von Glück und Pädagogik. Tugend ist das Ziel, Erziehung der Weg bzw. Garant, dass die grundsätzliche Fähigkeit auch tatsächlich verwirklicht werde durch Bildung von Verstand und Willen zur Moralität (Herbart 1891, 308). Es geht um Formung des Charakters, damit das Streben sich auf die Annäherung an die Ideen richte (124 f). Äußere Werte als Selbstzweck verfolge der Tugendhafte grundsätzlich nicht, weil er um ihre zerstörerische Kraft wisse. Überhaupt verfolge der Tugendhafte kein Ziel direkt, sondern bemühe sich um eine möglichst offene Haltung zur Welt, um möglichst viel Wissen und viele Strebungen in sich in Harmonie und situativ in einer Tat zur Geltung zu bringen (109 f).

Hier nun kommt auf Umwegen auch noch das Glück ins Spiel: Aus der so entstandenen inneren Freiheit (weil nicht zwanghaft ein Gut verfolgend) erwachse dem Menschen eine geistige Beweglichkeit mit der Folge Mut und Fröhlichkeit. Aus gewonnener Einsicht resultiere Heiterkeit (111). Und dann spricht Herbart auch direkt vom Glück, und zwar vom äußeren und inneren (153). Das innere Glück

> »(…) besteht in der Disposition für jede Gemüthslage, die dem ideengemäßen Leben förderlich ist.« (153 f)

Dass das innere Gefühl gefestigt wird durch äußere Dinge, weiß auch Herbart, weswegen er die Bedeutung von selbstbestimmter Arbeit, Liebe oder Familienverhältnissen hervorhebt (150 f), in Folge äußeres Glück demjenigen in Aussicht stellt, dem es gelinge,

> »(…) seine Beschäftigungen und seine Verhältnisse mit Menschen durchgängig zur Einstimmung mit seiner Individualität zu bringen, und zu einem wohlthätigen Zusammenwirken zu veredeln.« (154)

Und als Erhalt psychischer Gesundheit wird, durchaus in antiker Tradition eines tugendhaften Lebens, eine Reduktion auf den Reichtum der Gedanken empfohlen und ein Absehen von äußeren Handlungs(er-)folgen. Innerer Erfolg stelle sich, ganz im Sinne von Kants Glückswürdigkeit, ein, wenn man seinen Möglichkeiten und seiner Pflicht nachgekommen sei, der äußere Erfolg unterliege dem Zufall (172). Hier verwendet Herbart inhaltlich den klassischen Begriff der (Seelen-)Ruhe als »Ruhe der Vernunft«, beschrieben als »Freundschaft mit den Dingen umher«,

»Glauben an die Herrschaft des Besseren, welche wir dem *Besten* verdanken,« oder bewirkt durch Muße (172, Herv. im Orig.).

Aber in Herbarts Ethik ist das Glück nicht Selbstzweck, es ist Konsequenz eines tugendhaften Lebens. Glück als inneres Gefühl aufgrund tugendhaften Lebens und im Vertrauen auf Gott wird zwar versprochen, aber das Ziel des Menschen und der Pädagogik ist Tugend.

Mögen die einzelnen Autoren auch unterschiedliche theoretische Ansätze haben, einig sind sie sich in der Kritik am Eudämonismus, verstanden als Abwertung des Menschen, Verlust an Moral und echtem Glauben, Verhinderung von Vervollkommnung. Man darf nicht den Fehler begehen, hieraus eine weniger menschenfeindliche Pädagogik abzuleiten. Zunächst geht es um die systematische Begründung, und weitere Arbeiten zeigen, dass man als Pädagoge das Glück ablehnen und trotzdem sehr schöne bis beglückende Gedanken zur Erziehung formulieren kann (wie es andere wie z. B. Herbart oder Schleiermacher auch getan haben).

2.2.3 Vernünftigkeit und Zweckmäßigkeit statt Glückseligkeit – Niemeyer

August Hermann Niemeyer (1754–1828), Urenkel des Gründers der Halleschen Anstalten August Hermann Franke, späterer Leiter derselben, schlägt schon im Vorwort zur ersten Auflage seiner Arbeit ›Grundsätze der Erziehung und des Unterrichts für Eltern, Hauslehrer und Erzieher‹ (Niemeyer 1970), die er v. a. an künftige Erzieher und Lehrer richtet (8), einen anderen Ton als den der Glückseligkeit an. Ihm gehe es, je länger er darüber nachdenke, um Vernünftigkeit und Zweckmäßigkeit der Erziehung (9) unabhängig aktueller Strömungen (11). Mit einer solchen Position könne man zwar keine öffentliche Aufmerksamkeit erlangen, er erhoffe sich aber Zuspruch derjenigen »Gemässigteren«, die keiner besonderen Richtung angehörten (ebd.). Diese Bezeichnung seiner bevorzugten Gesprächspartner ist gleichzeitig Programm – seine Überlegungen sind ausgerichtet am Mesotes-Gedanken. Explizit setzt er sich, wenngleich auch hier moderat, gegen einige Positionen ab: Die Pädagogik der Halleschen Anstalten ist ihm ein wenig zu sehr auf Arbeit und Frömmigkeit gerichtet (›thätige Frömmigkeit‹); an Locke und Rousseau kritisiert er die fehlende Überprüfung ihrer theoretischen Annahmen und ungelöste Widersprüche; Basedow habe zu viel kritisiert und versprochen, zu viel Wert auf das Spiel und zu wenig auf Ernst und Disziplin gelegt. Niemeyer sieht in den Philanthropen »junge, meist unerfahrne Männer« bzw. »warme Köpfe« (21), das Philanthropin habe seine Versprechungen nicht gehalten, die Hauptamtlichen hätten die öffentliche Aufmerksamkeit für finanzielle Vorteile genutzt. Entsprechend spricht er wesentlich weniger enthusiastisch hinsichtlich des vermeintlichen Anbruchs eines neuen Zeitalters, schon gar nicht vom Glück, sondern der Ausbildung individueller Kräfte:

> »Da nun der letzte Zweck alles Lehrens eine der Bestimmung des Zöglings angemessne *harmonische Ausbildung seiner Seelenkräfte*, besonders seiner *Erkenntniskräfte* ist, so wird

diejenige die vollkommenste seyn, in welcher sich alles zu diesem Zweck vereinigt.« (217, Herv. im Orig)

Eine Erziehung zum Glück laufe »(...) Gefahr, bloss Fördermittel des Eigennutzes zu werden.« (38). Darüber hinaus fürchtet Niemeyer einen zu moderaten Umgang mit der Jugend und eine Idealisierung von körperlicher Kraft und Draufgängertum in Schauspielen und Romanen, statt einer solchen des moralischen tugendhaften Lebens (38). Er konstatiert zum Philanthropismus eine Gegenbewegung, zu der er u. a. – und sich selbst mitmeinend – ›nüchterne Pädagogen‹ (38) zählt.

Zwar erkennt Niemeyer das vorhandene Streben nach Lust an, nach geistiger Freude und körperlichem Genuss, und auch er sieht die Kindheit und Jugend als Lebensphasen, in denen die Sinne eine größere Rolle spielen und daher zu entsprechender Pädagogik nötigten; auch müsse man sich in die Kindheit und Jugend hineindenken können, um pädagogische Fehler zu vermeiden. Aber eine am Luststreben orientierte Pädagogik geht ihm zu weit, auch bei ihm verbunden mit der Abgrenzung vom Tierreich und Abwertung des Epikur. Vom Erkenntnisvermögen unterscheide sich das Gefühlvermögens durch die Fähigkeit,

»bey gewissen Vorstellungen oder Gegenständen Lust und Unlust zu empfinden, sehr deutlich.« (130, Herv. im Orig.)

Um den Menschen nicht zum Sklaven seiner Gefühle zu machen (und das Erkenntnisvermögen zu beeinträchtigen), müssten diese durch Erziehung gestaltet werden hin zu einem ›glücklichen Mittelmaß‹ (131), zwischen den Polen Gefühlslosigkeit und Überempfindlichkeit/Übermaß an Genuss. Dieses Gleichgewicht sei das, was »zum Glücklichseyn so wesentlich ist.« (132). Auf dem Weg zu dieser Mitte könne es sogar eine Pflicht sein, den Geschmack zu verfeinern, da die angenehmen Gefühle

»(...) ohnstreitig zu der Bestimmung des Menschen gehören, da dem Sinn und dem Bedürfnis so viel Befriedigungsmittel in der Natur entsprächen.« (131)

Andererseits dürfe man den Kindern nicht alle sinnlichen Bedürfnisse befriedigen, da sie sonst die geistigen vernachlässigten und lebensuntauglich würden:

»So erzieht man junge Epikuräer, und setzt sie der Gefahr aus, künftig sehr oft sich höchst unglücklich zu fühlen, wo dem Abgehärteten nichts fehlt, und sich bey den Gelegenheiten sehr weibisch und schwach zu zeigen, wo es auf Beherrschung sinnlicher Gefühle ankommt.« (132)

Ausdrücklich äußert er sich zur pädagogischen Bedeutung der (ebenfalls im Mittleren zu haltenden) Fröhlichkeit (»Frohsinn«): Wer mit jungen Menschen arbeiten wolle, müsse sie ausstrahlen, dies ziehe junge Menschen an (49). Es gebe eine natürliche Anlage dazu, die der Erzieher sich erhalten müsse (oder zumindest eine ausgeglichene Gemütsruhe), was wiederum eine im gleichen Atemzug genannte Disziplinierung der Triebe bedeute (ebd.). Nötig für den Pädagogen sei der Erhalt des eigenen Wohlbefindens (49 f).

Freude an der Erkenntnis wirke sich positiv auf das Lernen aus, weswegen sie erhalten und gefördert werden müsse durch das Zeigen vielfältiger Dinge. Wie andere auch kennt Niemeyer das Flow-Prinzip als Notwendigkeit eines angemessenen Anforderungsniveaus beim Lernen, damit die Freude Überhand behalte und selbst Schweres leicht erscheine (133). Es gelte, die Neugierde des Kindes zu befriedigen und nicht abzuweisen (197).

Darüber hinaus spielt für Niemeyer die Freude eine wichtige Rolle bei der Moralerziehung, als deren erste ›mittlere Einwirkung‹ er die ›Beförderung des Frohsinns‹ nennt und unter letztere auch physisches Wohlbefinden fasst. Der Frohsinn

> »(...) öffnet die Seele allen guten Eindrücken, macht sie willig zum Gehorsam, und stark sogar zur Selbstbeherrschung.« (151)

Möglicherweise ist dies auch der Grund, warum Niemeyer ausdrücklich der Möglichkeit freier Meinungsäußerung im pädagogischen Alltag das Wort redet, nicht ohne zu ergänzen, dass der Zögling trotzdem unbemerkt gelenkt werden müsse (153). Auch müsse man Kinder an zu Ertragendes gewöhnen (156).

Im Sinne dieser Ausrichtung auf Positives empfiehlt Niemeyer dem Erzieher, statt moralischer Unterweisung Vertrauen in das Kind zu leben und ihm statt schlechter Handlungen gute zu zeigen (154). Analog dazu betont er an anderer Stelle die Bedeutung erlebter Liebe in der Familie und die Notwendigkeit, das Kind nicht zu früh der Familie zu entziehen:

> »Elternliebe, Geschwisterliebe, Sinn für häusliches Glück, frohe Theilnehmung an Familienscenen, lauter Empfindungen, welche die Keime des allgemeinen *Humanitätsgefühls* enthalten, das mit jenen so leicht auf immer erstickt werden kann.« (16; Herv. im Orig.; vgl. auch 167)

Für Niemeyer sind Kinder von sich aus gutmütig und die ihnen entgegengebrachte Güte und die Erfahrung der existenziellen Angewiesenheit fördere an sich schon moralisches Bewusstsein (vgl. 189).

So erkennt Niemeyer die Freude an, epikureisch die Lust, als Movens des Menschen, folglich als pädagogisch zu berücksichtigende, aber eben in gleichem Atemzug auch zu bändigende Kraft:

> »Der *Trieb nach angenehmen Empfindungen* und *Zuständen*, gehört zu wesentlich zu der Einrichtung unserer Natur, so dass sich nicht die geringste Fertigkeit denken lässt, an welcher er nicht einen näheren oder entfernteren Antheil hätte. Auch verlangt die strengste Philosophie nicht, dass man diesen Trieb unterdrücken, sondern nur die Schätzung des guten, so man begehrt, dem Urtheile der Vernunft unterwerfen soll. Dies soll auch schon in der Erziehung der Kinder beabsichtigt werden.« (174, Herv. im Orig.)

Recht martialisch und wenig distanziert nüchtern wird aber dann doch ein Erziehungsideal formuliert:

> »Sie sollen *Freuden der Sinne* nicht höher achten als *geistige Freuden*; die *vorübergehenden* nicht höher als die *dauernden*. Es soll größere Übel für sie geben als den körperlichen Schmerz. Der *junge Spartaner* sollte den *zerfleischenden Geisselhieb* weniger fürchten, als den Schimpf der *Weichlichkeit.*« (ebd., Herv. im Orig.)

Trotzdem, auch das gehört zur ausgewogenen Betrachtung Niemeyers, sind seine Empfehlung nicht leibfeindlich oder im Sinne einer rigiden Disziplinierung zu deuten. So empfiehlt er dem Pädagogen ausdrücklich, sich an den Vergnügungen und dem Spiel zu beteiligen, sofern er in der Lage sei, seine Berufsrolle dabei zu berücksichtigen (323). Auch seine Ausführungen zur Schulung des Geschmacks (142–145) zeigen eine Wertschätzung angenehmer Empfindungen. Das Gefühl für das Schöne ist ihm gleichwertig zu anderen Gefühlen (142), und er empfiehlt eine frühe Schulung in ästhetischer Bildung, letztlich im Gefühl für die Schönheit der Natur, da letztere das Ideal des ›Schönen und Gefallenden‹ sei (143) und Kinder im häufigen Verweilen in der freien Natur deren Harmonie und Zweckmäßigkeit erlebten. Das beuge Affektiertheit vor (Niemeyer warnt auch vor einer Tyrannei des Mode-Geschmacks) und führe von ›physischer‹ zur ›moralischer Schönheit‹ (144). Letztlich, unter Bezug auf Kant, erführen Kinder zur klassischen Harmonie auch das Gefühl des Erhabenen als Erfahrung einer die eigene Existenz übersteigenden Kraft (144). Allerdings warnt auch er vor einer Über-Intellektualisierung der Kinder (145). Immer aber führen seine Ausführungen zum harmonischen Gesamtbild eines seiner selbst transparenten, mächtigen weil vernunftgeleiteten und an geisteigen Freuden ausgerichteten Pädagogen – bzw. besser: Weisen. Zu dieser Weisheit gehört auch, dass der Pädagoge sich stetig seiner eigenen Kindheit und Jugend vergegenwärtigt. Nur so könne er die aktuelle junge Generation verstehen, werde Milde und Strenge je nach retrospektiver Einsicht effektiver einsetzen und, das klingt alles andere als nach ›schwarzer Pädagogik‹,

> »(…) zu keinen Maasregeln greifen, von denen er aus eigener Erfahrung weiss, wie wenig sie zum Zwecke führen.« (37)

Diese Forderung nach Selbstreflexion bezieht Niemeyer aber nicht nur auf eine möglichst adäquate Zielgruppenhermeneutik. Da die Weiterentwicklung der eigenen Sittlichkeit Aufgabe eines jeden Menschen sei, müsse dies umso mehr für denjenigen gelten, der Menschen von Berufs wegen dazu anleite. Daher schließt die berufliche gebotene Selbstreflexion die der eigenen Person in Gänze mit ein, weswegen er mit Blick auf den Erzieher formuliert:

> »Ich kann daher mit keiner wichtigeren Erinnerung schliessen, als dass er keinen Tag vorbeylasse, ohne mit sich selbst über das, was er ist, was er seyn soll, was er werden kann, zu Rathe gegangen zu seyn. Darin besteht die vielen so unbekannte Wissenschaft, mit sich selbst zu leben, – in diesem geheimen Umgange mit sich selbst, der eingeschränkten Verhältnisse, worin man gerade itzt lebt, zuweilen zu vergessen, und sich an die höheren Verhältnisse gegen Gott, gegen die vernünftigen Wesen, gegen die menschliche Gesellschaft, gegen das Vaterland, dem man zugehört, zu erinnern; – über seine Bestimmung als Mensch nachzudenken, und über den Begriff des höchsten Guts mit sich selbst einig zu werden.« (339, Herv. im Orig.)

Damit fordert Niemeyer den Pädagogen zu nicht mehr und weniger als zur Lebenskunst auf. In Summe liegt Niemeyer inhaltlich gar nicht sehr konträr zu einer glücksorientierten Pädagogik der Philanthropen, es ist wohl eher eine Art pädagogische Romantik, die er an den Personen und am Glücksbegriff glaubt festmachen zu können, die ihn dazu bewegen, gegenzusteuern zu mehr Pragmatismus, den er dann mit Vernünftigkeit und Zweckmäßigkeit umschreibt.

2.2.4 Heiterkeit statt Glück – Jean Paul

Auch wenn Jean Paul (1763–1825), hauptberuflich Schriftsteller, in seiner 1806 in der ersten, 1811 in der zweiten Auflage erschienen Schrift ›Levana oder Erziehlehre‹ (Paul 1967a) das Glück als Ziel der Erziehung ablehnt (s. u.), und auch wenn seine

Ausführungen oftmals sehr schwärmerisch romantisch sind – auch für ihn gilt, dass Vieles auch als Glücksorientierung gelten könnte, insbesondere seine Hervorhebung der Freude. Das gilt aber auch für seine Wertschätzung der Tätigkeit wie dem dahinter behaupteten Lebenstrieb. Aber der Reihe nach:

Als Ziel von Erziehung definiert er einen Zustand optimaler Verwirklichung individueller Anlagen (566 f). Schon in der Vorrede definiert er den ›Geist der Erziehung‹ als

> »das Bestreben, den Idealmenschen, der in jedem Kinde umhüllt liegt, freizumachen durch einen Freigewordenen« (528).

Diese Individualität, die sehr aktuell als ein Gefühl von Stimmigkeit angesichts innerer, teils gegensätzlicher Vielfalt verstanden wird (564), wird überschwänglich als das Höchste direkt nach Gott (›das Ur-Ich‹) bezeichnet; ein »Gott-Vize«, was auch für Kinder gelte (559), weswegen sie ›heilig‹ seien (535). Erkennbar werde diese Idealform v. a. in der Jugendphase (560), ihre verpasste Verwirklichung bewirke in späteren Jahren Trauer (561).

Bezüglich des Verhältnisses von Individualität zu Sozialität kennt er zwar die Gefahr des Egoismus, weiß auch um den zur Erziehung gehörenden Aspekt der Nützlichkeit für die Gemeinschaft, sieht aber in der Erziehungspraxis (v. a. der Eltern) eine einseitige Orientierung auf die Nützlichkeit und plädiert vehement für den Vorrang des Menschen statt des Bürgers in der Erziehung (558).

Ziel der Erziehung sei die mögliche Zukunft des Individuums, im Zweifelsfall durchzusetzen auch gegen vermutete zukünftige gemeinschaftliche Notwendigkeit (567). Entsprechend negativ sieht er den familiären und kulturellen Einfluss auf Erziehung (538; 567 ff).

Aus glückstheoretischer Sicht besonders interessant sind nun Pauls Gedanken über die Freude, da sie letztlich bei der Lustthematik ansetzen, sowie weiterführend über den Humor. Hier wird Didaktisches zur Lernatmosphäre verbunden mit erkenntnistheoretischen Gedanken. Die Freude ist für Paul aufgrund der noch fehlenden Sprachfähigkeit des Säuglings/Kleinkindes erste Lebensnotwendigkeit für die ersten drei Lebensjahre (594). Wie bei Vögeln die erste Versorgung nicht mit Nahrung, sondern Wärme sei, müsse dies auch beim Kind geschehen:

> »Und was ist *Wärme* für das Menschenküchlein? – *Freudigkeit.* Man mache nur Spielraum – indem man die Unlust wegnimmt –, so fahren von selber alle Kräfte empor.« (594, Herv. im Orig.)

Sodann folgt ein Plädoyer für die Anerkennung der Bedeutung der Sinne für das frühkindliche Lernen (595 f), bevor er sich der Bedeutung früher Freude für die weitere Entwicklung widmet:

> »Sollen sie etwas anderes haben? Einen traurigen Mann erduld' ich, aber kein trauriges Kind; denn jener kann, in welchen Sumpf er auch einsinke, die Augen entweder in das Reich der Vernunft, oder in das der Hoffnung erheben; das kleine Kind aber wird von *einem* schwarzen Giftpfropfen der Gegenwart ganz umzogen und erdrückt.« (597, Herv. im Orig.)

Paul argumentiert hier ganz im Sinne der Resilienzforschung mit den späteren negativen Folgen von Traurigkeit aufgrund negativer Erfahrungen in der Kindheit,

z. T. in Bildern von Albträumen über in der Erziehung/im Unterricht erlittenes Leid (597f).

Wie im Alltag der freudige Mensch andere Menschen für sich gewinne und der Missmutige Ablehnung erfahre (598), so verhalte es sich beim Lernen:

> »Furcht oder gar Schreck macht körperlich als Asthenie, geistig als Vor-Reiz das Gedächtnis lahm, und das Eis der kalten Furcht sperrt sich gegen alles Lebendige, das einlaufen will.« (854)

Daher lehnt er vehement die Prügelstrafe ab (vgl. auch die von ihm zitierte Auflistung damals praktizierter Strafen, 869) wie überhaupt alle Maßnahmen, die Angst erzeugen – freies Denken erfordere einen freien Geist, nicht einen bedrohten.

An dieser Stelle, so sollte man meinen, kommt jetzt die Glücksthematik ins Spiel. Dem ist jedoch beileibe nicht so, denn auch er lehnt das Glück als Erziehungsziel mit den klassischen Vorwürfen des Egoismus und der Tierhaftigkeit ab:

> »Keine Lehre findet so viele Lehrer als Glückseligkeits- oder Lustlehre; als ob diese nicht schon in jedem Katzen-, Geier- und anderem Tier-Herzen ihren Lehr- und Thronsitz aufgeschlagen hätte. Wollt ihr lehren was das Vieh weiß? Soll der Menschengeist als ein Zentaur mit gespornten Leibe in die geistige Welt einreiten? – Aus welchem Grunde (außer einem schlechten) wird Kindern mehr eigennützige Übertreibung nachgesehen als widerstehende, mehr die Eß- als Streitsucht, als wären Stoßzähne nicht ebenso wichtig wie Kauzähne?« (781)

Genüsse (verstanden als angenehme Sinneseindrücke, 599) bereiteten keine wahre Freude und trieben den Menschen in Abhängigkeit. Leben sei Krieg, weswegen oberste Maxime das Überleben sei, Genuss kurzlebig (eine »sich selbst verzehrende Rakete«), Heiterkeit dagegen

> »(...) ein Zustand, der sich, ungleich dem Genusse, durch die Dauer nicht abnützt, sondern wiedergebiert.« (598)

Klassisch aristotelisch und im Flow-Gedanken werde Heiterkeit bewirkt durch eine spielerisch vollzogene Tätigkeit (599; 602f), wobei die Freude in der Ausführung, nicht im Genuss des Produktes liege:

> »Das Genießen erschöpft sich und uns bald; nie aber das Streben. Ein Mann ist glücklich, der sein Leben, z. B. auf die Urbarmachung einer Insel, oder auf die Entdeckung einer verlornen, oder auf die der Meerlänge verwendet. In London tötet sich der Reich-Geborne, nicht der Reich-Werdende, so wie umgekehrt nicht der Arme, sondern der, ders wird. Der Geizhals wird alt und weniger lebenssatt als lebensfroh, indes der genießende Erbe seines *tätigen* Sammelns ekel verfalbt.« (782)

Um also ein Leben lang glücklich zu sein, bedürfe es eines lebenslangen Strebens, offensichtlich als stete Weiterentwicklung durch Tätigkeit und dadurch Dämmung der Leidenschaften (784). Auch Paul bemüht das antike Ideal des Weisen, hier das des heiteren Stoikers (783), der den Genuss verschmähe und Heiterkeit bewahre (598), was allerdings sachlich nicht richtig ist.

Entsprechend dürften Genüsse nur gemäßigt und zielgerichtet erlaubt werden als Unterstützung der höherwertigen Tätigkeit:

> »(...) zerteilt die dichte Lust in Lustbarkeiten, einen Pfefferkuchen in Pfeffernüßchen, Weihnachten in ein Kirchen-Jahr. (...) Aber kleinere Genüsse wirken wie Riechfläschchen auf die jungen Seelen und stärken von Tätigkeit zu Tätigkeit.« (599)

Letztlich liegt der Hervorhebung der Tätigkeit bei Paul der Gedanke der Selbsterhaltung angesichts der Härte des Lebens zugrunde:

> »Ist das Leben ein Krieg, so sei der Lehrer ein Dichter, der den Knaben dazu mit nötigen Gesängen begeistert; daher gewöhn' er ihn, seine Zukunft nicht für einen Gang von (obwohl schuldlosen) Genüssen zu andern Genüssen, oder gar für eine Lese vom Frühling zum Herbste, von Blumen zu Früchten, sondern für eine Zeit anzusetzen, in der er irgendeinen langen Plan durchtreibt. Kurz, er setze sich den Zweck einer langen Tätigkeit, nicht des Genusses vor.« (781 f)

Aus genau dem Grunde empfiehlt er das Spiel als freudige Tätigkeit, und deshalb empfiehlt er für den frühen Umgang mit Kindern Liebe, Zuneigung, Freude. Letztere führe zur Offenheit für die Welt, damit zu geistigem Wachstum, und stärke für Zeiten der Trübseligkeit (601). Auch werde durch Freude ein Moralgefühl besser entwickelt als durch moralische Appelle oder Schilderungen des Elends anderer – die durch das Tun des Guten ausgelöste Freude des Anderen erfreue den Täter selbst und mehre sein Moralgefühl (807), die vom Kinde erfahrene Liebe in Wort und Mimik lehre es Menschenliebe (806).

Über die allgemeine Freude hinaus thematisiert Paul noch den Zusammenhang von Bildung und Humor (841–846). Statt Heiterkeit steht hier die innovative Kraft des Humors für die Erkenntnis im Vordergrund. Für Paul ist der Witz eine spontane Eingebung, die im freien Denken Neues erfinde bzw. Vorhandenes ungewöhnlich miteinander verbinde: »Die Erstgeburten des Bildungstriebes sind witzige.« (843) Der Witz gebe dem Denken Innovation und Leichtigkeit und halte die Gedanken ›gelenkig‹, weswegen er früher zu lehren sei als Faktenwissen (842 f). Analog zur Angstfreiheit in der Erziehung und die den Witz erst ermöglichende Gedankenfreiheit dürfe man die Witze der Kinder nicht reglementieren, unterbinden oder bestrafen, vielmehr solle ein Erzieher sogar über sich selbst lachen können/lassen (845).

Näher eingegangen auf den Witz ist Paul in seinen Ausführungen zur Ästhetik. Im weitesten Sinne sei der Witz ein Vergleichen von an sich unvergleichbaren Vorstellungen mit dem Ergebnis einer dritten, unabgeschlossenen Vorstellung (Paul 1967b, 171 f). In diesem Akt finde ein Erfinden statt, weswegen das Wort ›Witz‹ im Ursprung eine ›Kraft zu wissen‹ kennzeichne und bei Schlegel Genialität bedeute (171).[49] Darin habe er eine eigene Erkenntnisdimension neben anderen:

> »Der Witz, aber nur im engern Sinn, findet das Verhältnis der Ähnlichkeit, d. h. teilweise Gleichheit, unter größerer Ungleichheit versteckt; der Scharfsinn findet das Verhältnis der Unähnlichkeit, d. h. teilweise Ungleichheit, unter größerer Gleichheit verborgen; der Tiefsinn findet trotz aller Scheine gänzliche Gleichheit.« (171 f)

---

49 In der Tat gibt das Wörterbuch der Brüder Grimm als Bedeutung des Wortes Witz an: »verstand, klugheit, kluger einfall, scherz« (DBW Bd. 30, Spalte 863), und gibt im Folgenden Bedeutungserweiterungen durch den Einfluss französischer Texte und u. a. auch Entwicklungen ab der Mitte des 18. Jahrhunderts wieder, deren Inhalte sich bei Paul niederschlagen.

Ursprung dieser Leistung des Witzes scheint für Paul eine Art Begabung zu sein, denn die Ähnlichkeit des Witzes erscheine plötzlich und instinktiv (172) und entspringe einem intellektuellen Vermögen, mehr zu sehen/in Verhältnis zu setzen, als es der Realitätsblick ermögliche (175). In seiner Kürze vermehre und verbessere der Witz die Gedanken (175 f), benötige und in dessen Folge Freiheit und bewirke sie: »Freiheit gibt Witz (also Gleichheit mit), und Witz gibt Freiheit.« (201; vgl. auch die ›Freiheit des Wortspiels‹, 194) Aufgrund dieser postulierten humorvollen Erkenntnisförderung solle der Witz in der Schule gelehrt werden: »Die Schuljugend übe man mehr im Witze« (201). In Folge seines Freiheitscharakters sei der Witz auch potenziell autoritätskritisch:

> »Der Witz – das Anagramm der Natur – ist von Natur aus ein Geister- und Götter-Leugner, er nimmt an keinem Wesen Anteil, sondern nur an dessen Verhältnissen; er achtet und verachtet nichts; alles ist ihm gleich, sobald es gleich und ähnlich wird« (201)

Daher könne man mit Witz auch Lächerlichkeit erzeugen (Lächerlichkeit sei der »Erzfeind des Erhabenen«, 105). Während der Witz Sachen ins Verhältnis setze, tue die Komik dies mit Personen (123). Kennzeichnend für die Freude am Komischen sei eine Leichtigkeit und Weite des Verstandes (122); dazu gebe das Komische dem Herzen und der Erkenntnis Spielraum und Weite (123), schließlich den ›Kitzel‹ eines reizvollen Wechsels zwischen geringer Einsicht des Gegenübers und eigener Erkenntnisfreude (123).

Man kommt bei der Lektüre dieser Texte nicht um ein Schmunzeln herum, mindestens beim Gedanken über Selbstironie in der Lehre oder des Lachens über Lehrende. Dabei sind Pauls Äußerungen über die psychologischen Effekte des Humors heute Gemeingut und man mag sich keine pädagogische Institution vorstellen, in der nicht (über alles) gelacht werden darf. Nun könnte man das alles abtun mit Verweis auf allzu viel Romantik bei Paul, aber man würde dem Unrecht tun. Genie-romantisch sind eher die Beschwörungen von Individualität, wogegen Pauls Gesamtanlage geprägt ist von dem Bewusstsein einer rauen Wirklichkeit eher im Sinne von Hobbes Krieg aller gegen alle. Auch die dezidierte Ablehnung der Glücksthematik, insbesondere die Einschränkung des Genusses zugunsten der Überlebensthematik, spricht eine andere Sprache. Andererseits erzeugt das, was er empfiehlt – liebevolle Pädagogik mit Humor und Selbstironie, Gedankenfreiheit, Verzicht auf Angsterzeugung und körperliche Züchtigung –, mindestens Freude, man könnte aber ebenso gut sagen: Glücksmomente.

2.2.5 (Die Kraft der) Bildung statt Glück – Humboldt

Humboldt (1767–1835) hat wohl, wie kein anderer, das deutsche Bildungswesen beeinflusst. Zwar könnte man das, was Humboldt zur Bildung und insbesondere zum Bildungstrieb sagt, nahtlos mit den Gedanken der Philanthropen zum Glücksstreben vereinbaren. Aber Humboldt lehnt das Glück als Ziel des Menschen ab, insbesondere den Genuss. Selbst Kants moralischer Gottesbeweis enthält ihm noch zu viel Glück. Man könnte sagen: Während bei den Philanthropen Bildung der Verwirklichung des Glücksstrebens dient, wird bei Humboldt Bildung alleiniges Ziel, sodass das Glück in Verbindung mit Bildung verschwindet. Übrig bleibt ein

Bildungstrieb, der sich selbstzweckhaft entfalten soll.
Bildung als von der Vernunft vorgeschriebener ›wahrer Zweck des Menschen‹

> »(…) ist die höchste und proportionirlichste Bildung seiner Kräfte zu einem Ganzen.« (Humboldt 2010b, 64/I 107)[50]

Dies deswegen, weil der Mensch einerseits den Willen zur »Verbesserung und Veredlung« habe, andererseits sich aber auch dauerhaften Wert geben wolle (Humboldt 2010c, 235/I 283). Mindestens aber, und das ist ein weiterer Aspekt des Ziels von Bildung, diene sie »…der Befriedigung seiner innern Unruhe, die ihn verzehrt.« (ebd.; vgl. auch 239/I 287: Das Genie habe nur den Zweck, seinen inneren Drang zu befriedigen).

Ziel dieser Kraft ist Individualität/Originalität, im besten Falle Genialität. Dadurch werde dem Begriff der Menschheit ein neuer Aspekt hinzugefügt, was gleichfalls für die Besonderheiten einer jeden Nation gelte. Kann diese Kraft sich frei entfalten, entfalte sich der Geist der Menschheit in vielfältigen Formen hin zu einer harmonischen Vollendung, die über den Tod hinaus beeindrucke (ebd. 235/I 283). Als Repräsentant der Menschheit durch unser Leben bleibende Spuren zu hinterlassen, ist nicht nur Ziel, sondern »letzte Aufgabe unseres Daseyns«, die verwirklicht werde

> »(…) allein durch die Verknüpfung unsres Ichs mit der Welt zu der allgemeinsten, regesten und freiesten Wechselwirkung.« (235 f/I 283)

Ähnlich wie bei Villaume bemisst sich die Geeignetheit ›der Welt‹ zur Weiterentwicklung der Kraft nicht an inhaltlichen, z. B. moralischen Gesichtspunkten, sondern formal an der Stärke des Gegenstandes im Verhältnis zur vorhandenen Kraft. Daher bedürfe es staatlich garantierter Freiheit, um dem Menschen keine Einschränkungen zur Vervollkommnung zu geben. Weil der Bildungsprozess sich von innen heraus entfalte, müsse der Staat dafür Entfaltungsmöglichkeiten geben, statt zu reglementieren, müssten moralische Sachverhalte selbst angeeignet statt nur befolgt werden (2010b, 121–130/I 157–164). Im Aneignungsakt erfahre der Mensch dann glückliche Erkenntnismoment als – man könnte aktuell formulieren – Selbstwirksamkeitserfahrung (ebd., 126/I 161).

Man darf diese Gedanken aber nicht einseitig fehldeuten als Aufruf zu individueller Freiheit im Sinne eines ›pursuit of happiness‹. Genau das lehnt Humboldt ab, wenn er sich mit seiner Position zum Glück ausdrücklich gegen seine pädagogischen Vorgänger, sogar gegen Kant wendet. Sie hätten letztlich noch ein Endziel Glück vor Augen, damit, so kann man interpretieren, ein Gefühl. Stattdessen geht es Humboldt nicht um innere Harmonie, sondern Harmonie der inneren Kraft mit der äußeren Welt:

> »Die Alten suchten die Glükseligkeit in der Tugend, die Neueren sind nur zu lange diese aus jener zu entwikkeln bemüht gewesen; und der selbst, welcher die Moralität in ihrer höchsten Reinheit sah und darstellte *(gemeint ist Kant, C.B.)*, glaubt, durch eine sehr künstliche Maschinerie seinem Ideal des Menschen die Glückseligkeit, warlich mehr, wie

50 Die Seitenangaben folgen der umfassenden Neuausgabe von 2010. Zum leichteren Vergleich mit Zitationen anderer Ausgaben wird, wo möglich, die Angabe von Band und Seitenzahl der Erstausgabe der Preußischen Akademie angegeben.

eine fremde Belohnung, als wie ein eigen errungenes Gut, zuführen zu müssen.« (62f/I 105f)

Humboldt setzt dagegen:

»Meiner Idee nach, ist Energie die erste und einzige Tugend des Menschen.« (133/I 167)

Mehr als zehn Jahre später äußert er sich hinsichtlich eines metaphysischen Ziels der Menschheitsentwicklung (2010 g, 203ff), er habe zwar jetzt einen letzten metaphysischen Standpunkt gewonnen, wolle diesen letzten Urgrund aber nicht Gott, Weltseele o. Ä. nennen, sondern ›Menschheit‹. Diese sei einerseits dialogisch, andererseits als solche als Einheit zu verstehen:

»Diese Einheit ist die Menschheit, und die Menschheit ist nichts anders als ich selbst. *Ich* und *Du*, wie Jacobi immer sagt, sind durchaus Eins und dasselbe, ebenso *ich* und *er* und *ich* und *sie* und alle Menschen.« (2010 g, 204, Herv. im Orig.)

Und auch der liegt wieder zugrunde – Kraft:

»Das wahre *a priori* müßte, glaube ich, die Kraft im Menschen seyn, die den eigentlichen, aber vollen Menschen reproducirt, aber ohne Anwendung auf diesen oder jenen Gegenstand, und als bloße Energie.« (ebd. 205, Herv. im Orig.)

Etwas weiter führt er dann noch aus, dass es eben nicht um eine inhaltliche Qualifizierung der Kraft gehe, auch und v. a. nicht darum, sie schließlich doch Gott oder Unsterblichkeit zu nennen. Kriterium für ihre Bedeutung und positive Bewertung seien Größe und Edelhaftigkeit (206).

Wenn Bildung unter Bezug auf Humboldt heute mit Individualität verbunden wird, dann nicht deshalb, weil der Mensch sich mit der ihm gemäßen Lebensform am wohlsten fühle, mithin glücklich sei, sondern weil Eigentümlichkeit, Besonderheit als Ausdruck einer neuen Ausprägung der Kraft die Menschheit um einen neuen Aspekt bereichert, indem sie ihrer ihnen innewohnenden Kraft die entsprechende äußere Form geben: »Eigenthümlichkeit« ohne Einseitigkeit, wie es im ›Plan einer vergleichenden Anthropologie‹ heißt (2010d, 339/I 379), entsprechend herrschender Idealvorstellungen und ohne gravierende Schwächen, Verwirklichung der angelegten Form/des angelegten Charakters sei die eigentliche Tugendhaftigkeit (ebd., 339f/I 379f; vgl. auch ebd., 353/I 391). Und genau deshalb kann es nach Humboldt dem Menschen nicht darum gehen, sein Glück zu mehren. Das letzte Ziel des Menschen müsse der Mensch zwar in sich selbst finden,

»(…) es kann sich aber weder auf seinen augenblicklichen Genuss, noch auf sein Glück überhaupt beziehen, da es vielmehr ein edler Vorzug seiner Natur ist, den Genuss zu verschmähen und das Glück entbehren zu können; es kann daher nur in seinem innern Werth, seiner höheren Vollkommenheit liegen.« (2010e, 507/II 325)

Im Endzustand ist dann Glück und Vervollkommnung als Endprodukt des geschichtlichen Prozesses (2010f, 577/III 359) in Aussicht gestellt, auf dem Weg dahin darf es aber eben nicht ums Glück gehen. Zwar kann auf dem Weg dahin etwas als Glück empfunden werden, das ist aber eher ein Gefühl von Stolz oder des beeindruckt-Seins von Größe bzw. Freude an ihr, umschrieben im Flow-Muster: Wenn Kraft des Individuums und äußere Welt in einem geeigneten Passungsverhältnis auftreten, entstehe durch die Tätigkeit eine Stimmung, die Vollendung darstelle (ebd.). Ähnlich das Beispiel des zweifelnden Denkers, dessen Glück (in diesem Fall spricht Humboldt tatsächlich von »Glückseligkeit«) darin besteht, seine Geisteskraft anwenden und sie dadurch weiterentwickeln zu können (2010b, 126/I 161). Das höchste Glück liegt aber eher im Streben (als Kraftausübung) als im Ergebnis (ebd., 57/I 100). Ähnlich Kant umschreibt Humboldt das Gefühl nach Erreichen des Ziels nicht als (physisches) Wohlbefinden, sondern als Stolz und zur Ruhe gekommene Kraft. So erfreue den Eroberer nicht das eroberte Land, sondern der Sieg, den Reformator nicht der Genuss des Neuen, sondern die Veränderung als solche (»Unruhe«, ebd.).

Entsprechend skeptisch wird von Humboldt auch der Genuss betrachtet (ebd., 86ff/I 126ff;). Indem der Staat zu viel reglementiere, nehme er den Menschen Tätigkeiten ab und beraube sie so ihrer Kräfte. Durch derartige Entlastung werde der Mensch passiv, statt Anstrengung allenfalls Genuss gefördert, damit aber der eigentliche Wert des Menschen reduziert:

> »Bei der Vernachlässigung der Selbstthätigkeit der handelnden Wesen scheint nur auf Glückseligkeit und Genuss gearbeitet zu sein.« (86/I 126f)

Dies sei deswegen schlecht, weil eine unreflektierte Ausrichtung am Genuss den Menschen, auch wenn dieser selbst es als Genuss empfände, von seiner Würde entferne, bzgl. der gelte:

> »Der Mensch genießt am meisten in den Momenten, in welchen er sich in dem höchsten Grade seiner Kraft und seiner Einheit fühlt. Freilich ist er auch dann dem höchsten Elend am nächsten.« (87/I 127)

Dass dem so ist, liegt für Humboldt offensichtlich daran, dass das Gefühl des Genusses entweder schwindet oder zu seinem Erhalt neuer Genuss gesucht werden müsse. Letztlich aber sei dieses Streben zum Scheitern verurteilt, denn das Leben enthalte unentrinnbar eben auch Schmerz. Was des Menschen Herz erfülle, so Humboldt in Linie seines Gedankens der Kraftentfaltung, sei daher nicht Genuss, sondern so etwas wie Freude, Stolz, Faszination erfahrener entfalteter Kraft, in seinen Worten: Größe, und zwar unabhängig von äußeren günstigen oder negativen Umständen:

> »Wer sich wahrhaft auf Genuss versteht, erduldet den Schmerz, der doch den Flüchtigen ereilt, und freuet sich unaufhörlich am ruhigen Gang des Schicksals; und der Anblick der Grösse fesselt ihn süss, es mag entstehen, oder vernichtet werden. So kommt er – doch freilich nur der Schwärmer in andern als seltenen Momenten – selbst zu der Empfindung, dass sogar der Moment des Gefühls der eignen Zerstörung ein Moment des Entzükkens ist« (ebd.).[51]

Den guten vom schlechten Genuss trenne das Kriterium der Natürlichkeit. ›Natürlich‹ bedeutet für Humboldt Weiterentwicklung der Kräfte zur Vollkommenheit.

51 In einem Tagebucheintrag von 1789 zu einer Reise mit Campe schildert er seine inhaltlichen Differenzen mit Campe, der sich ausschließlich darauf fokussiere, »(...) was nützlich ist, was die Menschen glükklicher macht (...). Für das schöne, selbst für das wahre, tiefe, feine, scharfsinnige in intellectuellen, für das grosse, in sich edle in moralischen dingen scheint er äusserst wenig gefühl zu haben, wenn nicht mit diesem zugleich ein unmittelbarer nutzen verbunden ist.« (2010a, 23/XIV 86).

Beides könnten geistige und sinnliche Freuden leisten, letztere allerdings nur, wenn die Balance gewahrt bleibe durch begleitende geistige Kräfte. Ist das nicht der Fall, verhindere der Genuss die Vervollkommnung der Kraft, sinke der Mensch ins Tierreich (ebd., 140 f/I 174).

2.2.6 Zwischenfazit: Vom Glück als Bildungsziel zur Bildung als Selbstzweck

Die durch die Aufklärung initiierte Wiederbelebung der Glücksthematik hat v. a. bei den Philanthropen zu einem selbstverständlichen Postulat des Glücks als Ziel von Pädagogik geführt. Dabei handelt es sich um mehr als eine bloße Zielformulierung. Vielmehr impliziert die Glücksthematik grundsätzliche Vorstellungen über eine ›richtige‹ menschliche Weltaneignung und eben solches menschliches Verhalten, aus denen heraus Pädagogik systematisch gedacht wird. Zu nennen ist zuallererst das Grundmuster der Orientierung an Lust/Unlust bei der Weltaneignung. In Konsequenz legt man insbesondere für die frühen Lebensjahre das Hauptaugenmerk auf die Sinne und eine gezielte systematisierte Entfaltung derselben mit Skepsis gegenüber zu früher abstrakter Unterweisung. In seiner radikalen Form führt dies bei einigen zu kontingenzbewussten Positionen: Erkenntnis und Werte orientieren sich an ihrem Beitrag zum Glück des Einzelnen und/oder der Gemeinschaft und sind kontextgebunden. Daraus kann auch eine teilweise individuelle Weltsicht postuliert werden (unter Anerkennung unumgänglicher sozialisatorischer Faktoren, ›Gewöhnung‹ genannt), auf jeden Fall ist dieser Ansatz verbunden mit der Aufforderung zu strukturierter Beobachtung und Förderung jedes einzelnen Kindes.

Weiterhin gerät die Freude als notwendiges Element jedes pädagogischen Aktes in den Blick: Wenn Glück angestrebt werden soll bzw. de facto angestrebt wird, muss es im Lernen erfahrbar sein, sonst versiegt der Strebenstrieb. Das gilt auch dort, wo Unangenehmes ertragen werden soll bzw. muss: Es geschieht mit Blick auf ein höheres Gut. Dass in dieser Tätigkeit des Strebens gleichzeitig eine zentrale inhaltliche Kennzeichnung des Glücks als Tätigkeit liegt, kann nicht verwundern, gerade mit Blick auf die aristotelische Tradition und die Dominanz religiösen Denkens in der damaligen Zeit. Bezüglich des Verhältnisses der Tätigkeit zum Genuss und bzgl. des Verhältnisses geistiger und sinnlicher Genüsse gibt es unterschiedliche Positionen. Tendenziell werden die geistigen Freuden hervorgehoben, auch in Verbindung mit Sittlichkeit bzw. Gottesschau. Je nach Autor geschieht dies aber mal mehr, mal weniger deutlich, um nicht zu sagen: streng. Mit der Verhältnisbestimmung der Freuden geht bei den meisten eine Distanzierung menschlicher von ›animalischen‹ Freuden einher, bei einigen auch mit mehr oder weniger rigiden Versuchen der ›Domestizierung‹ der animalischen Sexualität. Trotzdem gelingt sie nicht ganz. Der Maßstab für ein ›richtiges‹ Streben wird häufig (immer?) aus behaupteten ›natürlichen‹ Regungen genommen, die der Mensch mit den Tieren teile und in denen sich letztlich ein (Über-)Lebenstrieb manifestiere. Da er das Leben erhält, kann das sinnliche Streben nicht ignoriert, sondern muss erlaubt werden entlang der rechten Mitte, die allerdings für das heutige Verständnis nicht immer gut austariert erscheint. Dass aber zum Leben Kampf gehört, Überleben Ziel von Pädagogik ist, damit Abhärtung und Gewöhnung an Widrigkeiten, ist unbestritten, ebenso wie die Tatsache, dass zum Lernen auch Erfahrungen von Unlust gehören. Schmerzen muss man bis zu einem gewissen Grad ertragen, Strafen sind in Form von Konsequenzen unvermeidlich, obwohl es auch und gerade hier auf die Nuancen der unterschiedlichen Autoren und die Unterscheidung zwischen natürlichen Konsequenzen und (Prügel-)Strafen ankommt.

Das Verhältnis von individuellem und kollektivem Glück wird i. d. R. als harmonisch bzw. harmonisierbar gedacht. Eine Nützlichkeit für den Staat wird nicht bestritten, die Harmonie wird erhofft durch die Herausbildung solcher Fähigkeiten, die sowohl das Individuum als auch den Staat weiterentwickeln, indem sie an ›passender‹ gesellschaftlicher Position zur Geltung kommen. Ähnlich optimistisch ist man auch hinsichtlich eines möglichen Erfolgs von Pädagogik, den man sich von professionellen Pädagogen und einer grundlegenden Änderung der Schule erhofft. Extrem findet sich das in den Texten zur französischen Nationalversammlung, in denen man sich eine zentral durchstrukturierte Pädagogik mit möglichst geringem privatem (= unwissenschaftlichem) Einfluss wünscht.

So kann man festhalten: Der grundsätzliche Ansatz über sinnliche Weltaneignung und erfahrungsbezogenes Lernen kann einerseits kaum aktueller sein. Andererseits zeigen die Aussagen zeitbedingte Ansichten, die man heute nicht immer mit glücklicher Erziehung verbinden würde. Was also unter Glück und Pädagogik dann konkret gedacht und getan wird, steht immer unter zeitbedingtem Vorbehalt. Erst recht würde man die Kritik an damaliger Pädagogik fehlinterpretieren, wenn man sie gesellschaftskritisch verstehen würde als Aufforderung zu mehr individueller Weltaneignung und Institutionskritik. Die Wertschätzung des Individuums bezieht sich nicht selten v. a. auf den Bürger (auch) in seiner gesellschaftlichen Funktion – man will die Welt besser machen bzw. vollenden, und das geht besser, wenn man das Glücksstreben pädagogisch aufgreift und lenkt. Geschieht das nicht, bleibt die Gesellschaft rückständig, als was eben auch ›Ungebildete‹ gesehen werden. Trotzdem können die Gedanken heute methodisch ebenso hilfreich sein wie mit Blick auf eine kritische Reflexion pädagogischer Institutionen und Imperative (den des Glücks eingeschlossen). Imponierend auch, wie selbstverständlich sich z. T. dieselben Autoren zu metatheoretischen und konkreten Alltagsthemen äußern. Überhaupt verstand sich die entstehende Pädagogik offensichtlich als zuständig nicht nur für Unterricht und Erziehung, sondern die gesamte Lebensführung. Viele Inhalte blieben der Pädagogik ja auch erhalten, alleine das Glück verschwand semantisch. Das hat viel damit zu tun, dass die Reflexionen der ›Philanthropen‹ auch stark auf dem Boden sensualistischer Positionen gediehen bzw. die Aufklärungspädagogik insgesamt utilitaristisch geprägt war (Blankertz 1982, 81). Die deutsche idealistische Philosophie und insbesondere Kant haben diese Gedanken aber in den Hintergrund ge- und den Glücksbegriff verdrängt. Als Gegenspieler des Glücks wurden ins Feld geführt ›Vernunft‹, ›Moral‹ bzw. ›moralische Pflicht‹, ›Würde als Mensch‹, letztlich dann auch Bildung: Sie wird als Prozess der Vervollkommnung einer Kraft, im Ergebnis als Manifestation ›wahren Menschseins‹ gedacht. Bei ihrer Verwirklichung stellt sich zwar ein Glücksgefühl ein, dies aber nicht intendiert bzw. ausdrücklich als Ziel nicht gewollt. Die Philanthropen konnten noch formulieren, eine aus der Glücksorientierung erwachsene pädagogische Methode führe zum Glück der

Menschen. Die enorme Kritik des deutschen Idealismus am vermeintlich egoistischen, menschenunwürdigen ›Eudämonismus‹ kappte aber die Beziehung zwischen Pädagogik und Glück. Zwar teilen Befürworter wie Gegner den Gedanken der Vervollkommnung, aber die gegenwärtige Erfüllung in Pädagogik rückt tendenziell in den Hintergrund. Humboldts Bildungsbegriff enthält ihn maximal noch implizit. Inzwischen scheint sein Bildungsbegriff als Herausbildung von Individualität und eines vielfältigen ›Geistes der Menschheit‹ so selbstzweckhaft als höchstes Gut geadelt zu sein, dass die Frage nach dem Maßstab für Güte, nämlich Glück, abhandengekommen ist.

2.3 Die Wiederentdeckung des Glücks durch die Pädagogik des ausgehenden 20. Jahrhunderts

2.3.1 Eine ›glücklose‹ erste Jahrhunderthälfte?

Man könnte meinen, das Glück sei den Menschen, damit auch der Pädagogik im 20. Jahrhundert abhandengekommen angesichts zweier Weltkriege, totalitärer Systeme in Europa, der massenhaften und systematischen Tötungen von Menschen in Lagern. Im Kontrast zur verbreiteten Vorstellung der heiter und berauschten ›roaring twenties‹ konstatiert Gumbrecht (2011, 266f) bereits für den Beginn des 20. Jahrhunderts eine düstere Stimmung. Begründet sieht er sie in einem schon in seinen Anfängen als ›abgelebt‹ interpretierten Sozialismus und dem aufkommenden Faschismus. Diese pessimistische Grundhaltung habe die alltäglichen Lebensvollzüge und -erfahrungen geprägt, nicht zuletzt auch die Erfahrungen beider Weltkriege. Hier sieht Gumbrecht v. a. die Materialschlachten des ersten Weltkriegs als Ursache für intellektuelle Reflexionen und Verunsicherungen, hin zu einer ersten Rede vom »Tod des Subjekts als Heldengestalt« (267). Den Menschen seien sichere rationale Weltbezüge abhandengekommen. Gumbrechts Bestandsaufnahme bzgl. der Reflexionen über das Glück zu Beginn des 20. Jahrhunderts:

> »Selbst als entfernter Horizont des wirklichen Lebens oder als Thema philosophischer Spekulationen hatte Glück weitgehend seinen Status als Bezugspunkt und Möglichkeit verloren.« (Gumbrecht 2011, 267)

Exemplarisch zitiert er Scheler, der diesbezüglich vom ›Verrat der Freude‹ gesprochen habe. Allerdings muss man diese These etwas genauer betrachten. Einerseits ist die Analyse richtig und greifbar spätestens in der ›Kritischen Theorie‹, deren Reflexionshintergrund u. a. die totalitären Systeme in Europa waren. So liest Gumbrecht Heideggers ›Sein und Zeit‹ als philosophisches Angebot, eine rational begründete Beziehung zur Welt wiederherzustellen, um

> »(...) der menschlichen Existenz den verlorenen Boden unter den Füßen zurückzugeben.« (ebd., Gumbrecht 2011, 268)

Zwar vertrete Heidegger keine Glückslehre, allerdings ließen sich im Werk viele Aussagen über Emotionen unter dem Begriff der ›Stimmung‹ finden (ebd.).

Andererseits sieht das Bild allein schon beim Blick auf den zitierten Scheler bzw. (mit Schloßberger 2011) auf Positionen philosophischer Anthropologie und des Existenzialismus differenzierter aus: Scheler kritisiert mit dem Titel des ›Verrats an der Freude‹ weniger aktuelle Positionen als solche, sondern v. a. Kants Anti-Eudämonismus und dessen Auswirkungen hin zu einer Art deutschen Grundhaltung (Scheler 1923b, 105 f). Er wirft Kant vor, zu sehr gegen den Utilitarismus gekämpft, Freuden nicht differenzierter betrachtet und letztlich den Eudämonismus unterkomplex behandelt zu haben mit der Folge, das Glück selbst aus der Philosophie verbannt zu haben. An anderer Stelle kritisiert er auch Kants Vorstellung von einer göttlichen Belohnung moralischen Handelns als anthropomorphe Vorstellung (Scheler 1916, 382) und vertritt stattdessen die Ansicht, dass nicht Glück aus moralischem Handeln resultiere, sondern aus Glück moralisch gehandelt werde, da jeder Handlung schon ein positives Werturteil zugrunde liege (ebd., 372 f). Im Übrigen ist Schelers kleine Schrift ›Verrat an der Freude‹ nach eigener Aussage eine Ergänzung der Arbeit über das Leid, in der er den Sinn des Leides und die zeitliche Parallelität von Freude und Leid diskutiert (Scheler 1923a).

Zu Schelers Position und gegen die generelle Aussage des fehlenden Glücks kann man des Weiteren auf den Engländer (!) Bertrand Russell (2015/1930) und seine ›Eroberung des Glücks‹ verweisen. Dort konzediert er nach etwas mehr als der Hälfte des Buches, er habe bislang vom Unglück gesprochen und aus vielen Gesprächen seiner Freunde könne man den Eindruck gewinnen, Glück sei heute tatsächlich nicht mehr möglich (99), es gebe in Westeuropa unter jungen Menschen eine innere Gehemmtheit zum Glück (102 f). Dann aber behauptet er doch Glücksmöglichkeiten und spricht von ganz klassischen Themen wie Verbundenheit mit der Welt, sinnvollen Tätigkeiten, Liebe, Freundschaft u. Ä. und sieht das höchste Glück im Einklang einer Person mit sich selbst und der Außenwelt (171).

Und schließlich, um noch ein Beispiel aus dem Existenzialismus zu nennen (vgl. Schloßberger 2011), spricht Camus in der berühmten Passage des ›Sisyphos‹ davon, man müsse sich Sisyphos als glücklichen Menschen denken (Camus 1992, 101). Camus zumindest bringt das Glück mit seiner Konzeption des Absurden in direkte Verbindung. Beide seien miteinander verbunden, da sie beide ›derselben Erde‹ entstammten (100). Aus der Anerkennung der absurden Existenz könne der Mensch seine Kraft zum Leben ziehen (54) und das Leben als ein gutes bezeichnen bzw. zum Gefühl des Sisyphos gelangen, »(...) daß alles gut ist.« (101).

Vielleicht kann man es so formulieren: Angesichts der Grausamkeiten in der ersten Hälfte des 20. Jahrhunderts in Europa bzw. in Deutschland und vor der Tradition eines ohnehin glücksfeindlichen Idealismus kann es nicht verwundern, dass weniger Glücksmöglichkeiten als ›skeptische Philosophien gelingenden Lebens‹ (Schloßberger 2011) die philosophische Reflexion beherrschen. Für die u. a. von Heidegger vertretene Richtung der philosophischen Anthropologie wie für die des Existenzialismus des 20. Jahrhunderts konstatiert Schloßberger (2011, 272), beide Richtungen hätten keine Glückslehren vertreten, vielmehr seien sie der Meinung, der Mensch strebe nicht nach Glück im hedonistischen Sinne bzw. verfehle seine Natur, wo er dies tue. Allerdings sei beiden an und in sich verschiedenen

Strömungen doch gemeinsam gewesen, dem Individuum durch philosophische Reflexion eine tragfähige Lebenshaltung in skeptischer Grundhaltung zu vermitteln (bzw., mit Blick auf Scheler, tatsächlich auch eine eigene Theorie des Glücks zu entwickeln). Gemeinsam sei ihnen die Suche nach einer Bestimmung des menschlichen Wesens, die sich aus der konkreten Lebenspraxis ableitete und Reflexionen für ihr Gelingen enthielten. Sie seien gekennzeichnet durch ein »schwaches Sollen« mit einem »therapeutischem Charakter« (273). Schloßberger legt dies anhand unterschiedlicher Philosophen dar, die an dieser Stelle nicht weiter vertieft werden können. Für die pädagogische Diskussion besondere Bedeutung erhält Bollnow. Der habe, so Schloßberger, gegen das bei Heidegger dominierende Gefühl der Angst zurecht argumentiert, es handele sich um eine einseitige Betrachtung der Stimmungen. Sie müsse ergänzt werden um die Phänomene der glücklichen Stimmungen (Schloßberger 2011, 276). Bollnow ist deswegen von besonderer Bedeutung, weil sich in seiner Person philosophische und pädagogische Reflexionen verschränken. Von daher ist es nicht zufällig, dass Zirfas (2011, 234) für die Beschäftigung mit dem Glück aus pädagogischer Sicht die Rezeption von Bollnows Aussagen zu positiven Gefühlen empfiehlt. In der Tat scheinen sie aus heutiger Sicht ihrer Zeit weit voraus. Möglicherweise braucht es nach zutiefst traumatisierenden Erfahrungen kollektiv wie individuell einiges an Zeit und (Lebens-)Mut, um wieder frei vom Glück und seinen Möglichkeiten reden zu können. Im Kontext der Wandervogelbewegung/Reformpädagogik z. B. ist die im Wortsinne innere Trostlosigkeit der aus dem ersten Weltkrieg heimgekehrten jungen Männer längst bekannt (vgl. Giesecke 1980, 81 f); Nationalsozialismus und zweiter Weltkrieg machen sich z. B. in Herman Nohls Ethik in seinem skeptischen Ausblick deutlich bemerkbar und die für Deutschland so einflussreiche ›Frankfurter Schule‹ spricht mehr vom fehlenden oder falschen als vom möglichen Glück. Andererseits zeigen die Beispiele Scheler und Russel zumindest für die Zeit zwischen den Weltkriegen Glücksreflexionen, und wenn das Glück ein dem Menschen innewohnendes Streben ist und wenn sein Basistrieb v. a. das Überleben ist, dann wird dieser Trieb sich auch in widrigsten Umständen, vielleicht sogar gerade dann, seinen Weg gesucht haben. Dass dem so ist, zeigen Publikationen zu Beginn der 1970er Jahre. In dieser Zeit wird auf praktischer Ebene mehr Glück in der Pädagogik gefordert, systematisch werden Glückspositionen v. a. der Philanthropen und der Reformpädagogik sowie das Verhältnis von Pädagogik und Glück überhaupt diskutiert. Es dauerte dann aber bis zur Arbeit von Riemen (1991), bis das Verhältnis von Pädagogik und Glück tatsächlich systematisch in einer Monographie erörtert wird, der dann sukzessive bis heute weitere folgen. Dieser Reflexionsprozess wird im Folgenden aufgezeigt.

2.3.2 Reformpädagogik als Glücksthematisierung?

Die These, Glück habe nicht im Zentrum geisteswissenschaftlicher Reflexionen in der ersten Hälfte des 20. Jahrhunderts gestanden, könnte diejenigen irritieren, die in Protestbewegungen gegen einengende Lebens- und Erziehungsverhältnisse den Wunsch nach Glück artikuliert sehen. Man könnte dann auf ›die‹ Reformpädagogik bzw. ›Jugendbewegung‹ verweisen, die zumindest in der Distanz auch als pädagogische Befreiungsversuche zum Glück gedeutet werden könnten. Das kann einerseits als teilweise richtig angesehen werden, wenn man Leidvermeidung und Lustsuche als Glücksstreben interpretiert und somit Jugend- und Wandervogelbewegung z. B. als Streben nach Freiheit und schönen Naturerfahrungen, Reformpädagogik als Versuch einer leidensminimierenden bzw. freudigen, befreienden Pädagogik interpretiert. Andererseits geht damit nicht eine direkte und v. a. systematische Thematisierung des Glücks als Erziehungsziel einher. Zudem muss man hinsichtlich der genannten ›Bewegungen‹ vorsichtig sein bzgl. einer vorschnellen Vereinheitlichung der in sich disparaten Strömungen bzw. der numerischen Größe einer ›Bewegung‹ (bzgl. Jugendbewegung vgl. Giesecke 1981, 220; bzgl. Reformpädagogik vgl. Oelkers 2005b, 17). Unabhängig davon: Mit Blick auf die im Kontext vermeintlich fortschrittlicher Pädagogik ausgeübte sexuelle Gewalt muss an anderer Stelle diskutiert werden, dass auch Glücksorientierung zur Ideologie verkommen und in Missbrauch ausarten kann.

Fragt man also, ob Glück tatsächlich in ›der‹ Reformpädagogik als Erziehungsziel systematisch reflektiert wird, fällt die Antwort eher negativ aus: Retter (2010, 55 f) sieht lediglich bei Neill die Behauptung der Glücksförderung, in seinem Fall in der Schule. Die Reformpädagogik sei mitnichten eine Neuformulierung philanthropischer Glückseligkeitsorientierung gewesen, sondern ein Aufbegehren gegen Autoritäten und schlechte Erziehung. Zudem sei der Glücksbegriff nicht systematisch reflektiert, sondern eher mitgenannt im Kontext von

> »(...) Ästhetik, Naturverehrung, Emotion und Spiritualität. Der liberale Zeitgeist führte gleichzeitig zu einer Abwendung von religiösen Dogmen.« (Retter 2010, 55)

Insgesamt sei die Reformbewegung hinsichtlich der Glücksversprechungen ›konservativ‹ und ›bescheiden‹ gewesen (60). Ebenso Reifenrath (1999), der in der Reformpädagogik lediglich eine indirekte Wiederaufnahme der Glücksthematik sieht:

> »Glück wird aber nunmehr nicht primär als Ziel der Erziehung und Bildung angesehen, sondern gleichsam in den Bildungsprozeß hineingenommen.« (Reifenrath 1999, 204)

Damit erneuert er die Position von Rülcker (1971, 167), auf den er sich auch hinsichtlich der Quellen mehrfach bezieht. Rülcker sieht in der Aufklärungspädagogik v. a. das Glück der Erkenntnis thematisiert, nicht die »Erfüllung von Triebbedürfnissen, von Wünschen und Gefühlsregungen der Subjekte« (ebd.), was die Reformpädagogik thematisierte. Entsprechend finden sich bei Retter (2010, 55–61) Belege für reformpädagogische Ansätze zu einer freieren Sexualmoral inklusive der Nennung einer (möglicherweise dem damaligen Denken auch inhärenten) Gefahr des körperlichen und geistigen Missbrauchs. Retter sieht in der Reformpädagogik bzw. in den Reformschulen ein Glücksversprechen eingelöst durch eine freiere Beziehungsgestaltung zwischen Lehrern und Schülern, freie Gruppenwahl, selbsterstellte Regeln, erfahrungsbezogenen Unterricht und künstlerische Aspekte (66), und nennt als anthropologische Glücksfaktoren von Kindern Urvertrauen, Liebe, Freispiel unter Verweis auf deren auch reformpädagogische Tradition (67).

Verweise auf Glücksmomente als Erfahrung von Freude in pädagogischen Kontexten finden sich zu Montessori, Key und Makarenko auch bei Lassahn (1975, 555; 561; 565–568), zu Key und anderen bei Rülcker (1971, 166 f), zu Key und Neill bei

Keller/Mangold (2002, 546–548). Inhaltlich geht es eher um klassisch eudämonistische Glücksgefühle bei Tätigkeiten und/oder Erkenntnisgewinn, wobei der von Retter genannt Spiel- und Festcharakter nicht außer Acht gelassen werden sollte. Gerade letzterer, in Verbindung mit dem bekannten, vermeintlich freieren Umgang mit Sexualität/Leiblichkeit, kann als Motor für eine Wiederbelebung der Reformpädagogik ab Ende der 1960er Jahre gesehen werden.

2.3.3 Befriedigung durch Tätigkeit – Nohls ›männliche Ethik‹

Eine klassisch eudämonistische Ethik findet sich bei Herman Nohl (1879–1960), der mit seiner geisteswissenschaftlichen Pädagogik und seinen Arbeiten zur Jugendbewegung und zum pädagogischen Bezug maßgeblichen Einfluss in Deutschland hatte. Auch für Nohl ist Tätigkeit wahres Glück, wenngleich er anders als Salomon darin ein typisch männliches Prinzip sieht. Auch Nohl kritisiert Hedonismus wie Utilitarismus, auch er denkt sich idealistisch einen Weg hin zur Vervollkommnung von Kräften. Seine Ethik ist in ihrer Anlage ein Versuch (ähnlich Schleiermacher), das als naturgegeben betrachtete Streben innerer Kräfte nach Individualität mit dem Streben nach Wahrheit und Moral zu vereinen, was er am Ende gegeben sieht in idealtypischen Gemeinschaften. Ziel dieser Selbstbestimmung ist klassisch humanistisch die Ausbildung einer dem Einzelnen gegebenen Form, darin Repräsentation der Menschheit, wenngleich er eingesteht, dass die Erfahrung der Realität schmerzhaft Defizite individueller und kollektiver Umsetzung zeige. Insgesamt geht er von einer Stufenfolge menschlicher Entwicklung aus, die individuelle, kollektive und menschheitsbezogene Dimensionen umfasst.

Seine Argumentation beginnt mit der offensichtlich auf die Pubertät bezogenen These, dass jeder Mensch im Heranwachsen die Erfahrung der Notwendigkeit der Entwicklung eigener Weltsichten mache, unter Distanzierung übernommener Überzeugungen (Nohl 1947, 16–19).

Nohl geht dann der Frage nach, welche Kräfte (›sittliche Prinzipien‹) dieser Entwicklung zugrunde lägen. Er nennt Lust, ›aktiven Willen‹ als Lebenskraft (›Thymos‹), seelisch-schöpferische Prinzipien sowie solche der ›geistigen Schicht‹. Insgesamt sollen diese von ihm ausgemachten ›Prinzipien‹ eine harmonische Entwicklung garantieren. Angesichts offensichtlich stets vorhandener Disharmonie folgen an die Erörterung der Prinzipien des Sittlichen noch solche über Freiheit, Konfliktsituationen, Gemeinschaftsaspekte sowie abschließend Grenzen von Ethik.

Die Erörterung inhaltlicher Aspekte des Sittlichen beginnt mit der Thematisierung der Lust. Klassisch idealistisch antihedonistisch wird sie in der Kapitelüberschrift der Naturhaftigkeit (›biologische Schicht‹) des Menschen zugeschlagen (25), wobei sie als sinnliche bzw. als Selbstzweck gemeint ist. Für die Entwicklung einer eigenständigen Person sei das Streben nach Lust nicht ausschlaggebend, sie sei lediglich Anzeichen und Begleiterscheinung ›hochwertigerer Triebe‹ und deren Erreichen (30). An dieser Stelle setzt auch bei Nohl eine gängige Kulturkritik ein: Dass viele Menschen ausschließlich nach Lust strebten, sei als Kompensation entfremdeter Arbeitsbedingungen eines Großteils der Bevölkerung zu deuten. Verantwortlich dafür sei als höhere Form des Hedonismus der Utilitarismus, »(…) die Lebensform des ökonomischen Menschen.« (31) Zudem ›funktioniere‹ eine utilitaristische Ethik für eine Gemeinschaft nur bei Vorhandensein eines Gefühls von menschlicher Anteilnahme bei allen Menschen, während die Gegenwart vom gegenseitigen tierischen Überlebenskampf gekennzeichnet sei (33). Grundsätzlich, auch hier folgt Nohl klassischen antieudämonistischen Argumenten, entferne eine reine Lustorientierung den Menschen von seiner (offensichtlich geistigen) Größe (34), weswegen auch Nohl dem Großteil der Menschen einen niederen geistigen Status zuspricht:

> »Die große Menge schwimmt in der niederen Lust, ohne je über diese Grenze hinauszukommen und die reine Lust zu kosten.« (35)

Daher folgt als Kontrapunkt zur Lust die Erörterung einer in seinen Augen höherwertigen Kraft, klassisch aristotelisch die der Tätigkeit, eingebettet in den Begriff der ›Lebenskraft‹ bzw. des ›Willens‹ als zweite im Menschen waltende Kraft.

Auch sie wird eingeführt über die Lust, allerdings mit einer Modifikation: Lust sei als den Menschen begleitendes Phänomen nicht per se schlecht, der Unterschied liege in der Ausrichtung derselben entlang ›niederer‹ oder ›höherer‹ Lebensvollzüge. Niedrig ist dann die sinnliche Lust oder die Lust als Selbstzweck, ›hoch‹ die sich durch die Entfaltung geistiger Kräfte sich einstellende Lust. Klassisch aristotelisch wird dann die Lust der Tätigkeit genannt:

> »Das frohmütige, mit Tätigkeit erfüllte Dasein ist die wahre Eudämonie.« (35)

Durchaus bildungsaristokratisch bezeichnet Nohl die Freude an höherer Tätigkeit als Gefühl der Erhebung (35).

Ohne das Wort selbst zu verwenden, beschreibt er dann noch, unter Bezug auf Aristoteles, Schleiermacher, Fries und Fichte den Flow-Effekt als Freude während einer Tätigkeit als Lust, die schon im Willen und seiner Umsetzung liege (36; vgl. die inhaltliche Umschreibung des Flow-Effekts, 56). Das Glück der Tätigkeit nennt Nohl dann eine »männliche Ethik«, während er die »rezeptive Seite« (offensichtlich dann als weibliche empfunden) dem Utilitarismus zuordnet, dem er vorwirft, diese ›männliche Ethik‹ unterschlagen zu haben. Er beschreibt das Glücksgefühl ›männlicher Ethik‹ wie folgt:

> »Das Streben und Handeln wird nach seinen Eigenschaften von uns gelebt und gefühlt. Mut, Tatkraft, Ausdauer, Festigkeit, Arbeitsamkeit, Energie, Folgerichtigkeit, Einheit und Geschlossenheit sind Eigenschaften eines Willens, es sind aber zugleich Erlebnisse im Gefühl. In dem Mut liegt eine aufstrebende Freudigkeit, die das Herz erweitert, in der Festigkeit ein Insichruhen, die Energie der Arbeit ist trotz der Anstrengung mit Glücksgefühl verknüpft, mit einer Erweiterung des Selbst in freudigem Bewußtsein. Wie ein Urphänomen freudiger Erfahrung ist die Freude des Bergsteigens.« (37)

Schließlich fügt er noch das »heroische Lebensgefühl« an. Es entspringe dem Heldentum und sei (offensichtlich in Analogie zum Jugendlichen) v. a. in noch jungen Völkern vorhanden, grundsätzlich aber auf ›männliche Naturen und Völker‹ beschränkt (ebd.).

Diese männliche Ethik sei ausschlaggebend für die Entwicklung einer Eigenständigkeit in Sittlichkeit. Dieses tätige Leben habe einen höheren Wert, der lediglich nachempfunden einsichtig sei; Kindern sei er erfahrbar in Spiel, Erwachsenen bei der Arbeit. Die Pointe aller Erfahrung von Tätigkeit sei »*die Erhebung in die Freiheit des Willens.*« (41, Herv. im Orig.). Ein starker Wille lasse Arbeit freudiger werden und Kräfte stärken. Auf dieses Gefühl der Erhebung aufgrund eigener wertvoller Tätigkeit müsse Pädagogik gerade für die Herausbildung einer sittlichen Persönlichkeit gründen, statt auf Zwang oder einem System von Belohnung und Strafe (42). Nohl positioniert sich hier eindeutig aristotelisch. Konsequent nennt er dann die die Tätigkeit ergänzende geistige Schau/Versenkung, spirituell als stille »*Hingabe* an eine überlegene Größe«, verbunden mit dem Glücksgefühl der Seligkeit (44, Herv. im Orig.)

Zur dritten ausgemachten inneren Kraft im Menschen, der ›seelisch-schöpferischen Schicht‹ (96), nennt er Prinzipien, zunächst unter Bezug auf Herbart, ›Kraft und Größe‹. Er möchte gegen eine Außenbetrachtung derselben den Grad gefühlter innerer Stärke als Maßstab einführen, gegen eine Betrachtung von Kraft unter Kriterien des Gefallens oder Missfallens das der »Mannigfaltigkeit lebendiger Erfahrung« (47), die Gegensätzliches implizieren könne. Ebenso nennt er als gerade für Pädagogik elementares Thema das der Vollkommenheit, welches die Notwendigkeit wertschätzenden Wettkampfes impliziere (50). Ganz im Sinne Humboldts spricht auch Nohl von vielfältigen Idealbildern eines Menschen (54), und wie in Humboldts Kraftbegriff ist hier im Fokus nicht das Ergebnis, sondern die erfahrene Intensität in der Umsetzung (57), weswegen der (unendliche) Weg zur Verbesserung nicht aus Pflicht, sondern Leidenschaft entspringe (59). Die Inhalte der Verwirklichung dieser Kraft unterlägen keinem hierarchischen Maßstab (61).

Ein eigenes Prinzip im Kontext der seelischen Schicht nimmt auch die Liebe ein, der Nohl den Charakter des Verbindlichen zuschreibt nicht aufgrund einer Verpflichtung, sondern aufgrund der Freude an der Verbindung, die Liebe stiftet (62–72).

Als letzte seelisch-schöpferische Prinzipien nennt Nohl dann ›Maß, Hybris, Resignation, Humor‹ (72–77). Maßhalten schütze den Menschen und bringe gerade durch die Beschränkung Meisterliches hervor (72), ähnlich die von Nohl als adelig bezeichnete Haltung des Verzichts auf Übertreibung und Überschätzung angesichts der klassischen Thematik der Anmaßung gegenüber den Göttern, der Hybris (73). Der negativ konnotierten Resignation setzt er die positive Bescheidenheit entgegen als Entsagung subjektiven Strebens angesichts objektiver Gegebenheiten. Etwas länger geraten dann noch die Ausführungen zum Humor, den er als überlegene Haltung gegenüber der Welt beschreibt und der in direktem Zusammenhang mit der Bescheidenheit bzw. Resignation steht insofern, als zur im Humor vorhandenen Weltsicht auch die Anerkennung von Leid, Vergeblichkeit, Vergänglichkeit gehört:

> »Aus der erkannten Diskrepanz aller unserer Ansprüche und Behauptungen zu dieser Vergänglichkeit und aus der Befreiung von dem falschen Größenmaßstab, die damit gewonnen wird, und von der Gebundenheit an den Moment mit seiner Angst, ohne daß doch das Leben seinen Lebenswert verliert, entsteht jenes Lachen des Humors und jene Heiterkeit der Seele, die sagen kann: ›Mein Herz heißt Dennoch‹, oder wie Jean Paul es angesichts des jammervollen Daseins seines Schulmeisterlein Wuz ausgedrückt hat: ›ich nahm mir vor, dieses unbedeutende Leben zu beweinen, zu verachten und zu genießen.‹« (77)

Allerdings bedürfe es eben des von Nohl geschätzten ernsten Strebens, ohne dass der Humor unwirksam und der Mensch passiv werde (ebd.).

Die als viertes genannte Kraft ›geistige Schicht‹ wird von Nohl inhaltlich gekennzeichnet zunächst durch die ›Wahrhaftigkeit‹, die er in innere (gegen sich selbst) und äußere unterteilt, wobei erstere letzterer vorangehe (78). Wahrhaftigkeit müsse sich bewähren gegen Tradition und Masse (81), ihr Grund sei die erkannte Wahrheit und damit untrennbar verbunden die Verpflichtung ihr gegenüber (82). Einen persönlichen Konflikt des Verhaltens könne es nur hinsichtlich der äußeren Wahrheit geben (83), welche vom Fanatismus in dessen Absolutheitsanspruch verwechselt werde mit dem der inneren (85).

Als nächstes inhaltliches Element folgt ›Treue in der Bindung‹. Die Treue wird verstanden als freiwillige Selbstverpflichtung, die der äußeren Form unseres Lebens eine gewisse Dauerhaftigkeit und damit Sicherheit gebe (87). Sie erstrecke sich ursprünglich zu Personen, habe sich aber über den privaten Bereich hinaus in Staaten entwickelt hin zu einer Rechtsverpflichtung auch gegenüber Unbekannten Gemeinschaftsmitgliedern (88). Als abgeschwächtere Form der Treue nennt Nohl die Verbundenheit, die aus der Anerkennung eines Verhaltensanspruchs durch eine angenommene Wohltat resultiere als eine Art ›sittlicher Willenshaltung‹ (89), wie er es bei Kindern gegenüber ihren Eltern gegeben sieht. In diesem Kontext wird auch Dankbarkeit als religiöse Stimmung mit besonderer Qualität hervorgehoben (90).

Schließlich wird die Gerechtigkeit genannt. Sie sei durch Objektivität gekennzeichnet, was (hier argumentiert er ähnlich wie später und ausführlicher Rawls) Entscheidungen unter Absehung von Vor- oder Nachteilen gegenüber der eigenen Person, anderer oder mit der Person näher oder entfernter verbundener Personen (91). Während die göttliche Gerechtigkeit den Willen einer Person bemesse, wird das Kriterium gesellschaftlicher Gerechtigkeit als meritokratisches Prinzip definiert: »Anteil an Macht und Entgelt entsprechend der Leistung.« (93) Ähnlich der Bindung sieht Nohl durch die Gerechtigkeit eine gewisse Sicherheit für die Person innerhalb einer Gemeinschaft gegeben.

Damit sind Grundpositionen und zentrale Inhalte seiner Ethik dargelegt. Nohl stellt sich in die lange Tradition eudämonistischer Glücksvorstellungen des deutschen Idealismus. Als Pädagoge verknüpft er das Ergon-Argument mit der Humboldtschen Kraft-Thematik, damit mit der Idee einer Selbstbildung als Entwicklung individueller Anlagen, deren Prozess gleichwohl als idealtypisch sittlich möglich gezeichnet werden muss. Gelingen kann dieser Prozess für Nohl, wenn der Mensch seinen höheren Kräften folgend sich selbst in Tätigkeiten entfaltet und das Gute um seiner selbst willen anstrebt schlicht deshalb, weil das sittliche Leben ein an sich höherer Wert sei. Nun stellt sich das Problem des Verhältnisses individueller Freiheit zu kollektiver Norm (96–118). Für das Individuum bedürfe es eine an höheren Werten ausgerichtete Gemeinschaft, die sich im Einzelnen als rechte Gesinnung zeige (98). Da Utilitarismus/Hedonismus nach einem mathematischen Nutzen- bzw. Lustkalkül verführen, seien sie »(…) den Tatsachen des ethischen Lebens nicht gewachsen.« (102). Dem Utilitaristen sei das Leben selbst der höchste Wert, dem sittlichen Menschen »(…) die Bewahrung seiner inneren Würde.« (102). Hier schließt er sich Kant an, aber auch Humboldts Kritik an Kant bzgl. der durch göttliche Belohnung doch vorhandenen Orientierung an Lust. Nohl möchte stattdessen eine Orientierung an Werten eines höheren Lebens und seiner Verwirklichung (103; 106). Für die Behauptung der Möglichkeit einer solchen Haltung bezieht Nohl sich auf zwei Traditionen: Bezüglich des Gemeinschaftsaspektes seiner Ethik verweist er auf Schiller, Fichte und Schleiermacher. Sie hätten das Idealbild eines als Glück erfahrbaren sittlichen Lebens in harmonischer Gemeinschaft und bei wertvoller Tätigkeit für höhere Ziele entworfen. Bezüglich des Individualaspektes verweist er auf die Stoa mit ihrer Selbstmächtigkeit bzw. Distanznahme gegenüber eigenen Gefühlen wie im Extremfall dem Körper:

> »Ich kann jedenfalls ›Nein‹ sagen, kann auf die Handlung verzichten, jede Bestimmung meines Wesens ablehnen oder eine aufgenommene in jedem Augenblick wieder fallen lassen. Das geht so weit, daß ich auch dauernde Eigenschaften von mir, die zu meiner Natur gehören, als etwas Fremdes betrachten kann.« (111)

Offensichtlich zeigt sich hier für Nohl die vorher als Ideal genannte ›heroische‹ Haltung: Im Zweifelsfall sei der Mensch nach Nohl alleine mit sich und seinem Gott (112), die eigentliche moralische Leistung sei dann Askese gegenüber der »›Hure Welt‹« (113). Scheitere der Mensch dennoch, gäben ihm Sühne und Strafe die innere Freiheit wieder als Freiheitsstrafe durch die Möglichkeit zur Selbstbesinnung (118).

Allerdings manifestiert sich bei Nohl das sittliche Idealbild nicht in einer fest skizzierten Form wie z. B. der des antiken Weisen. Analog zu Humboldt vertritt er den Gedanken der je individuellen Ausprägung des Sittlichen, weswegen sein Idealbild nicht ein ›typisch‹ guter Mensch ist, sondern das in der Renaissance verwurzelte Ideal der Einzigartigkeit der Persönlichkeit (124), die sich (klassisch neu-humanistisch im Subjektdenken verhaftet) aus sich selbst hervorbringe als dann guter Repräsentant der Menschheit (125). Erziehung dient beidem: Herausbildung des ganz Eigenen wie des Menschlichen (129).

Auf die für diese Erziehung notwendige gemeinschaftliche Moral wurde bereits hingewiesen. Grundsätzlich vertritt Nohl zwar im Zweifelsfall eine Art moralisches Heldentum, ist sich aber der Wechselwirkung von Erziehung und Gemeinschaft bewusst: Resümierend stellt er einerseits fest, die Bildung der Gemeinschaft präge die des Individuums, andererseits müsse Pädagogik aber auch das Individuum zur höheren Gemeinschaft führen (146). Trotzdem konstatiert er für seinen Entwurf diesbezüglich Grenzen:

> »Individualethik und Universalethik enden in Kollisionen, die die Sicherheit der Sittlichkeit als des absoluten Gehalts unsres Lebens fragwürdig machen.« (148)

Dabei gehe es nicht nur um einen außerhalb des Sittlichen sich vollziehenden Weltenlauf, sondern auch um eigenes Versagen. Angesichts dieser »Grenze der Humanität« (148) bringt Nohl die religiöse Dimension der Erlösung ins Spiel. Trotzdem solle und müsse man an den von ihm skizzierten ethischen Grunderfahrungen festhalten, ohne die ein ›höheres‹ (also über den Hedonismus/Utilitarismus hinausgehendes) Leben nicht möglich sei (151).

In Summe finden sich in Nohls Schrift klassisch neuhumanistische Gedanken deutscher Pädagogik. Man kann ihn hinsichtlich der Glücksthematik als Brückenkopf lesen, über den Utilitarismus- und Hedonismuskritik aufgrund des großen Einfluss Nohls und seiner Schule bis weit in die zweite Hälfte des zwanzigsten Jahrhunderts getragen wird. Das gilt auch für die enge Verzahnung der Strebens- mit der Sollensethik, sodass von individuellen Glücksvorstellungen und -praktiken nicht die Rede ist. Berücksichtigen muss man auch die Entstehungszeit, die Erstauflage resultiert von 1939. Da mutet es verwunderlich an, dass für den deutschen Nationalsozialismus der englische Utilitarismus verantwortlich sein soll bzw. keine Selbstreflexion erfolgt, ob auch die Tradition der Aufklärung mit ihrer heilsgeschichtlichen, auch die Gemeinschaft perfektionierenden Perspektive zumindest formal zu kollektiven Versprechungen jedweder Art passt, zumal Nohl diesbezüglich ja selbst zu Beginn nicht ganz frei von Sympathie war. Aus heutiger Sicht auch irritieren Nohls geschlechtliche Zuschreibungen. Verständlich hingegen ist, dass man an der Gegenwart verzweifeln kann und Trost in vermeintlich unabhängigen ›Werten‹ zu finden sucht, auch im Erlösungsgedanken, v. a. aber auch in der Stoa.

2.3.4 Grundphänomene menschlichen Daseins – Fink

Obwohl Eugen Fink (1905–1975) in seiner 1955 verfassten Schrift ›Grundphänomene des menschlichen Daseins‹ (Fink 1995) weder im Titel vom Glück spricht noch eines der Phänomene Glück ist, durchzieht das Thema die Arbeit inhaltlich. Zudem zeigen die von ihm ausgemachten Phänomene Tod, Arbeit, Kampf, Spiel und Liebe schon mit einem Blick Parallelen zu zentralen Glücks-/Lebenskunstthemen. Fink nennt das Glück denn auch als Unterthema aller Daseins-Interpretationen:

> »Alle streben wir unablässig nach Glückseligkeit, sind uns jedoch keineswegs einig in dem, was sie eigentlich sei.« (361; auch 284)

So durchzieht das Glück eher seine Erörterungen, als dass es im Zentrum steht. Das liegt v. a. daran, dass seine Arbeit nicht der Frage nach dem Glück nachgeht, sondern der nach der Selbst-Interpretation des Menschen. Ausgangspunkt ist seine existenzialphilosophische Analyse des Menschen, aus der er dann die genannten Phänomene ableitet. Allerdings will er keine zeitenthobenen Aussagen über eine vermeintlich objektivierbare Existenz treffen. Ihm geht es um eine ›denkende Ausarbeitung des rein menschlichen Existenzverständnisses‹ (54), begründet in der Kontingenz unserer (Selbst-)Erkenntnis:

> »Wie können nicht über uns selber spekulieren, freischwebend im luftleeren Raum; wir müssen selber sein als Spekulierende, und diese Seinsvoraussetzung ist unaufhebbar.« (26)

Man könnte formulieren: Im Existieren erfährt der Mensch seine eigene Existenz und verhält sich schon zu ihr:

> »Zum Wesen dieses Daseins gehört die Selbstauslegung, es ist immer durch sich selbst interpretiert.« (35)

Das impliziert einige Folgerungen: Zum einen die Polarität von Vertrautheit und Fremdheit mit sich selbst. Der Mensch sei Experte in eigener Sache, weil das Dasein des Menschen nur im Menschen erlebt werde (35); andererseits eine bleibende, bisweilen auch erschreckende Fremdheit (36), weil der Mensch sich selbst in seinem Dasein immer ein Rätsel bleibe. Die nächste Folgerung betrifft die Voraussetzungshaftigkeit dieser Interpretationen: Sie vollziehe sich in und als soziale(r) Praxis

(41) vor dem Hintergrund bestehender Moralen und vielfältiger kulturell und zeitbedingt unterschiedlicher Interpretationen (21), durch die wir uns immer schon vertraut seien (81). Interpretationen hätten aber immer auch den praktischen Charakter der aus der Rätselhaftigkeit resultierenden Frage, wie man leben solle (52), die allerdings erst dann vollends zum Tragen komme, wenn man es wage, überlieferte Überzeugungen beiseitezulegen und eigene Überlegungen anzustellen (53 f; 91). Interpretationen resultierten aus der Selbstwahrnehmung des Menschen als eines zeitoffenen und leiblich beweglichen Wesens, was zur nächsten Folgerung, den Kategorien des Hier und Jetzt führt:

> »In der Dimension des Jetzt und in der Dimension von Hier und Dort haben wir beidemale die Struktur des erlebenden Ichs und seine daseinsmäßige Beziehung zu mitdaseienden Mitmenschen. Das bedeutet aber, daß das vergemeinschaftete Menschsein als solches ein umfangendes ›Hier‹ und ›Jetzt‹ hat.« (61)

Aus alldem resultiere weiterhin die Mannigfaltigkeit der Interpretationen (75), was Fink im Begriff des ›Je‹ als Jemeiniges, Jeunseriges, Jeweiliges u. ä fasst (69). Es kennzeichnet eine durch die Besonderheit gegebene Unbestimmtheit sowie deren Auswahlcharakter (76 f). Näher ist das Jeweilige gekennzeichnet durch

> »(...) das Zufällige und Exemplarische (...), dann das jeweilige als ›Hier‹ und ›Jetzt‹ – und schließlich als das ›Ich‹, das jeweils mein, dein, sein Ich ist.« (83)

Da es sich bei den Selbstinterpretationen nicht um solche der erlebten, sondern der erlebenden Zeit handele (92), müssten sie immer wieder neu vorgenommen werden:

> »Philosophieren ist echt und ursprünglich nur aus der Situation heraus möglich. Wir selber müssen die alten, ewigen Fragen neu fragen, nicht in farblosen Wiederholungen, wir müssen unsere Lebenskunst daran setzen, um die Schatten der Vergangenheit zu beschwören und als Probleme zu erfahren, die uns angehen.« (85).

Bei aller Verwobenheit in Traditionen und Alltagspraktiken geht Fink allerdings doch davon aus, dass eine Distanz zu ihnen hergestellt werden könne (91). Diese Distanz ergebe aber keine höhere Qualität im Sinne einer Originalität der Reflexion. Der einzige ›Vorrang‹ sei der des aktuellen Vollzugs (92). Es handelt sich bei Fink also nicht um einen Aufruf zu origineller Selbstinterpretation und Lebensführung (er lehnt ein Denken über den Menschen in Polarität kollektive = schlechte und individuell = gute Lebensführung ab, 104). Fink möchte vielmehr die Selbstauslegung als Konsequenz unseres fraglichen Daseins verstanden wissen, was in der Deutung wohl weniger einer Einladung, sondern einer unverzichtbaren Aufgabe gleichkommt:

> »Wir werden an uns selbst verwiesen, an unser eigenes Lebensverständnis- Aber wir werden *je* an uns selbst verwiesen. Das heißt, jeder an das seine.« (95 f, Herv. im Orig.)

Als Ergebnis seiner ›Selbstauslegung‹ des Menschen nennt Fink dann die o. g. Phänomene Tod, Arbeit, Kampf, Spiel und Liebe und betont, es gebe unter ihnen keine Rangfolge. Es scheint aber doch nicht zufällig, dass er die folgende Darlegung gerade mit der Sterblichkeit beginnt, denn wenn den Menschen die Aufgabe des interpretierenden Gewahrseins seines Daseins und seiner Fraglichkeit auszeichnet, dann doch deshalb, weil der Fraglichkeit zumindest hinsichtlich dessen, was zu tun sei, angesichts des sicheren Todes eine gewisse Dringlichkeit bzw. Notwendigkeit innewohnt. So konstatiert Fink, der Gegensatz des erlebenden Lebens sei der Tod, aber erst der gebe dem Leben »seine Innigkeit« (63). Blickt man dann auf die Inhalte dessen, was mit »Jemeinigkeit« zusammenhängt, werden Themen der durch Begrenzung notwendigen Lebenskunst deutlich: »Entscheidungen, Entschlüsse, Taten der Selbstverwirklichung«, aber auch »Selbstinterpretation« (98 f).

Insofern wundert es nicht, wenn er vom »Vorrang des Todeswissens im Ganzen der menschlichen Existenz« (132) spricht und davon, »Todesdeutung« sei »ein fundamentaler Zug jeder Sozietät überhaupt.« (130).

Den Tod unterscheidet nach Fink von den anderen genannten Phänomenen, dass er strenggenommen kein solches sei, weil man ihn nicht erfahren könne. Allerdings sei er wesentlich für die Selbstauslegung des Menschen: Der Mensch erfahre sich in ihm individuell durch den je eigenen Tod, aber auch kollektiv als Wesen, dem seiner Welt der Erscheinung eine Welt des Nichts, der Unterschiedslosigkeit entgegenstehe (186), was ihn zutiefst beunruhige und seine Phantasie anrege in Mythen u. Ä., um mit diesem Nichts umgehen zu können (189). Hier situiert Fink auch die Suche nach dem größten Glück als solchem, das den Tod überwindet (200). Aus der Reflexion des Wissens um den eigenen, wie kollektiven Tod entspringt für Fink die »Geschichtlichkeit« des Menschen, der Inhalt der Geschichte sei dann Arbeit, Spiel und Kampf (207).

Arbeit ist für Fink gekennzeichnet durch die Ambivalenz von Freiheit und Notwendigkeiten qua Naturgebundenheit (211). Fink vermeidet hier eine Wertigkeit beider Bereiche dezidiert gegen die Tradition der »Abwertung des Sinnlichen« (211) und sieht schon in der Ebene der direkten Bedürfnisbefriedigung geistige Nöte ebenfalls befriedigt (213 f). So sei Nahrung mehr »als ein Stoffwechselgeschehen« und Arbeit eben auch nicht ausschließlich als Broterwerb zu verstehen (215).

Fink gewinnt in Auseinandersetzung v. a. mit Hegel und Marx einen sehr weiten Begriff von Arbeit. Sie ist für ihn »(...) der menschliche Bezug zum Nicht menschlich-Seienden.« (305) Nicht als Gestaltung, sondern als

> »(...) Gestaltung unseres Verhältnisses zu den Dingen. Das *Erstgeformte* aller Arbeit ist der menschliche *Naturbezug.*« (306, Herv. im Orig.)

Fink rekurriert hier auf den Gedanken der Weltoffenheit des Menschen durch fehlende Instinktgebundenheit, sodass er nicht in seinen ihm von der Natur vorgegebenen Weltbezügen bleiben müsse, wodurch Arbeit als Weltbezug für Fink ›Äußerung‹ seiner Geschichtlichkeit ist (308). In Bezug auf den Menschen sei ›Natur‹ nicht im engeren Sinne zu verstehen, sondern impliziere den Menschen als Teil von ihr, weswegen Arbeit sich nicht notwendig auf Gegenstände beziehen müsse. Zudem sei Arbeit immer eine soziale Tätigkeit. Der Begriff der Herrschaft ist bei Fink mit der Arbeit zweifach verbunden: Der Mensch als soziales Wesen bilde Herrschaftsformen; weil Arbeit durch Sozialformen geprägt sei, enthalte sie eben diese. Andererseits setze Arbeit Energien frei und erschließe sie, weswegen man von der Herrschaft über die Natur spreche (309 f).

Herrschaft möchte Fink außermoralisch verstehen als »Ordnungsgefüge« (312). In dieser Funktion und der Eindämmung ungezügelter Gewalt sei sie ein Segen, ein Fluch als Hierarchiebildung und Gehorsamserzwingungen, dadurch trennendes

Element in der Gemeinschaft (314). Fink nennt verschiedene Möglichkeiten der Beeinflussung von Menschen, letztlich sieht er die Basis von Macht aber in der Sterblichkeit des Menschen begründet:

> »Die einzige entscheidende Gewalt eines Menschen über den Mitmenschen ist die *Todesdrohung.* Macht entspringt zutiefst aus der Bereitschaft, zu *töten.*« (316, Herv. im Orig.)

Fink zeigt sich hier überaus nüchtern bei der Betrachtung menschlicher Sozialformen: Macht neige zu Erhalt durch Frieden, letzterer bedeute aber keineswegs eine Abschaffung des Krieges, vielmehr nennt er Frieden einen ›stabilisierten Krieg‹ (315). In diesem Kontext ist auch die Aufforderung zu verstehen, sich von Idealisierungen des Menschen zu verabschieden:

> »Wir müssen langsam lernen, die Frage zu stellen und durchzuhalten, ob der Grundriß unserer Existenz so ausschließlich angelegt ist auf die Personalität, Individualität, Vernünftigkeit und Freiheit, so in der Selbstheit und Selbständigkeit und Vereinzelung sich ausprägt, wie es die Tradition von fünfundzwanzig Jahrhunderten behauptet. Vielleicht müssen wir aufhören damit, unser Selbstverständnis gewinnen zu wollen aus den bewußten Abständen zum Tier und zum Gott – müssen uns aus der ekstatischen Weltoffenheit, aus unseren Entsprechungen zu ›Himmel‹ und ›Erde‹ begreifen und aus dem dunkleren Bezug zum Totenland.« (323)

Seine Analyse speist sich stattdessen aus dem Vollzug des Lebens. Er nennt dies eine ›panische‹ Perspektive, wobei mit ›pan‹ der »Grundstrom des menschlichen Seins« (324) verstanden wird, das Entstehen, Aufblühen und Vergehen des individuellen Lebens:

> »Unser Leben läuft, wie Phöbus am Firmament, eine steigende und fallende Bahn.« (325)

Aus dieser Perspektive geht seine Analyse des Daseins über zur Betrachtung der das Leben hervorbringenden Geschlechtlichkeit:

> »Das Dasein des menschlichen Individuums ist eingebettet in die elementaren Vorgänge des geschlechtlichen Lebens. (…) Der Einzelne hat sein Leben nicht von sich selber, er kann sich nicht hervorbringen oder durch einen Willensakt setzen.« (327)

Daher ist für Fink der ›Eros‹ ein weiteres Grundphänomen (328), das er als ›Lebensfeuer‹ bezeichnet (329); die »Geschlechtsliebe« sei »Muttergrund aller anderen Formen mitmenschlicher Sympathiegefühle« (337), als solche Stiftung ursprünglicher Gemeinschaft (340). Analog seinem Bild vom Werden und Vergehen des Lebens sieht er die geschlechtliche Liebe im mittleren Alter im Zenit (343). Fink sieht in der geschlechtlichen Liebe nicht vorrangig einen Ausdruck freier Wahl, vielmehr wohne dem Eros die »Trunkenheit eines heiligen Wahnsinns« (342) inne, die letztlich auf Kinderliebe ziele, wohinter wiederum die Sehnsucht des Lebens nach Ewigkeit stehe: Es gehe um die »Unzerstörbarkeit des menschlichen Lebens«, was im ekstatischen Liebesakt fühlbar sei (346). Deswegen seien Tod und Liebe miteinander verbunden als Vergegenwärtigung einerseits der individuellen Endlichkeit, andererseits der Bezogenheit auf den Urgrund des Lebens (349).

Schließlich behandelt Fink das Spiel. Seine Erörterungen beginnen allerdings mit der Vernunft. Aus ihrer Charakterisierung als notwendig endlich begrenzt gewinnt er dann die Pointe des Spiels. Die Endlichkeit könne und dürfe nicht negativ gedeutet werden, sie sei Grundkonstitution; insofern sei der Versuch abendländischer

Metaphysik falsch, quasi an Gottes Stelle das Dasein betrachten zu wollen (354f). Andererseits würden solche Denkfiguren immer wieder vorgenommen, was nicht auf ein rationales Vermögen verweise, sondern schlicht auf die Fähigkeiten der Phantasie. Und diese sei v. a. im Spiel vorhanden (356), weil es nicht Alltagsrealität sei (359), sondern eine »(...) Grundweise eines menschlichen Umgangs mit dem Möglichen und Wirklichen.« (360). In seinem zwecklosen mit sich selbst beschäftigt Sein (361) unterscheide es sich von anderen Tätigkeiten des Menschen. Diese seien hingeordnet auf die Glückseligkeit (361), aber gerade dadurch, dass, bzw. je mehr das Spiel keine solche Ziele verfolgt, entstehe in ihm »das kleine, aber in sich runde Glück.« (362). Fink verteidigt hier die Nutzlosigkeit des Spiels gerade auch gegen pädagogische Einengung auf die Kindheit und Verzweckung (363f). Das Spiel als solches bewirke Lust, und zwar nicht nur im, sondern am Vollzug (364). Insofern diene das Spiel auch nicht der Selbstsorge wie Arbeit und Herrschaft (373). Letztere seien zukunfts-, das Spiel aber gegenwartsorientiert (373f) und insofern deutet Fink das Spiel offensichtlich als ›nutzlosen‹ Selbstvollzug des Daseins jenseits jeder Zielorientierung. Und als solcher zeigt sich dem Menschen im Spiel sein Dasein in reinster Form. Daher ist das Spiel für Fink

> »(...) Selbstvergegenwärtigung des Daseins. Das Spiel läßt Sinn erscheinen. Das gilt gleichermaßen für das als harmlos geltende Kinderspiel wie für die Tragödie.« (420)

Fink spricht in diesem Kontext auch von ›entlastender Befreiung‹ und »Erlösung« (ebd.). Man kann sagen: Im Spiel vergegenwärtigt sich der Mensch seiner Existenz. Indem er sich an sich freut, bejaht er sie. Somit liegt sein Sinn im Selbstvollzug.

Bewertend könnte man jetzt fragen, ob bei Fink dem Spiel in Glückssachen eine herausgehobene Bedeutung zukommt. Andererseits spricht er (ganz aristotelisch) auch im Kontext von Arbeit von Glück, und die fesselnde ›wahnsinnige‹ Macht in erotischer Ekstase wird man auch nicht anders als mit Glück bezeichnen können. Andererseits, und das lässt dann doch dem Spiel bei Fink in Glückssachen eine besondere Bedeutung zukommen, spricht er vom ›kleinen‹, aber ›runden‹ Glück im Spiel. Die Tragweite wird aber erst im Kontext deutlich: Die Eingangsüberlegungen zur Vernunft kritisieren das zum Scheitern verurteilte Ausgreifen nach einem Absoluten. Analog dazu kritisiert Fink vor der Aussage vom kleinen Glück im Spiel ein Ausgreifen nach dem Glück:

> »Das Spiel ist nicht umwillen einer künftigen Glückseligkeit, es ist in sich schon ›Glück‹, es ist dem allgemeinen ›Futurismus‹ entzogen, beglückende Gegenwart, absichtslose Erfüllung. (...) Es gehört zu den tiefsinnigen Paradoxien unserer Existenz, daß wir in der lebenslangen Jagd nach der Glückseligkeit sie niemals als Besitz erlangen und in vollem Sinne niemand vor seinem Tod glücklich zu preisen ist – daß wir aber, wenn wir jenes Streben zeitweilig aussetzen, unversehens ankommen in einer ›Oase‹ des Glücks.« (362)

Und diesbezüglich muss man tatsächlich die Bedeutung des Spiels für das Glück hervorheben. Fink greift hier zurück auf den antiken Gedanken des sich bei Absichtsfreiheit zufällig einstellenden Glücks, welches in endlicher Existenz nicht anders als ›klein‹ sein könne.

Mit Fink kommt man also über das Spiel zum pyrrhonischen Gedanken vom Glück, das sich einstellt, wenn man es nicht mehr sucht. Weiter: Mit Fink kann und sollte man Reflexionen über existenzielle Lebensvollzüge mit der Glücksthematik verbinden und vice versa. Dann kommt man mit Fink zum Spiel als ›Oase des Glücks‹. Das ist schon viel.

Vor dem Hintergrund dieser Überlegungen ist dann auch Finks Arbeit ›Erziehungswissenschaft und Lebenslehre‹ (Fink 1970) entwickelt. Letztlich wird darin den o. g. Phänomenen noch ein weiteres hinzugefügt: Das ›Zeigen‹ als grundmenschliche Geste der Einführung in, aber v. a. auch Verständigung über die Welt. Vor dem Hintergrund seiner grundsätzlichen Überlegungen relativeren sich für Fink pädagogische Zielkategorien. Zwar war und sei Erziehung immer auch eine Einführung in bestimmte soziale Rollen/Funktionen (ebd., 26). Allerdings habe man grundsätzlich Pädagogik begründet mit überzeitlichen Werten. Da es solche nicht gebe (bzw. den Anschein solcher heute nicht mehr geben könne), werde der Blick frei auf Pädagogik als Ort der je aktuellen Vergewisserung über die eigene Existenz. Aufgrund der Unhintergehbarkeit der Deutung der eigenen Existenz im Existieren selbst, sei jedes Individuum mit sich selbst am vertrautesten, weswegen ›jeder etwas vom Leben versteht‹ bzw. ›Lebensverstehen‹ zum Menschenlebe gehöre, sodass gelte: »Jeder versteht im Ungefähren unser Leben, keiner versteht es ganz.« (211) Erziehung könne somit nicht als Sinnvermittlung, sondern nur als Produktion von Sinn im Rahmen einer gemeinsamen Gegenwartsverständigung verstanden werden, die Fink Beratung nennt (211).

> »Erziehung (in unserer Zeit) ist Gemeinschaftshandlung einer Sinn-Produktion im Wechselbezug zweier Lebensalter und zwar in einer Lage, die nicht mehr durch eine heile Tradition, nicht mehr durch ein intaktes Kulturgehäuse gegen die tiefe Fragwürdigkeit von Welt und Leben abgeschirmt ist.« (214)

An anderer Stelle nennt er Sinnproduktion das »wahre Element aller Menschenerziehung« (217). Entsprechend ist das klassische Hierarchische im erzieherischen Verhältnis bei Fink auch nur sehr vorsichtig genannt, da es eine stellvertretende Deutung des kindlichen Weltbezugs durch den Erwachsenen nicht geben könne. Andererseits unterschlägt er die Schutzbedürftigkeit des Kindes nicht, deutet sie aber als unterschiedliche Entwicklungsstufen einer grundsätzlich gleichen Freiheit (wobei die Freiheit, wie o. g., letztlich in der Notwendigkeit besteht, sich je neu zu sich selbst verhalten zu müssen bzw. zu können; Fink rekurriert hier auf den Gedanken der durch Instinktfreiheit gegebenen prinzipiellen Weltoffenheit des Menschen). Notwendigkeit für diese Art Erziehung sei von Seiten des Erziehers ein unbedingtes Sich-Einlassen auf die Fragwürdigkeit der Welt insgesamt und der eines jeden Kindes.

> »Wenn das Fragen und Denken des erwachsenen Erziehers dem Staunen des Kindes nahebleibt, sich nicht weniger aussetzt, als es dabei von der reinen Einfalt eines unendlichen Zutrauens sich gestimmt weiß, dann kann es zwischen den Partnern des Erziehungsgeschäftes zu einer gemeinschaftlichen Sinn-Gebung kommen, können plötzlich neue Möglichkeiten des Existierens und Handelns aufleuchten und eine kollektive Praxis begründen.« (214)

Seinen Beratungsbegriff grenzt Fink ausdrücklich gegen den einer Expertenberatung ab, erst recht in Sachen Lebensführung. Und hier nun wird es für eine pädagogische Bearbeitung der Glücksthematik sehr interessant: Bei Fink verschränkt sich die Position existenzieller Unwissenheit und solcher gegenüber der erlebten Existenz jedes Anderen zu einer Skepsis in Glückssachen. Zunächst zum Grundsätzlichen:

> »Unser eigenes Wissen bleibt Stückwerk, eine trübe Helle zwischen großen Finsternissen, – unsere Taten haben wohl Beweggründe, wir arbeiten, kämpfen, lieben, forschen und denken um der Eudaimonie willen; wir sind angetrieben von einer Vorstellung des ›Glücks‹, wenn wir Lust, Nutzen, Freude, Ehre, Wahrheit in unseren Beschäftigungen suchen; jedoch sind wir – von uns aus – nicht eindeutig dessen gewiß, was denn die echte, wahrhaftige Glückseligkeit für uns Menschen sei. (...) Wir suchen das Wahre, aber finden es nicht ganz, suchen das Glück und sind seiner nicht sicher, sind bestürzt über das Ausmaß von Leid, das mehr noch als Wolkenwasser ›herabregnet über Gerechte und Ungerechte.‹« (95)

Sodann hinsichtlich des jeweils eigenen Lebens. Fink greift hier auf das antike Motiv des weisen Alten zurück, um es stark zu relativieren: Zwar könne man Lebenserfahrung sammeln und anderen mitteilen. Dabei könne es aber nie um den Einzelfall und das jeweils individuell zu Tuende gehen, sondern immer nur um die Schilderungen von Exemplarischem, Typischem. Zu diesen Schilderungen gehöre auch die Erkenntnis von der »(...) Nichtmitteilbarkeit der wesentlichen Erfahrungen.« (211), was übersetzt heißt: Vieles kann ein Mensch nur für sich selbst entdecken. Mehr noch: Es handele sich nicht um echte Beratung, denn nur in ihr gebe es die potenzielle Offenheit und damit Notwendigkeit, sich gemeinsam neue Handlungsoptionen zu erschließen. Für die weisen Alten gelte:

> »Sofern sie aus solcher resignierten Altersweisheit sprechen und einen konkreten Fall zu einer zyklischen Wiederkehr der menschlich-allzumenschlichen Schwierigkeiten subsumieren, raten sie zwar als Wissende dem Unwissenden, als Gereifte, Leidgeprüfte den törichten Glücksgläubigen, als die ›Zuschauer‹ des Lebens den ›Tätern‹, doch bilden sie nicht in ursprünglicher Schöpfungskraft neue Werke der menschlichen Freiheit.« (211 f)

Zudem und grundlegend erfahre die ältere Generation nicht die gelebte Unmittelbarkeit des Lebens der jüngeren – sie sehen die Lebensphase, aber nicht der Erlebte (215). Zwar gehöre der »Wechselanblick der Lebensalter« (215) zu jeder Erziehung, doch einerseits habe man heute die Gewissheit über den Sinn des Lebens verloren, andererseits betrachte die Erwachsenengeneration das Leben immer unter den bewussten und/oder erlebten Gefährdungen, von denen das Kind noch nichts wisse. Daher sei man immer geneigt, das Kind auf das Leben vorzubereiten, wo doch Erziehung nicht nur zur Vorbereitung auf die Erwachsenwelt diene, sondern auch

> »(...) zum rechten und glücklichen Kindsein. Die pädagogische Verfassung ist keineswegs nur ein Endprodukt, das am Ende des Erziehungsweges herausspringt in einer mehr oder weniger unvollkommenen Form, – der Weg ist selbst Teil des Zieles.« (215 f)

Man könnte sagen, Erwachsene sehen im Kind die Lebensphase mit ihren Typiken und vor dem Hintergrund eigener Erfahrungen. Darüber hinaus aber immer auch mit blinden Augen hinsichtlich eines existenziellen Sinns. Kinder sähen zunächst nur ihre eigene Unwissenheit; erst im Laufe des Heranwachsens bemerkten sie die konstitutionelle Unwissenheit der vermeintlich wissenden Erwachsenen:

> »Das Kind steht gewissermaßen noch im ersten Stadium des Lebensweges, geht mit Erwartung seinem künftigen Großsein entgegen – und oft scheint ihm das Leben nur fremd und unbegreiflich, weil es sich klein weiß; es vermutet bei den Erwachsenen, bei den Eltern und Lehrern das ›Wissen‹, das ihm noch fehlt; es sieht die vorgebliche Sicherheit und den

gekonnten Umgang der ›großen Leute‹, – es bewundert deren Können und versucht, sie nachzuahmen. Und je mehr es heranwächst, um so mehr schwindet der frühere Nimbus seiner Vorbilder, wird brüchig und löst sich zusehends auf.« (179)

Man kann also in Glückssachen pädagogisch nicht viel mehr tun als zu versuchen, Kindern eine glückliche Kindheit zu ermöglichen, sich mit Ratschlägen zurückzuhalten und dort, wo gewünscht, sich mit dem jeweiligen Gegenüber auf einen gemeinsamen Suchprozess nach Interpretations- und Handlungsmöglichkeiten zu begeben.

2.3.5 Glücksgefühle im Kontext existenzieller Stimmungen – Bollnow

Wie bereits o. g. (▶ Kap. 2.3.1), stellt die Arbeit ›Das Wesen der Stimmungen‹ (Bollnow 2009a) von Otto Friedrich Bollnow (1903–1991) eine Antwort auf Heideggers Existenzphilosophie dar.

Eine detailliertere Darstellung von Heideggers Gedanken und Bollnows Gegenargumenten würde hier den Gedankengang und Rahmen sprengen. Bollnow (2009a) bezieht sich v. a. auf Heideggers ›Sein und Zeit‹. Seine Grundkritik legt er an einer Stelle dar (47–59), in Kürze lautet sie: Durch Kierkegaard sei der Begriff der Angst als elementare Stimmung in die Philosophie eingeführt, durch Heidegger weiter entfaltet worden (47 f). Im Kern bezeichne er bei Heidegger das existenzielle Grundgefühl des Menschen. Es überkomme ihn immer wieder augenblickshaft, erzeuge eine Distanz zur Welt und zeige dem Menschen seine Geworfenheit in eine ihm letztlich unerklärliche und unheimliche Welt. Der Mensch fühle sich darin sowohl ängstlich als auch existenziell einsam. Gleichzeitig könne er darin auch die Möglichkeit der Freiheit erfassen, diese Welt (offfensichtlich in ihrer Kontingenz) in Tätigkeit zu gestalten (53 f), woraus eine Haltung der Sorge entstehe. Bollnow kritisiert diese Position in mehrerlei Hinsicht: Heidegger habe sich ausschließlich der Angst gewidmet und ihr so eine exklusive existenzielle Bedeutung zugemessen, anstatt sie als ein Phänomen neben anderen zu betrachten und ihre parzielle (positive wie negative) Bedeutung zu diskutieren. In Folge seien von der Existenzphilosophie auch nur gedrückte Stimmungen thematisiert worden (55). Bollnow hält dies für eine einseitig negative Anthropologie (56 f). Unterschlagen werde z. B. die durch Gemeinschaft mögliche Stimmung existenzieller Geborgenheit mit ihren Ressourcen für das Individuum (57), ebenso fröhliche Stimmungen. Letztlich erfasse Heidegger weite lebenswichtige Bereiche des Menschen, auch durchs Leben tragende dauerhaft positive Grundhaltungen (57). Gleichzeitig möchte Bollnow Heideggers Betonung der ›Sorge‹ relativieren. Heidegger reduziere die theoretische wie praktische Ausrichtung des Menschen auf zwei Dinge: Eine zu treffende existenzielle Entscheidung angesichts wahrgenommener Angst einerseits, eine zu erledigende praktische Tätigkeit andererseits:

»Es fehlt dazwischen die ganze Welt, die man am ehesten mit dem Begriff der Kultur bezeichnet. Und es ist die Frage, ob sich nicht in dieser Enge eine einseitige Bezogenheit der Erkenntnis auf die Angst auswirkt, ob es nicht andere Formen der Erkenntnis gibt, die die Dinge, vor allem die Gegenstände des pflanzlichen und tierischen Lebens und die Werke der

Kunst, von ihrer eigenen Mitte her sehen. Und es könnte sein, daß zu diesem Eindringen in den inneren Wesenskern andrer Dinge und Wesen eine andre stimmungsmäßige Bereitschaft notwendig ist, als sie sich vom Boden der Angst her gewinnen läßt, nämlich eine glücklich in sich selbst ruhende Gelassenheit, die, weil sie in sich selbst sicher ist, auch die Ruhe hat, andre Dinge von ihrer eignen Mitte her aufzunehmen.« (59)

Für eine an dieser Stelle nicht weiter zu führende Diskussion sei exemplarisch auf entsprechende Passagen bei Heidegger (2001, 188–192) zur »Angst als Grundbefindlichkeit« (189) verwiesen.

Gegen diese zentrale Positionierung der Angst nennt Bollnow positive Gefühle als gleichermaßen existenziell bedeutsam und lebensnotwendig für den Menschen. Im Vergleich zu heutigen Inhalten positiver Psychologie findet man bei Bollnow erstaunlich aktuelle Positionen zur Reflexion des Glücks. Darüber hinaus nahm Bollnow eine Neuinterpretation der sog. ›bürgerlichen‹ Tugenden in existenzphilosophischer Sicht vor.

Stellenwert anthropologischer Aussagen

Bollnow leitet seine 1941 und 1943 erstmals veröffentlichte Arbeit über die Stimmungen mit einer wissenschaftstheoretischen Positionierung ein, in der er einerseits die Historizität und kulturelle Bedingtheit philosophisch-anthropologischer Aussagen betont, andererseits aber von bestimmten menschlichen Grundgegebenheiten ausgeht, die sich quasi in zeitlichem Gewand immer wieder zeigten. Aus ihrer zeitbedingten Thematisierung resultiere eine nicht zu behebende ›Unbestimmtheit‹ philosophischer Anthropologie (Bollnow 2009a, 13). Während Heidegger aus einer einzelnen Lebensäußerung, der Angst, grundsätzliche Aussagen über den Menschen ableite, müsste die Vielfalt des Daseins analysiert werden, was zu vielfältigeren Inhalten philosophischer Anthropologie führe (16f).

Verlust an Vernunftglauben – Hinwendung zu Stimmungen

Die Tatsache, dass man sich überhaupt wieder stärker mit emotionalen Aspekten des Menschseins beschäftige, resultiere aus dem

> »(...) Zusammenbruch des Glaubens an die Vernunft als den entscheidenden Wesenskern des Menschen (...).« (21),

was das Denken nun neu auf die Tiefenstruktur menschlichen Erlebens ausrichte. Dies seien Stimmungen. Sie stellten sich (unter Bezug auf Scheler) als

> »(...) die einfachste und ursprünglichste Form dar, in der das menschliche Leben seiner selbst – und zwar schon immer in einer bestimmt gefärbten Weise, mit einer bestimmt gearteten Wertung und Stellungnahme – inne wird.« (21)

Anders als sog. leibliche Primärbedürfnisse/-strebungen wie Hunger, Durst, Müdigkeit, handele es sich bei Stimmungen um eine »Grundverfassung des menschlichen Daseins« (ebd.), die als solche die anderen Regungen beeinflussten (ebd.) und mit Heidegger als »›Grundbefindlichkeiten‹« bezeichnet werden könnten (ebd.).

Anders als Gefühle sind Stimmungen nach Bollnow objektunabhängig und dauerhafter:

> »Sie sind Zuständlichkeiten, Färbungen des gesamten menschlichen Daseins, in denen das Ich seiner selbst in einer bestimmten Weise unmittelbar inne wird, die aber nicht auf etwas außer ihnen Liegendes hinausverweisen.« (22)

Die Besonderheit des Status der Gestimmtheit liege in einer Art fehlender Distanz – der sich in einer Stimmung Befindende nehme sich und die Welt in einer durch die Stimmung geprägten Einheit und Sichtweise wahr (25–28). Eine Einheit bildeten auch Leib und Seele (28 f). Bollnow betont die Wechselbeziehungen zwischen beiden anhand des körperlichen und geistigen Wohlbefindens. Beispielhaft nennt er

> »(...) die Stimmungen der Fröhlichkeit und Traurigkeit, der Lustigkeit und Ausgelassenheit wie der Niedergeschlagenheit und dumpfen Benommenheit, der ruhigen Entspanntheit wie der angespannten Angst und Besorgtheit.« (21)

Im Folgenden werden die Stimmungen systematisiert:

Gehobene Stimmungen

Eine erste Unterteilung der Stimmungen erfolgt bei ihm durch die Pole ›fröhlich – traurig‹ bzw. seiner Meinung nach exakter ›gehoben – gedrückt‹ (30). Weiter unterteilt er die gehobenen Stimmungen und nennt zunächst »Albernheit und Ausgelassenheit«, die er als »vorwiegend jugendliche Lebensform« (ebd.) kennzeichnet. Als weitere Gruppe nennt er »Lustigkeit, Fröhlichkeit und Heiterkeit« (30), die dem Menschen als Geschenk gegeben seien, als »(...) Zeichen seines vitalen Wohlbefindens.«. Ihr Ausdruck sei das »befreite Lachen« (31).

Stimmung des Glücks

Als eigene Gruppen von Stimmungen werden dann die »verschiedenen Formen des Glücks« (31) genannt. Bollnow nennt die Unterscheidung zwischen dem Zufall und der inneren Gestimmtheit (fortuna – felicitas), bleibt aber beim deutschen Begriff des Glücks aufgrund seiner Kombination aus beidem:

> »Wir unterscheiden das Glück von den bisher genannten Stimmungen der Fröhlichkeit, Lustigkeit usw. dadurch, daß diese sich vom rein vitalen Dasein her im Menschen ausbreiten und in ihm herrschen können, ohne daß es ihm besonders zum Bewußtsein kommt. Das Glück dagegen entspringt der Auseinandersetzung mit den Lebensumständen. Es ist darum wesentlich empfundenes Glück, Glück nicht nur als Gehobenheit des eigenen inneren Zustands, sondern zugleich als Befriedigung über die äußeren Lebensumstände und darum von diesen abhängig.« (ebd.)

Auch das Glück unterteilt er vorläufig in solches, das aus einem Arrangement mit den Lebensumständen als ›kleines Glück‹ (ebd.) sich einstelle; das »Glück des satten Behagens« (ebd.) als eines Zufriedenseins mit dem Erreichten ohne weitere Ambitionen; des Weiteren ein ›großes Glück‹, welches er auch als gewaltsam kennzeichnet, da es mit großer Anstrengung und großem Wagnis erreicht werde, sowie ein ›gläsernes Glück‹ als ästhetisch schöner Augenblick bei gleichzeitigem Bewusstsein seiner Vergänglichkeit; schließlich noch die »Seligkeit«, die Bollnow inhaltlich umreißt wie die Antike den Weisen als stille Heiterkeit einer unerschütterlichen »Befriedigung« (ebd.).

Traurige Stimmungen

Nach den gehobenen werden dann ihr Pendant, die »traurigen« bzw. »gedrückten« Stimmungen erläutert (32f). Als solche nennt er »Niedergeschlagenheit«, »Mutlosigkeit«, »Verzagtheit«, »Traurigkeit«, »Melancholie« und »Wehmut« (32). Die traurigen Stimmungen kennzeichnet Bollnow als solche,

> »(...) die allgemein in einer Schwäche des Lebensgefühls bestehen, die den Menschen am Erfolg seiner Unternehmungen zweifeln lassen und die ihn unfähig oder doch unlustig zur gewohnten Arbeit machen.« (ebd.)

Auch hier ordnet Bollnow das Auftreten der Stimmungen bestimmten Lebensaltern zu. Die Traurigkeit sei

> »(...) wie allgemein die stark vital verankerten Stimmungen, eine vorwiegend jugendliche Lebensform.« (ebd.)

Im Alter resultierten daraus »Resignation« sowie »Ergebenheit in das Schicksal«, auch eine ›mürrische Verdrossenheit‹. Zur Traurigkeit gehörten auch »Zustände der Verärgerung und Gereiztheit«, die Ausdruck einer feindseligen Haltung zur Außenwelt seien und sich auch schnell gegen sie »entladen« könnten (ebd.).

Analog zu Formen des Glücks existierten auf der Stimmungsebene auch Formen des Unglücks. Auch hier ist wie beim Glück nicht das äußere Unglück, sondern die Seelenverfassung insgesamt bezeichnet, die die gesamte Welt als düster erscheinen lasse. Bollnow unterscheidet auch hier unterschiedliche Intensitäten – es gebe »kleinlichen Kummer«, »tiefes Leid«, »verhaltene und oft stolze Trauer«, »Gram« sowie »unendlichen Schmerz« (ebd.). Wiewohl die traurigen Stimmungen von Ernst gekennzeichnet seien, sei der Ernst per se keine traurige Stimmung, vielmehr kennzeichne den Ernst ein gewisses Verantwortungsbewusstsein. Der Ernst sei auch bei positiven Stimmungen wie dem ›Feierlichen‹ präsent und werde in Frage gestellt durch das Lächerliche (32f). So werde durch das Lachen die ernsthafte Stimmung durchbrochen, wie auch das Spielerische ein Gegenpol zum Ernst sei (33).

Weitere Stimmungen

Neben den traurigen nennt Bollnow noch weitere Stimmungen: »die Langeweile, die als eine quälende Gleichgültigkeit den Menschen durchzieht (...)« sowie v. a. »Angst und Verzweiflung« (ebd.). Anders als bei anderen Stimmungen fehle bei Angst und Verzweiflung die Möglichkeit des »Schwingens« zwischen Freude und Traurigkeit, weswegen sie für Bollnow auch keine Stimmungen i. e. S. sind:

> »Es ist, als ob hier die Stimmung überhaupt zerbrochen ist. (...) In der Verstimmung ist eine bestimmte Stimmung zerbrochen, auf die sie zurückverweist und die in ihr in irgendeiner verborgenen Form noch immer enthalten ist. In der Angst und Verzweiflung ist dagegen das Lebensgefühl im ganzen aus den Fugen geraten.« (34)

Mittlere und uneindeutige Stimmungen

Schließlich kategorisiert Bollnow zwischen gehobenen und gedrückten Stimmungen noch ein Mittleres, namentlich

> »(…) Stimmungen der ausgeglichenen Ruhe, der Sicherheit in der gegenwärtigen Lebenslage oder der Gelassenheit, die die Dinge an sich herankommen lässt.« (ebd.)

Neben diesen drei Kategorien inhaltlich klar konturierter Stimmungen nennt Bollnow noch solche Stimmungen, die nicht eindeutig einzuordnen seien. Exemplarisch nennt er die »Andacht« als »Eingestimmtheit auf einen ganz bestimmten Gehalt« (35), was sie unterscheide von einer allgemein unspezifischen gehobenen Gestimmtheit. Zudem nennt er »Feierlichkeit« als »Gefühl des Getragenen« und »Festlichkeit« als eine gewisse »Helligkeit und Freudigkeit«, beide eingebunden

> »(…) in einem umfassenden Zusammenhang, durch den das Geschehene des Augenblicks eine objektive Bedeutung empfängt. Darum sind sie nur auf dem Boden der Gemeinschaft möglich.« (36)

Diskussion der Bedeutung der Stimmungen

Sind so zentrale Stimmungen benannt und kategorisiert, unternimmt Bollnow dann die Darlegung der grundsätzlichen Bedeutung der Stimmungen (37–46).

Zwei Prämissen liegen seinen Überlegungen zugrunde. Die erste lautet: Stimmungen gehören wesensmäßig zum Menschen, sind ›notwendig und unentbehrlich‹ (37). Zweitens: Sie bilden das Fundament, auf dem sich das ›Seelenleben‹ entwickelt (ebd.). Alles menschliche Leben sei von Stimmungen unterlegt, alle menschliche Wahrnehmung seien von Stimmungen geprägt.

> »Die Stimmungen bedingen also von vornherein, wie die Welt und das Leben dem Menschen erscheinen. (…) Wie ich mich einem Ding zuwende und wie es mir erscheint, ist von vornherein durch die Stimmungslage bestimmt, in der ich mich befinde. Nur in ängstlicher Stimmung begegnet mir Bedrohliches, und nur in einer heiteren Gemütsverfassung kommen mir die beglückenden Erlebnisse von selbst entgegen.« (38)

Allerdings gebe es Widerspruch gegen eine solche grundsätzliche Bedeutung der Stimmungen. Für eine Einordnung als Grundkontinuum seien sie zu wechselhaft (›Laune‹) und von außen beeinflussbar (›Stimmungsmache‹) bzw. sogar nur punktuell vorhanden (›stimmungsvolle Augenblicke‹. Für eine Einordnung als ›wesenhaft‹ seien sie zu subjektivistisch (41). Zwar sieht Bollnow bzgl. der Einschätzung und Wirkung von Stimmungen einerseits tatsächlich »ernsthafte Gefahrenmomente« (42). Andererseits spricht er von einer Doppelstruktur der Wechselhaftigkeit und Beständigkeit; Stimmungen im engeren Sinne als ›Grundstimmungen‹ verstanden hielten sich über situative Wechsel durch die Lebensspanne eines Menschen und zeichneten das Wesen des Jeweiligen, seinen Charakter, aus. Bedingt seien sie durch Anlage und/oder besondere Ereignisse (42). Auch die Wechselhaftigkeit einer Stimmung zeige als Verstimmung immer noch den Bezug zu einer Grundstimmung. Die Depression als Extremform einer Verstimmung wird nicht mehr als Stimmung, sondern als ›Ungestimmtheit‹ bezeichnet: Hier handele es sich nicht mehr um einen wie auch immer gestimmten Gesamtbezug zur Wirklichkeit, sondern eine Ablehnung derselben (44 f).

Nach Bollnow können Stimmungen nicht direkt gestaltet werden, da sie den Menschen grundlegend immer schon begleiteten. Man könne sich jedoch in einer »theoretischen Haltung« zu ihnen verhalten und dadurch ihre Stärke modifizieren hin zu einer ruhigen/gelassenen Mitte (45). Durch eine solche bewusste Haltung könne man auch versuchen, sich präventiv zu öffnen für positive Stimmungen bzw. das Aufkommen negativer Stimmungen zu vermeiden. (ebd.).

Wert gehobener Stimmungen

Der Wert gehobener Stimmungen wird am Beispiel »Rausch und Seligkeit« (61–71) gezeigt.

Der Rausch ist für Bollnow *die* gehobene Stimmung par excellence, da er sich durch die nur in ihm vorkommende höchste innere Erregung von anderen positiven Stimmungen unterscheide. Dadurch diene er besonders der Darstellung der Grundzüge aller positiven Stimmungen (62). Er verzichtet dabei auf eine historisch-systematische Analyse des Rausches, sondern gewinnt seine Positionen aus Nietzsches ›Geburt der Tragödie‹. Als zentrale Merkmale des Rausches nennt er (63 f) seine die Isolation überwindende gemeinschaftsstiftende Funktion, die Erzeugung eines Gefühls der Übereinstimmung mit der Natur, beides gesteigert zu einem Gefühl ursprünglicher »Einheit des ›Ur-Einen‹« (63). Dieser Harmonie ähnlich, nennt er zudem ein Gefühl des Aufgehens des Einzelnen zu einer Gesamtheit des Lebens sowie schließlich das Gefühl einer Offenbarung einer tieferen Wirklichkeit. Sein für den weiteren Gang seiner Argumentation zentrales Fazit lautet:

> »Der Rausch fällt also nicht unter die als krankhaft zu verstehenden Erscheinungen, sondern hat eine eigene aufschließende Kraft.« (64)

In einem zweiten Schritt (64–66) fügt er daran anschließende Gedanken Nietzsches aus dem ›Willen zur Macht‹ an, die als weitere Kennzeichen des Rausches folgende Aspekte nennen: Das Gefühl eines außerordentlichen Macht-Zuwachses, eine Ausdehnung des Raum-Zeit-Bewusstseins, ein verändertes Zeitbewusstsein, in dem die Zeit zusammengefasst und stillzustehen scheint, eine gesteigerte sinnliche Wahrnehmung, das Gefühl einer tiefergehenden Erkenntnisfähigkeit sowie eine Art Aufgehen in der Realität, sodass diese nicht mehr als solche bewusst wahrgenommen, sondern in Gänze erlebt werde. Resümierend heißt es:

> »Neben der allgemeinen Steigerung des Lebensgefühls zeichnet sich eine Veränderung der ›normalen‹ Bewußtseinsformen im Rausch vor allem nach folgenden drei Richtungen ab: 1. als Veränderung des Gemeinschaftsbewußtseins, 2. als Veränderung des Realitätsbewußtseins, 3. als Veränderung des Zeitbewußtseins.« (66)

Ähnlich beglückende Erfahrungen (67–69) gebe es auch im ausgeglichenen Zustand der Stille. Solche Momente ereigneten sich ohne Grund und unerwartet von außen, häufig in den frühen Morgenstunden, und brächten ebenfalls eine ›aufschließende Kraft‹ mit sich (68). Wichtig sei, dass der Mensch diese Harmonie erst in sich selbst habe herstellen müssen, bevor das Gefühl als Geschenk ihn überkomme. Gerade an diesen Momenten stiller Seligkeit zeige sich, dass der Rausch kein Trug sei, sondern im Gegenteil den Menschen in seinem bestmöglichen Zustand zeige. Den Menschen überkomme eine »neue Gläubigkeit« (69), welche nach außen dränge zu sittlicher Tätigkeit (69 f). Bollnows Quintessenz: Nur in solchen Momenten tiefster Befriedigung komme er zur »höchsten Vollendung seines inneren Wesens« (70).

Dieses fast schon mit dem scholastischen Begriff der ›plenitudo essendi‹ zu bezeichnende Gefühl wirke sich aber eben nicht nur individuell aus. Vielmehr habe das Glück gemeinschaftsbildenden Charakter, was Bollnow zunächst erläutert am Negativbeispiel von Vereinsamung durch Angst (73 f) und anhand der gedrückten Stimmungen, welche ›Verbitterung und Verkümmerung‹ bewirkten (74 f). Nur auf der Basis gehobener Stimmungen könne der Mensch seine täglichen Aufgaben erfüllen. Negative Stimmungen dagegen machten ihn handlungsunfähig und schnitten ihn von seiner Umwelt ab (74). Für Bollnow betonenswert ist die Tatsache, dass diese Effekte auch dann einträten, wenn der Mensch um sie wüsste und versuche, sich gegen ihren Einfluss zu stemmen (75). Das erkannt, gelte es auch anzuerkennen,

> »daß niemand imstande ist, andre Menschen zu beglücken, der nicht selbst in einem gewissen Midestmaß glücklich ist (...).« (ebd.)

Bollnow leitet daraus mit Blick auf den Kontakt zu anderen und zur Erledigung seiner Aufgaben eine Art ›sittliche Forderung‹ ab, für das eigene Glück zu sorgen:

> »Um diesen verkümmern machenden Wirkungen des Unglücks zu entgehen, ergibt sich also, so überspitzt es auf den ersten Blick erscheinen mag, grade um der Verpflichtung vor den Mitmenschen und vor den sachlichen Aufgaben willen in einem sehr tiefen Sinn so etwas wie eine Pflicht zum Glücklich-sein, eine Pflicht, die um so schwerer wiegt, als sie nicht aus dem eignen guten Willen allein zu erfüllen ist.« (75)

Die verkümmernden Wirkungen negativer Stimmungen würden begrenzt durch die »aufschließende Wirkung des Glücks« (76 f). Die gehobenen Stimmungen bewirkten eine Offenheit für das Leben insgesamt, für neue Erfahrungen, andere Menschen, zu verrichtende Tätigkeiten, für den Weltbezug insgesamt (ebd.). Eine ›Heilung‹ negativer Stimmungen sei aber nur vom Inneren der jeweiligen Person her möglich, nicht von außen. Sei dieser innere Umschwung gelungen, bedürfe man angebotener bzw. gegebener Hilfe nicht mehr. Die tragende Kraft eines gelungenen (bzw. wiederhergestellten) Weltbezugs ist für Bollnow das Glück:

> »Alle tragenden Lebensbezüge im allgemeinen und alle Gemeinschaftsbezüge im besonderen erschließen sich dem Menschen allein durch das Medium der glücklichen Stimmungen.« (76 f)

Den gemeinschaftsbildenden Effekt einer glücklichen Stimmung erläutert er dann am Beispiel des Lachens, welches Isolation auflöse und eine verbindende Atmosphäre herstelle, was auch gegen den Willen der Beteiligten geschehen könne (77–79). Auch dort, wo jemand alleine lacht, geschehe dies auch mit Bezug zu einer allgemein als komisch bewerteten Situation, sodass zumindest fiktiv hier auch der Gemeinschaftsaspekt gegeben sei (78). Der Tiefe des Humors entspreche die Tiefe des Gemeinschaftsempfindens (79). Von diesem o. g. zentralen Bedeutungsgrund positiver Stimmungen gingen dann Wirkungen auf andere Gefühle aus, was am

Beispiel von Liebe und Hass erläutert wird: Glück fördere Liebe, Liebe schließe Hass aus, ebenso sei Hass im Stande des Glücks nicht möglich (ebd.). Auch könne ein Gefühl eine gesamte Grundstimmung einfärben, wie es bei der Liebe deutlich werde (80).

Gegen den möglichen Einwand, gerade in der Not, also im Kontext einer negativen Stimmung, sei Gemeinschaftsbildung anerkannt gegeben, bringt Bollnow das Argument, Not sei keine gemeinsame innere Stimmung, sondern eine bedrohliche äußere Situation, die zur gemeinsamen Beseitigung dränge. Die so entstehende Gemeinschaft sei aber keine der inneren Übereinstimmung, sondern eine in Anlehnung an Jaspers so bezeichnete »Daseinsfürsorge« (81). Daraus könne sich Gemeinschaft ergeben, dann aber wiederum entstanden aus dem inneren Gefühl der Freude über die gelungene Tätigkeit. Letztere verweise wiederum auf die gemeinschaftsbildende Wirkung von Feiern und Festen:

> »Sie stiften eine Innigkeit der Verbindung der Menschen untereinander, die durch die gemeinsame Arbeit wohl vorbereitet, aber durch sie allein nie hervorgebracht werden konnte.« (82)

Dagegen bewirkten negative Stimmungen wie Schmerz, Traurigkeit und Verzweiflung einen Rückzug, eine Trennung von einer Gemeinschaft. Man kümmere sich zunächst um sich selbst, habe daher keine Perspektive für andere, weswegen sich in diesen Zeiten keine Freundschaften bildeten, wohl aber bestehende vertieften, da die Freunde sich trotz dieser Stimmung um einen kümmerten. Hier liege auch der Wert negativer Stimmungen – sie führten zu einer Überprüfung des Bestehenden und zu einer Trennung zwischen ›Echtem‹ und ›Unechtem‹ (83).

Nachdem so die Bedeutung positiver Stimmungen und insbesondere des Glücks dargelegt sind, überträgt Bollnow das Gesagte auf die Realitätswahrnehmung des Menschen in Gänze.

In einem durch positive Stimmungen geprägten Realitätsbezug erscheine Realität als etwas Stützendes, Tragendes, sowohl andere Menschen als auch rein physisch betrachtet z. B. der Boden. Allerdings werde man sich dessen erst im Moment des Zweifels gewahr (88). So erfolge die Wahrnehmung eines festen Bodens erst im kurzen Moment des Zweifels z. B. beim Klettern. Bollnow betont in diesem Kontext auch die durch Primärbeziehungen gegebene emotionale Sicherheit (89). Daher sei der positive Realitätsbezug, die Wahrnehmung des fördernden und tragenden Charakters, ursprünglich im Vergleich zum Hemmnis. Während bei letzterem die Welt als statische Schranke erfahren werde, die einen auch erdrücken könne, erscheine die Realität in gehobener Stimmung als leicht, flüchtig, veränderlich (90). Allerdings sei dem Menschen dies nicht immer bewusst, allenfalls im Kontext einer grundsätzlich gläubigen Haltung, welche wiederum nur auf dem Boden positiver Gestimmtheit wachsen könne (91). Überhaupt lasse sich nach Bollnow anhand der gläubigen Haltung die Bedeutung glücklicher Stimmungen aufzeigen, wobei ›Glaube‹ hier im weitesten Sinne, also nicht ausschließlich religiös aufgefasst wird: Es gehe um ein Zutrauen zur Welt, um Vertrauen in die Tragfähigkeit des Lebens, auch und gerade wenn es sich der eigenen Kontrolle entziehe. Bollnow sieht dies als Basis für schöpferische Aktivitäten an, da für sie die Hoffnung auf Gelingen im Vordergrund stehe (ebd.; allerdings unterlässt er hier eine Diskussion über die Geburt von Kunst aus Schmerz o. Ä.). Von dieser Grundstimmung werde auch die Erkenntnis geprägt – wo die Welt als Hindernis wahrgenommen werde, stehe der Gedanke einer technischen Bewältigung im Vordergrund, weswegen, so Bollnow, Heideggers Beispiele auch ausschließlich aus dem handwerklich-technischen Bereich stammten (92 f). Dies münde in eine Fokussierung auf technische Rationalität mit dem Ziel der Beherrschung der Natur (94). Eine gehobene Stimmung dagegen erleichtere einerseits die Auffassungsgabe, ermögliche andererseits aber einen anderen inhaltlichen Bezug zur Welt, da dieser nun nicht mehr unter dem Aspekt der Bewältigung, sondern in einer ausgeglichenen Stimmung erfolge. In diesen Stimmungen seien Tätigkeiten auch von quasi ungezwungenem Gelingen gekennzeichnet (95 f), was in dieser Beschreibung an den Flow-Effekt erinnert. Von Nöten für einen umfassenderen Weltbezug seien nach Bollnow sowohl negative als auch positive Stimmungen: Durch erste erkenne der Mensch die Unheimlichkeit, durch letztere die Vollkommenheit seiner/der Existenz. Beide für sich seien in ihrem Totalanspruch falsch und benötigten der Ergänzung der jeweils anderen Seite (97 f).

Zwischenfazit

Bollnow zieht an dieser Stelle eine erste Bilanz: Der Mensch sei ein sehr viel mehr durch Stimmungen als Rationalität bestimmtes Wesen, denen er sich grundsätzlich nicht entziehen könne. Seine Freiheit bestehe in der Möglichkeit, sich zu diesem Faktum zu verhalten: Entweder sich gänzlich von Stimmungen bestimmen zu lassen, oder durch Erfahrung zu lernen, sich strategisch zu verhalten: Gute gezielt zu fördern, negative zu vermeiden:

> »Es ergibt sich hiermit einer Art von ›Hygiene‹ der Seele, in der der Mensch alles von sich fernzuhalten versucht, was ihn in eine unangenehme und vor allem in eine unfruchtbare Stimmung zu versetzen droht, und umgekehrt alles zu unterstützen und herbeizuführen sucht, was seine Stimmungslage und damit seine Leistungsfähigkeit steigern könnte.« (100)

Hier wird auch die Dimension des inneren Kampfes angesprochen, in dem der Wille zu einem längerfristigen guten Ziele sich gegen aktuelle Unbillen durchzusetze (101).

Allerdings warnt er vor einer zu starken Bemühung der Kultivierung positiver Gefühle: Das selbst sei schon Ausdruck innerer Schwäche und führe zu Narzissmus (105). Ohnehin bilde sich ein durch Stimmungen geprägter Charakter erst in der Auseinandersetzung mit (man könnte sagen: ungefilterten) negativen Erfahrungen (107). Dem Charakter an die Seite stellt Bollnow den Begriff der Haltung. Mit ihm kennzeichnet er eine bewusste Stellungnahme zum eigenen Leben. Sie sei, anders als die sich ereignenden Stimmungen, freie Entscheidung, die sich innerlich verfestige (117) zu einer habitualisierten Stellungnahme (118).

Im Zusammenspiel beider ergebe sich die Grundverfassung des einzelnen Menschen:

> »So bestimmen erst Stimmung und Haltung zusammen die Gesamtverfassung des Menschen, die dann als tragender Grund jeder einzelnen seelischen Regung und jedem einzelnen Lebensverhalten zugrunde liegt. Die Stimmung bezeichnet die natürliche Grundlage

und ist so das selbstverständlich erste. Die Haltung bezeichnet dann die Überformung aus der Freiheit des Menschen.« (120)

Zeitlichkeit positiver Stimmungen

Der dann folgende zweite Teil ist im Grunde eine Vertiefung des bisher Gesagten und aus Bollnows Kritik an Heidegger zu verstehen. Den augenblickshaften Erfahrungen existenzieller Angst stellt er hier Augenblicke intensiven Glücks entgegen und will zeigen, dass die Glückserfahrungen weit über den Augenblick hinausreichen und ein den Menschen dauerhaft tragendes existenzielles Fundament darstellen können.

So sei kennzeichnend für gehobene Stimmungen ein Vergangenheit und Zukunft übergreifendes Gefühl von Kontinuität und Stabilität (127). Zwar sei jegliches Zeitempfinden situativ vielfältig – stimmungsabhängig (128), geprägt durch Lebensalter, die Erfülltheit des jeweiligen Augenblicks (129) und den Inhalt desselben (130). Das Empfinden des Glücks jedoch sei eher mit »Zeitlosigkeit« (131) beschreibbar mit der Folge einer Entlastung vom Daseinsdruck und einem Empfinden von »Ewigkeit«, was Bollnow mit Begriffen aus der Mystik umschreibt (»›stehendes Jetzt‹«, »›ewige Gegenwart‹«; 132). Aber nicht nur ein Ewigkeitsgefühl als zukünftige Unendlichkeit, auch das Vergessen der (belastenden) Vergangenheit und das »Aufgehen im Augenblick« kennzeichneten dieses Empfinden (ebd.). Bollnow systematisiert unterschiedliche Zeitdimensionen des Glücks mit entsprechenden Intensitäten/Qualitäten. Eine einfache Ausgelassenheit (133), sodann ein ›großes Glück‹, welches außergewöhnlich sei, aber immer noch von der ratio begleitet werde im parallel präsenten Gefühl der Zerbrechlichkeit, schließlich eine ›reine Seligkeit‹, in der die Angst vor Zerbrechlichkeit verschwunden sei zugunsten eines Gefühls umfassender Sicherheit (134).

Problem der Erforschung zeitlicher Gefühle

Die dann folgende Erörterung der Frage (134f), wie bzw. ob man zeitbedingte Glücksgefühle erforschen kann, nimmt Diskussionen vorweg, wie sie Jahrzehnte später in der empirischen Glücksforschung diskutiert werden. Bollnow gewinnt seine ›Analysen‹ aus der Heranziehung einerseits medizinischer Beobachtung ›krankhafter‹ Glücksgefühle, andererseits aus Romanschilderungen und Philosophie (Huxley, Proust, Nietzsche; vgl. zu Glücksbeschreibungen in der Literatur Bucher 2018, 19–22). Bollnow (2009a) beschäftigt sich zunächst v. a. mit Schilderungen des (Meskalin-)Rauschs (137–151), weil in ihm Glücksgefühle besonders deutlich und deshalb gut analysierbar hervorträten (150). Hier gehe es um Gefühle der Einheit der inneren mit der äußeren Welt, zeitenthobene Seligkeit, Verschmelzen der Zeitdimensionen, intensivere/plastischere Realitätswahrnehmung bis hin zu einer Wahrnehmung einer höheren Ordnung. Ähnliche Phänomene beschreibt er dann anhand der klassischen Passage des ›Teetrinkens‹ bei Proust (153–167) sowie Nietzsches Schilderungen des ›großen Mittags‹ aus dem ›Zarathustra‹ (169–182). Mit

Prousts klassischer Szene des Teetrinkens und Madeleine-Essens betont Bollnow das Wiederfahrnis von Glückserfahrungen anhand konkreter zufälliger sinnlicher Genüsse (156). Wichtig sei,

> »(...) daß diese letzte Sinngebung des Lebens nicht aus irgendwelchen ›großen‹ Erlebnissen entspringt, nicht aus irgend etwas, was man sonst als ›Höhepunkt‹ des Lebens anzusehen geneigt wäre, aber auch nicht aus ausdrücklichen Entscheidungen und Überlegungen, sondern fast unbemerkt aus leisen und stillen hervorwächst.« (157)

Im Anschluss an ein Zitat aus dem ›Zarathustra‹ hebt er die für ihn zentralen Aspekte des dort beschriebenen Glücksgefühls hervor: Das Gefühl von Ewigkeit einerseits, das der Vollkommenheit der Welt andererseits. Beide seien bekannt als Aspekte des Rausches, allerdings sei der Mittag hier weniger rauschhaft als vielmehr intensiv und still geschildert:

> »Es handelt sich in dieser Stille des Mittags um die Erfahrung eines höchsten und letzten Glücks, in dem das Leben seine äußerste Möglichkeit erreicht.« (170)

Bollnow geht es bei der Metapher des Mittags um die glückliche Erfahrung einer ruhenden Pause in einem Zenit, aus der neue Kraft für neue Aufgaben gewonnen werde – aus der Erfahrung der ›Zeitlosigkeit‹ wieder ein sich hinein begeben in die konkrete Zeit (182).

Fazit

Am Ende lautet Bollnows Fazit: Positive Stimmungen hätten kreativitäts- und aktivitätsfördernde Wirkung, ermöglichten Erkenntnisse über Sinn und Vollkommenheit, die Zeitenhobenheit entlaste vom Alltagsdruck und fördere das vitalisierende Gefühl von Ewigkeit, bewirke schließlich ein Gefühl von Sicherheit als existenzieller Getragenheit und Harmonie mit sich, anderen und der Welt, das aus der Kraft für den Alltag gewonnen werde (187–189).

Man könnte dies auch als eudämonistischen oder produktiven Hedonismus bezeichnen oder den Gedanken der ›broaden and build‹-Theorie, wonach der Mensch danach strebe, einmal gemachte positive Erfahrungen zu erweitern.

Bewertung

Bei der Bewertung von Bollnows Arbeit muss man zunächst seinen zeitgeschichtlichen Anlass verstehen: Er richtet sich gegen eine aus seiner Sicht zu negative Sichtweise des Menschen bei Heidegger. Dabei geht es nicht darum, einen als unangenehm empfundenen Pessimismus zu bekämpfen. Bollnow möchte einerseits zeigen, dass Stimmungen zwar existenzielle Grundbefindlichkeiten des Menschen sind. Sie sind seiner Meinung nach aber als Reaktionen des Menschen auf die und in der Welt nicht einheitlich positiv und negativ, sondern beides. Er möchte des Weiteren zeigen, dass die positiven Stimmungen einen Eigenwert für den Menschen als Wesen haben: In seiner Wahrnehmung/Erkenntnis der Welt, in seinem Zugang zur Welt allgemein, zu anderen Menschen wie letztlich zu sich selbst. Positive Stimmungen gehören so mit Bollnow unauflöslich zur Bildung des Menschen (verstanden als Verhältnis zu sich, anderen und der Welt). Positioniert wird hier der Mensch als emotionales und (in seiner sittlichen Haltung) rationales Wesen, allerdings mit einem Vorrang des Emotionalen. Wenngleich er nicht vom Streben nach Lust als Glück spricht, ähneln seine Überlegungen zur Bedeutung positiver Stimmungen in der Quintessenz doch hedonistischen Positionen, was sich an einigen Punkten zeigen lässt. Zunächst muss aber festgehalten werden, dass sein Aufweis der Bedeutung der positiven Stimmungen gerade im Kontrast zu Heidegger sehr eindrucksvoll gelingt. Dabei ist zu berücksichtigen, dass es angesichts der historischen Erfahrungen zweier Weltkriege, der Diktatur und des Holocaust in Deutschland durchaus nachvollziehbar wäre, wie Heidegger den Schwerpunkt auf ein Gefühl der ›Unbehaustheit‹ und der Angst zu setzen. Aus der Distanz betrachtet nötigt von der Sache her dazu aber nichts. Das kann Bollnow zeigen, indem er die existenzielle Bedeutung von Weltaufgeschlossenheit, Freude, Vertrauen/Liebe u. Ä. nachvollziehbar macht. Allein die Darstellung der Bedeutung eines Grundvertrauens, das eben nicht einer permanenten Vergewisserung bedarf und welches die Basis gelingender Weltbegegnung ist, reicht dazu aus.

In einer späteren Arbeit hat Bollnow dieses Thema im Kontext seines Verständnisses einer ›Anthropologischen Pädagogik‹ als »pädagogische Atmosphäre« tituliert (Bollnow 2013, 39–47; auch 181–282) und definiert als

> »(…) das Ganze der gefühls- und stimmungsmäßigen Zuständlichkeiten und der Beziehungen der Sympathie und Antipathie, vor deren Hintergrund sich die Erziehung abspielt.« (ebd., 39)

Gleichzeitigt bemängelt er eine zu geringe Berücksichtigung der Gefühle von Seiten der Pädagogik (ebd.). Er betont die Notwendigkeit des Gefühls von Geborgenheit für die freie Entfaltung des Kindes (46), ebenso wie die positiven Auswirkungen einer freudigen Gestimmtheit auf das Explorationsverhalten – in Bollnows Worten ist letzteres sachlich analog beschrieben als »ein freudiges Geöffnet-sein in die Zukunft« (43), als Wurzel für

> »all die angespannten Erwartungen, mit denen das Kind allem Neuen in seinem Leben entgegensieht.« (ebd.)

Er sieht dadurch eine »ungeheure Aufnahme- und Lernbereitschaft« (ebd.) gegeben, ebenso und mit Bezug auf Nohl, in der Liebe und dem Vertrauen des Erziehers, mithin im pädagogischen Bezug (44–46). Letztlich bewirkten diese Stimmungen ein »Vertrauen zur Welt« (68–70). Eine ähnliche Funktion komme auch dem Haus als Geborgenheit stiftendem Raum zu (73–76). Letztendlich benötige der Mensch »einen tragenden Grund in den Tiefen seiner Seele« (83; bindungstheoritisch würde man heute von der ›secure base‹ sprechen). Symbolisch sieht Bollnow dafür das Haus als Struktur und v. a. Sicherheit gebenden Raum der Geborgenheit (73–78). Das elterliche Haus sollte das vermitteln; Aufgabe des Heranwachsenden bzw. desjenigen, der diese Sicherheit verloren habe, sei es, dann selbst einen solchen Raum in der Welt zu finden. Erzieherische Aufgabe sei es, ihm dabei zu helfen (76).

Man kann hier nahtlos an Pestalozzis ›Hausglück‹ anschließen, was Bollnow an anderer Stelle auch tut, in der Erörterung des Vertrauens für die Pädagogik (Bollnow 2009b, 265).

Bollnow verweist hier auf Pestalozzis Betonung der Mutterliebe bzw. das in der frühen Kindheit gewonnene, auf einzelne bezogene und sich später auf die Welt insgesamt sich ausdehnende Vertrauen »Lebensvertrauen« oder »Seinsvertrauen« (ebd., 265). Er betont, Vertrauen sei trotz seines Geschenkcharakters als Tugend zu sehen, da es gepflegt, also weitergegeben werden müsse in alltäglicher Praxis und eben auch verloren gehen können (267). Als zwischenmenschlich bedeutsames Gefühl für das Miteinander (26, unter Bezug auf Kant) sieht er die in der Achtung[52] gegebene Anerkennung eines Menschen aufgrund seines sittlichen Charakters.

Der gegenüber der Liebe eher kühle bzw. von Rationalität durchzogene Charakter der Achtung (9) bewirke eine grundsätzliche Gleichstellung und Gleichbehandlung einer jeden Person unabhängig ihres gesellschaftlichen Status und garantiere diese unabhängig von Störungen durch Affekte:

> »Die Achtung nimmt den Menschen als grundsätzlich gleichberechtigt. Sie nimmt den anderen Menschen als grundsätzlich auf derselben Stufe stehend und denselben Gesetzen unterworfen wie man selbst.« (27)

Zum Abschluss der Beschäftigung mit Bollnow muss noch kurz seine Neuinterpretation einzelner (bürgerlicher) Tugenden genannt werden. Wenn nach Bollnow der Mensch sich zu seinem Leben bewusst verhalten und dadurch auch seine Stimmungen beeinflussen könne, liegt eine Beschäftigung mit den Tugenden als im Denken und Handeln habitualisierte Ausrichtungen an einem guten Leben nahe, was unter dem Titel ›Wesen und Wandel der Tugenden‹ geschieht (Bollnow 2009b, 124–282). Kurz nur zu Bollnows Ausgangsüberlegungen: Tugenden sind für ihn »sittliche Grundhaltungen« (ebd., 136), die er historischen Veränderungen unterworfen sieht, aber ihren Sachgehalt erhalten und die er in die jeweilige Zeit neu übersetzt/modifiziert wissen möchte (125–142). Er konstatiert ihre teilweise Widersprüchlichkeit und Unmöglichkeit vollkommener Realisierung (141) sowie unmögliche endgültige Systematisierung (138). Unter anderem beinhalten seine Reflexionen auch eine differenzierte Auseinandersetzung mit Geulinx ›bürgerlichen Tugenden‹, aus denen Gewinn für die einzelne Lebensführung gezogen werden könne, wenn man sie weniger im Arbeits-Kontext, sondern im Kontext einer zielgerichteten Fokussierung des Einzelnen angesichts knapper Ressourcen betrachtet (151). Bollnow sieht sie entsprechend weniger als Verpflichtung denn als Hilfe der Selbststrukturierung, die er als notwendig ansieht, und verteidigt gegen eine seiner Meinung irrationale Haltung emotionaler Authentizität und Fülle (173–175), lehnt aber ebenso eine selbstzweckhafte Sittenstrenge oder Reinheit ab (176). Letztlich verteidigt Bollnow so eine pragmatische Lebenshaltung, die die Notwendigkeit des

52 Nach Demmerling/Landweer (2007, 60) ist heute eher von Anerkennung die Rede. Der Begriff der Anerkennung »(…) ist aber ausschließlich auf die Achtung im Sinne einer Haltung zu beziehen, die sich auf alle Menschen richten soll (…). Es handelt sich um eine Haltung, die man Menschen gegenüber bringt, die man als Personen achtet. Das Konzept der Anerkennung kann man als Nachfolger des Achtungsbegriffs ansehen, welches zunächst auf jegliche Art von affekttheoretischer Einkleidung verzichtet. Moralische Signifikanz erhält der Anerkennungsbegriff, sofern in der neueren Diskussion davon ausgegangen wird, dass Anerkennungsverhältnisse für die Identität von Gruppen und Individuen bedeutsam sind.«

Maßhaltens gegenüber seiner Meinung nach irrationalen bzw. romantischen Vorstellungen verteidigt (179).

2.3.6 Mehr Hedonismus, weniger Leistung – Pädagogik im Sog der 1968er

Aus anderer Quelle als Bollnows systematische Reflexionen speist sich die Wiederentdeckung des Glücks Ende der 1960er Jahre. Hier resultiert sie aus einer Aufarbeitung der (nationalsozialistischen) Vergangenheit, der sie vermeintlich ermöglichenden autoritären und leibfeindlichen Erziehung mit der Folge einer in vielen intellektuellen Kreisen zum Gemeingut gehörenden Gesellschafts- bzw. Kapitalismuskritik. Im Zuge dessen wird allgemein wie im Besonderen in pädagogischen Institutionen (insbesondere der Schule) fehlendes Glück beklagt, seine Verwirklichung eingefordert. Man erinnert sich auch wieder philanthropischer Texte bzw. allgemein solcher der Aufklärung. Folgt man Reifenrath (1999, 205), dann klingt das Glück ab Mitte der 1960er Jahre zuerst in der praktischen, dann der theoretischen Pädagogik wieder an. Einige Beispiele: Rülcker (1971, 161) wirft einer ›spätkapitalistischen Gesellschaft‹ vor, sie möge vom Glück lieber nicht reden.

Koch (1975, 664) stellt fest, zu Beginn des 19. Jahrhunderts habe die Pädagogik das Glück aus den Augen verloren, weil es in der damaligen Philosophie aus der Mode gekommen sei. »Erst seit kurzem scheint es wieder ein pädagogisches Randthema zu werden (...)«. Auch Lassahn (1975) widmet sich ausführlich und mit historischen Bezügen aus pädagogischer Sicht der Freude und stellt fest, diese sei für die Pädagogik ein ›einheimischer‹ Begriff, der zeitweise unterschiedlich verwendet werde als *»Freude, Lust, Glück oder Seligkeit«* (556, Herv. im Orig.)

Dabei wird auf unterschiedliche historische Positionen zurückgegriffen, wobei die Auswahl den jeweiligen Argumentationen der Autoren geschuldet ist. Neben vielen anderen werden Aristoteles und die Philanthropen, auch Rousseau und Condorcet genannt. Mit historisch-systematischen Arbeiten will man das Glück wieder in seine (auch) pädagogische Heimat holen. Dabei geht es um das Glück als Ziel der Pädagogik und als Zustand in der Pädagogik bzw. als durch Pädagogik zu Bewahrendes (Koch 1975, 663). In dieser Zeit erinnert man sich auch wieder reformpädagogischer Ansätze, von denen man offensichtlich beides erhofft – freudiges Lernen wie freies Heranwachsen zu glücklichen Menschen. Insbesondere die Schule wird, ganz im Sinne der Aufklärungspädagogik und unter Bezug auf reformpädagogische Ansätze, als Ort zukünftiger Beglückung ausgemacht, wobei die Positionen mal euphorisch, mal skeptisch sind. Einen guten Überblick der Inhalte findet sich bei Riemen (1991) und Reifenrath (1999). Worum ging es konkret?

Rülcker (1971) bindet das Glücksthema ein in eine Gesamtdiskussion über die ›Humanisierung der Gesellschaft‹ (163; 166; 171). Er sieht im Glück Momente der Einsicht, Erfüllung von Triebbedürfnissen sowie utopische Inhalte (167 f) und versteht eine dem Glück Rechnung tragende Schule als Ort einer solchen gesellschaftlichen Humanisierung. Daher bemängelt er eine ausgebliebene Schulreform, insbesondere eine Rezeption der Reformpädagogik (169), und wünscht sich unter dem Aspekt des Glücks eine Berücksichtigung von Kindern und Jugendlichen v. a.

mit Blick auf ihre emotionalen Befindlichkeiten (171). Hier knüpft er mit psychoanalytischer Literatur an eine menschliche Triebstruktur an und kennzeichnet unterschiedliche Glücksgefühle (173). Da Schule darauf keine Rücksicht nehme, sei sie Jahrhunderte lang eine »Marteranstalt« gewesen (174). Gleichzeitig nennt Rülcker mit Aristoteles aber auch als bedeutsam den Lustverzicht für eine Orientierung am Guten (174). Konkret fordert er am Ende für die Schule mehr Muße, Flexibilität, Empathie (176f).

Zwar sieht auch Lassahn (1975) die Schule äußerst kritisch – sie tue viel dafür, dass Freude verloren ginge (571) –, seine Herangehensweise ans Thema ist aber anders: Er legt die Freude als anthropologische Konstante dar, die nicht auf Äußeres passiv reagiere, sondern Ergebnis eines angeborenen Triebs zur Aktivität seien:

> »Diese Tätigkeit löst Freude aus, Tätigkeit und Freude treiben zum neugierigem Verhalten, zum Lernen und zu Erfahrungen. Dadurch erobern Kinder sich die Welt (...). Es gilt gar nicht, Kreativität und Sponatnität zu wecken – beides ist phylogenetisch im Menschen angelegt. Wir müssen vielmehr darüber nachsinnen, wie diese angelegten Kräfte nicht verschüttet werden.« (571)

Damit setzt er sich gegen damals herrschende behaviouristische Konzepte ab. Auch Lassahn verweist auf die klassische Stelle bei Aristoteles über die Bedeutung der Lust bei der Erziehung (557f), nennt aber auch Seneca, Epikur und Rousseau (558), von dem er aus eine Brücke schlägt zu Ellen Key und Maria Montessori. Seine Kritik an einigen alten und neuen reformpädagogischen Positionen: Sie kritisierten schulische bzw. insgesamt Leistungsorientierung aufgrund eines bei Rousseau und Seneca zu findenden verkürzten Gedankens über Glück und Freude: Unterschlagen werde hier wie dort gerade die Freude der Tätigkeit, damit auch der Leistung (561). Zusätzlich zur Freude an der Arbeit (für die er neben Aristoteles noch Fichte, Pestalozzi, Kerschensteiner und Nietzsche ins Feld führt, 563f) komme die auf die Zukunft, was er v. a. an Makarenko zeigt (565–567). Sein Resümee: Freude sei eine individuelle Stellungnahme zur Welt, stehe mit Lernen/Erkenntnis in Verbindung, sei (mit Liebe) Antrieb für Vernunft, diene der Selbstvervollkommnung, sei Grund für Tugend und resultiere aus Tätigkeiten. Es gebe Fehlformen (Lassahn spricht hier tatsächlich auch wieder von ›primitiven Formen‹ und nennt u. a., natürlich, Epikur) und Freude trete unverfälscht in der Kindheit auf (567f). Lassahns Text erinnert so einerseits an das Ergon-Argument angesichts einer wahrgenommen Gefahr, Freude als rein passiv zu denken. Gleichzeitig plädiert er auch für eine optimistischere Weltsicht und formuliert in diesem Zusammenhang ein Programm, das weit später die ›positive Psychologie‹ äußerst effizient in die Wissenschaften implantiert hat: Die Abwendung von der Vermeidung von Problemen/Krankheiten hin zur Förderung der Freude/des Glücks:

> »Wir stehen vor einer einseitigen Polarisierung des Humanen auf negative Sachverhalte. (...) Angesichts der vielen Gefährdungen und Bedrohungen des Menschen versteht sich diese Abhandlung ganz bewußt als Plädoyer für die *positiven Möglichkeiten* des Menschen.« (553, Herv. im Orig.)

Auch Koch (1975) sieht eine einseitig negative Bewertung der Leistungsorientierung durch zeitgenössische Schulkritik im Namen des Glücks. Unbestritten könnten schlechte Noten/Zeugnisse das momentane Glücksempfinden empfindlich beeinträchtigen, insbesondere dann, wenn nur das abstrakte Ergebnis unabhängig vom Prozess seiner Hervorbringung und von der Person des Hervorbringenden berücksichtig werde (666f). Allerdings berge die Kritik im Namen des Glücks erhebliche Schwierigkeiten: Glück sei subjektiv, wandelbar und entziehe sich einer objektiven und planmäßigen Durchsetzbarkeit (669). Daher könne die Erziehungswissenschaft mit dem Begriff ›wenig anfangen‹ (670). Am Ende weist Koch noch auf ein fundamentales Problem der ›kritischen Erziehungswissenschaft‹ hin, die im Namen fehlenden Glücks Schule kritisiert: Die ›Frankfurter Schule‹ (Koch beruft sich auf einen Aufsatz Marcuses) kritisiere gerade die Subjektivität von Glücksvorstellungen, daher könne man in ihrem Gefolge nicht Schule kritisieren mit Verweis auf fehlendes subjektives Glücksempfinden (670f). Anders formuliert: Die kritische Theorie unterstellte den Menschen Unglück bzw. falsches Glück. Darin war sie ebenso anmaßend wie bis heute erfolgreich und transportierte Paternalismus, wenn nicht autoritäres Denken im Namen eines vermeintlich höheren Glücks.

Um das Klima der damaligen Glücksthematisierung zu verstehen, lohnt ein kleiner Detailblick in den Schulkontext: Koch (1975, 662) zitiert aus den Richtlinien für den politischen Unterricht des Landes Nordrhein-Westfalen, in denen ausdrückliches Ziel genannt ist,

> »(...) eigene Glücksansprüche vor Verfälschungen zu bewahren und durchzusetzen, sofern dies nicht zu Lasten anderer geht, sowie Fähigkeit und Bereitschaft, dies auch anderen zuzugestehen und zu ermöglichen.«

Hentig (1969, 35) nennt, ganz hedonistisch, als Lernziel:

> »Der Genuß von Gütern, Unterhaltung oder Wissen, der durch andere vorbereit und vermittelt wird, kann durch kritische Beteiligung und Aneignung zum Selbstgenuß gesteigert werden.«

An anderer Stelle nennt er als Lernziele Beobachtung, Disziplinierung und Genuss des Körpers ausdrücklich auch gegen bestehende Moralvorstellungen (40f). Bei Riemen (1991, 157–161) finden sich noch weitere anschauliche Beispiele für pädagogische Plädoyers der Zeit zur Lustförderung und zum glücklichen Menschen in Unterricht, KiTa, Sexualpädagogik. Übersehen werden darf nicht, dass auch in der damaligen DDR das Glück gesetzlich verankert war: Im ›Gesetz über das einheitliche sozialistische Bildungssystem‹ von 1965 wird als Ziel u. a. ein »erfülltes, glückliches, menschenwürdiges Leben« genannt (Reifenrath 1999, 206). Dass die Besinnung auf Reformschulen nicht taugte, da diese durchaus leistungsorientiert und weitaus konservativer waren als in der distanzierten Wahrnehmung, wurde nicht gesehen (vgl. Retter 2010, 70). Ohnehin blieb die Forderung nach mehr Glück in der Schule nicht unwidersprochen und gipfelte in der Stellungnahme des ›Bonner Forums‹:

> »2. Wir wenden uns gegen den Irrtum, die Schule könne Kinder lehren, glücklich zu werden, indem sie sie ermuntert, ›Glücksansprüche‹ zu stellen. – In Wahrheit hintertreibt die Schule somit das Glück der Kinder und neurotisiert sie. Denn Glück folgt nicht aus der Befriedigung von Ansprüchen, sondern stellt im Tun des Rechten sich ein. 3. Wir wenden uns gegen den Irrtum, die Tugenden des Fleißes, der Disziplin und der Ordnung seien pädagogisch obsolet geworden, weil sie sich als politisch mißbrauchbar erwiesen haben. In Wahrheit sind Tugenden unter allen politischen Umständen nötig. Denn ihre Nötigkeit ist nicht systemspezifisch, sondern human begründet.« (Wissenschaftsforum Bonn 1978, 163)

Ähnlich argumentiert später Brezinka (1987) für das klassisch aristotelische Prinzip der Arete als Lebenstauglichkeit. Damit knüpft er inhaltlich an das Grundprinzip des Überlebens an, tut dies aber v. a. mit der Absicht, die Tauglichkeit für die eigene Gemeinschaft als Erziehungsziel zu rehabilitieren. Die Erfordernisse der Gemeinschaft seien komplexer, die Abhängigkeiten von unbekannten Anderen aufgrund der Arbeitsteilung höher geworden; hochgradig differenzierte Gesellschaften benötigten gemeinschaftliche Grundlagen, um Sozialität zu sichern und Auflösung zu verhindern (104). Als Ergebnis eines ›egalitären Wohlfahrtsstaates‹ (104) sieht er »Hedonismus«, »Privatismus«, ›moralischen Minimalismus‹, gekennzeichnet als

> »(…) Versuchung zu minimalen Leistungen bei maximalen Ansprüchen; die parasitäre Neigung, auf Kosten anderer zu leben; die Einengung des Interesses auf privaten Lustgewinn; die Unfähigkeit zur freiwilligen Selbstbegrenzung der Wünsche; die Abneigung gegen soziale Einordnung und Unterordnung.« (105)

Das ist einerseits eine Abrechnung mit o. g. Positionen im Gefolge der 1968er, hat andererseits aber auch inhaltliche Parallelen mit Positionen des Kommunitarismus. Brezinka ringt weitaus weniger als Nohl mit möglichen Konflikten des Individuums mit seiner Gemeinschaft, sondern betont die Notwendigkeit der Akzeptanz der Gemeinschaft und ihrer Tradition und Moral, begründet dies mit der anthropologischen Gegebenheit des Menschen als Kulturwesen (68), wobei er die Kontingenz des Tüchtigkeitsbegriffs als gegeben sieht (80). Grundsätzlich führe der »Dienst an Aufgaben« zu mehr Glück (79), was er erneut gegen einen überbetonten Hedonismus ins Feld führt.
Und wiederum gut 30 Jahre später spricht Bueb (2007) inhaltlich ähnlich und ähnlich umstritten vom ›Lob der Disziplin‹.

Allerdings ist es nicht nur der Hedonismus, der Ablehnung hervorruft. Wie bereits o. g. wird die Möglichkeit einer allgemeinen Förderung/Hervorrufung eines subjektiven Gefühls bestritten, auf Unklarheiten hingewiesen ob nun das Glück im Unterricht selbst oder als späteres Ziel gemeint sei, wie Zufall und strukturierte Intervention sich zueinander verhalten u. v. m., sodass Wigger (1987, 469) von guten Gründen gegen das Glück als Erziehungsziel spricht, andererseits auf Erziehung und Bildung als Orte der Vermittlung von Glücksvorstellungen verweist. Zwar sei die Berücksichtigung kindlicher Interessen und Wünsche wichtig, eine grundsätzliche Harmonisierbarkeit institutioneller Anforderungen und kindlicher Wünsche sei aber nicht möglich (Wigger 1987, 470). Darüber hinaus darf man nicht vergessen, dass sowohl in der Reformzeit der 1970/1980er Jahre wie in der zu Beginn des Jahrhunderts auf pädagogischer Seite Akteure wissenschaftlich und praktisch agierten, die im Namen des Glücks freie Körperkultur und Befreiung aus repressiver Sexualmoral das Wort redeten, in der Praxis aber Schutzbefohlene z. T. systematisch sexuell missbrauchten. Wyneken war verurteilter Sexualstraftäter, Kentler führte jahrelang Jungen aus Heimen pädosexuellen Männern zu. Die problematische Haltung Hentigs als Lebenspartner von Gerold Becker, der als Leiter der Odenwaldschule eine Struktur systematischen Missbrauchs an Schutzbefohlenen installierte, ist hinlänglich bekannt. Und auch die Kirchen, die Menschen zum umfassenden Glück (= Heil) in Gott führen wollen, sind dagegen nicht gefeit. Man muss also nicht nur aufgrund der Nichtherstellbarkeit des Glücks vorsichtig mit dem

Begriff sein. Er kann auch dazu dienen, mit einem hehren und allgemein anerkannten Ziel erbärmlichstes Verhalten zu kaschieren bzw. zu betreiben.

2.3.7 Die Wiederentdeckung des Glücks als Leitkategorie

Seit den 1990er Jahren gibt es verschiedene Arbeiten zum Themenfeld Pädagogik und Glück mit unterschiedlichen Schwerpunkten. Einige behandeln das Thema umfassend systematisch, andere ebenfalls generell, aber mit eher praktischer Ausrichtung; wieder andere setzen Akzente mit Bezug auf Aristoteles' Polis-Gedanken, während schließlich auch die Tradition einer schulbezogenen Thematisierung fortgesetzt wird. Z. T. darin verwoben, z. T. eigenständig wird das Thema Glück auch in der Sozialen Arbeit diskutiert. Die Auswahl der folgenden Vorstellung erfolgt mit Blick auf einschlägige Monographien bzw. Diskurse, beginnend mit *grundsätzlichen systematischen* Reflexionen:

Hier ist zunächst die Arbeit von Riemen (1991) zu nennen und als Zäsur zu verstehen: Er diskutiert das Thema umfassend mit Bezug auf klassische philosophische Positionen – von Aristoteles, die neuere Stoa, über Positionen aus Mittelalter und Renaissance/Humanismus bis hin zu Kant und den dann erfolgten Diskussionen seit den späten 1960er Jahren. Seine daran anschließenden systematischen pädagogischen Reflexionen sind bestimmt vom Bestreben, die Glücksthematik einerseits zu rehabilitieren, andererseits sie abzugrenzen gegen sozialtechnologische und affirmativ-systemstabilisierende Positionen. Von besonderem Interesse ist seine Arbeit nicht nur aufgrund ihres historisch-systematischen Aufbaus, sondern v. a. auch, weil er in seinem systematischen Ertrag Themen reflektiert, die in der aktuellen Debatte ebenfalls eine zentrale Rolle spielen. Riemen diskutiert z. B. das Glück als unbestritten subjektives Empfinden, aber auch die Notwendigkeit einer Übereinstimmung zu den »äußeren, überindividuellen Glücksbedingungen« und fragt:

> »Ist eine solche Übereinstimmung aufgrund der Verfassung oder Veranlagung des Menschen überhaupt möglich? Läßt sich eine solche Übereinstimmung in günstigen Momenten bloß unmittelbar genießen oder hängt sie von vernünftiger Gestaltung ab?« (Riemen 1991, 146)

Ihm geht es darum, eine Glücksfähigkeit und -möglichkeit zu postulieren, die einerseits sich nicht immun zeigt gegenüber dem Leid anderer, andererseits die Notwendigkeit politischer Gestaltung gerechter Bedingungen berücksichtigt. In Anlehnung an den Bildungsbegriff postuliert er Glücksmöglichkeit durch die Selbst- und Weltinterpretation/-gestaltung des Individuums als

> »(…) Spielräume möglichen Lebens, d. h. möglicher Lebensformung und Weltgestaltung.« (ebd., 148)

Riemen verweist mit Aristoteles auf die Tatsache, dass viele Menschen trotz widriger Lebensbedingungen am Leben festhielten, weil sie sich an ihm freuen und es genießen können (149). In diesem Kontext hebt er die Glücksrelevanz der Gerechtigkeit hervor, für die Pädagogik auch mit Blick auf Bildungsgerechtigkeit (150). Auch problematisiert er ein mögliches Glück auf Kosten anderer, z. B. durch Ausbeutung der Rohstoffe anderer Länder. Deutlich ist seiner Arbeit noch die zeitliche

Nähe zum Nationalsozialismus und dessen Aufarbeitung durch die Kritische Theorie anzumerken bei gleichzeitiger Anerkennung der Faktizität des Glücksstrebens. Abgelehnt wird ein Glücksgefühl, welches gewonnen ist aus einer Affirmation an bestehendes Unglück; des Weiteren wendet er sich gegen als sozialtechnologisch verstandene Anleitungen zum Glück (155–157), die er in einer empirisch-analytischen Pädagogik sieht; aus pädagogischer Sicht sieht er den Hedonismus als naiv an (161), eine Orientierung an gesellschaftlich anerkannter Leistung als konservativ-systemstabilisierende Umsetzung gesellschaftlicher Anforderungen (161 f).

Als Fazit sieht er für die Pädagogik die Aufgabe, auf der theoretischen Ebene sich vom Bild eines allgemein richtigen Lebens zu verabschieden bzw. gegen das vorhandene anzukämpfen (167), sowie durch eine Rehabilitierung der Glücksthematik innerhalb der Pädagogik junge Menschen durch das Thema Glück auf unentdeckte Möglichkeitsräume des Lebens hinzuweisen. Hier finden sich Parallelen zu Krämers Bestreben, das Thema Lebenskunst aus normativen Zwängen zu befreien.

Da dieser Punkt die Quintessenz von Riemens Arbeit ist, bleibt er auf der praktischen Ebene relativ unkonkret, sieht gleichwohl aber in unterschiedlichen pädagogischen Feldern Ansätze für die von ihm gewünschte Rehabilitierung des Themas (157–161).

Für die heutige Betrachtung äußerst interessant sind die von Riemen ausgemachten Ansätze zur Rehabilitierung des Glücks (157). Zunächst kritisiert er, dass der Begriff in einschlägigen Handbüchern nicht mehr als pädagogischer Fachbegriff zu finden ist (157); sodann wird für die Pädagogik (ganz im Sinne Krämers) ein Vorrang der Leistungs- (man könnte auch sagen: Sollens-)Ethik im Anschluss an Kant konstatiert. Weiter sieht er eine Abwendung vom Leistungs- hin zum Lustprinzip, v. a. auch durch die Sexualpädagogik (158). Weiter verweist er auf die Thematisierung des Glücks im Kontext von Schulpädagogik – einerseits in Hentigs Forderungen nach dem Erlernen von Genuss- und Konsumfähigkeit in der Schule, andererseits in Richtlinien des Schulministeriums Nordrhein-Westfalens, in dem der Umgang mit Genussmöglichkeiten als Lernziel ebenso genannt werde wie das Erkennen falscher Glücksvorstellungen und Erkennen/Bewahren eigener solcher (160). Auch von Seiten der GEW finde sich Ende der 1970er Jahre die Forderung nach Vorbereitung zur Glücksfähigkeit durch die Schule (160). Als weitere inhaltliche Anknüpfungspunkte werden Überlegungen aus der Allgemeinen Pädagogik zum erfüllten Leben genannt (163), das Thema einer ›heilen Welt‹ (164), Diskussionen um Kindes- bzw. Jugendwohl, den Identitätsbegriff, Friedens-/ Umwelt- und Sexualpädagogik sowie in didaktischen Diskussionen die Forderungen nach Aufgreifen der Bedürfnisse von Kindern/Schülern bzw. die Ermöglichung von Selbstverwirklichung, schließlich die Lernfreude. Sein Resümee:

> »Die Rehabilitierung des Glücks findet heute in der praktischen Pädagogik und in praktisch gemünzten pädagogischen Sätzen – z. T. ohne ausdrückliche Reflexion – unter Ersatzbegriffen statt« (165).

Mit Blick auf die Gegenwart bzw. Diskussionen der letzten ca. 20 Jahre ist Riemen damit seiner Zeit voraus. So finden sich aktuell immer wieder Bezüge zum Begriff des guten Lebens, auch zur Lebenskunst, zur Gerechtigkeit, durch einen staatlichen Fokus auf frühkindliche Bildung und Erziehung auch zur Kinderperspektive bis hin zu etlichen Studien zum Glück von Kindern und Jugendlichen. Das Glück als Erziehungs-/Bildungsziel wurde aber in der Breite nicht diskutiert, wenngleich Riemens Hinweis richtig ist: Vieles wird unter anderem Namen diskutiert und man muss kein Prophet sein, um abzusehen, dass angesichts der kritischen Reflexionen zur Moderne und zum klassischen Subjektdenken der Glücksbegriff in naher Zukunft stärker auf der Agenda stehen wird. Riemen hat hier bereits Diskussionslinien vorweggenommen.

In zeitlicher und inhaltlicher Nähe zu Riemen reflektiert Zirfas über Glück und Pädagogik. Beide stehen im Kontext von Diskussionen um die Problematik von Letztbegründungen, damit auch vermeintlich objektiver, de facto aber zeitbedingter pädagogischer Anthropologien und Zielkategorien. Die Auswirkungen auf pädagogische Selbstverständnisse über den Menschen und pädagogische Zielvorstellungen kennzeichnet Wulf (1994, 7):

> »Nicht mehr wie in der Philosophischen Anthropologie und unter ihrem Einfluß in der pädagogischen Anthropologie der 60er und 70er Jahre kann heute in den Humanwissenschaften von *dem* Menschen die Rede sein (Foucault 1973, 1974). Heute erscheint eine derartige Betrachtungsweise vermessen. Ihr universalistischer Anspruch hält einer historischen, ethnologischen, konstruktivistischen Perspektive nicht stand.« (Wulf 1994, 7, Herv. im Orig.)

Stattdessen gelte es, das eigene Programm selbstkritisch zu analysieren und entsprechend pädagogische Theorie zu reformulieren.

> »Pädagogische Anthropologie schließt die Reflexion der Möglichkeiten und Grenzen ihres Wissens ein. Sie untersucht die sich mit dem Verschwinden universeller Bezugsrahmen für das menschliche Selbstverständnis und die Erziehung gegebenen Schwierigkeiten.« (ebd., 16)

Will man trotzdem von Zielen nicht lassen, gilt es nun, einen kleinsten gemeinsamen Nenner des Menschlichen zu finden. Den sieht Zirfas in den Kategorien Leiden, Wunsch und Zeitlichkeit. Zirfas gewinnt sie aus der Glücksthematik als »anthropologischem Hintergrund« und behauptet sie »trotz Kant's ›alleszermalmender‹ Eudämoniekritik« (Zirfas 1993, 144), jeweils unter Bezugnahme auf Rousseaus ›Emile‹. Glück als individuelles und kollektiv anerkanntes Ziel, eingebunden in kollektive Moral und unbestritten vom Menschen angestrebt, rechtfertige pädagogisches Handeln, sodass es an anderer Stelle als »Relais von Ethik und Anthropologie« bezeichnet wird (Zirfas 1994). Schmerzflucht sieht er als anthropologische, nicht weiter begründbare bzw. zu begründende Konstante (Zirfas 1993, 146), den Umgang mit Leid als zentrale Reflexionskategorie nicht nur in Form einer Leidensminimierung, sondern auch in Form der Frage nach der Zumutbarkeit von Leid im pädagogischen Prozess. Den Aspekt des Wunsches diskutiert er im Kontext einer individuellen Strebens- und kollektiven Sollensethik und plädiert für die Einbindung des anthropologischen Themas »des Wunsches, des Interesses, des Willens« in eine »intersubjektive Konsenstheorie«, die sich abgrenzt gegen deontologische Formulierungen eines letzten Gutes (Zirfas 1993, 154). Unter dem Begriff der Zeit reflektiert er einerseits die Gegebenheit des zeitlichen Vorsprungs der moralischen Reflexion des Erziehers gegenüber dem Zögling, andererseits das Verhältnis von Gegenwarts- und Zukunftsbezug, schlussendlich unter Rekurs auf die klassische Formulierung Schleiermachers, wonach Gegenwarts- und Zukunftsorientierung im pädagogischen Handeln zusammenkommen müssen (Zirfas 1993, 159). Sein Fazit für pädagogische Ethik:

> »Die von uns diskutierten anthropologischen Aspekte des Leidens, des Wunsches und der Zeit, die sich intersubjektiv durch die ethischen Theorien des Mitleids, der Freiheit und der Kontingenz begründen lassen, zielen auf der Basis dieser anthropologischen Theorien in ihren Konsequenzen auf Schmerzfreiheit/Gesundheit, Handlungsfreiheit und Gegenwartsbezogenheit (...).Die anthropologischen Bestimmungen einer pathozentrischen, chronologischen und einer Präferenzethik bedingen die Pädagogik in ihren ethischen Bestimmungen, ohne allerdings Ethik begründen und inhaltlich konkrete Normen und Ziele – etwa: das Glück definieren zu können.« (Zirfas 1993, 164f)

Zirfas gewinnt also aus vorsichtigen anthropologischen Reflexionen Maßstäbe für pädagogisches Handeln, die als solche rückgebunden sind an die Adressaten: Pädagogik ziele nicht darauf, Menschen glücklich zu machen, sondern darauf,

> »(...) pädagogische Bedingungen der Möglichkeit dafür zu schaffen, dass Menschen ihre Form des Glücks suchen und verwirklichen können.« (Zirfas 2011, 235)

In großem zeitlichem Abstand zu seiner Monographie nimmt er sich des Themas noch einmal an und bezeichnet Glück als menschliches Lebensthema. Für die Pädagogik als »Lebenslaufwissenschaft« wird es dazu zu einer ›unendlichen Aufgabe‹, die darauf zielt, »Glücksdispositionen zu entwickeln« die Menschen – in Abgrenzung zu einer ausschließlich rationalen Bewertung des Lebens als glücklichem – »in die Lage versetzen, das Leben zu genießen« (ebd., 236). Der in diesem Zusammenhang von Zirfas gemachte Zusatz, dieser Genuss sei mehr als »Spaß, Flow, Freude und Zufriedenheit«, deutet auf eine klassische Vorstellung von Glückswürdigkeit, die aber nicht näher benannt wird.

Zirfas sieht in der Pädagogik das Gefühl von Glück als Lust und Unlust nur marginal thematisiert (225), eudämonistisches Glück spiele, wenn überhaupt, in der Freizeit- und Kulturpädagogik bzw. einer Pädagogik der Lebenskunst eine Rolle und sei dominanter als hedonistische Positionen (227). Letzere verteidigt er gegen Pauschalverurteilung (228) und differenziert hedonistische Glücksgefühle in ›Spaß und Fun‹, ›Flow‹, ›Freude‹ sowie ›Zufriedenheit und Wohlbefinden‹.

›Spaß‹ (229), charakterisiert er, in offensichtlich synonymer Verwendung zu ›Fun‹, als »extrem präsenzbezogen«, von sehr kurzer Dauer und in seiner Intensität auf Ewigkeit ausgreifend (229). Er sieht den Spaß einerseits als Ausdruck von »Selbstbestimmung und Selbstübereinstimmung«, daher auch als Richtschnur für Maßnahmen des Lernens in pädagogischen Kontexten, insbesondere der Schule, und als Korrektiv gegen als mechanistisch verstandene Lernsituationen (230); andererseits warnt er vor einer Verschmelzung von Spaß und Lernen, offensichtlich, um die dem Lernen auch innewohnende Anstrengung nicht zu vergessen, sowie vor einem ›Selbstverlust‹ im Versuch permanenter Spaßproduktion (230).

Der Begriff des ›Flow‹ wird inhaltlich zweifach gekennzeichnet als Glücksgefühl einerseits, Glücksbedingung andererseits (231). Die pädagogische Bedeutung des Flow wird anhand bestehender Diskussionen in aktuellen Handlungsfeldern wie auch anhand der Geschichte belegt, wobei Zirfas die lange pädagogische Tradition des Flow und seine Bedeutung für das Lernen benennt (230). Es sei sinnvoll, in pädagogischen Kontexten Menschen dieses Gefühl erfahren zu lassen, da es positive Auswirkungen auf Gesundheit und geistige Aktivität habe, und insgesamt menschliche zielgerichtete Tätigkeiten zu entwickeln/zu verfolgen (231 f).

Ähnlich dem Flow konstatiert Zirfas auch bei der ›Freude‹ eine direkte historisch-systematische Verbindung zur Pädagogik, da sie mit Erkenntnis und Lernen verbunden sei (232). Gekennzeichnet wird sie als ein im Vergleich zu Flow und Spaß tieferes und länger anhaltendes Gefühl. Anlass für Freude könnten Erfahrungen von Krisenbewältigung, persönlicher Entwicklung oder gelungener Selbstbestimmung sein, weitergehend auch das Leben als solches (232). Im Kontext systematischer Reflexionen über das Lernen nehme die Freude historisch-systematisch betrachtet einen zentralen Stellenwert ein.

Freude sei als ›Stellungnahme zur Welt‹ mit der Charakterbildung verbunden, resultiere aus Freiheitsspielräumen und bewirke und stifte Gemeinschaft (232). Zirfas zieht hier auch Verbindungen zu den o. g. Arbeiten von Lassahn (1975) und Riemen (1991) und zum Bonner Forum (1979). Der Pädagogik sei die Beschäftigung mit der Freude abhandengekommen und sie werde ausschließlich noch für die Kindheit angenommen und in der frühkindlichen Pädagogik als Ziel thematisiert.

Als basale positive Grundgestimmtheit nennt Zirfas schließlich Zufriedenheit und Wohlbefinden und unterscheidet beide hinsichtlich eines kognitiven Faktors, der bei der Zufriedenheit zum Tragen komme, insofern resultiere dieses positive Gefühl aus einer Bewertung eigener Ziele und Verwirklichungen derselben; auch sei Zufriedenheit Ergebnis von Aktivität (Zirfas 2011, 233). Klassisch eudämonistisch und hedonistisch/stoisch könnten diese positiven Befindlichkeiten Ergebnis einer Erreichung von (Lebens-)Zielen, aber auch eines Verzichts auf nicht Erreichbares und einer Reduktion auf Lebensnotwendiges sein. Pädagogisch plädiert er für eine Ermöglichungsperspektive auch mit Verweis auf die Bedeutung gegenwärtiger für zukünftige Freuden sowie Lernen und Persönlichkeitsentwicklung (ebd., 234 f).

Zirfas sieht eine hohe Relevanz der Glücksthematik für pädagogische Reflexion in Theorie und Praxis, sie selbst aber eher indirekt thematisiert z. B. durch Tugenden, Entwicklung von Fähigkeiten u. Ä. (235). Dagegen sucht Zirfas nach einer positiven Haltung der Pädagogik gegenüber dem Glücksstreben des Menschen und knüpft inhaltlich an Bollnow an: In Glücksgefühlen manifestierten sich Bedeutsamkeiten/Wertigkeiten der Empfindenden wie von Menschen überhaupt, was pädagogisch genutzt werden könne:

> »Spontane wie stimmungshafte Glücksgefühle können als existenzielle Metagefühle gelten, da sich in ihnen zeigt, was für das menschliche Leben letztlich im positiven Sinne bedeutsam ist.« (236)

Praktisch könne das z. B. in einer *»anthropologisch-eudämonistischen Beratung«* geschehen (ebd., 235, Herv. im Orig.). An anderer Stelle zeigt Zirfas sich praktisch deutlich hedonistischer, indem er explizit wertschätzend den Rausch thematisiert und mit Verweis auf theoretische Bezüge auf Glücksinhalte ästhetischer Bildung eingeht (Zirfas 2013; vgl. auch Liebau/Zirfas 2013).

Im Grunde handelt es sich bei dem späteren Aufsatz von Zirfas um eine differenziertere Entfaltung seiner früheren Arbeit. Während diese noch nach Minimalbegründungen pädagogischer Theorie und Praxis suchte und sie im Glück bzw. Glücksgefühlen von Lust und Schmerz fand, geht er in jener detaillierter auf die Bedeutung des Glücks für Pädagogik ein. Zirfas sieht auch den fundamentalen Einfluss Kants und betont zurecht v. a. die Bedeutung der Freude als den Menschen öffnendes Gefühl für das Lernen, aber auch für die Verbindung von pädagogischer Praxis und ihrem Ziel: Wer Menschen zukünftiges Glück wünscht, muss es ihnen in der Gegenwart ermöglichen. Zirfas Plädoyer für die Fokussierung auf Ermöglichung statt Beschränkung/Leidvermeidung ist berechtigt. Zur Wahrheit gehört aber auch, dass vermutlich gerade in beratenden Kontexten die Anerkennung von unauflösbarem Leid als Glücksförderung erlernt werden kann und muss. Bemerkenswert ist, dass er sich nicht nur auf einschlägig eudämonistischem, sondern auch auf dem pädagogisch allzu schnell verminten hedonistischen Terrain bewegt.

Taschner (2003) rezipiert unter dem Titel »Glück als Ziel der Erziehung« grundlegende Arbeiten von Seel, Nussbaum und Krämer mit dem Ziel, anhand zentraler Inhalte der Glücksthematik die Bedeutung von Erziehung für Glücksmöglichkeiten herauszustellen. Letzte behauptet er gegen aus seiner Sicht einseitige Positionen. Zu ihnen zählt er eine kultur-(leistungs-)kritische Klage über fehlendes Glück, eine Reduzierung des Glücks auf Lust- bzw. Bedürfnisbefriedigung, schließlich eine pädagogische Enthaltsamkeit gegenüber der Glücksthematik aufgrund der Subjektivität des Gegenstands. Zwar könne Erziehung Glück nicht herstellen, verstehe man jedoch Erziehung »als eine schrittweise Hinführung zu weltoffener Selbstbestimmung« (103), korreliere das mit einem umfassenden Glücksverständnis. So wie für das Ziel der Selbstbestimmung »wesentliche Vollzugsformen« berücksichtigt und in der Erziehung vermittelt werden müssten, könnten bei aller Subjektivität des Glücks Perspektiven wie auch Fehlformen hinsichtlich eines glücklichen Lebens aufgezeigt werden:

> »Insofern das Glück Bestandteil erzieherischer Intention ist, können bestimmte Handlungen beschrieben werden, die die Möglichkeit von Glück als zumindest aussichtsreich erscheinen lassen bzw. deren Unterlassung das Glück höchst unwahrscheinlich werden läßt.« (106)

Gleichzeitig wird damit auch eine gewisse Normativität im erzieherischen Verhältnis legitimiert als

> »(...) Übernahme von Verantwortung für die Aussicht auf ein gutes Leben der Heranwachsenden durch die Erziehenden.« (101)

Darin wird das Ziel Taschners deutlich: Man gewinnt Inhalte eines ›differenzierten Glücksbegriffs‹ (95–99), die konkreter sind als lediglich Hinweise auf die Subjektivität des Glücks. Da damit einerseits zwar die Subjektivität des Glücks, andererseits dessen allgemeine Kategorien/Inhalte dargelegt wären, wäre es treffender, vom ›individuellen Guten‹ zu sprechen. Aufgrund alltagssprachlicher Nähe zu pädagogischen Zielgruppen wird aber der Glücksbegriff beibehalten (96).

Als inhaltliche Aspekte nennt er dann mit Krämer das ›Glück als Verhältnisbegriff‹, »der die Relation von Selbst, Welt und Gefühlslagen beschreibt«[53], sowie (Un-)

---

53 An dieser Stelle müsste in einer pädagogischen Arbeit ein Verweis zum Bildungsbegriff und

Verfügbarkeit und die Zeitbedingtheit der Perspektive; mit Seel die Komplexität »sehr unterschiedlicher Erfahrungs- und Vollzugsformen«; mit Seel und Krämer die Subjektivität wie Objektivität des Glücks sowie die Möglichkeit der Glückstäuschung (Seel) oder des Gehemmt-Seins (Krämer). Zu unterscheiden seien nach Taschner (und offensichtlich mit Seel) ebenfalls unterschiedliche Zeitaspekte des Glücksbegriffs und seiner Vollzugsformen sowie die Ablehnung eines Optimalzustands (ebd.). Mit Seel komme auch das Glück (als Wohlbefinden) solcher Lebewesen in den Blick, »die nicht zu ihren eigenen Zuständen wertend Stellung nehmen können« und dafür Unterstützung benötigten (97). Auch kämen bei zeitlicher Betrachtung »Entwicklungsstadien des menschlichen Glücks« in den Blick, was vor einer Idealisierung des kindlichen Glücks schütze (ebd.).

Mit allen drei Autoren könnten die äußeren Bedingungen des Glücks thematisiert werden, ebenso die Unterscheidung zwischen Bedürfnissen und Zielen (ebd.). Auch die Bedeutung des ›Könnens‹ ergebe sich aus der Beschäftigung mit diesen Autoren. Mit dem Können sei

> »(…) vielleicht das stärkste Argument für die hervorgehobene Rolle von Bildung und Erziehung bei der Weichenstellung für ein gutes Leben gewonnen.« (98)

Die Unterscheidung Seels zwischen teleologischem und ästhetischem Glücksbegriff sei wichtig, um Erziehung zum Glück nicht falsch zu verstehen. Diese sei

> »(…) weder ausschließlich denkbar als Herstellung von Könnensweisen, Einübung in rationales Wünschen oder in die Aufstellung kohärenter Lebenspläne noch als direkte Herstellung von Zuständen des Wohlbefindens.« (98)

Als ›konstitutiv‹ für einen pädagogischen Glücksbegriff sieht Taschner den Gegensatz von Verfügbarkeit und Unverfügbarkeit des Glücks (98), weil die Unverfügbarkeit des Glücks mit derselben pädagogischen Intervention korreliere (99).

Abschließend liest Taschner Wilhelm Flitners Allgemeine Pädagogik, insbesondere den Begriff der ›Lebensbemeisterung‹, mit Blick auf ihre implizite Glücksbezogenheit (108–127). Der Verweis ist richtig, was ein kleiner Exkurs in zentrale Aussagen Flitners veranschaulicht:

Streng genommen kann man Wilhelm Flitner nicht direkt mit dem Glück in Verbindung bringen. Allerdings lässt schon der Begriff der Lebensbemeisterung auf eine Nähe zur Lebenskunstthematik aufgrund des lebensphilosophischen Ansatzes schließen. Flitner sieht den Wunsch nach Lebenserhalt im Kind gegeben (Flitner 1983, 232), aber auch, analog zum Tierreich, im (Brut-)Pflegeverhalten der Eltern (ebd., 140–142; 167;). Flitner spricht auch tatsächlich vom Glück, verwendet aber den religiösen Begriff des Heils (212 f). Er spricht hier ebenso von Lebensfülle (167), »gesteigerter Lebensbemeisterung und größerer Vollkommenheit« (210 f), von einem »Zustand des Gedeihens« (213), was man heute anglisiert ›flourishing‹ nennt. Analog zur körperlichen Sorge der Lebenskunst und klassischen Beziehung von Glück und Gesundheit verbindet Flitner das Heil mit Gesundheit (212 f), spricht

---

seinem Kern, dem Verhältnis des Individuums zu sich, anderen und der Welt erfolgen. Das unterbleibt leider, hätte aber der Pädagogik über den Umweg der Krämerschen Strebensethik im Glücks-Konzert der wissenschaftlichen Disziplinen eine zentrale Rolle gegeben.

vom Heil in der und durch die Gemeinschaft (214) und nennt hier Grundbedingungen (215), die in Analogie zu solchen des Glücks zu lesen sind. Des Weiteren nennt er als »Kriterium des echten Bildungsprozesses« die »(...) *Gelöstheit der Seele,* die aus der Bewältigung der Aufgaben und der Befriedigung der Bedürfnisse des Augenblicks stammt.« (265, Herv. im Orig.). Weiter betont Flitner bzgl. der Herausbildung der Person, die eigene Vitalität strebe nach Selbsterhalt und Positionierung in einer Gemeinschaft, und betont diesbezüglich die Bedeutung des Berufs als den Ort, an dem die eigene, sehr persönliche Kraft eingesetzt werden könne (235). Das ist nichts anderes als die klassisch aristotelische Tüchtigkeit, deren Begriff er auch verwendet (244). Allerdings spricht Flitner trotz dieser direkten inhaltlichen Bezüge an diesen Stellen der ›Allgemeinen Pädagogik‹ nicht vom Glück.

Insofern ist Taschners Pointe treffend: Erziehung sei als Orientierung am Werden der Person, darin am Meistern des Lebens immer schon am Glück orientiert. Darüber hinaus seien die dem erzieherischen Handeln inhärenten Aspekte der Versorgung und Pflege basale Voraussetzungen für Glück. Die Pädagogik selbst werde durch die Rezeption philosophischer Glückslehren inhaltlich bereichert. Konkreter stellt er fest, Flitners Orientierung am Begriff der Person als Ziel pädagogischen Handelns, wie auch sein Verständnis einer Steigerung des Lebens durch Pädagogik entspreche Krämers Gedanken einer Verbesserung von Lebensvollzügen (Taschner 2003, 126). Insofern ist es einerseits richtig zu sagen, dass Glück auch da, wo es nicht explizit pädagogisch thematisiert wird, implizit immer mitschwinge, denn implizit benötige jede Erziehung Vorstellungen vom guten Leben, die Begründung für Erziehung seien (127). Andererseits ist es aber auch zu stark, denn man kommt auch ohne konkrete Vorstellungen vom guten Leben pädagogisch mit Minimalbedingungen aus, wie Zirfas zeigt.

Insgesamt arbeitet Taschner an zwei Fronten: Zum einen zeigt er der Philosophie die Bedeutung pädagogischer Intervention für ein glückliches Leben; andererseits zeigt er pädagogischen Positionen die Vielfalt der Glücksthematik, darin die Bedeutung ihres eigenen Faches, aber auch ihrer möglicherweise zu kurzen Interpretationen des Themas – weniger ein Fehlen, eher einseitige Glücksvorstellungen seien zu kritisieren:

> »Zu schreiben wäre dann vermutlich weniger eine Geschichte der bewußten Mißachtung des Glücks, da sich kaum eine Erziehungstheorie die Blöße gibt, nicht wenigstens implizit mit einer Minimalvorstellung vom guten Leben zu operieren und Erziehung als Königsweg dorthin zu propagieren. Zu schreiben wäre vielmehr eine Geschichte der Verabsolutierung einzelner Glücksdimensionen: die Verabsolutierung individueller bzw. kollektiver Bedürfnisse, die Verabsolutierung der Arbeit, der Interaktion, des Spiels, der Betrachtung und nicht zuletzt der Moralität als einziges und allgemeines Ziel der Erziehung.« (128)

Beispiele für das unbewusste Vorhandensein des Glücks in der Pädagogik könnten z. B. das Spiel als zentrales pädagogisches Medium sein oder das Erziehungsziel Gemeinschaftsfähigkeit. Berechtigt ist auch die Warnung vor zu viel Pessimismus wie andererseits pädagogischen Heilsversprechen, so als ob eine nur ›richtig‹ durchgeführte oder gar entlang zentraler Glücksinhalte entwickelte Pädagogik Glück zwingend fördere. Hier ist der Hinweis auf die Unverfügbarkeit des Lernens hilfreich. Etwas weniger berücksichtigt scheint die Diskussion zu sein, ob das Glück als explizites Thema einen Mehrwert für Pädagogik selbst habe neben der Tatsache, dass man als pädagogische Fachkraft Verantwortung sowohl für das Eröffnen von Horizonten als auch für den Schutz des Einzelnen hat und dass man sich vor einseitigen Glücksvorstellungen und deren Verwirklichung verabschieden sollte. Problematisch scheint der Gedanke einer Warnung vor Fehlformen zu sein – hier müsste doch im Sinne subjektiver Relevanzsetzungen zurückhaltender davon ausgegangen werden, dass einem ein letztes Urteil über andere nicht zusteht.

Bereits im Titel ›Balancen‹ sehr an der aristotelischen Tugendlehre orientiert ist die Arbeit von Mertens (2006). Tatsächlich geht er mit Aristoteles vom Glück als sinnvollem und tugendhaftem Leben in einer darauf ausgerichteten Gemeinschaft aus (ebd., 13).

Mertens deutet das Interesse an der Glücksthematik als Wunsch nach Orientierung im Kontext des Individualisierungstheorems (8–12) und betont die heutigen Chancen individueller Gestaltungsmöglichkeiten (11 f) und, mit Bezug zu Rousseau und neueren pädagogischen Ansätzen, des ›Lernens des Lebens‹ (14). Den Gedanken balancierter Lebensgestaltung erläutert er anhand einiger Aspekte eines guten Lebens, namentlich ›Erlebnis‹, ›Gesundheit‹, ›Identität‹, ›Verantwortung‹.

Gegen eine behauptete einseitige und oberflächliche Erlebnis- und Konsumorientierung wird für dauerhaftes Glück eine Orientierung an Zielen außerhalb des Individuums empfohlen (24), in Sonderheit sinnvolle/erfüllende Tätigkeiten (25 f), insbesondere die Versenkung in Gegenstände/Spielzeug. Als Ideal sieht er erfüllende Selbstverwirklichung und reflektierten Konsum bei (klassisch idealistischer) Orientierung am Wahren, Guten und Schönen.

Hinsichtlich der Gesundheits- wird deren Nähe zur Glücksthematik betont mit Bezug zum Salutogenese-Konzept (34–57) und mit Verweis auf dessen Wurzeln in der antiken Diätetik (37 f). Als bedeutsam wird der Aspekt des Sozialen/der Freundschaft genannt, im weiteren noch ökologische Aspekte (40 f) wie eine austarierte work-life-balance (41). Schließlich wird noch auf die Wechselwirkung zwischen Leib und Geist und die Bedeutung körperlicher Aktivität für das psychische Wohlbefinden hingewiesen. Das pädagogische Proprium liege bei der Gesundheitsthematik darin, den Aufbau eines Kohärenzgefühls im Individuum zu unterstützen (53), welches letztendlich den Menschen zur Wahrnehmung einer gesunden Lebensführung befähige (57).

Hinsichtlich der Identitätsthematik zieht er Parallelen zum salutogenetischen ›Sense of Coherence‹ und aktuellen Vorstellungen von Identität als mehrdimensional erzeugtes und immer wieder neu zu erzeugendes Gefühl. Es sei

> »(…) ein *unverzichtbares Steuerungszentrum* der Person und ihres Handelns, das in all ihrem Denken und Tun und bei aller Veränderung um *Zusammenhalt* (Kohärenz) und *Beständigkeit* (Kontinuität) bemüht ist.« (85; Herv. im Orig.)

Als pädagogische Orte der Entwicklung dieses Gefühls insbesondere unter dem Aspekt der Vermittlung von Individuellem und Sozialem werden Kindertagesstätte und Schule (75), das Arbeitsleben (75 f) sowie außerschulische Jugendarbeit (76) genannt. An anderer Stelle werden einige dieser Settings als Lernorte sittlicher Bildung wieder aufgegriffen, in denen auch durch intellektuelle Schulung das gute

Leben thematisiert werde. Besonders hervorgehoben wird das dialogische Gespräch (127), insgesamt die pädagogische Begleitung für die Unterstützung von Menschen bei der Wahl der für ihr Leben passenden Güter (ebd.).

Gehen die Ausführungen zur sittlichen Bildung (»Verantwortung als Bildungsziel«, 92) an einigen Stellen eher in Richtung Unterweisung und Beratung, weist Mertens an anderer Stelle auf die Bedeutung der Form für den Inhalt hin: Verantwortung für die eigene sittliche Lebensausrichtung könne nur partnerschaftlich und partizipativ (120), Pro-Sozialität nur in sozialer Interaktion lernbar sein (124). In der Schule müssten sittliche Themen mit lebenspraktischem Bezug vermittelt werden unter Berücksichtigung von Bedeutungszumessung und -abwägung (125).

Ähnlich Taschner möchte Mertens die zentrale Bedeutung der Pädagogik für die Glücksthematik, hier v. a. durch die Möglichkeit der pädagogischen Begleitung bei der Herausbildung einer glücklichen Person, darlegen. Glücklich sei diese Person, wenn es ihr gelinge, angesichts vielfältiger Möglichkeiten und beständiger Veränderungen einen eigenen, sittlich verantwortlichen Lebensweg in gemeinschaftlicher Eingebundenheit zu gehen. Der pädagogische Beitrag liege dann in der Hilfe bei der Herausbildung eines Kohärenzgefühls, der sittlichen Unterweisung in Form und Inhalt, der Begleitung und Beratung, der Entdeckung von Tätigkeiten der Selbstaktualisierung/Selbstwirksamkeit und der Anleitung zur Wahl der jeweils zum Individuum passenden Lebensform. Allerdings klingt es bei Mertens in einigen Passagen eher nach schulpädagogischer inhaltlicher Belehrung. Hier muss gefragt werden, ob die Schule das richtige Setting, der Intellekt der richtige Anknüpfungspunkt ist für ein doch zunächst emotional und für jedes Individuum verschiedenes Thema. Andererseits wird zurecht auf die inhaltliche Nähe, vielleicht sogar auf eine Identität zwischen salutogenetischer Förderung eines umfassenden Wohlbefindens und pädagogischer Begleitung bei der individuellen Weltaneignung und Herausbildung eines Identitätsgefühls hingewiesen. Letztlich zielt beides auf ein Glücksgefühl. Hier kommen dann viel stärker emotionale Aspekte ins Spiel und können tatsächlich wesentlich besser in außerschulischen Settings wie der von Mertens genannten Jugendarbeit und Erwachsenenbildung aufgegriffen werden. Mertens Rekurs auf eudämonistisches Denken ist wiederum (nach Kant) pädagogisch klassisch, leider auch mit nicht zu verbergender grundsätzlicher Genussskepsis. Unreflektiert lässt Mertens auch die Problematik einer inhaltlichen Konturierung des Guten, einer widerspruchsfreien Definition und Wahl in konkreten praktischen Gegebenheiten mit möglicherweise widerstreitenden moralischen Ansprüchen. Unberücksichtigt bleibt auch die Frage, ob der Mensch sich denn tatsächlich zumindest im Großen und Ganzen nach dem intellektuell einsichtigen Guten ausrichte; in diesem Zusammenhang ist es dann auch nicht verwunderlich, dass die gesamte hedonistische Tradition wenig reflektiert wird und eher idealistisch ästhetisiert erscheint. Im Kapitel zur Gesundheit wäre dies durchaus möglich, insofern zwar einerseits Gesundheit nun bio-psycho-sozial verstanden wird, andererseits aber eben die Leiblichkeit des Menschen in Verbindung mit Wohlbefinden zu ganz anderen Themen führen könnte, wie sie andernorts selbstverständlich thematisiert werden. Zwar wird die Bedeutung körperlicher Aktivität z. B. für psychisches Wohlbefinden genannt und auch die Möglichkeit, innerhalb pädagogischer Kontexte Bewältigungsstrategien zu erlernen; es fehlen aber z. B. die deutliche Betonung der Glücksgefühle und glücksfördernder Tätigkeiten in unterschiedlichen Settings ohne moralischen oder bewältigungsbezogenen Gesichtspunkt, schlicht: einfach aus Freude.

Eine ›Pädagogik des Glücks‹ mit Hinweisen zu Lernorten und -methoden stellen Münch/Wyrobnik (2010) in Aussicht. Ähnlich wie Mertens und mit Aristoteles definieren sie das Glück, verstanden als ein positives Gefühl von relativer Dauerhaftigkeit, negative wie positive und ekstatische Momente einschließend, v. a. als »*Balance zwischen Wollen und Können, zwischen Sein und Bewußtsein*«, darin auch als »*Produkt und Ausdruck der Verwirklichung eigenen Könnens*«. Glück werde so zu einer »(...) *Lebensaufgabe, die auch unter weniger optimalen äußeren Bedingungen bewältigt werden kann.*« (Münch/Wyrobnik 2010, 10, Herv. im Orig.).

Genannt werden unterschiedliche sog. Glücksarten, darunter auch im Sinne des Ergon-Arguments und gegen ein verkürztes Verständnis als passives Wohlfühlen ein

> »(...) Leistungsglück, das wir empfinden, wenn wir eine Sache gut gemacht haben, uns etwas geglückt ist. Sei es bei der Arbeit, beim Spiel, bei Gelegenheiten des Alltags – oder auch beim Lernen.« (6)

Unter Berücksichtigung politisch-ökonomischer Glücksdimensionen (11–17) wird für lebenslanges (auch emotional/soziales) Lernen als Anregungen für Glücksmöglichkeiten plädiert (19–26), was nicht zuletzt Weltbegegnung und höheres Einkommen ermögliche (27). Hinsichtlich einer Erlernbarkeit des Glücks wird eine ideale bildungsbezogene Lebenshaltung skizziert als

> »neugierig auf das Leben (...), in sich ruhend, gelassen und ausgeglichen, stark im Fühlen und Wollen, voller Empathie und sozialer Einbindung.« (31)

In den dann folgenden Kapiteln behandeln die Autoren die spezifischen Glücksaspekte ausgewählter Lebensphasen, Institutionen und Themen.

Bezüglich des Glücks in der frühen Kindheit (39–49) wird auf die Bedeutung der Beziehungen in Elternhaus und KiTa eingegangen, auf Selbstwirksamkeitserfahrungen und Frustrationstoleranz, Lob und spielerische Versenkung sowie die Ermöglichung des Lebens in eigenen erfüllten und (für Außenstehende) gedehnten Zeiten. Hier werden auch Grundbedürfnissen als Glücksvoraussetzung genannt. Summarisch wird als glücksrelevant (48 f) ›qualitative Zeit‹ (49) mit vielfältigen Erfahrungen genannt, verbunden mit erlebter Freude (mit Verweis auf Schleiermacher und Korczak, 48). Einschlägige Arbeiten zum Glück der Kindheit aus Eltern- sowie aus Kindersicht werden referiert, wobei Überschneidungen zwischen Eltern- und Kinderaussagen konstatiert werden mit dem Unterschied der zusätzlichen Nennung von unvorhergesehenen Geschenken und Zufallsglück auf Seiten der Kinder.

Für den Themenkomplex des Glücks in der Schule heben die Autoren die Bedeutung einer positiven Lernkultur hervor. Diese werde geprägt durch

> »(...) die äußeren Rahmenbedingungen des Lernortes Schule, die Grundeinstellungen und Verhaltensweisen der Lehrer und die lernprozessualen Charakteristika.« (80)

Die größte Bedeutung messen die Autoren der Beziehungsebene aller Beteiligten zu (81), begrüßt wird das Projekt eines Schulfachs Glück (93).

Das Glück der Jugendphase (109–116) sehen die Autoren v. a. durch Erfahrungen von Selbstwirksamkeit, Vertrauen in sich und die Richtigkeit von Lebensentscheidungen gegeben. Sie verweisen auf empirisch konstatierte positive Selbstaussagen von Jugendlichen sowie auf Faszination wie Störanfälligkeit typischer Jugendthemen wie Ablösungsprozesse (110), sexuelle Erfahrungen (111), Identität (112) sowie Schul-/Berufsqualifikation (112). Zentral für das Glück in der Jugend seien »Kompetenzerfahrung, Liebeserfahrung und Selbstvertrauen« (116).

Für die Lebensphase Alter (117–123) wird wieder Neugierde genannt (119) sowie die damit zusammenhängenden Faktoren der Aktivität und Sozialität (120). Inhaltlich werden für das Alter noch das Lernen an (Volks-)Hochschulen (120–121), Sport, Musik sowie gemeinnützige Aktivitäten und grundsätzlich Gesundheit (122 f) genannt.

Die Lebensphase des Erwachsenenalters/mittleren Erwachsenenalters wird von den Autoren nicht explizit behandelt, findet sich aber teilweise berücksichtigt unter dem Thema ›Arbeit‹ (95–108) mit einschlägigen Erkenntnissen der Arbeitsforschung über zentrale Elemente von Arbeitszufriedenheit (104 f). Ein weiteres Kapitel widmet sich dem ›Glück in der Freizeit, Natur, Kultur und Medienwelt‹ (125–136), der Muße explizit (129 f). Bezüglich der Natur nennen sie die Erfahrung als solche wie auch Aktivitäten in ihr; bzgl. der Kultur nennen sie unterschiedliche künstlerische Medien, aber auch Sport, Reisen, Essen als ästhetische und spielerische Erfahrungen von Kontemplation und Lebendigkeit (133) als lebensbegleitende, glücks- und sinnstiftende Erfahrungen (133).Ohne den Bezug direkt herzustellen, ist hier offensichtlich das Thema der Lebenskunst angesprochen als Fähigkeit, das Leben heiter, spielerisch zu gestalten und v. a.: zu genießen.

Als ›Saboteure des Glücks‹ (137–145) werden ein Übermaß an Arbeit, Ehrsucht, Geiz, das Nachtragend-Sein, Neid, Eifersucht genannt, woran sich abschließend ein positiver Ausblick (›Tore zum Glück‹, 147–157) anschließt, in dem eine bewusste, man könnte auch sagen achtsame und dankbare Lebenshaltung empfohlen (147 f) und noch einmal die Bedeutung basaler Aspekte (Liebe, Freundschaft, Neugierde, persönliches Wachstum und Anerkennen von Grenzen, Aktivität und Kontemplation) hervorgehoben werden.

Durch diese sehr breite und entlang der Lebensphasen orientierte Thematisierung kann man veranschaulichen, dass eine postulierte pädagogische Glücksförderung schon im Vollzug eines guten ›Kerngeschäfts‹ liegen kann, z. B. als Förderung von Neugierde und Weltbegegnung, aber auch durch gute, in diesem Fall besonders auch freudvolle Institutionen/Tätigkeiten. Eingehender müsste diskutiert werden, ob Glück direktes Ziel von Pädagogik sein sollte/könnte oder sich eher nach guter Pädagogik eine Glücksmöglichkeit eröffnen könnte (aber nicht müsste). Hier müssten auch die Unsicherheiten des Lernprozesses geklärt werden, ebenso die Frage nach den der Pädagogik entzogenen Charaktereigenschaften oder familiären Konstellationen. Analog zu Zirfas scheint bei Münch/Wyrobnik der Mehrwert einer Pädagogik des Glücks eine Reflexion über gute Pädagogik einerseits, die Fokussierung auf die Freude andererseits, insbesondere (aber nicht nur) mit Blick auf die Kindheit, auf die Freude des gelebten Augenblicks zu sein. Im Raum steht dann die Überlegung, was Einzelne und Institutionen tun können, um die Möglichkeiten von Freude zu verwirklichen. Im Raum steht aber auch die richtige Beobachtung, dass Glück bereits vorhanden ist. Andererseits ist hier, wie bei anderen auch, das Glück ein wenig pädagogisch kultiviert: Zum einen fehlt der Streit, der Kampf als notwendiger, möglicherweise auch lustvoller Bestandteil eines gelingenden Lebens. Einem elementarpädagogischen Praktiker wird diese Seite des (nicht nur kindlichen) Alltags nicht fremd sein. Zum anderen ist die Lust zwar als geistige in der Freude, als körperliche in der Freude an Kultur enthalten. Aber die Ekstase, der Rausch, auch die Sexualität treten neben der sinnlichen Freude von Kunst und Kultur ein wenig in den Hintergrund. Sexualität z. B. ist nicht nur, wie im Kapitel über die Jugend genannt, zu lernen; sie wird am besten lustvoll ausgelebt, was im Übrigen für die späteren Lebensjahre auch gilt. Und auch dem Rausch wird sich nicht vorsichtig angenähert, er wird gesucht und lustvoll, bisweilen auch verstörend oder schmerzhaft erlebt. So wirken die in Aussicht gestellten Freuden einer Pädagogik des Glücks an einigen Stellen ein wenig zu kultiviert.

Damit wird an dieser Stelle die Vorstellung eher allgemeiner Arbeiten verlassen. Wie die Historie zeigte, versprachen einige sich auch von der *Schule* Glücksförderung, was heute unter dem Titel »Schulfach Glück« postuliert wird (Fritz-Schubert 2008). Der Untertitel verspricht eine Institutionsveränderung und damit sehr viel, und auch in einem Geleitwort wird in Aussicht gestellt, zukünftig werde das Thema Glück als Schulfach selbstverständlich im Curriculum verankert sein (Ruckriegel 2008, 7). Auch hier ist die Positionierung des Glücks mit zeitgenössischer Schulkritik verbunden. Kritisiert wird der Einzug betriebswirtschaftlichen Vokabulars und Denkens (Fritz-Schubert 2008, 21), eine Beschleunigung des Lernens durch Verkürzung der Schulzeit im Kontext von G8 (»Turbogymnasium«) (22 f), zuzüglich der Möglichkeit, in privaten Ausbildungsinstitutionen Abschlüsse zu erwerben (»akademische Rennbahnen«), mit der Folge eines Verlustes an natürlichem Lerninteressen und v. a., unter Bezug auf einschlägige Studien zum Wohlbefinden von Kindern, einer wachsenden Schulangst (27–33). Auch hier wird auf erfahrungsbezogenes Lernen rekurriert (34–39):

> »Das Pflichtprogramm unserer Schulen reicht nicht aus, damit sich Jugendliche daran messen und wachsen können. Wir brauchen neben den realen kognitiven und körperlichen Anforderungen auch mentale Förderung und zuverlässige Bindungsmöglichkeiten in der Schule. Schließlich bietet die Schulgemeinschaft als verkleinertes Abbild der Gesellschaft auf nicht kommerzieller Basis ein ideales Terrain zum freudvollen Fordern und Fördern menschlicher Fähigkeiten und Fertigkeiten.« (44)

Dauerhaftes Glück wird (unter Bezug auf Viktor Frankl) als Lebenssinn verstanden (54–59), Tugenden sollen dazu befähigen, Krisen/Widerstände zu bestehen und dauerhaft Ziele zu verfolgen/erreichen (76). Unter Bezug auf Aristoteles wird das Glück als erfolgreiche Tätigkeit und wähl- und lernbar gesehen (88). Gegen eine als einseitig empfundene Lernkultur sollen mehrdimensionale Lerngelegenheiten eröffnet werden (77), wozu auch auf erlebnispädagogische Erfahrungen rekurriert wird (34–38).

Als thematische Elemente werden (unter Einbindung von Fachkräften aus Pädagogik, Sport und Psychologie) Freude am Leben (94–108), an Leistung (109–119) und Bewegung (120–128) sowie körperlicher Ausdruck (129–133) und Ernährung/körperliches Wohlbefinden (134–135) genannt. Beispielhaft skizziert werden in

Projektarbeit verfasste Arbeiten zu den Themen Extremsport (141–145), Musik (146–149), Anstrengung (150–154). Im Ausblick werden zukünftige Unterrichtsinhalte skizziert. Als Titel werden genannt ›emotionaler Schmerz‹ (157), ›Glück des Augenblicks‹ (158), ›private und berufliche Existenz‹ (158), ›Kultur und Kulturtechniken‹ (159).

Insgesamt sind die Themen breit gefächert, auch unangenehme Gefühle sollen thematisiert werden (157). Ähnlich wie bei Mertens spielt auch die Identitätsthematik eine zentrale Rolle (162 f); obwohl ausdrücklich einer Defizitorientierung vorgebeugt werden soll (163), werden Schüler doch als dringend unterstützungsbedürftig betrachtet

> »(…) bei der Gestaltung und Erprobung eines Identitätskonzeptes und der Findung der eigenen Identität.« (162)

An anderer Stelle (Fritz-Schubert 2017) wurde dieser Ansatz erweitert zu einem schulischen Gesamtkonzept als ›Lernziel Wohlbefinden‹. Begründet wird dieser Ansatz mit dem Auftrag zu Erziehung und Persönlichkeitsbildung, auch mit Verweis auf angeblich steigende depressive Erkrankungen bei Schülern und daraus resultierenden Lernhemmungen (11 f). Für die Wirksamkeit des Konzeptes werden empirische Arbeiten anderer Autoren genannt (264–260).

Mit einer solchen Fokussierung von Bildungsinstitutionen auf die Glücksthematik folgt man unbewusst dem Gedanken insbesondere französischer Aufklärer von einer Art Volksbeglückung durch staatliche Institutionen sowie dem häufig zu findenden Gedanken, soziales Lernen im Schulalltag zu platzieren aufgrund der vermeintlich hohen Erreichbarkeit junger Menschen. Allerdings muss man ein Schulfach Glück durchaus differenziert betrachten: Das individuelle Glück ist eine sehr private Angelegenheit, die zunächst einmal niemanden etwas angeht als nur das Individuum selbst und den Menschen, mit dem es sich darüber austauschen möchte. Zudem ist zumindest der Personenkreis der Beteiligten qua Setting nicht frei wählbar, anders als z. B. bei der Clique in einer Freizeiteinrichtung. Darüber hinaus gilt: Glücksrelevante Themen stellen sich v. a. im Vollzug des Lebens durch bedeutsame Erfahrungen ein, die dann auch produktiv reflektiert werden können. Man kann sie schwerlich intellektuell vorwegnehmen und das empirische Problem ist immer, dass man Selbstaussagen/-einschätzungen misst und nicht die Tragfähigkeit von Erlerntem im Ernstfall. Dies umso mehr, wenn es um eine Justierung habitualisierter Einstellungen und Verhaltensweisen geht. Daher ist gehörige Skepsis angebracht, die sich aber nicht nur auf ein Schulfach Glück erstreckt, sondern auf eine Tendenz, in der Schule verstärkt im Kontext sozialen Lernens emotionale Befindlichkeiten zu artikulieren/artikulieren zu lassen. Man ist dann auf dem Weg kollektiver öffentlicher Selbstentäußerungen, was Foucault mit dem Begriff des ›Geständnistiers‹ kennzeichnet. Verdächtig sind hier auch die für den Schulkontext typischen und notwenigen Formulierungen dessen, was Schüler lernen ›sollen‹, während man beim Glück vom individuellen ›Wollen‹ ausgehen müsste.

Dabei gibt es mit der Tradition einen ganz anderen Weg zum Glück in der Schule, ohne direkte Thematisierung, sondern als Ausgangspunkt methodischer Überlegungen wie bei den Philanthropen: Durch Anerkennung und Beobachtung der nach Altersgruppen und Individuen z. T. gleichen, z. T. unterschiedlichen jeweiligen

Kräfte und Interessen. Wenn Unterrichtsdidaktik darauf abzielte, bräuchte es kein Glück zu unterrichten, sondern erzeugte zumindest hin und wieder positive Gefühle durch guten Unterricht. Darüber muss man der nun schon jahrhundertealten Warnung vor einem Anstieg depressiver Erkrankungen mit Skepsis begegnen: Ob die heutigen jungen Menschen bzw. die Gesellschaft insgesamt depressiver geworden ist, muss wissenschaftlich bezweifelt werden (▶ Kap. 4.3). Vielleicht ist es kein Zufall, dass Fritz-Schubert seine Gedanken als Leiter einer Berufsschule entwickelte: Hier hat man es mit älteren Schülern zu tun, die sich schon im Berufsleben bewegen und deren Fragen nach Zielen, Wünschen, eigenem Können nicht im abstrakten Raum reflektiert werden, sondern begleitet von realen Erfahrungen. Von daher ist der Gedanke, in dieser Statuspassage zentrale Themen der Lebensführung anzusprechen, nachvollziehbar. Man könnte diese Fragen aber auch angehen, ohne vom Glück zu sprechen, und die Schule als verpflichtende Zwangsgruppe ist nicht der geeignete Ort dafür.

Ganz andere Wege zum Glück gehen Arbeiten, die in der Sozialpädagogik verortet sind. Hier wird traditionell sehr stark die Eingebundenheit des Individuums in Sozialbezüge diskutiert, weswegen sich die Glücksreflexionen inhaltlich sehr viel stärker in *sozialen und politischen Kontexten* bewegen, wie die Arbeit von Brumlik (2002). Auch wenn sie im Titel das Glück führt, handelt es sich v. a. um ein Plädoyer für die Berücksichtigung moralischer Gefühle in der Erziehung unter Bezug auf die Tugendthematik. Allerdings werden die Tugenden nicht in aller Breite vorgestellt und diskutiert, v. a. nicht hinsichtlich der o. g. grundsätzlichen Dilemmata einer Tugendorientierung. Vielmehr geht es darum, Eigeninteresse und Prosozialität harmonisch zu vereinen. Vor dem Hintergrund der Arbeiten Krämers könnte man sagen: Brumlik versucht, die Sollensethik mit der Strebensethik zu verbinden durch die Tugenden, wobei inhaltlich der Bereich der Strebensethik sich auf das Eigeninteresse als solches bezieht. Er tut dies zunächst unter zweierlei Bezug auf Rousseau: Einmal mit dessen im ›Diskurs über die Ungleichheit der Menschen‹ geäußerten Gedanken einer möglichen ›zweiten Natur‹ als dauerhaft eingeübte Fähigkeit, sich zu seinem Streben bewusst zu verhalten (Brumlik 2002, 30). Dann mit der im ›Emile‹ dargelegten Anknüpfung der Moralerziehung an das Eigeninteresse des Kindes (Brumlik 2002, 31). Nur auf der Basis einer als gesund eingeschätzten Eigenliebe, die sich sukzessive auf Andere (Freunde) ausweitet, entwickele Emile eine reflektierte Selbst- und Fremdliebe und werde erst so sukzessive zu einem reflektierten moralischen Wesen (ebd., 29–32)[54]. Moralität werde also nicht (ausschließlich) erreicht durch einen Appell an das moralische Gewissen[55], sondern unter

54 Rousseau erörtert im Kontext der ›Erziehung in der Reifezeit‹ Leidenschaft als Vehikel für moralische Bildung. Die von Brumlik zitierte Passage nennt die sog. ›erste Neigung‹ ›Zügel‹ mit denen man den jungen Menschen lenken könne. Nach Rousseau richtet sich die Liebe zunächst auf sich selbst, später auf andere nahe Bindungen, erst zuletzt auf Entferntere bzw. abstrakt auf Menschheit (Rousseau 1998, 236f).

55 Was Rousseau im ›Emile‹ auch deutlich kritisiert. Einerseits seien moralische Appelle angesichts des Drangs der Affekte wirkungslos: »Können die langen und frostigen Predigten eines Pedanten die Bilder der Genüsse auslöschen, die ein junger Mann schon ersonnen hat? Können sie die Begierden bannen, die ihn quälen?« (Rousseau 1998, 236). Andererseits

Einbezug der Affekte (v. a. Mitleid), deren erster die Eigenliebe ist. Mit Blick auf diese zentrale Rolle der Gefühle bei der Erziehung konstatiert Brumlik deren jahrtausendealte Vernachlässigung in der Bildungstheorie (28) und möchte sie für die Moralentwicklung fruchtbar machen, deren Herausbildung Gegenstand der Pädagogik sei (30f). Das berechtigte Eigeninteresse/der Glücksanspruch des Individuums müsste mit moralischen Ansprüchen einer Gemeinschaft bzw. den berechtigten Ansprüchen anderer harmonisiert werden. Hier nun kommen die Tugenden ins Spiel: Einerseits als einzuübende dauerhafte Haltung, andererseits als Vermittlung zwischen Eigen- und Fremdliebe. Für Brumlik

> »(...) nimmt die Theorie der Tugenden den unvertretbaren Glücksanspruch der Individuen ernst. Sie verhält sich damit zu Forderungen einer universalistischen Moral positiv, aber nicht mehr naiv. Sie weiß, dass auch das allgemeine Wohl nur zu erzielen ist, wenn jenseits aller wertenden Vorgaben Lebensglück und Lebenssinn des einzelnen nicht nur berücksichtigt werden, sondern im Zentrum politischer und pädagogischer Bemühungen stehen. Genauer: Sie weiß, dass Gerechtigkeit in einer Gesellschaft nur zu erreichen ist, wenn dieses Ziel mit den Wünschen und Ansprüchen der Individuen auf ein erfülltes Leben wenigstens nicht kollidiert und dazu in einem fruchtbaren Spannungsverhältnis steht.« (15)

Der Mensch als Gattungswesen sei notwendigerweise mit der Fähigkeit zum Egoismus wie zum Altruismus ausgestattet. Diese Verhaltensweisen müssten eingeübt und könnten positiv oder negativ beeinflusst werden. Dafür bedürfe es einer Bildung zum Glück mithilfe der Tugenden im Plural. Tugenden sieht er als *»Dispositionen, Fähigkeiten und Fertigkeiten«* (44, Herv. im Orig.), weiter als

> »(...) das Ensemble jener individuellen Verhaltensdispositionen, deren Zusammenspiel ein befriedigendes menschliches Leben verheißt.« (45, Herv. im Orig.)

Letztlich gehe es um

> »(...) die alte materialistische Einsicht, daß umfassende Gerechtigkeit nur dann eintreten wird, wenn die Individuen sie als Teil ihres Glücks verstehen.« (56)

Das Wahrnehmen und Austarieren von Selbst- und Fremdinteressen soll (mit Bezug auf Deweys ›Demokratie als Lebensform‹) in pädagogischen Institutionen erlernt werden, was den Beteiligten von früh an die Notwendigkeit gerechter Institutionen erfahrbar mache (277; 13).

Dafür seien affektive Basiskomponenten notwendig: Gegenseite Wertschätzung, persönliche Sicherheit, existenzielle Sicherheit des Fortbestehens der Welt. Brumlik leitet dahingehende moralische Imperative ab, jungen Menschen Vertrauen in das Bestehen der Welt zu vermitteln und ihre persönliche Integrität zu wahren (Brumlik 2002, 74–78). Vertrauen und Scham böten die »Grundlage einer intergenerationellen Ethik« (75).

Dem Vorwurf, es könne sich hier um eine idealistische Harmonisierung von Eigen- und Fremdinteressen handeln, begegnet Brumlik mit evolutions- und soziobiologische Arbeiten, die eine natürliche Veranlagung für Egoismus wie für Al-

---

bringe man durch zu frühe Unterweisung dem Zögling gegen alle Absicht nur Laster bei: »Mit jeder verfrühten Unterweisung, die man ihnen in den Kopf eintrichtert, pflanzt man ein Laster in ihr Herz.« (...) »Haltet Euerm Zögling keine Reden: Er darf nur aus der Erfahrung lernen.« (S. 70f).

truismus, und auf sozialkonstruktivistische Arbeiten, die eine reziproke Mitleidsethik vertreten. Eigennutz wie Selbstlosigkeit sei in der Geschichte immer vorhanden (87), würden aber nicht immer verwirklicht auch wider besseres Wissen (99f). Diese Lücke zwischen Erkenntnis und Praxis soll eine Moralerziehung bzw. besser Tugendeinübung zu einer Art »zweiten Natur« leisten (114).

Wie verhält sich nun diese in Aussicht gestellte Harmonie mit dem möglichen Problem eines Verzichtes auf ein individuelles Streben? Im Grunde rekurriert Brumlik hier unausgesprochen auf die Kantische Glückswürdigkeit. Nur der Mensch könne sein Leben und seine Ziele kognitiv-moralisch reflexiv betrachten. (125). Falle eine solche Betrachtung aus der Perspektive eines auch moralisch guten Lebens positiv aus, stelle sich ein Wohlbefinden (= Glücksgefühl) ein, das als Erfahrung zu weiterer Verfolgung des tugendhaften Lebens antreibe (127). Brumlik benennt zwar die Gefahr, durch eine Anbindung der Glücksthematik an normative Vorstellungen vom guten Leben einer Normierung privater Lebensentwürfe Vorschub zu leisten, sein Ansatz ziele aber eher auf die je konkreten Gelingens- und Misslingenskonstellationen des Einzelnen im Kontext eines vorgegebenen normativen Rahmens (142).

Brumlik stellt dann seine Interpretationen unterschiedlicher Tugenden vor, die hier nicht weiter verfolgt werden mit Ausnahme der Liebe. Sie muss an dieser Stelle deswegen genannt sein, weil Brumliks Ansatz letztlich die Basis einer affektiv-wertschätzenden Haltung aller (bzw. möglichst vieler) zu sich selbst und zueinander benötigt. Liebe wird als Ineinander von Fremd- und Eigenliebe verstanden, sodass man in der Liebe zum anderen diesem und sich selbst guttue (226f). Die Bereitschaft, sich dem anderen zu öffnen, sei nicht nur für das Entstehen von Individualität, sondern auch sozialer Ordnung zentral (229). Ähnliches gelte, unter Berücksichtigung jeweiliger Unterschiede, auch für die Freundschaft (233). Aufgrund der fehlenden besonderen Intimität einer Partnerschaft hebt er hier die Freundschaft als Lernort seiner gewünschten moralischen Haltung hervor (252). Die Pointe des Gedankengangs lautet dann: Nur unter Erfahrung liebevoller Beziehungen, als existenzielle Angenommenheit durch Eltern, als Aufgehoben-Sein und Anerkennung in peer-groups oder in auch körperlich intimen Liebesziehungen, werden Erfahrungen von Selbst- und Fremdliebe gemacht. Sie sind die Basis für moralische Urteile, deren Kognitionsanteil liege in der Ausdehnung und Anwendung über kleine Gemeinschaften hinaus auf die Gattung Mensch (280).

Brumliks Argumentation liegt damit nicht nur in Linie des von ihm zitierten Rousseau, sondern hinsichtlich Liebe und weiter Anerkennung/Achtung sehr nah bei Pestalozzi und v. a. Bollnow, letztlich auch Aristoteles. Die inhaltliche Nähe zu Bollnow wird im letzten Kapitel deutlich, in dem er sich der bürgerlichen Tugend der Toleranz widmet (Brumlik 2002, 281–285). Toleranz erfordere einerseits Akzeptanz anderer Meinungen bzw. mindestens Anderer als Personen, andererseits die Mitwirkungsmöglichkeit bei der Gestaltung des Gemeinwesens (284). Eine demokratische Kultur sei gekennzeichnet durch ein solches Rechtssystem und entsprechende Institutionen sowie auf Haltungen derart, dass man sich als Bürger ›freund sei‹ (285).

Obwohl also von Glück im Titel die Rede ist, argumentiert Brumlik nicht aus der Perspektive eines nach Glück strebenden Individuums, sondern geht der Bedeutung emotionaler Erziehung für den fairen Ausgleich zwischen Eigen- und Fremdinteressen nach. Sein Blick richtet sich weit stärker auf ein gerechtes Gemeinwesen und kann als pädagogisches Anknüpfen an ›Habits of the Heart‹ (Bellah et al. 1985; Brumlik/Brunkhorst 1993) gelesen werden. Nahe liegt dann statt einer Vertiefung der Lebenskunstthematik eine solche der Gerechtigkeitsthematik, was Brumlik an anderer Stelle tut mit Bezug auf Kohlberg (Brumlik 2004, v. a. 204–212; 256–288). Hier greift Brumlik die inhaltliche Konturierung des Begriffs ›Sozialpädagogik‹ auf und sieht eine Vernachlässigung der darunter gefassten Frage nach dem Verhältnis von Individuum und Gemeinschaft und der Notwendigkeit einer gemeinschaftsbezogenen Erziehung, auch als Folge des problembezogenen Denkens Sozialer Arbeit (ebd., 260). Dagegen ließe sich mit Kohlbergs Gedanke der ›Just Communities‹ (261–268) die Bedeutung pädagogischer Gemeinschaften für die Moralentwicklung und ohne Defizitorientierung begründen (270), ebenso des pädagogischen Bezugs (267). In Linie dieser Ausrichtung müsste für Brumlik statt von Glück eher vom guten Leben als emotionaler Grundvoraussetzung für Empathiefähigkeit gesprochen werden (Brumlik 2005, 244). Dies wird innerhalb der Sozialpädagogik unter dem Begriff des ›Capability Approach‹ getan. ›Eingekauft‹ wird durch Brumliks Akzentverschiebung allerdings nicht nur die Vernachlässigung großer Bereiche privaten Strebens; unberücksichtigt bleiben auch etliche metatheoretische Schwierigkeiten der Begründung, Leistung und des Binnenverhältnisses von Tugenden wie grundsätzlich stark normativer Positionen. Insofern ist die Anlage der Gedanken, beginnend bei zwischenmenschlichen Gefühlen, durchaus nachvollziehbar, die Ausrichtung aber bzgl. der Glücksthematik einseitig und angesichts der Problematiken der Tugendthematik eher harmonisierend gestaltet.

Was zeitlich etwas später unter dem Label des ›Capability Apporach‹ im Kontext von Sozialpädagogik/Sozialer Arbeit diskutiert wird, kann man als Fortführung dieser Gedanken lesen. Gekennzeichnet ist diese Diskussion durch eine Skepsis gegenüber der Verwendung des Glücksbegriffs v. a. mit Blick auf die empirische Glücksforschung (vgl. zum Folgenden Otto/Ziegler 2007; Schrödter 2007; Otto et al. 2010; Ziegler 2011; vgl. auch die Sammelbände von Otto/Ziegler 2008; Mührel et al. 2017).

Konstatiert wird zunächst das vermeintliche Vorherrschen hedonistischer Positionen inklusive eines subjektiven Glücksverständnisses (z. B. Ziegler 2011, 120; Otto/Ziegler 2007, 231). Auf den ersten Blick entspräche eine danach ausgerichtete empirische Glücksforschung dem Menschenbild und Selbstverständnis einer individualisierten multioptionalen Gesellschaft und könnte so scheinbar auch vor einer Expertenkultur in Sachen Glücksförderung schützen (Ziegler 2011, 121). Kritisiert wird nun, dass dadurch der Einfluss sozio-ökonomischer Bedingungen auf die individuellen Präferenzsetzungen unberücksichtigt bleibe:

> »Analytisch besteht ein zentrales Problem subjektiver Konzeptionen von subjektivem Wohlbefinden, dass subjektive Bewertungsstandards, Präferenzen und Erwartungen ungleich verteilt sind und im Sinne habitueller Verinnerlichungen erlebter gesellschaftlicher Wirklichkeit systematisch durch soziale Privilegierungen und Benachteiligungen strukturiert werden. Dies ist eine solide Erklärung dafür, dass sich ›objektiv‹ widrige Lebensum-

stände oder ungünstige Lebenslagen nur wenig in Bewertungen des subjektiven Wohlbefindens der Betroffenen widerspiegeln.« (Ziegler 2011, 126)

Da aber individuelle Ansichten durch im Milieu erworbene habitualisierte Einstellungs- und Verhaltensmuster geprägt würden, diese Milieus aber auch gesellschaftlich hierarchisch positioniert seien durch unterschiedliche Zugänge zu Kulturgütern bzw. Kapitalformen, reproduzierten individuelle Einstellungen gesellschaftlichen Hierarchien. Zudem sei ein subjektives Glücksgefühl nicht selten auch Ergebnis eines Adaptionsprozesses an gegebene Umstände. Insbesondere die ›Versöhnung‹ mit struktureller Benachteiligung sowie mit erfahrenem Leid sei eine Leistung der Psychohygiene und dürfe nicht als freie subjektive Ansicht gewertet werden (vgl. Otto/Ziegler 2007, 241 f). In Quintessenz lautet die Kritik: Durch eine ausschließliche Betrachtung individueller Glücksvorstellungen würden gesellschaftliche Hierarchien und die mit ihnen verbundenen Ungerechtigkeiten verschleiert. Schlussendlich könne mit empirisch erhobenem subjektivem Wohlbefinden eine Reduktion von Sozialleistungen legitimiert (Ziegler 2011, 125) und der politische Kampf für strukturelle Verbesserungen von Lebensqualität unterminiert werden getreu dem Motto, den Beteiligten gehe es doch erwiesenermaßen gut (vgl. Otto/Ziegler 2007, 235). Dagegen belegten empirische Untersuchungen z. B. den Zusammenhang von Armut und Gesundheit, die für das Wohlbefinden negativen Folgen von Arbeitslosigkeit (solange die Arbeitslosigkeit ein gesellschaftliches Randphänomen sei).

Ähnlich wie bei Brumlik v. a. aus moralischen, wird hier aus Gerechtigkeitsgründen auf Positionen eines normativ feststellbaren guten Lebens zurückgegriffen. Das Augenmerk soll fokussiert werden auf

»(...) das Ausmaß an Verwirklichungschancen, die bestimmte soziale Arrangements eröffnen und verschließen.« (Ziegler 2011, 129)

Darauf aufbauend gelte es, neben objektiven Ressourcen tatsächlich verwirklichte Funktionsweisen der Akteure zu betrachten. Somit kämen unterschiedliche individuelle Startchancen und damit Ungerechtigkeiten bei der Glückssuche in den Blick, die sowohl bei einer ausschließlich subjektivistischen Position als auch bei solchen Gerechtigkeitskonzepten unberücksichtigt blieben, die Verfahrensgerechtigkeit unter Absehung aller individuellen Unterschiede konzipierten, wie Rawls es tue.

Man könnte die sozialpädagogische Rezeption des Glücks als Capability Approach bündig so zusammenfassen: Weil ›harte‹ materielle Dinge Einstellungen, Verhalten und Möglichkeiten von Individuen prägten, müssten sie bei der Erforschung des Wohlbefindens und beim Versuch, dieses zu verbessern, berücksichtigt werden. Erst durch eine solche Berücksichtigung struktureller Bedingungen der Lebensführung könne Autonomie ermöglicht werden, was typisch sozialpädagogische Position sei (Ziegler 2011, 133). In Linie dieses Denkens fehlt im einschlägigen Handbuch Soziale Arbeit (Otto et al. 2018) ein Artikel zum Glück (anders als z. B. bei Böhm/Seichter 2018), wohingegen von Vertretern des Capability Approach versucht wird, Gerechtigkeit als zentrale Idee der Sozialen Arbeit (als Fusion aus Sozialarbeit/Sozialpädagogik) zu positionieren (Böllert et al. 2018, 516).

Dieser Ansatz hat allerdings einige Schwachstellen: Die grundsätzliche gerechtigkeitsorientierte Kennzeichnung der Sozialpädagogik ist eher einem (fach-)politischen Voluntarismus geschuldet: Als systematischer Reflexionsbegriff thematisiert der Begriff Sozialpädagogik zunächst das untrennbare Verhältnis von Individuum und Gemeinschaft, als Beschreibung eines Handlungsfeldes eine inhaltliche Kennzeichnung, die auch – aber nicht nur – problematische äußere Umstände enthält. Nicht wenige Bereiche der Sozialpädagogik sind weder von Problemlagen noch Ungerechtigkeit affiziert (vgl. IV.4). Insofern muss man diese Kennzeichnung als strategisch bezeichnen in Linie des Wunsches, das Glück auf eine ganz bestimmte Art zu thematisieren, damit andere Inhalte zu de-thematisieren.

Falsch ist auch die Behauptung eines in der empirischen Glücksforschung vorherrschenden unpolitischen Hedonismus, vielmehr kritisiert Nettle (2009, 28) eine an protestantische Erwerbsethik erinnernde eudämonistische Arbeitsorientierung amerikanischer Glücks-Psychologen; eine Vielzahl von Arbeiten verweist auf die sozialpolitischen Dimensionen subjektiven Wohlbefindens (Layard 2009; Wilkinson/Pickett 2009; Frey 2008; Frey/Frey Marti 2010).

Nun ist der Verweis auf die Gerechtigkeitsthematik sachlich nicht falsch, allerdings ergeben sich durch die Ausschließlichkeit dieses Blicks einige Schwierigkeiten: Zum einen engt er im Vergleich zu bisher gezeigten pädagogischen Reflexionen das Feld inhaltlich und praktisch sehr ein durch Konzentration auf zu behebende Ungerechtigkeit. Dann rekurriert man auf normative Grundlagen eines Konzepts von ›gutem Leben‹, die, wie bereits gezeigt wurde, zu vage sind, als dass sie für konkrete Anweisungen in der Praxis taugen. Darüber hinaus geraten durch das Festhalten an einer objektiven Theorie des guten Lebens die für das Glück maßgeblichen subjektiven Relevanzsetzungen tendenziell in einen Generalverdacht, was beides zusammengenommen den Vorwurf des Paternalismus rechtfertigt (Bossong 2011, 599). Im Übrigen betreffen sozialisatorische Einflüsse ein jedes Individuum, was ja gerade im Begriff der Sozialpädagogik gekennzeichnet ist und eine einwandfreie Interpretation einer Anpassung als solcher erschwert (vgl. Mührel 2017). Hinsichtlich erkenntnistheoretischer Probleme vermeintlich objektiver Theorien eines guten Lebens zeigen Vertreter des Capability Approach die gleiche Haltung, die auch in moralphilosophischen Positionen zu finden ist: Man meint, eine objektive Theorie zu benötigen, um Missstände kritisieren zu können (Schäfer/Otto 2014, 12). Das Kontingenzproblem versucht man zu umgehen, indem man einerseits auf eine vermeintlich selbstkritische Selbstreflexivität der von ihnen verwendeten theoretischen Bezüge u. a. Marx' und die ›Kritische Theorie‹, andererseits auf eine verdeckte oder offene Normativität einer jeden Position verweist (Otto et al. 2010, 141). Das ist allerdings kontingenztheoretisch zu kurz gegriffen. Aus einer erkenntnistheoretisch skeptischen Position kann nur die Möglichkeit eigener Falsifizierbarkeit resultieren, aus der auch keine Selbstreflexivität rettet. Das verhindert kein entschiedenes Eintreten für bestimmte Positionen, es nimmt ihnen aber den Schein des Absoluten, weswegen der Duktus und das Selbstverständnis von Kritik sich ändern (Masschelein 2003). Niemeyer (2017) hat diese theoretische Schwachstelle erkannt: Er sieht die Gefahr der Normativität und des Ressentiments gegenüber den Lebensentwürfen anderer und kommt so zu einer kritischen Distanz vermeintlich gesellschaftskritischer sozialpädagogischer/-arbeiterischer Positionen. Den ›Erfolg‹ des Capability

Approach erklärt er sich mit der sich darin bietenden Abgrenzung gegenüber anderen Disziplinen (16). Niemeyer führt das Vertreten eines seiner Meinung nach letztlich normativ-autoritären Konzeptes auf eine ungenügende Nietzsche-Interpretation zurück (17–26), was der kritischen Nietzsche-Interpretation Habermas geschuldet sei (19) und im Kontext der Habermasschen Ablehnung der Postmoderne zu verstehen ist (▸ Kap. 3.3).

Schließlich ist zu bedenken, dass der Capability Approach nicht pädagogischer Reflexion entstammt, nicht für pädagogische Praxis entwickelt wurde (Schäfer/Otto 2014, 10) und insgesamt weder als umfassende Theorie der Gerechtigkeit noch der Sozialpädagogik taugt Clark (2017, 231).

Andererseits gehören Reflexionen über den Staat und das Soziale insgesamt zum Kern aristotelischer Ethik, und tatsächlich gibt es Felder wie z. B. Arbeitslosigkeit/ Berufsvorbereitung, in denen die pädagogischen Akteure direkt auf die Gerechtigkeitsthematik gestoßen werden (vgl. Krafeld 2010), wofür es dieses Ansatzes aber nicht zwingend bedürfte (Drerup 2017, 66). Eher ist es so, dass die Reflexion der Gerechtigkeitsthematik das bisweilen durchaus schmerzhafte Verhältnis pädagogischer Profession zu gesellschaftlichen Kontexten vergegenwärtigt: Man kann zwar, wie Nussbaum empfiehlt und Brumlik rezipiert, in pädagogischen Kontexten Empathie für das Leid anderer lernen; die zielgerichtete Konkretisierung moralischer Gefühle in praktischer Politik folgt aber anderen als pädagogischen Handlungslogiken. Wie bereits o. g. (▸ Kap. 1.4.1), liegt das Potenzial von Listen ohnehin eher in der Anregung zur Selbstreflexion, für Vahsen (2012) im appellativen Charakter (322) für Dimensionen,

> »(...) die in der Pädagogik kaum angesprochen werden: Freude, Lust, Leidenschaft, Gefühl und Sinnlichkeit.« (323)

Da die Vertreter das aber genau nicht wollen, kann man ihn auch als Spielart klassischer Hedonismuskritik verstehen.

Abschließend sei noch kurz auf einige Publikationen aus dem Bereich der *Sozialen Arbeit*[56] eingegangen. Hier fehlt, geschuldet einer anderen Ausbildung und auch eines z. T. anderen Selbstverständnisses, fast gänzlich der historisch-systematische Bezug zu erziehungswissenschaftlichen Publikationen. Andererseits arbeiten Absolventen der Studiengänge Soziale Arbeit auch in pädagogischen Institutionen und haben auch pädagogische Studieninhalte. Daher werden einige Arbeiten kurz vorgestellt: In einem von ihr herausgegebenen Sammelband (Lützenkirchen 2015a) nennt Lützenkirchen (2015b) Soziale Arbeit eine ›Glücksförderungsprofession‹ (45) und kann sich dabei auf die internationale Definition Sozialer Arbeit stützen, die

56 Unter dem Begriff ›Soziale Arbeit‹ werden aktuell zunächst einmal Studiengänge gefasst, die i. d. R. an Fachhochschulen gelehrt werden als Kombination der ehemals getrennten Studiengänge ›Sozialpädagogik‹ und ›Sozialarbeit‹. Der Capability Approach wurde zunächst thematisiert aus dem Bereich der universitären Sozialpädagogik in Linie o. g. Entwicklung der Studiengänge, häufig aber unter dem Blick einer Relevanz für ›Soziale Arbeit‹ als pragmatischem Sammelbegriff. Eine solche pragmatische Verwendung des Terminus Soziale Arbeit ist häufig zu finden. Darüber hinaus wird Soziale Arbeit auch als eigene Wissenschaftsdisziplin postuliert in Abgrenzung zur Sozialpädagogik und mit Konzentration auf das Thema Hilfe in Problemlagen.

von ›wellbeing‹ als Ziel Sozialer Arbeit spricht (DBSH 2016). Das sowie fehlende historisch-disziplinäre Theorieeinflüsse mag erklären, warum hier neben allgemein Glück auch Lebenskunst thematisiert wird. Ganz im Gegenzug zu Vorherigem ist bei Lützenkirchen (2015b, 40) der Ausgangspunkt eine pragmatisch-affirmative Haltung zum Gegebenen:

> »Ohne Akzeptanz dessen, was ist, lebt man in einer Welt der ständigen Unzufriedenheit, ein Glücklichsein eher zu verpassen als zu erreichen. Zufriedenheit – und damit auch Lebensqualität – kann auch in einer Akzeptanz dessen, was einfach nur ist, liegen (...). Ein Defizitkonzept des benachteiligten Menschen birgt so auf individueller Ebene wie auf gesellschaftlicher Ebene das Risiko, die Möglichkeit eines guten Lebens eher zu beschneiden als zu vergrößern.« (ebd.)

Die Frage nach der politischen Dimension wird durch eine Einordnung in Interventionsebenen (41–45) beantwortet: Zur Mikroebene werden körperliche, emotionale, kognitive und soziale Aspekte gezählt (41 f); zur Mesoebene (44) einmal ›Sozialkontakte‹, u. a. durch ›Netzwerkarbeit‹; Sozialräumlich wird die Bedeutung von Partizipationsmöglichkeiten genannt sowie ›Zugangsmöglichkeiten zu sozialem Kapital‹; sodann die ›kommunale Ebene‹ mit der Möglichkeit, Angebote zur Sinnstiftung z. B. durch ›Förderung von Ehrenamt und Bürgerengagement‹, aber auch ›Unterstützung von Bürgerinitiativen und -projekten‹,auch ›Angebote der Freizeit- und Erlebnispädagogik‹, schließlich noch ›Naturpädagogik‹ als grundsätzliche Berücksichtigung der Natur für das Wohlbefinden. Zur Makroebene führt sie die Beeinflussung ›sozialpolitischer und struktureller Rahmenbedingungen‹ (45), etwa durch Forschung, Gutachtertätigkeiten, Öffentlichkeitsarbeit, Berufsverbände u. Ä. Auch hier wird die Relevanz gesellschaftlicher Grundbedingungen genannt (41), besonders die Gesundheitsthematik (30). Primäre Zielgruppe seien Benachteiligte mit Verweis auf Auswirkungen sozialer Ungleichheit auf Gesundheit (ebd.). Als weitere politische Dimensionen werden Partizipation, Arbeitsqualität u. Ä. genannt.

Inhaltlich werden in dem Sammelband (Lützenkirchen 2015a) sehr heterogene Themen exemplarisch behandelt: Die Förderung des Wohlbefindens alter Menschen (auch durch Interventionen im mittleren Alter) gehört ebenso dazu wie Soziale Arbeit mit Tieren, Glücksempfinden durch Teilnahme am Arbeitsleben für Menschen mit psychischer Krankheit, Glücksempfinden durch ästhetische Bildung in Kinder- und Jugendarbeit und Schule, Resilienzförderung in Kindertagesstätten sowie die Förderung von Glück und Gesundheit in Familien mit einem chronisch erkrankten Kind. Dabei behandeln, analog zu Lützenkirchens theoretischer Einleitung, alle Beiträge die Möglichkeiten der Förderung von Wohlbefinden auf der Mikro-, Meso- und Makroebene anhand konkreter Praxisbeispiele.

Allerdings fällt Lützenkirchens Fazit bzgl. der Bedeutung der Glücksthematik für Theorie und Praxis Sozialer Arbeit dürftig aus (Lützenkirchen 2015c). Es fehlt eine eindeutige Definition Sozialer Arbeit und, daran anknüpfend, eine Kennzeichnung genuiner eigener Aufgaben, oder eine Reflexion gängiger Theorien Sozialer Arbeit unter dem Aspekt der Glücksthematik. Als genuin sozialarbeiterisch wird stattdessen die Kritik an einer Machbarkeitsideologie genannt (312), da aufgrund äußerer Umstände Vieles eben nicht im Gestaltungsspielraum des Individuums liege. Warum dies aber eine genuine Ansicht Sozialer Arbeit sein soll, wird nicht gesagt, eher wird implizit ein Verständnis der Zielgruppen der Sozialen Arbeit als potenziell Benachteiligte geäußert:

> »Gerade Adressaten Sozialer Arbeit sind oft diejenigen, die beim Zwang zum Glück auf der Strecke geblieben sind, die die soziokulturelle Glücksnorm nicht erfüllen. Beide Perspektiven – sowohl in Bezug auf die Chancen als auch auf die Risiken – nehmen die Soziale Arbeit in die Pflicht.« (ebd.)

Insgesamt öffnet der von ihr herausgegebene Band die Perspektive auf mögliche fruchtbare Auswirkungen der Beschäftigung mit der Glücksthematik in Handlungsfeldern Sozialer Arbeit.

Auffällig ist hier, wie bei vielen Thematisierungen des Glücks unter dem Label der Sozialen Arbeit, dass der Aspekt der Hilfe im Vordergrund steht, das Lernen dagegen kaum thematisiert wird.

Andere Autoren thematisieren die Bedeutung der Lebenskunst für die Soziale Arbeit und konstatieren, wie viele andere, die Randständigkeit des Themas.

Meyer (2002) spricht von Sozialer Arbeit als ›Lebenskunstprofession‹ deshalb, weil jeder Mensch nach Glück und Sinn strebe und Soziale Arbeit dabei helfen könne. Betont wird die Notwendigkeit einer ethischen Fundierung Sozialer Arbeit auch durch Vorstellungen über ein gutes Leben (3). Zugrunde gelegt wird ein sehr breites Verständnis Sozialer Arbeit mit den Zuständigkeiten für soziale Probleme, Bildung und Sozialisation (inklusive Schulpädagogik und Erwachsenenbildung) sowie für Menschenrechte und Soziale Rechte (12–18). Klassisch wird Erziehung zur Klugheit als Bewältigungshilfe verstanden (14), Bildung und Sozialisation wird breit gefasst mit den Elementen Moralerziehung oder Befähigung zur Sorge für sich und Andere (16); ebenso auch die Vermittlung von Lebenswissen (17) oder Bildung (ebd.). Reflexionen über das persönliche Glück der Berufstätigen mit der Aufforderung zur Beherrschung des offenen Prozesses auch der eigenen Lebenskunst (19 f) schließen die Reflexion. Leupold (2007) verweist auf die Notwendigkeit ethischer Fundierung Sozialer Arbeit (267), nimmt die klassische Unterteilung von Sollens- und Strebensethik auf und bemängelt, dass von Ausnahmen abgesehen eine intensivere Auseinandersetzung mit Schmid und Krämer fehle (275). An anderer Stelle wiederholt Leupold die Bestandsaufnahme einer fehlenden Beschäftigung mit der Lebenskunstthematik (Leupold 2011, 275). Leupold zieht auch Gewinn aus der Beschäftigung mit Epikur (wie, ungewöhnlich für viele Positionen, überhaupt aus der Genussthematik), Seel und Schmid (Leupold 2016, 58–76). Er hebt ausdrücklich hervor, Soziale Arbeit solle das Wohlergehen fördern, wobei dem Hedonismus eine herausragende Position zukomme (58). Sein Vorschlag, das Wohlbefinden an einem hedonistischen Minimum zu orientieren (71), kann schon als epikureisch, seine Verbindung dessen mit der Gerechtigkeitsthematik als Versuch bezeichnet werden, die Rezeption der Lebenskunstthematik um den Hedonismus zu bereichern bzw. ihn mit dem Capability Approach gleichgewichtet ins Recht zu setzen.

Für Heckmann (2011, 170) ist die Beschäftigung mit der Lebenskunst-Thematik Resultat eines vermuteten Verlustes kollektiver Sinnzusammenhänge und der Notwendigkeit individueller Lebensentwürfe. Er skizziert explizit die Gefühle bei unterschiedlichen Genüssen und unterscheidet sich darin von Gerechtigkeitsorientierungen oder eher allgemeinen eudämonistischen Gedanken zur Lebensführung.

Andere Autoren wie Vorlaufer (2012) und Noack (2006) sind klassisch kultur- und hedonismuskritisch und nennen Aufklärung und Beratung als Aufgabe Sozialer Arbeit.

Grünsteidl (2015) schließlich behandelt das Glück unter den von Allardt entnommenen Aspekten des ›Having‹ (z. B. Gesundheit, Wohlstand, Bildung), ›Loving‹ (z. B. Soziale Netzwerke, Familie) und ›Being‹ (z. B. Selbstverwirklichung, Sinnfindung, Partizipation) (Grünsteidl 2015, 15–26), stellt Herausforderungen und Fördermöglichkeit nach Lebensaltern vor (Erwachsene, Jugendliche, Alte) und setzt das in Bezug besonders zur lebensweltorientierten Sozialen Arbeit und zum Capabilty Approach (109–139). Abschließend erfolgen mit Blick auf das Glück Gedanken zum persönlichen Glück der im Feld Tätigen, zur Problematik einer Glücksförderung im Kontext der Doppelfunktion von Hilfe und Kontrolle und zur moralischen Dimension Sozialer Arbeit (140–172).

Während die Arbeit von Grünsteidl eine Monographie ist, handelt es sich bei Lützenkirchen um einen mit systematischen Beiträgen gerahmten Sammelband zu möglichen Glücksaspekten in verschiedenen Handlungsfeldern. Die anderen Publikationen sind Aufsätze, sodass mehrere größere Publikationen wie aus der Pädagogik fehlen. Das liegt vermutlich einerseits an der kürzeren Historie des Fachs wie an fehlender historisch-systematischer Ausbildung, zum anderen vermutlich auch an der Dominanz sozialwissenschaftlicher und medizinisch-psychologischer Aspekte, sodass empirische Glücksforschung und psychologisches Interventionsdenken in der Ausbildung dominieren. Der Hinweis auf notwendige ethische Fundierungen Sozialer Arbeit ist richtig, hier kann die Glücksorientierung tatsächlich fruchtbar verwendet werden. Dafür fehlen aber breitere Diskussionen zum Mehrwert im Vergleich zur klassischen Hilfethematik; eher wird qua lebenslanger Bedürftigkeit die Relevanz der Sozialen Arbeit für das Glück begründet, wobei das Selbstverständnis ebenso unterschiedlich sein kann wie Handlungsfelder und Diskurse. Kulturkritik scheint allerdings zum Ton zu gehören, was man ebenso für die Sozialpädagogik sagen kann. Entsprechend besteht immer die Gefahr offener oder verdeckter Unterstellungen von Glücksunfähigkeit als fachliche Legitimation. Andererseits könnte man berechtigt mit Krämers Begriff der Hemmung argumentieren und sie in Bezug setzen zu existenzieller Bedürftigkeit als Kennzeichen der Klientel Sozialer Arbeit. In dem Sinne ist eine Zuständigkeit unbestreitbar.

2.3.8 Fazit

Obwohl die erste Hälfte des 20. Jahrhunderts in Europa fürchterlich war, wurde von einigen Philosophen trotzdem Glück thematisiert. Gleichwohl war dies nicht der Mainstream, der insbesondere in Deutschland philosophisch und pädagogisch noch von idealistischer Eudämonismuskritik geprägt war. Trotzdem wurde zu Beginn des 20. Jahrhunderts das Glück im Kontext der Reformpädagogik eingefordert, ohne dass dies zu einer systematischen Reflexion führte. Dies ändert sich in der zweiten Jahrhunderthälfte. Vorbereitend wirkte Bollnow in seiner Darlegung der Notwendigkeit bzw. Fruchtbarkeit positiver Stimmungen für einen gelingenden Weltbezug des Menschen. Aufgegriffen wurde das Glück von pädagogischer Seite im Gefolge der 1968er und analog zur Reformpädagogik als Einklagen dessen, was fehlt, insbesondere gegen eine als autoritär, leibfeindlich und leistungsorientiert interpretierte Pädagogik, v. a. in der Schule. Hier finden sich dann auch Anknüpfungen an die Philanthropen, aber auch systematische Reflexionen über Möglichkeiten oder Unmöglichkeiten einer Glücksförderung. Riemen systematisiert die Diskussion der 1970er und 1980er Jahre und reflektiert unter historischen Bezügen systematisch das Verhältnis von Pädagogik und Glück. Etwas später greift Zirfas als eine Art minimalistische Begründungsstruktur pädagogischen Handelns auf das Glück bzw. Lust und Unlust zurück und widmet sich später noch einmal den positiven Gefühlen unter Bezug auf Bollnow als emotionale Stellungnahmen zu sich, anderen und der Welt, damit als Anknüpfungspunkt für Lernen. Taschner weist auf die Verzahnung von Pädagogik und Philosophie hin: Pädagogisches Handeln kann glücksrelevant sein und indirekt in Vorstellungen vom guten Leben sich inhaltlich auf das Glück beziehen. Auch Mertens zeigt die pädagogischen Dimensionen des Themas, greift dabei v. a. auf Aristoteles Ideal eines im Mittleren sich befindenden tugendhaften und tätigen Lebens hin. Wohl auch unter dem Einfluss empirisch-psychologischer Positionen wächst die pädagogische Literatur hin zu einem ›Schulfach Glück‹ oder einer ›Pädagogik des Glücks‹. Beide gehen davon aus, dass Glück in pädagogischen Kontexten gefördert werden kann, wobei Letztere neben der Schule ein breites Spektrum an Institutionen und Lebensaltern mit möglichen glücksrelevanten Themen aufzeigen. Dagegen thematisieren andere teils unter dem Begriff des Glücks (Brumlik), teils dem des Capability Approach, eigentlich Gerechtigkeit. Beide rekurrieren auf Konzepte des guten Lebens bzw. eine Tugendethik, wobei bei Brumlik v. a. das moralische Lernen in pädagogischen Gemeinschaften im Vordergrund steht, im Capability Approach der Zugang zu Verwirklichungschancen. Werden letztere Positionen auch unter dem Label der Sozialen Arbeit publiziert, finden sich unter dem Begriff auch Publikationen, die klassisch die ethischen Implikationen und praktischen Konsequenzen einer Sozialen Arbeit mit Hilfebedürftigkeit ansatzweise aufzeigen. Allerdings tut man niemandem Unrecht, wenn man sagt, von einer Durchsetzung des Glücks als fachlicher Leitkategorie auf breiter Front und so selbstverständlich wie in den Anfängen der Pädagogik kann nicht die Rede sein.

Vielleicht kann, muss oder darf das auch gar nicht sein, denn Glück hat immer Unverfügbarkeitscharakter, ist subjektiv, wird in (guter) Pädagogik indirekt ohnehin intendiert und wäre als postuliertes Ziel ein uneinlösbares Versprechen und mithin wenigstens Rattenfängerei.

Es ist also Zeit, eine Bilanz zu ziehen über Pädagogik und Glück. Bevor das aber geschehen kann, sollen noch ein paar Vermutungen hinsichtlich der spärlichen Rezeption des Glücks angestellt werden. Das kommt später bei der Diskussion zum Tragen, denn die Vermutung liegt nahe, dass man über die Beschäftigung mit dem Glück auch zu einer Modifizierung dessen kommen kann, was man wohl Theoriearchitektur nennt. Das Glück nötigt nicht nur dazu, mit seinem Begriff vorsichtig umzugehen, es kann auch zur Revision offener oder unbemerkter fachlicher Selbstverständlichkeiten führen. Worauf im Folgenden noch eingegangen werden soll: unsere religiös-metaphysische Tradition mit ihren Vorstellungen vom richtigen Leben und seiner Vervollkommnung; der ambivalente Einfluss der Frankfurter Schule, die Glück als unmöglich ansah; der Subjektbegriff, der zur Legitimation pädagogischen Handelns immer Unglück enthalten muss; eine sozialpädagogische Eigenart, analog zur Sozialen Arbeit vor lauter Elend das Glück nicht sehen zu können oder wollen; die erst allmählich sich auflösende deutsche Distanz zum Pragmatismus; die sog. ›positive Psychologie‹, die im Endeffekt viel mehr behauptet, als sie halten kann; und schließlich das pädagogische Selbstverständnis, wonach im Bildungsbegriff eigentlich alles enthalten ist, was den Menschen zu einem guten und glücklichen macht.

3 Mögliche Ursachen einer Randständigkeit des Glücks

3.1 Das Beste kommt erst zum Schluss – religiös-metaphysische Einflüsse

Die Frage nach Möglichkeiten und Wegen zum Glück berührt immer auch grundlegende Interpretationen der Welt im Ganzen und der Stellung des Menschen in ihr. Religionen können als eine Form solcher Interpretation verstanden werden und damit Sinn vermitteln über die erlebten biographischen Brüche und Schmerzen des Alltags bzw. die Grausamkeit und Fragwürdigkeit der Welt im Ganzen. Aus psychologischer Sicht sah daher William James in der Religion die größte Glücksquelle überhaupt[57].

Tatsächlich steht das Glück im Zentrum aller Religionen – Wege zum Glück werden gezeigt, aber auch Gefahren des Abweichens davon. Da das Christentum die abendländische Geschichte im Allgemeinen, die Pädagogik im Besonderen enorm geprägt hat, lohnt ein Blick auf die dort vorgenommene Art der Glücksthematisierung nebst pädagogischer Konsequenzen.

Eine Annäherung an religiöse Dimensionen der Glücksthematik gibt der Begriff des Heils (lat. Salus, gr. Soteria). Das Wörterbuch der Brüder Grimm (DWB Bd. 10, Sp. 817–820) verweist unter ›Heil‹ auf die Wortbedeutungen ›Gesundheit, Genesung‹, ›Wohlergehen, Wohlbefinden‹, letzteres verstanden in umfassendem Sinne psychisch, physisch, sozial, materiell; genannt wird auch die Nähe zu bzw. Tautologie mit ›Glück‹, ebenso die inhaltlichen Aspekte von ›Rettung‹ und ›Erlösung‹ sowie eine Zentrierung des Heils in der Person Jesus, abschließend noch die Verwendung von ›Heil‹ in Verbindung mit Pflanzen. In diesem Zusammenhang muss darauf hingewiesen werden, dass die Heilsthematik keine exklusiv christliche ist:

> »Die Frage nach dem H. des Menschen ist die zentrale Frage der Religionen. In den Antworten, die sie darauf geben, unterscheiden sie sich. Das Leben in seiner Begrenztheit u. in seiner Bedrohtheit, widerfahrendes Schicksal u. kreatürl. Abhängigkeitsbewußtsein sind der Hintergrund für H.-Erfahrungen, die den Menschen Überwindung dieser aus Unheil erfahrenen Lebenssituation verheißen.« (Bürkle 1995, 1258)

---

57 Für James (1902) ist jede säkulare Glückserfahrung begleitet von dem Wissen um Endlichkeit (137). Die religiöse Glückserfahrung dagegen gründe im Vertrauen auf Unendlichkeit und versöhne so mit dem Leid der Welt, ohne es zu leugnen. Antike Glücksvorstellungen und -lehren könnten das nicht leisten (140). Gleichzeitig halte Religion niedere leibliche Glücksstrebungen in Schach (48 f), führe zu einer dankbaren Bewunderung für das Geschenk des Lebens (77) und in Summe zu sozialem Engagement (361; detaillierter Henning 2011, 257 f).

Religionsphilosophisch betrachtet sei der Begriff des Heils über Jahrhunderte »(...) gleichbedeutend mit Glück und Glückseligkeit.« (Kienzler 1995, 1259). Die im Begriff gegebene Verbindung von Religion und Medizin findet sich bei Platon, der Bibel und in sog. ›Naturreligionen‹ (Gerlitz 1993; Toellner 1993).

In christlich-theologischem Verständnis ist der Mensch von Gott her auf ein gelingendes Leben ausgerichtet (vgl. Gnilka 1995; Kessler 1991; Seils 1993). Im Alten Testament beschreibt der Begriff des Heils

> »(...) das dem Menschen von Gott gewährte endgültige absolute Gut, seine Rettung, Befreiung, Erlösung.« (Gnilka 1995, 1260)

Im neutestamentlichen Verständnis ist dieses Heil schon angebrochen, Jesus der Heilsbringer, manifestiert in seinen Heilstaten, die zur Umkehr und Nachfolge aufrufen, was bei Nichtbefolgung allerdings endgültiges Unheil nach sich zieht (Kessler 1991, 362). Erlösungsbedürftigkeit resultiert aus der Erbsünde. Die christliche Bibel mit ihrer Reihung der Schriften des ›alten‹ und ›neuen‹ Testamentes ist nicht umsonst in diesem Schema von ›Erschaffung einer zunächst heilen Welt‹ – ›Apokalypse und endgültiges Heil durch Wiederkehr des Messias‹ aufgebaut. Welche Folgen kann das haben?

Zunächst positiv: Wer ein gottgefälliges Leben führt, dem wird nicht überbietbares Glück im Jenseits in Aussicht gestellt, damit Trost im Diesseits gegeben. Dann aber auch negativ: Es fehlt immer etwas, weil das vollkommene Glück erst am Ende der Tage kommt. Und: Wer den vorgezeichneten Weg nicht geht, dem droht Unheil: individuell in der Hölle, kollektiv in der Apokalypse.

Das hat Auswirkungen (vgl. Oelkers 2002; 1997): Auf Pädagogik lastet das Ziel der Erlösung von allem Leid wie andererseits die Gefahr absoluten Unheils. Und da das Ziel aufgrund der Erbsünde auf Erden bzw. ohne Gott nie erreicht werden kann, bleibt pädagogisches Handeln immer defizitär. So sucht man durch Pädagogik Erlösung, die man nie findet, und sieht Gefahren, die zu einer apokalyptischen Gegenwartsbeschreibung führen. Oelkers spricht im Kontext der Rede einer glücklichen Kindheit vom ›schwierigen religiösen Erbe‹ der Pädagogik und stellt fest:

> »Grundlegend scheint eine Bedrohungserwartung zu sein, die zusätzliche Anstrengungen fordert und aber mit Harmlosigkeit enden muss.« (Oelkers 2002, 564)

Und mit Verweis auf die religiösen Implikationen im Bildungsbegriff, der ursprünglich eine mystische Vereinigung mit dem göttlichen Wesenskern des Menschen beschreibt, analysiert Meyer-Drawe (1999; auch Lichtenstein 1971; Sparn 2005, 153), die Begriffe Bildung und Erziehung enthielten Interpretationen des Menschen in der Welt,

> »(...) die mit seiner ersehnten Vergöttlichung zusammenhängen, die aber seiner endlichen Existenz – im Denken und Handeln – nicht gerecht werden können.« (Meyer-Drawe 1999, 173)

Man muss allerdings bedenken, dass Vollendung kein genuin religiöses Thema ist, sondern zum Grundbestand metaphysischen Denkens gehört. Das Streben nach ihr spielt in der antiken Ethik wie der darauffolgenden Philosophie bis heute eine zentrale Rolle (vgl. Hoffmann 2001; Henning 2015), weswegen im Kontext der Diskussionen um den Capability Approach immer wieder auf das Problem des perfektionistischen Anspruchs der Rede bzw. Listen vom guten Leben hingewiesen wird. Gleichwohl hat die spezifisch christliche (und hier v. a. protestantische) Interpretation der Stellung des Menschen in der Welt die Pädagogik in ihrem Selbstverständnis v. a. zu Beginn massiv geprägt (Jäger/Tenorth 1987, 97). Im Raum steht die Verwirklichung nicht eines glücklichen, sondern eines richtigen Lebens, bei dessen Verfehlung Strafen drohen (Groothoff 1972, 733). Wer die Religionskritik der Aufklärung vorschnell mit Atheismus oder mindestens Agnostizismus assoziiert, vergisst, dass es weniger um Abschaffung, sondern (Wieder-)Herstellung einer vernünftigen Religion ging (Soeffner/Matter 2009, 745).

Historische Beispiele für religiöse Einflüsse finden sich reichlich (zum Folgenden Piepmeyer 1971, 735–739): So wie die entstehende Kirche das von Gott gegebene jüdische Gesetz als ›Erzieher‹ bezeichnet, Judentum, nichtchristliche Philosophie und Häresien als Erziehungsmittel gedeutet werden, die durch Jesu Erscheinen obsolet geworden seien, sieht Lessing (1780) in seiner Schrift ›Die Erziehung des Menschengeschlechts‹ die Aufklärung als göttliche Offenbarung in Linie der biblischen. Gott selbst zeige sich durch sie als Erzieher der Menschheit hin zum Heil, dessen Verwirklichung sich Lessing sicher ist (ebd., §§ 82–85). Die Hoffnung auf göttliches endzeitliches Heilshandeln teilt Lessing u. a. mit Herder, Kant, Fichte. Für Teile der Aufklärung wird der Gedanke der Perfektionierbarkeit des Individuums/der Menschheit in ethischer und anthropologischer Sicht kennzeichnend (Regenbogen/Meyer 2013, 487 f; 711 f; ausführlich Baum/Neumeister 1989; Hornig 1989). Insbesondere Rousseau prägt diesbezüglich das Bildungsverständnis des deutschen Idealismus und Neuhumanismus (Benner/Brüggen 2011b, 188), der Gedanke der »Vervollkommnung des Unverbesserlichen« prägt die pädagogische Anthropologie des 18. und 19. Jahrhunderts (Wulf 2004, 33). Zur großen religiösen Hoffnung gesellt sich aber auch eine religiöse Sorge angesichts der Sündhaftigkeit des Menschen:

Rousseau (2001, 9) z. B. sieht die Schöpfung als gut, die Gesellschaft als schlecht an und macht als Urübel den Privatbesitz aus (1756, 97); Kant (1784, 23) sieht im Menschen ›krummes Holz‹, aus dem (ohne Gott) ›nichts Gerades‹ werden könne; Francke (1876, 91 f) predigt Errettung der Seelen durch Gebet, Wicherns ›innere Mission‹ fußt auf einer apokalyptischen Gegenwartswahrnehmung, die allerorten Gottlosigkeit und (natürlich) ungezügelte Lust sieht (z. B. Wichern 1962a, 152), verspricht »Erlösung und Neuschöpfung der Menschheit« (ebd., 154), »Heil« (1962b, 187). Fröbel (1826, 3; 159 f) erhofft messianische Rettung der Erwachsenenwelt vom natürlich guten Kind, ebenso Montessori, deren Pädagogik Böhm (2010, 51) als »Evolutionstheologie« bezeichnet. Die von Reformpädagogen rezipierte Ellen Key verbindet Vervollkommnungsdenken mit einer Ideologie der Rassenhygiene und erwartet über das ›heilige‹ Kind (Key 1905, 42) einen höheren Menschentypus (9). Auf eine mögliche grundlegende Bedeutung von Selbstbeobachtung und -reflexion im Beichtkontext für die Herausbildung moderner Individualität weisen z. B. Dinzelbacher (2001), Hahn/Willems (1996), Hahn (1987) hin. Insofern kann es nicht verwundern, dass aktuelle Diskurse auch religiöse Züge tragen: Die von pädagogischer Seite fast einheitliche Konzentration auf ein eudämonistisches Verständnis von Glück (wenn überhaupt) zeigt deutlich christlich-leibfeindliche Spuren. Auch eine Re-Aktivierung der Tugend, insbesondere der

Gerechtigkeit fügt sich gut in die religiöse Fokussierung auf ein sittlich gutes Leben mit dem Unterschied, dass statt des religiösen nun das politisch-engagierte Leben das tugendhafte ist. Verstärkt wird diese Haltung durch die bewusst oder unbewusst gehegte Überzeugung, man befinde sich mit seinem pädagogischen Handeln im heilsgeschichtlichen Kontext eines umfassenden Prozesses zur Verbesserung der Welt. So sieht Lilla (2017, 114f) bei den amerikanischen ›Liberalen‹ eine religiöse Haltung in Sprache und Botschaft bis hin zum Beichtcharakter (Lilla 2018). Und schließlich kann man Strukturanalogien von Problemthematisierungen ausmachen: Was früher als bedrohlicher Anstieg von Nervenleiden galt, ist heute ein (fragwürdiger) Anstieg psychischer Erkrankungen (vgl. Dornes (2012, 384–429); während Wichern (1958, 102) »Vereinzelungssucht, Eigensucht und Eigenliebe« ausmacht, spricht man heute vom ›Megatrend‹ Einsamkeit (Spitzer 2018, 13). Die Beispiele ließen sich fortführen. Nicht, dass es nicht Probleme gäbe, allein der Tenor der Thematisierung trägt nicht selten apokalyptische Ausmaße mit entsprechend hohem und frühem Handlungsdruck. In Logik religiöser Heilsorientierung kann dieses Handeln aber nie gelingen. So wird man zum leidenden Gerechten, der die Welt zum Heil führen will, dessen Botschaft aber nicht angenommen wird.
Man wird sich damit kaum glücklich fühlen, bestenfalls moralisch glückswürdig.

3.2 Die Negation des Glücks – der lange Atem der ›Frankfurter Schule‹

Die rund um das Institut für Sozialforschung an der Universität Frankfurt entstandene sog. ›Frankfurter Schule‹ hat wohl wie kaum eine zweite universitäre Einrichtung die intellektuellen Auseinandersetzungen in der BRD geprägt (vgl. Albrecht et al. 1999). Innerhalb der Erziehungswissenschaft wurden ihre theoretischen Ansätze immer wieder rezipiert, nicht zuletzt in der Konzeption der Disziplin als ›Kritische Erziehungswissenschaft‹ (vgl. Bernhard et al. 2018, Schäfer/Schaller 1976).

Im Grunde spielt das Glück in der kritischen Theorie eine zentrale, aber sehr ambivalente Rolle, wenngleich mit Unterschieden der jeweiligen Autoren (vgl. zum Folgenden Henning 2011). Sie ergab sich für die Autoren (zur Frankfurter Schule insgesamt Wiggershaus 1988) aus der Reflexion der Katastrophen des 20. Jahrhunderts in Europa wie der Erfahrung des Massenkonsums im amerikanischen Exil: Ein vermeintlich ›falsches‹ (in Linie der Autoren hedonistisches) Glück wurde heftigst kritisiert, dementsprechend vermeintlich ›echtes‹ schmerzlich vermisst, seine Verwirklichung als fast unmöglich angesehen. Dass das erhoffte Glück zuweilen auch mit ›Erlösung‹ bezeichnet wurde, lag an der Einordnung des 20. Jahrhunderts in eine jahrtausendealte Unheilsgeschichte. Demnach habe sich der Mensch mithilfe technisch-rationaler Vernunft die Welt Untertan gemacht, dabei seine eigene innere Natur, seine Frage nach dem eigenen Glück unterdrückt. Beispielhaft wurde die

Figur des Odysseus als Prototyp des ›männlichen Charakters der Aufklärung‹ interpretiert als jemand, der sich in der Eroberung der Außenwelt einen Namen macht, dabei aber seine Innenwelt, seine spontanen Regungen nach Glück hier und jetzt unterdrückt:

> »Er windet sich durch, das ist sein Überleben, und aller Ruhm, den er selbst und die anderen ihm dabei gewähren, bestätigt bloß, daß die Heroenwürde nur gewonnen wird, indem der Drang zum ganzen, allgemeinen, ungeteilten Glück sich demütigt.« (Horkheimer/Adorno 1997, 76)

Schon sieben Jahre vor dieser 1944 erschienenen Publikation heißt es in einem anderen Gründungstext der kritischen Theorie, angesichts der Totalität deformierten Denkens und deformierender gesellschaftlicher Verhältnisse seien die Glücksbehauptungen der Antike nicht einzuhalten, weder in der platonisch-aristotelischen rationalen Schau noch im Rückzug auf die individuelle Lebenspraxis der Stoa und des Epikur (Horkheimer 2011, 263). Glück als erhofftes und fehlendes gehörten also zum theoretischen Kernbestand:

> »Die Kritische Theorie dagegen, die das Glück aller Individuen zum Ziel hat, (...) verträgt sich nicht mit dem Fortbestand des Elends.« (Horkheimer 2011, 265)

Wie ist dann aktuelles Glücksempfinden zu interpretieren und woher könnte Glück kommen? Bzgl. des ersteren waren sich die Autoren, bei aller Binnendifferenzierung, einig: Aktuell empfundenes ist kein Glück. Vor Augen hatten sie dabei v. a. den Massenkonsum und insgesamt eine Lustorientierung in den USA und in Nachkriegsdeutschland: So konstatiert Marcuse (1980, 95), es entstehe ein »glückliches Bewusstsein«, welches gegen die Wahrnehmung gesellschaftlicher Missstände immunisiere (ebd.). Der im Kapitalismus vergesellschaftete wird als ›eindimensionaler Mensch‹ bezeichnet, wobei Marcuse schwankt bzgl. der (Un-)Möglichkeit seiner Zustandsveränderung (17). Marcuse unterscheidet ›wahre‹ von ›falschen‹ Bedürfnissen, letztere seien als gesellschaftlich erzeugt maximal eine erfreuliche Befriedigung, »Euphorie im Unglück« (25). Zum jetzigen Zeitpunkt (›Der eindimensionale Mensch‹ erschien im englischen Original 1964, auf Deutsch 1967) sei das Individuum nicht in der Lage, seine wahren Bedürfnisse zu erkennen (26).

Ähnlich kritisch Fromm, der als Ausgangspunkt der Glücksreflexionen klassisch eudämonistisch definiert:

> »Glück deutet darauf hin, daß der Mensch die Lösung des Problems der menschlichen Existenz gefunden hat: die produktive Verwirklichung seiner Möglichkeiten und somit zugleich das Einssein mit der Welt und das Bewahren der Integrität seines Selbst.« (Fromm 1980a, 120)

Das so erlangte positive Wohlbefinden sei als Freude Ausdruck innerer Lebendigkeit und Sinnhaftigkeit der Existenz. Explizit auch in den Religionen sieht Fromm dieses Glück als Freude thematisiert (1980b, 352–355).

Dagegen führe das Streben nach Lust zum passiven Vergnügen der Freudlosigkeit und einer steten Suche nach immer neuen Reizen (353) und verhindere ein umfassendes Wohl-Sein (277). Daher sei Glück in profitorientierter Massenproduktion von (insbesondere Konsum-)Gütern

> »(…) in der Regel ein oberflächlicher Zustand des Sattseins und kein Zustand, der mit der Fülle menschlicher Erfahrungen Hand in Hand geht, und man könnte dieses ›Glück‹ als die entfremdete Form der Freude bezeichnen.« (1980c, 350)

So fällt seine Gegenwartsdiagnose entsprechend düster aus:

> »Wir sind eine Gesellschaft notorisch unglücklicher Menschen: einsam, von Ängsten gequält, deprimiert, destruktiv, abhängig – jene Menschen, die froh sind, wenn es ihnen gelingt, die Zeit ›totzuschlagen‹, die sie ständig einzusparen versuchen.« (1980c, 276)

Allerdings hält Fromm an der Möglichkeit von Glück fest, was ihn in Opposition zu Adorno und Horkheimer bringt (Henning 2011, 285). Notwendig für eudämonistisches Glück sei eine Umorientierung von einer Haltung des Besitzes (›Haben‹) zu der des ›Seins‹, erfahrbar sei dieses Glück in intensiven, Gegenwart und Zukunft umspannenden Erlebnissen von Liebe, Freude, Erkenntnis (Fromm 1980b, 361).

Diese große Schwierigkeit mit dem bzw. das Ringen um das Glück ist am deutlichsten bei Adorno zu finden. Für ihn ist Glück, ebenso wie Sinn, nur in der Abwesenheit als eine Art nicht erfülltes Versprechen wahrnehmbar.

So nennt er seine Essays im Untertitel der ›Minima Moralia‹ (Adorno 1997a) programmatisch »Reflexionen aus dem beschädigten Leben«, in der dem Buch vorangestellten Widmung das ›richtige Leben‹ den ›eigentlichen Bereich‹ der Philosophie, der allerdings ins Private verschwunden sei und jetzt nur noch als Konsum verstanden werde. Reflexionen über ein offenbar als richtig bzw. authentisch verstandenes ›unmittelbares‹ Leben könnten nur anhand seiner aktuell entfremdeten Gestalt vorgenommen werden, da ›objektive Mächte‹ das individuelle Leben bis in die kleinsten Bereiche prägten (13). Die »Konsumsphäre« wird als »Zerrbild wahren Lebens« bezeichnet (13 f), ein menschenwürdigeres Leben sei nur jenseits der Produktion erreichbar, was für die Gegenwart bedeutet: »Es gibt kein richtiges Leben im falschen.« (43).

Andererseits sucht Adorno trotzdem nach Anzeichen eines anderen, besseren, glücklichen Lebens, in Religion, Naturerfahrungen, Kunst, Lust – allerdings findet er immer nur gehemmte Antworten, die Glück eher erahnen statt erfahren lassen. So sagt er bzgl. metaphysischer Erfahrung angesichts einer säkularisierten Welt, die Erinnerung an das Fehlende »(…) hält sich negativ in jenem. Ist das denn alles?« (Adorno 1997b, 368). So verhießen Dorfnamen manchmal ein Glück, das aber beim Besuch derselben sich nicht einstelle, dennoch aber als Versprechen ansatzweise erfahrbar sei (366). Glück lasse sich nur als ›entrückt‹ erfahren, wer meint, er habe es, unterliege einer Art Verblendung des Empirischen (367).

Auch Adorno hadert mit der Lust-Thematik. Ein rein leibliches Lustempfinden sei kein Anzeichen eines noch nicht gesellschaftlich geformten Glücksstrebens, sondern könne nur dann auf ein noch nicht vorhandenes Glück zielen, wenn es quasi blind auf eine unbekannte Erfüllung sei (Adorno 1997a, 68). Initiierte und propagierte Genussfähigkeit sieht er als ›verordnetes Glück‹, Gesundheitsprogramme als Anpassung an eine zutiefst ungesunde Gesellschaft und ihre Imperative, körperliches und geistiges Wohlbefinden als ›Hölle der Deformation‹ (64). Auch Glückserfahrungen durch Kunst sieht er kritisch: Kunstgenuss dürfe nicht in ein von Konflikten gereinigtes harmonisches Selbst- und Welterleben (Katharsis) münden, sondern müsse vielmehr das Unglück aktueller »Scheinbefriedigungen« erfahrbar machen, und nur in einer »Ahnung der Unzulänglichkeit des Glücks« könne der Gedanke an echtes Glück entstehen (69).

In Summe kann man festhalten, dass sich die Kennzeichnung der Theorie als ›kritisch‹ gerade in der Glücksthematik manifestiert: Man legt dar, was nicht möglich ist. Beschreibungen von Glück (weitere solcher Beschreibungen von Glück bei Henning 2011, 286–288) verbleiben im Ungenauen und bei Adorno in derart konjunktivischen Formulierungen, dass von Glücksmöglichkeiten (fast) nichts mehr übrigbleibt, und/oder sie sind gebunden an eine Aufhebung gesellschaftlicher Verhältnisse. Da die nicht in Aussicht ist, gilt: »Die Theorie verschafft ihren Trägern nicht das Heil.« (63). Behauptungen von Glück werden so schnell als falsch und/oder unzulässig, weil systemstabilisierend interpretiert. Hinzu kommen v. a. Adornos sprachliche und die durch den Holocaust gegebene moralische Wucht der Argumentation, gegen die wenig Glückskraut gewachsen ist. Über die logische Stimmigkeit aller oder einzelner Positionen muss hier nicht diskutiert werden, wichtig ist die negative Konnotation der Glücksthematik.

Andererseits hielt das, wie o. g., einige nicht davon ab, die Kritik an Gesellschaft und vermeintlich falschem Leben zu verbinden mit Forderungen nach weniger Leistung und mehr Hedonismus. Hier konnte sich der Kampf gegen als einengend erlebte autoritäre Erziehung verbinden mit dem gesellschaftskritischen Gedanken der Triebunterdrückung und des Glücksverzichtes des Odysseus; konnte man sicher mit Fromm zu weniger Arbeit für das ›Haben‹, dafür mehr Leben im ›Sein‹ aufrufen; konnte Marcuse (1979) in seiner Thematisierung ästhetischer Erfahrung (auch des Spiels) und des Lustprinzips in ›Triebstruktur und Gesellschaft‹ als Gewährsmann für eine Lustorientierung dienen, die über falsches Bewusstsein und falsche Bedürfnisse versöhnend hinausgehen könnte.

Letzteres waren aber aus erziehungswissenschaftlicher Sicht nicht die zentralen Impulse. Diesbezüglich galt:

> »Die Forderung, daß Auschwitz nicht noch einmal sei, ist die allererste an Erziehung. (…) Jede Debatte über Erziehungsideale ist nichtig und gleichgültig diesem einen gegenüber, daß Auschwitz sich nicht wiederhole.« (Adorno 1997c, 674)

Damit ist eine pädagogische Richtung vorgegeben, deren Ziel mit »Erziehung kritischer Kritiker« treffend umschrieben ist (Behrmann 1999; zum aktuellen Stand einer ›kritischen‹ Pädagogik vgl. Bernhard et al. 2018a). Im Fokus einer sich in dieser Tradition (die nicht nur, aber ›konstitutiv‹ auch von der Kritischen Theorie geprägt ist, vgl. Bernhard et al. 2018b, 18) als kritisch verstehenden Pädagogik stehen Mündigkeit und Emanzipation von gesellschaftlichen Zwängen (Bernhard et al. 2018, 15), das gemeinsame Band des unter dem Begriff Publizierten wird mit ›gesellschaftskritischer Grundauffassung‹ angegeben (18), es geht um eine »emanzipative Subjektwerdung des Menschen unter den Bedingungen eines menschen- und lebensfeindlichen Gesellschaftsmodells« (Bernhard 2018, 143). Daher liegt entlang einer personalen und institutionellen Weiterentwicklung eine Thematisierung der Gerechtigkeit (Henning 2011, 290) weit näher als subjektives Glück.

3.3 Unglückliches Subjekt

Diskussionen um den Subjekt-Begriff prägen die Pädagogik in Theorie und Praxis. Binder (2009) nennt im Klappentext seiner umfassenden Arbeit den Begriff einen historisch konstanten »Dreh- und Angelpunkt pädagogischer Argumentation und Aktivität«, N. Ricken (2019, 96) konstatiert eine disziplinübergreifende Konjunktur entsprechender Diskurse unter dem Begriff der Subjektivierung. Seine zentrale pädagogische Bedeutung hat Auswirkungen auf die Glücksthematik. Um das zu verstehen, muss man sich zunächst dem Begriff selbst nähern. Dann kann man für die Pädagogik grob zwei Lesarten unterscheiden. Je nach Subjektverständnis wird eine Glücksperspektive verhindert oder man nähert sich ihm an, sprachlich allerdings kaum bis gar nicht.

Zunächst zum Begriff: Mit ›Subjekt‹ ist heute eine menschliche Selbstbeschreibung verbunden, die annäherungsweise mit Begriffen wie Freiheit, Autonomie, Selbstgesetzgebung/-bestimmung umschrieben ist:

> »Mit ›Subjekt‹ wird folglich ein anthropologisches Universal bezeichnet, das die Konstitutionsleistung der Subjektivität des Subjekts für Erkennen und Handeln, Welt- und Selbstbezug des Menschen betont und in der Subjektivität des Subjekts die letztbegründete Geltungs- und Konstitutionsinstanz für alle seine Akte veranschlagt. (…) An die Stelle der Orientierung des Menschen an der Ordnung der Natur oder an der Ordnung Gottes tritt daher in der Neuzeit die Orientierung an der unhintergehbaren Eigentümlichkeit menschlicher Subjektivität. Das autonome, gleichwohl endliche Vernunftsubjekt konstituiert durch endliche Bewusstseinsakte die Objekte seines Erkennens und die Ziele seines Wollens selbst und entwirft bzw. ›setzt‹ aus Freiheit allererst Ordnungen des Erkennens und Handelns.« (Wildfeuer 2016, 300 f)

Dass mit dem Begriff auch theologische Implikationen verbunden sind, bis hin zur Zuschreibung göttlicher Fähigkeiten (Zima 2017, 86, spricht vom Subjekt als ›säkularisierter Gottheit‹), kann angesichts des o. G. zur Vervollkommnung nicht verwundern.

Dabei hat sich diese Bedeutung des Subjekt-Begriffs erst im 19. Jahrhundert durchgesetzt im genauen Gegenteil zum ursprünglich unter dem griechischen Begriff ὑποκείμενον in Antike und Mittelalter Gedachten. Dort hatte es objekthaften Charakter und bezeichnete einmal den »Träger von Akzidenzien, Eigenschaften, Handlungen oder Habitus«, dann einen Satzteil, schließlich den Gegenstand einer Wissenschaft/Tätigkeit (Kible 1998, 373). Inzwischen wird diese Doppeldeutigkeit als dem Begriff inhärent interpretiert. Er bezeichne sowohl Zugrundeliegendes als auch Unterworfenes (Zima 2017, 3; aus pädagogischer Sicht Meyer-Drawe 2004). Trotz dieser Doppeldeutigkeit hat sich in der historischen Entwicklung unter Beteiligung unterschiedlicher Wissenschaften (vgl. Meyer-Drawe 1998) mit dem Begriff die Vorstellung vom Menschen als einem freien, sich selbst steuernden Individuum als Selbstverständnis wie pädagogische Zielkategorie etabliert (Zirfas 2017, 149).

Kommt man nun zu einer ersten pädagogischen Lesart, könnte man, unter Berufung z. B. auf Kants Text zur Aufklärung, den Begriff so interpretieren, dass er eine allen Menschen zustehende Qualität des Menschseins bezeichnet, die lediglich in

Potenz, noch nicht in Gänze verwirklicht ist. Grund ist bekanntlich nach Kant eine noch fehlende Selbstmächtigkeit aufgrund unzulänglichen Vernunftgebrauchs, ›verschuldet‹ durch Gehorsam fordernde Autoritäten, aber auch eigene Faulheit und Ängstlichkeit. Vor dem Hintergrund der Geschichte des 20. Jahrhunderts und der Wirkmächtigkeit der kritischen Theorie lässt sich so die Emphase für eine emanzipatorische Pädagogik verstehen, zu deren Grundelement eine Subjektorientierung als Befreiung aus repressiven gesellschaftlichen Strukturen, v. a. aber auch normierender Erziehung gehört. Heute, da zumindest in der Erziehung deutlich mehr Freiräume gegeben sind, könnte man in dieser Lesart fortfahren, dieses Subjekt in Potenz sei unterdrückt durch ökonomische oder sozialisatorische Faktoren, möglicherweise subtiler nicht mehr durch Verbote, sondern eher subtilere normierende gesellschaftliche Anforderungen bzw., in Anlehnung an Foucault, durch Machtpraktiken unter den Begriffen von ›Gouvernementalität‹ bzw. ›Diskurspraktiken‹ (vgl. Ricken, N. 2019, 99; auch Binder 2009, 431). Wenn Winkler (1989, 131) also für die Pädagogik eine Zurückhaltung gegenüber dem Subjektbegriff beklagt (mit Ausnahme der Sozialpädagogik), dann ist damit offensichtlich das Bild vom noch nicht zu sich gekommenen, durch Pädagogik zu befreienden Individuum verbunden.

Allerdings hat das Glück in Logik dieses Denkens nicht nur semantisch keinen Platz: Angesichts eines konstatierten grundsätzlichen Defizits des Subjekts ist es schwerlich möglich, dieses als glücklich zu denken. Sollte es sich dennoch als glücklich bezeichnen, steht man vor einem Problem: Einerseits gebietet die Subjektorientierung, den Menschen ernst zu nehmen; andererseits muss man diese Selbstaussagen bezweifeln. Es muss also subjekttheoretisch in Sachen Glück notwendig auf ein ›Ja-Aber‹ bzw. auf einen grundsätzlichen Glücksverdacht hinauslaufen: Sollten Menschen sich als glücklich fühlen/bezeichnen, muss diesem Gefühl zumindest mit Skepsis hinsichtlich Selbstwahrnehmung und Glücksverständnis begegnet werden: Vermutlich weiß das Subjekt noch nichts von anderen Möglichkeiten, also müssten ihm diese durch Bildung als Angebot erst gezeigt werden; oder das geäußerte Wohlbefinden wird verstanden als subjektive Anpassungsleistung angesichts problematischer Lebenssituationen, was als pädagogische Konsequenz ebenfalls Intervention legitimiert. Oder aber, das wäre die dritte Variante, man unterstellt einer solchen Aussage grundsätzlich eine Verblendung angesichts als oberflächlich oder falsch empfundener gesellschaftlicher Glücksversprechen. Letzteres ist dann vermutlich mit einer Kritik an reinem hedonistischen Vergnügen verbunden, vor Jahrzehnten unter dem Titel ›Wir amüsieren uns zu Tode‹ (Postman 1985), heute als ›Unendlicher Spaß‹ (Wallace 2009). Pädagogisch kompatibel mit der Subjektorientierung scheint ohnehin auch hier nur ein eudämonistisches Glücksverständnis: Insofern es im Subjektbegriff um die Entwicklung eines vollen Menschseins geht, kann sich das ›noch nicht‹ des Subjektdenkens in ein ›noch nicht ganz glücklich‹ im Sinne eudämonistischen Glücks fügen, weil der Eudämonie-Gedanke gut kompatibel ist mit dem Gedanken autonom gesetzter Ziele hinsichtlich des eigenen Lebens und deren Verwirklichung. Das wiederum lässt sich pädagogisch sehr gut anschließen an den Bildungsbegriff als Erweiterung von Selbst- und Weltverhältnissen. Aus dem Blick geraten auch hier hedonistische Inhalte ebenso wie solche Ansätze, die eine Hinnahme des Objektstatus und das Erlernen des Umgangs mit Schmerz und Unverfügbarkeit zum Ziel haben. Sofern lustvolle Aspekte berücksichtigt werden, läuft man schnell Gefahr, sie bildungstheoretisch zu instrumentalisieren. Das muss nicht, wie in der pädagogischen Tradition bzgl. des Nutzens des Spiels (vgl. Scheuerl 1997, 16), bewusst geschehen. Es kann sich auch unbewusst einschleichen, indem man Sachverhalte und Verhaltensweisen ausschließlich unter dem Blickwinkel eines sich aktiv die Welt aneignenden Subjekts betrachtet: Weil das Spiel der Weltaneignung dient, ist es die ›Arbeit‹ (Montessori 2000, 196–201) oder der ›Beruf des Kindes‹ (Krenz 2010) und daher erlaubt. Aus dem Blick geraten aber auch scheinbar ›unnütze‹ Inhalte, die auf den ersten Blick nichts mit Bildung zu tun haben: Der Spaß, die Freude, das Spiel um seiner selbst willen. Subjektwerdung ist eher Arbeit bzw. Kampf als Freude. Wie bei Humboldt liegt die Freude bestenfalls im Stolz über die Arbeit an sich. Grundsätzlich aber gilt – es gibt immer noch etwas zu kämpfen, zu verwirklichen, da das Subjekt nie ganz bei sich ist, und die Gesellschaft es nie ganz bei sich sein lässt. Gleichzeitig bleibt für die Pädagogik immer etwas zu tun, denn die im Begriff enthaltenen religiös-metaphysischen Inhalte, mit ihr auch die »Genieästhetik der Romantik« (Meyer-Drawe 1998, 42) stellen ein an sich unerreichbares Ziel vor Augen. So fungiert der Begriff als Legitimationsformel: Man reklamiert einen unerreichbaren Idealzustand und zieht dann Belege für sein Fehlen heran; dieser Mangel wird einerseits mittels Gesellschaftskritik erklärt, fordert andererseits zu pädagogischer Handlung. Die wiederum kann aufgrund des Idealzustandes nie gelingen, was wieder mit Gesellschaftskritik erklärbar und entschuldbar wird und zu neuer pädagogischer Anstrengung aufruft:

> »Ein Kreisgeschehen, das vom Subjektdenken stabilisiert wird und das für Pädagogik zweifellos profitabel ist.« (Binder 2009, 568)

Pädagogik wird dadurch praktisch und moralisch legitimiert: Da es um Befreiung zu einem wahren Menschsein geht, erfolgt sie im Sinne eines höchsten Gutes (einer vermeintlich menschlichen Grundkategorie) und versetzt das Gegenüber in einen höheren Status (Binder 2009, 563).

Diese vereinfachte Lesart ist auch pädagogisch mehrfach kritisiert worden (vgl. Ricken, N. 1999; 2018; 2019). Gegen eine vereinfachte Subjekt-Objekt-Unterteilung kann man bereits mit Kant darauf verweisen, dass das Subjekt nicht nur gegen äußere, sondern auch innere Zwänge kämpft: Der glücksorientierte Teil will etwas, das der moralorientierte verwirft. Also muss sich der glücksorientierte Teil seinem vernunftorientierten Pendant unterwerfen. Ausdrücklich ist also keine lediglich durch äußere Umstände unterdrückte Autonomie gemeint. Vielmehr impliziere der Subjekt-Begriff schon einen internen Zwang, eine »Selbstverpflichtung zur Selbstgesetzgebung« (Ricken, N. 2018, 362). Damit sind schon Unterwerfungsprozesse im Subjekt selbst beschrieben, wie sie als »Prozess- und Konfliktstruktur des Subjekts« seit Hegels dialektischem Subjektverständnis diskutiert werden (Wildfeuer 2016, 301; zu Hegels ›Lösung‹ Zima 2017, 106–117).

Daran anknüpfend – und unter Verweis auf entsprechende Diskussionen um den Begriff der ›Postmoderne‹[58] – schlägt eine zweite Lesart des Subjektbegriffs vor,

58 Kennzeichen postmodernen Denkens ist bei aller Vielfalt der Ansätze die Kritik an Letztbegründungen, damit ein Votum für Pluralität und Wandelbarkeit von Wissen, Ethik,

dieser Komplexität stärker Rechnung zu tragen. Inhaltlich geht es darum, ein differenzierteres Bild vom Menschen zu entwerfen. Als leibliches Wesen ist der Mensch Raum, Zeit und Zufall unterlegen, daher immer von anderen abhängig. Letztere sind aber nicht grundsätzlich Verhinderung, sondern Bedingung der Existenz bzw. schlicht nicht vom Begriff des Individuums zu trennen (Natorp 1909). Da der Mensch Raum und Zeit unterliegt, ist Identität auch nicht etwas sich langsam nach einem urbildlich angelegten Muster mithilfe von Pädagogik Entwickelndes (›Werde, der Du bist‹). Vielmehr bezeichnet der Begriff ein immer vorläufiges Kohärenzgefühl bzgl. sich und der Welt, aber auch innerhalb des Ich selbst, denn Redewendungen (›ich wundere mich über mich selbst‹, ›da ist mir etwas rausgerutscht‹, ...) und ihnen zugrundeliegende Erfahrungen zeigen, dass das Ich mit Freud nicht ›Herr im eigenen Hause‹ ist (Rorty 1988, 38), vielmehr in sich vielfältig ist und mit dieser Vielfalt umgehen muss. In diesem Zusammenhang wird auch auf die Bedeutung von Selbsterzählungen hingewiesen, durch die das Individuum Kohärenz erzeugt. Dass dies gleichwohl immer nur Momentaufnahmen sind, zeigt die Erfahrung, dass je nach Lebensalter der Blick auf das Ich und seine Geschichte unterschiedlich ausfallen kann. Gedeutet wird dies nicht mehr als linearer Zuwachs an Identität (im Sinne eines ›mehr bei sich Sein‹), sondern als je aktueller Ausdruck veränderter Selbst- und Weltverhältnisse, die pädagogisch lediglich begleitet werden. Auch gegen eine vorschnelle Pauschalkritik an äußeren Umständen wird differenzierter untersucht, in welchen jeweiligen Konstellationen Menschen nicht nur geformt werden, sondern sich auch selbst formen. Um dieser sachlichen Komplexität Rechnung zu tragen, wird teilweise der Begriff der ›Subjektivierung‹ vorgeschlagen, während andere den Begriff der ›dialogischen Subjektivität‹ (Zima 2017, 363) präferieren.

Zur Glücksthematik hat diese Lesart sehr viel mehr inhaltliche Bezüge:

Schon allein mit der positiven Hervorhebung der Sozialität des Menschen kommt das klassische Thema der Freundschaft, überhaupt der Liebe in den Blick. In der Benennung des konstitutionell gegebenen Objektstatus gerät die in der Lebenskunst thematisierte Notwendigkeit des zu erlernenden Umgangs mit Verwehrungen, mit Leid in den Blick, wie überhaupt das Leid, aber auch die Lust durch die Betonung der Leiblichkeit des Menschen viel stärker als Grundgegebenheit Berücksichtigung finden kann. Die mit der Anerkennung der Leiblichkeit einhergehende Hervorhebung ästhetischer Bildung führt zur Kunst, zu Medien als Ausdrucks- und Lernwelten, auch zum Rausch als irrationalem phasenweisen Austritt aus der Welt, wie aber auch zur leiblichen Sorge. Die sich letztlich hinter der Subjektkritik verbergende Position der Anerkennung von Kontingenz führt zu einem zentralen Glücksthema, dem Zufall, der sich positiv wie negativ zeigen kann und dessen Beurteilung oftmals erst in zeitlicher Distanz möglich ist bzw. sich ändert (Zima 2017, 381 f). Und schließlich: Die Diskussionen um die Beurteilung des Glücks anderer zeigen eine ähnlich vorsichtige Haltung, wie es die Kritiker des

Lebensführungen (Pätzold 2003, 554). Zu nennen wäre hier auch die Wiederbelebung der schon in der Aufklärung bedeutsamen Ästhetik als Kontrapunkt zu einseitiger Vernunftorientierung (Welsch 2008, 87–89). Weder ist der Verlust der Einheit zu bedauern (40), noch Postmoderne anders zu lesen als sich selbst revidierende Moderne (106).

Subjektbegriffs zeigen in der Beurteilung des zu Erziehenden, auch in der Zurückhaltung vorschneller normativer Urteile – Kritik wird ›entdogmatisiert‹ (Ricken, N. 2019, 111 f).

Insofern könnte gerade für diejenigen, die den Subjekt-Begriff im Anschluss an Foucault kritisieren und die ›Subjektivierung‹ nicht wieder vorschnell und in Verlängerung des klassischen Subjekt-Denkens als eine subtilere Form von Unterdrückung deuten, eine Wende zum Glück und auch zum Hedonismus erfolgen, war es doch Foucault, mit dem Schmid (1991) seine Thematisierung der Lebenskunst begann, und nicht zufällig nennt Zirfas (2017, 156) die Lebenskunst als Bildungsideal einer neu gedachten Subjektorientierung. Zu bedenken gibt er aber, dass die im Begriff der Lebenskunst implizierte spielerische Flexibilität genau der Modus ist, der eine auf Flexibilität und wenig feste Bindung ausgerichtete Arbeitswelt erfordert.

Um den historischen Ballast des Subjektbegriffs abzuwerfen, könnte man sich dann auch gleich vom Begriff des Subjekts verabschieden und vom Menschen und seinen individuellen Glücksmöglichkeiten sprechen, jetzt aber wesentlich vorsichtiger, indem man die Kritik der Postmoderne an Letztbegründungen ernst nimmt und die Kontingenz der eigenen Position darlegt. Man hätte damit auch die Lehren aus der Postmoderne-Diskussion gezogen, die in der Pädagogik zwar geführt wurde (vgl. Fromme 1997), deren Rezeption in Deutschland aber sehr geprägt wurde von der abwehrenden Haltung Habermas', die ›kanonischer Bezugspunkt der Debatte‹ wurde (Welsch 2008, 159). Dort wurde Postmoderne als Verzicht auf gesellschaftskritische Positionen, darin als zum neu erstarkten Konservatismus passende unpolitische Philosophie fehlinterpretiert (Fromme 1997, 255–259; insges. 148–259; Welsch 2008, 107 f; 159–165), obwohl sie eigentlich als selbstreflexive Kritik die Ideale der Moderne ernst nimmt. Deren direkteste Konsequenz wäre wohl, sich der expliziten und impliziten Zuschreibungen an Menschen zu enthalten.

3.4 Sozialpädagogische Probleme mit dem Glück

Der Begriff der Sozialpädagogik ist bekanntlich mehrdeutig und kennzeichnet(e) je nach Verwendung Unterschiedliches (vgl. Dollinger 2009; Reyer 2002). Entsprechend unterschiedlich ist dann die jeweilige Nähe zur Glücksthematik. In der inzwischen etablierten Lesart, so kann man vorwegnehmen, hat das Glück einen schweren Stand. Aber zunächst zu unterschiedlichen Verständnissen von Sozialpädagogik: Während historisch mit dem Begriff vielfältige Diskussionen um das Verhältnis von Individuum und Gemeinschaft verbunden sind (Dollinger 2009, 313), wird er nach Mager (1848, 396) durch Natorp (1909, 122) zunächst zu einem systematischen Reflexionsbegriff, der gegen individualpädagogisches Denken die Verwobenheit von Individuum und Gemeinschaft betont. In Konsequenz müsse Pädagogik stärker »die sozialen Bedingungen der Bildung und die Bildungsbedingungen des sozialen Lebens« (Natorp 1908, 62 f) berücksichtigen. Zwar lehnt Natorp eine Überbetonung des Individuellen als »Subjektivismus« aus den genannten

Gründen ab, sieht aber die Ziele von Individualität und Autonomie in seinem Verständnis von Sozialpädagogik enthalten (1909, 206). Als Gewährleistung des Gemeinschaftscharakters des Sozialen sieht er ein allgemeines, im Menschen verwurzeltes religiöses Gefühl, welches eine sittliche Verbundenheit erzeuge – mehr, als eine kognitive Vermittlung es je könne (Natorp 1908, 66f). In diesem sehr weiten Verständnis von Sozialpädagogik lassen sich sehr schnell Bezüge zur Glücksthematik herstellen, allein in der Reflexion der Bedeutung Anderer für das Glück, aber auch in der Fokussierung auf moralische Gefühle[59].

Weitaus einflussreicher als Natorp war aber Gertrud Bäumers gegen Natorp entwickelte Definition von Sozialpädagogik zur Kennzeichnung eines Handlungsfeldes:

> »Sozialpädagogik bedeutet hier den Inbegriff der gesellschaftlichen und staatlichen Erziehungsfürsorge, sofern sie außerhalb der Schule liegt. Die Erziehungsfürsorge entstand als Nothilfe.« (Bäumer 1929, 3)

Inhaltlich richtet der Begriff der ›Erziehungsfürsorge‹ den Fokus auf eine Notwendigkeit aufgrund von Bedürftigkeit, wobei die Ursachen derselben immer auch in gesellschaftlichen Umständen gesehen werden (Bäumer 1929, 11), sodass gesellschaftliche Emanzipationsbewegungen als geistige Traditionslinien des Fachs betrachtet werden, von Nohl (1926, 322–326) bis Thiersch (2017, 1034f). In der Sache ist der Verweis auf die Historie bei Bäumer durchaus berechtigt, denn historisch hat das Handlungsfeld seine Wurzeln in der Kinder- und Jugendfürsorge als Sorge für ›Verwahrloste‹ und Waisen (Schilling/Klus 2015, 52ff; Brake/Deller 2015, 101ff; Giesecke 2013, 131f).

In dieser Lesart wird ›Sozialpädagogik‹ zur Kennzeichnung eines Handlungsfeldes, in dem Probleme bearbeitet werden, die nicht nur, aber v. a. äußeren Umständen geschuldet sind. Diese Definition hat sich durchgesetzt und gilt heute als Kern sozialpädagogischer Identität.
Entsprechend resümiert Uhlendorff (2009a, 578):

> »Das sozialpädagogische Problem ist eine theoretische Figur für eine Sichtweise, die drei Aspekte berücksichtigt, eine Diagnose sozialer Folgen von gesellschaftlichen Modernisierung und Veränderungsprozessen, die Beschreibung von spezifischen Aneignungs-, Vermittlungs- und Erziehungsschwierigkeiten bestimmter sozialer Gruppen und eine Prognose, unter welchen Bedingungen die Probleme bewältigt werden können, d. h. mit welchen pädagogischen Maßnahmen dem erzieherischen Notstand beizukommen ist. (…) Es handelt sich um einen wissenschaftlichen Begriff für einen sozialpädagogischen Blick, der nicht nur für die Theoriebildung der Sozialpädagogik konstitutiv war, sondern auch zu einem treibenden Motor der Jugendhilfe in Deutschland wurde. Dieser sozialpädagogische Blick ist sozialkritisch und z. T. auch ideologisch aufgeladen: Dabei werden die gesellschaftlichen Veränderungen kritisch beleuchtet; häufig wird eine Verflachung sozialer Werte beklagt. An die ›Verfallssemantik‹ überlieferter Werte knüpfen sich Vorstellungen von

59 Interessanterweise grenzt er, wohl als Reaktion auf Kritik, seinen Gefühlsbegriff im Nachwort zur zweiten Auflage der ›Religion‹ gegen eine ›psychologische‹ Thematisierung von ›Lust und Unlust‹ ab (1908, 86). Aber auch wenn er nicht von Glück redet, sind seine Umschreibungen des inneren Bedürfnisses nach Entfaltung und intensivstem Wohlbefinden, welches gleichzeitig nach Ewigkeit ausgreife, auch als Umschreibungen von (eudämonistischem) Glück zu lesen (86–89). Allerdings ist die Glücksthematik nicht sein inhaltliches Anliegen.

›neuer‹ sozialer Gerechtigkeit oder andere utopische Elemente: z. B. ein umfassendes Volkserziehungskonzept (Pestalozzi), ein sozialer Erneuerungs- und Rettungsgedanke (Wichern), die Idee des ›Dritten Weges‹ zwischen Kapitalismus und Kommunismus, der Munizipalkommunismus (bürgerliche Sozialreformer) oder Vorstellungen einer gewaltfreien Gesellschaft. (...) Die Sozialpädagogischen Konzepte, die sich daran anknüpfen, gingen und gehen allerdings in der Praxis nicht auf (...).«

In Folge sind als sozialpädagogisch markierte Themen und institutionelle Selbstverständnisse problemorientiert:

»Sozialpädagogische Einrichtungen sind Institutionen, die auf das oben beschriebene Sozialpädagogische Problem antworten.« (Uhlendorff 2009b, 651; Marotzki et al. 2006, 46)

Kennzeichnend für eine sich ausweitende Sozialpädagogik ist inzwischen, dass als Zielgruppe nicht mehr nur Kinder- und Jugendliche gelten, sondern alle Menschen in Belastungssituationen und über die gesamte Lebensspanne (Treptow 2009, 622; Böhnisch 2018), sodass Sozialpädagogik tendenziell eine ›alltägliche Unterstützungsleistung‹ wird (Marotzki et al. 2006 51), weil immer weniger Menschen ihre Problemlagen bewältigen könnten (ebd., 47). Folgerichtig werden als emanzipatorisch gedeutete gesellschaftspolitische Bewegungen als Traditionslinien des Fachs verstanden.

So kann es nicht verwundern, dass im Handbuch der Erziehungswissenschaften als ›sozialpädagogische Dimensionen von Familie‹ ausschließlich Problemkonstellationen genannt werden: Transitionsbewältigung und Resilienzförderung, interne wie externe Konflikte und Krisen, Armut, Prävention sowie Erziehungs- und Familienberatung (Mertens et al. 2009), während die davorstehenden Themen der Familienbildung diese Kennzeichnung nicht haben – offenbar, weil ›Bildung‹ nicht per se problembezogen gedacht, daher nicht der Sozialpädagogik zugeschlagen wird.

Dabei war schon bei Bäumer die Problembezogenheit so einheitlich nicht, denn Felder wie Kindergärten, die Kinder- und Jugendarbeit oder insgesamt die Freizeitpädagogik sind davon abgegrenzt:

»Die Sozialpädagogik überschreitet hier die Sphäre der ›Nothilfe‹ und wird ein fruchtbarer Zuwachs, ein gesundes Produkt neuer gesellschaftlicher Kräfte.« (Bäumer 1929, 15)

In den gängigen Selbstbeschreibungen taucht diese Seite der Sozialpädagogik aber nicht auf. Verstärkt wird die Problemorientierung noch durch die Zusammenlegung der einstmals getrennten Studiengänge Sozialarbeit und Sozialpädagogik zur Sozialen Arbeit, unter dem die Mehrzahl sozialpädagogischer Studienplätze an Hochschulen firmiert. Damit wird nicht nur semantisch die Problemorientierung gefördert, denn Soziale Arbeit definiert sich ebenfalls als Probleme präventiv oder unter Bewältigungsaspekten erforschende Wissenschaft (Engelke et al. 2016, 17; Scherpner 1962, 122).

Zwar hat sie darin Gemeinsamkeiten mit der Sozialpädagogik in Form von Waisen- und Armenhilfe (pars pro toto Schilling/Klus 2018, 16–92; Deller/Brake 2014, 76–110), exemplarisch graphisch veranschaulicht bei Schilling/Klus (2018, 93). Allerdings hat die ›Opferung‹[60] des Pädagogischen im Titel ihren Preis: Eine an

60 Es kann an dieser Stelle nicht diskutiert werden, wieviel Pädagogik in Sozialer Arbeit

sich heterogene Zielgruppe, ohnehin schon durch den sozialpädagogischen Blick als problembehaftet betrachtet, gerät nun vollends unter Generalverdacht der Bedürftigkeit, gefördert auch durch die curriculare Präsenz der gesundheitsbezogenen Disziplinen Medizin und Psychologie in der Hochschullehre.

Für die Glücksthematik hat dies alles gravierende Auswirkungen: Zunächst einmal besteht auch hier die Gefahr, das Glück eigener Zielgruppen nicht oder nicht genug wahrnehmen zu können. Salopp formuliert – die heiteren Sonnenstrahlen des Glücks dringen kaum durch die Wolkenwand des Problemhorizonts. Wenn doch, kann es eher nur ein schwer abgerungenes sein, im Sinne eines ›Trotz Alledem‹. Aufgrund einer gesellschaftskritischen Orientierung gilt dies auch für genuin ›unproblematische‹ Handlungsfelder: ›Wie sollen Kinder/Jugendliche/Menschen … denn heute noch glücklich sein, bei all den gesellschaftlichen Problemen?!‹ wäre die alltagssprachliche Formulierung eines sozialpädagogischen Glücks-Blicks. Zudem ist auch hier die Glücksthematisierung verdächtig – sollte man der Zielgruppe Glück konstatieren, bedroht das die eigene Identität und Legitimation oder kann als Versuch einer Kaschierung gesellschaftlichen Unglücks bzw. Unrechts gesehen werden. Für die ›Seele des Fachs‹ und politisch-strategisch liegt hier die Orientierung an der Gerechtigkeit näher. Wenn Brumlik in diesem Kontext fordert, die Sozialpädagogik müsse philosophisch werden, um Sozialpädagogik bleiben zu können (Brumlik 2012, 165), müsste man glückstheoretisch ergänzen: Und sie müsste dabei die Palette und Art und Weise rezipierter Glückspositionen selbstkritisch erweitern: nicht nur über Nussbaum zu Aristoteles, sondern auch über Bentham und Mill zu Epikur oder über die Postmoderne zur pyrrhonischen Skepsis.

3.5 Nach Glück strebt nur der Amerikaner?

> »Hat man sein *warum?* des Lebens, verträgt man sich mit fast jedem *wie?* Der Mensch strebt nicht nach Glück, nur der Engländer tut das« (Nietzsche 1889, Götzen-Dämmerung, Sprüche und Pfeile Nr. 12, Herv. im Orig.).

Nietzsches fast schon geflügeltes Wort über das Verhältnis der Engländer (und damit auch der Deutschen) zum Glück muss als Ergebnis des historischen Prozesses verstanden werden und kann als solches nicht verwundern. Angesichts der gezeigten Diskussionen des 18. Jahrhunderts und ihrer Vorläufer muss man aber sagen, Nietzsche lag falsch – das Glück suchte damals auch der Deutsche, auch unter weitaus wohlwollenderer Rezeption utilitaristischer Gedanken, als es die weitere

enthalten ist. Während einige inzwischen dahingehend argumentieren, Hilfe und Pädagogik gehörten genuin zusammen, wird dies bestritten z. T. aus pädagogischer Sicht (aufgrund eigenständiger pädagogischer Thematiken), z. T. aus Sicht Sozialer Arbeit (aufgrund eigenständiger hilfebezogener Thematiken). Vgl. pars pro toto Hering/Münchmeier (2014, 15); Füssenhäuser/Thiersch (2018, 1726f); Borrman et al. (2016,11); Hammerschmidt et al. (2017, 12); Maurer/Schröer (2018, 540).

Entwicklung mit sich brachte. Auch ein Blick Nietzsches auf seinen älteren Zeitgenossen Ludwig Feuerbach (1960b) hätte einen sich unter dem Begriff des Eudämonismus mit epikureischer Philosophie beschäftigten Deutschen gezeigt. Weiterhin liegt Nietzsche deswegen nicht ganz richtig, weil das Glücksstreben zum ersten Mal verfassungsrechtlich garantiert wird in den USA, die zwar historisch stark von England geprägt sind, aber eben auch eigene Theorietraditionen entwickelten. Dazu gehört v. a. auch der Pragmatismus, der zu Beginn des 20. Jahrhunderts in Deutschland zunächst intensiv diskutiert, gleichzeitig aber ebenso intensiv auch abgelehnt wurde. Für die Glücksthematik lohnt sich ein Blick auf den Pragmatismus, denn hinter seinem Verständnis von Wahrheit steht das Glücksstreben, und seine Ablehnung zeigt einmal mehr die Kampfstellung des deutschen Idealismus gegen das Glück bzw. eine vermutete bestimmte Art desselben. Darin zeigen sich ähnliche Positionen wie sehr viel später bzgl. der Postmoderne, was nicht zufällig ist, was ein kurzer Exkurs zeigen kann:

West (1989, 211–239) zieht eine Verbindung von Pragmatismus über Neo-Pragmatismus zur Postmoderne – und von dort wieder zurück zu Emerson (vgl. auch Hollinger 1999, 33), wie insgesamt Hollinger/Depew (1999). Die inhaltliche Nähe zum Pragmatismus wird deutlich z. B. bei Regenbogen/Meyer (2013, 511):

> »Das postmoderne Wissen ist das Bewußtsein dieser unhintergehbaren Pluralität der Wirklichkeit, das entsteht, wenn die Phänomene nicht mehr aus dem Zusammenhang Einheit erzwingender Erzählungen, sondern in ihrer Partikularität wahrgenommen werden. P. impliziert insofern die Auffassung vom ›Ende‹ der (teleologisch (›erzählbaren‹) Geschichte. In der weiteren philosophischen Auseinandersetzung verbindet sich mit dem Begriff P. das Motiv der Vernunftkritik, d. h. die Rekonstruktion des philosophischen Selbstverständnisses der Moderne, das sich um den Begriff einer vernunftgeleiteten Autonomie des Subjekts zentriert und im Prozeß seiner Kritik seit dem 19. Jahrhundert reflektiert wird (…)«

Nagl (1998, 7 f) nennt als drei wesentliche Merkmale des Pragmatismus ›Anti-Fundamentalismus‹, die Kritik ›universalistischer und deterministischer Weltbilder‹ sowie ›pluralistisches Denken‹. Hollinger (1999, 19) sieht den Pragmatismus zunächst charakterisiert durch »(…) voluntarism, practicality, moralism, relativism, an eye toward the future, a preference for action over contemplation, and other traits of the same degree of generality.« Dann habe er sich entwickelt zu einer eigenen Theorie über Sinn und Wahrheit (ebd.), die letztlich eine kritische Erneuerung aufklärerischen Denkens sei und darin Nähe zur Postmoderne habe (33). Darüber hinaus sieht er für die Entstehungszeit eine typische Kombination unterschiedlicher philosophischer Elemente: Die Bedeutung der wissenschaftlichen Methode angesichts einer durch Unwissenheit und Wandel geprägten Welt (20); die Überzeugung, dass die Welt zu unserem Nutzen durch Wissenschaft geändert werden könne (23) und dass wissenschaftlicher Fortschritt sich demokratisch in vielen Lebensbereiche ausdehnen könne, wenn die Menschen entsprechend gebildet würden (25). Regenbogen und Meyer (2013, 518) kennzeichnen den Pragmatismus mit: »Ablehnung erster Prinzipien, ewiger Wahrheiten, Bewertung des theoretischen Erkennens nach seinem Nutzen für die praktische Lebensgestaltung, schließlich auch Gleichsetzung dessen, was sich erfahrungsgemäß als nützlich bewährt hat, mit dem sittlich Guten, mit dem Wahren (…) und mit dem religiösen Glauben.«

Für die Postmoderne gilt Nietzsche als ein historischer Wegbereiter (Zima 2014, 43), und Nietzsche rezipiert intensiv Emerson, den man getrost als Proto-Pragmatisten[61] bezeichnen kann.

Grundlegend für den Pragmatismus ist, bei aller Unterschiedlichkeit der einzelnen Vertreter und teilweisen Distanzierung von Peirce zu anderen, eine gemeinsame Grundannahme hinsichtlich des Wahrheitsbegriffs und in Folge auch der Ethik. Unter Wahrheit wird nicht die Korrespondenz einer Theorie mit der Wirklichkeit verstanden, sondern das Ergebnis einer Tätigkeit der Konsensfindung angesichts eines zu lösenden Problems.

Peirce nimmt seinen Ausgangspunkt bei naturwissenschaftlicher Laborarbeit (1877, 2). Dort würden verschiedene Versuchsanordnungen erprobt und deren Auswirkungen untersucht mit dem Ziel, vorhersagbare erwünschte Effekte zu erzielen. Diese Vorhersehbarkeit benötigten Lebewesen nach Darwin zur Anpassung an die Umwelt, was analog für den Menschen als logisches Tier gelte (3): Wir handelten auf der Basis fester Überzeugungen (›belief‹) mit eingespielten Gewohnheiten (›habits‹) (5; an anderer Stelle: »The essence of belief is the establishment of a habit (…).« (1878, 291). Würden diese Überzeugungen irritiert, entstehe Zweifel (›doubt‹) und in Folge ein Kampf darum, wieder eine Sicherheit des Weltumgangs, wieder Glauben zu erreichen (»(…) the production of belief is the sole function of thought.« 289). Dieser Prozess des Kampfes ist für Peirce die wissenschaftliche Untersuchung (›inquiry‹) (1877, 6). Das Ergebnis lasse uns dann wieder sicher in der Welt bewegen – die Frage, ob der neue Glaube im klassischen Sinne wahr sei, stelle sich nicht mehr (1877, 6). Wahrheit wird also nicht mit ›der Realität entsprechend‹ gleichgesetzt, sondern ›mit für uns positiven Ergebnissen‹ (1878, 289). Peirce hebt auch die jeweils aktuelle Situation des Anlasses der Untersuchung hervor – es sei eine praktisch bedeutsame Unsicherheit (1878, 288), sodass wir notgedrungen aktuell weniger oder unwichtig Erscheinendes oder nicht Wahrgenommenes außer Acht ließen (1877, 6). Dabei greife man grundsätzlich immer auf unreflektiertes Vorwissen zurück (1878, 287). Umso wichtiger ist Peirce dabei das methodisch klare Vorgehen (1877, 11f) sowie der größtmögliche Konsens der am Untersuchungsprozess Beteiligten, denn der Konsens entscheide über die Annahme einer neuen Überzeugung:

> »The opinion which is fated to be ultimately agreed to by all who investigate, is what we mean by the truth, and the object represented in this opinion is the real.« (1878, 300)

Hieran knüpfen weitere Vertreter an – James nennt als ›wahr‹ das, was für uns besser sei zu glauben (1994, 50) bzw.

> »(…) was sich auf dem Gebiet der intellektuellen Überzeugung als aus bestimmt angebbaren Gründen als gut erweist.« (ebd., 49, Herv. im Orig.)

Dewey (2003b, 32) stellt den Pragmatismus in einen evolutionsbiologischen Kontext der Anpassung von Lebewesen an die Umwelt mit dem Ziel

61 West (1989) spricht vom langen Schatten Emersons auf den Pragmatismus (9) und von einer »…Emersonian Prehistory of American pragmatism (…)« (11); Sölch (2018a, 35–37) zählt Emerson zu den Klassikern des Pragmatismus.

»(...) einzukalkulieren, wie effektivere und nutzbringendere Beziehungen zu diesen Objekten in der Zukunft geschaffen werden könnten.« (2003b, 32)

Wie Peirce sieht auch Dewey unsere Erkenntnis unvermeidbar durchzogen mit alltäglichen Vorstellungen und Interessen. Besser sei es, das von vornherein zu berücksichtigen, statt zu verteufeln (2003a, 39f) – eine Position, die später Cavell (2001) sprachphilosophisch vertritt und die dabei Nähe zeigt zum Pragmatismus und (natürlich) Emerson und Thoreau hat (Nagl 2001, 20–24). Die Anerkennung von Kontingenz ist so Ausgangspunkt des Pragmatismus und Bedingung für Freiheit und damit Veränderbarkeit bestehender Zustände (Dewey 2003b 22; zum Thema insgesamt Festl 2018a, 65; zum Folgenden insgesamt Festl 2018b). Ethische Themen sind daher zunächst Fragen hinsichtlich der Methode der Erkenntnisgewinnung – man muss sich von absoluten Werten verabschieden und Ausgang nehmen bei der Pluralität bestehender Überzeugungen, die eigenen Voraussetzungen müssen falsifizierbar sein, im Prozess müssen möglichst viele Sichtweisen inkludiert sein, die Ziele müssen einer möglichst großen Zahl zum Vorteil gereichen und sind nicht unabhängig von den Mitteln zu diskutieren. Das Ziel ist ein Gewinn positiverer Lebensbedingungen für alle (Dewey 2003b, 37).

Hier nun kommt das Glück ins Spiel – der Maßstab dafür, was für ›uns‹ besser ist, ist mindestens begleitet von Gefühlen, deren Basis wiederum unser Wohlbefinden ist. Die Wahrheitssuche des Pragmatismus zielt also indirekt, aber oft auch direkt und so benannt, aufs Glück:

Bereits für Peirce steht die neue Art der ›Wahrheits‹findung im Dienste sehr menschlicher Emotionen: Der so gewonnenen Glaube solle uns wie ein guter Führer zu solchen Handlungen führen, die unsere Bedürfnisse/Sehnsüchte erfüllten (1877, 6). Durch diese neue Art von Erkenntnis sei man zwar um etliche falsche Ansichten beraubt, aber glücklicher über weniger, dafür klarere Gedanken (1878, 288). Peirce steht dabei offensichtlich eine Art wertvolleres menschliches Leben vor Augen (er spricht auch von ›dignity‹, 1878, 302), ebenso wie eine Art Seelenruhe (ohne das Wort zu verwenden) die sich einstellt, wenn unsere Affekte beruhigt sind durch die Beseitigung des Zweifels (1877, 11).

James spricht das Glücksstreben als Movens unseres Lebens direkt an:

»If we were to ask the question: ›What is human life's chief concern?‹ one of the answers, we should receive would be: ›It's happiness‹. How to gain, how to keep, how to recover happiness, is in fact for most men at all times the secret motive of all they do, and of all they are willing to endure.«[62] (James 1902, 77)

Dies betont er auch im Kontext der Förderung des Lernens durch Interessen der Lernenden:

»Der Gegenstand von größtem angeborenen Interesse ist für einen Menschen sein eigenes Selbst und dessen Glück. Wir sehen daher immer, daß etwas von dem Augenblicke an interessant wird, in dem es mit der Wohlfahrt des eigenen Selbst in Verbindung tritt.« (1908, 65)

62 Das Besondere an religiös vermitteltem Glück sieht er in der Fähigkeit, das Böse wahrzunehmen, aber sich davon nicht affizieren zu lassen, während gängige Vorstellungen Glück als Zustand fehlenden bzw. überwundenen Übels ansähen (49).

Auch unsere Gedanken bewerte man nach ihrem konkreten Vorteil für die Freude oder zukünftige Nützlichkeit:

> »It is the character of inner happiness in the thoughts which stamps them as good, or else their consistency with our opinions and their servibility for our needs, which make them pass for true in our esteem.« (1902, 17)

Bei Dewey greifen Wahrheitssuche, Glücksstreben und Pädagogik direkt ineinander: Damit eine Gesellschaft sich weiter entwickeln könne, müsse der Prozess der Wahrheitssuche unter Beteiligung möglichst vieler/aller verlaufen. Daher seien individuelles Glücksstreben und Eigeninteresse der Gesellschaft an Weiterentwicklung formal miteinander verknüpft, moralisch durch die Entscheidung des Individuums für solches Glück, das mit den Erfordernissen der Gemeinschaft kompatibel ist (Dewey 2008, 248). Orte der Verknüpfung sind, wie von Brumlik rezipiert, (früh-)pädagogische Institutionen (Dewey 2008, 243).

Aufgrund dieser wissenschaftstheoretischen Struktur des Pragmatismus spricht Henning (2018, 259) von einer »glücksfunktionalen Anlage der Philosophie«, Shusterman (2001) liest ihn als Fortsetzung der antiken Lebenskunstthematik. Dewey (2003a, 39) selbst hebt die europäisch-aufklärerischen Bezüge hervor: Die »Autoritäten für die Lebensführung« seien »entthront« worden, das Individuum erhalte die ihm gebührende Bedeutung (2003b, 35).

Nach dem Gesagten kann nicht verwundern, dass Oelkers (2018, 178) die Erziehungstheorie als »Kern des Pragmatismus« ansieht – Dewey (2003, 21) spricht von James als »Erzieher und Humanist«, er selbst ist ein Klassiker der Pädagogik, der Neo-Pragmatist und Postmoderne Rorty (1987, 306–421) bezeichnet sich selbst als ›bildenden Philosophen‹. Erstaunlich allerdings, dass die pädagogische Rezeption des Pragmatismus im Sammelband ›Pragmatismus und Pädagogik‹ (Tröhler/Oelkers 2005) wenig auf die Glücksthematik eingeht. Dabei gibt der Beitrag von Kamphausen (2005) in Verbindung mit dem von Oelkers (2005a) eine Interpretationsrichtung für die Vernachlässigung des Glücks: Nach Kamphausen stehe hinter der »Reserviertheit gegenüber dem amerikanischen Pragmatismus« (159)

> »(...) ein immerwiederkehrendes Motiv, nämlich die abgrundtiefe Verachtung des kleinen Glücks der grossen Zahl.« (160)

Gegen vermeintlich niedere Glücksvorstellungen würden typisch deutsche Bildung und Kultur ins Feld geführt, wobei als Beispiel für Materialismus die amerikanische Gesellschaft diente (161). Das deckt sich mit den Darstellungen der historischen Diskussion über den Pragmatismus auf der Heidelberger Tagung 1908, die als oberflächlich und vorteilsbehaftet bewertet wird (Joas 1999, 114–145; Sölch 2018b; auch Oelkers 2005a, 200–205). Der Pragmatismus wurde mit Utilitarismus gleichgesetzt (Joas 1999, 119), der ohnehin nach Kant in Deutschland den niederen Trieben und insbesondere dem ausschließlich Materiellen zugeordnet wurde.[63]

63 Was teilweise den provokanten Formulierungen James' geschuldet war, der vom ›Kassenwert‹ einer Theorie spricht (1994, 47) oder davon, der Pragmatismus sei »zu allem bereit« (51), was schnell als kapitalistische Theorie und Bereitschaft zur Amoralität verstanden werden kann (vgl. insgesamt Joas 1992, 116–146, Sölch 2018b; zur Kritischen Theorie Joas 1999, 96–113). Lohnenswert sind detaillierte Darstellungen des Heidelberger Kongresses

Parallelen zeigen sich zur pauschalen Verurteilung von Pragmatismus und Postmoderne: Joas (1999, 96–113) belegt die oberflächliche und ablehnende Haltung der ersten Generation der kritischen Theorie, nimmt aber die folgenden Wissenschaftler davon aus. Anders Oelkers (2005a), der Habermas' verkürzte Mead-Interpretation dafür verantwortlich macht, sodass Meads interaktionistischer Ansatz quasi idealistisch überhöht wird durch eine dann in idealer Kommunikationsgemeinschaft aufscheinende Vernunft und damit aus der niederen Alltagspraxis und ihren Regungen enthoben wird (196f). Da die deutsche Pädagogik immer schon idealistisch geprägt sei, habe sie diese Fehlinterpretation dankbar übernommen.

Eine idealistische Position bemängele an Postmoderne wie Pragmatismus einen fehlenden »Sollensfokus« (Lehmann-Rommel 2005, 82) in Form gesellschaftskritischer und/oder sozialromantischer Positionen. Dass gerade der Verzicht auf solche Kategorien Freiheitsspielräume eröffnet (Dewey 2008, 239–241), wird nicht berücksichtigt.

Dabei könnte der Pragmatismus (wie die Postmoderne) sogar zur heute häufig geforderten Förderung von Vielfalt herangezogen werden, denn, wie Baader (2005, 54) anhand von James (leider nur auf die Religion bezogen) darlegt, fördere er die Vielfalt der ›Glücke‹.

Das ärgste Hindernis für eine derartige Rezeption ist vermutlich der typisch amerikanische Optimismus – Glück ist möglich bzw. vorhanden. Das passt nicht zu Gesellschafts- und Kulturkritik. Dabei fügen sich gerade die durch und durch eudämonistischen Glücksvorstellungen Deweys gut in die deutsche Tradition:

Dewey (2008, 199–202) lehnt hedonistisches Glück ab, sieht Epikureismus als Lebenshaltung des Rückzugs und der Beschränkung, die den Wert des Kampfes gegen Widerstände missachte, nicht zur Zukunftsgestaltung tauge und eher das Ideal einer intellektuellen Oberschicht repräsentiere. Ein umfassendes Glücksempfinden müsse an von außen unabhängigen inneren Werten orientiert sein (198), die Idee des Glücks sei ursprünglich gewonnen aus erfüllten Wünschen (»cases of fulfilled desire«, 247) als Folge ineinander aufbauender Tätigkeiten. So könnte Deweys Beschreibung des höchsten Glücks ebenso gut in einem Ratgeber der positiven Psychologie stehen wie als Lob der Arbeit bei einigen Philanthropen:

> »1. Eine Berufsarbeit ist das einzige, was die besondere Fähigkeit eines Individuums mit seinem Dienst an der Gesellschaft in Einklang bringt. Herauszufinden, wozu einer geeignet ist, und ihm die Möglichkeit geben, dies zu tun, ist der Schlüssel zum Glück. Nichts ist tragischer, als seinen wahren Lebensberuf zu verfehlen oder zu entdecken, daß man durch den Zwang der Umstände in einen unpassenden Beruf geraten ist. Den richtigen Beruf zu haben bedeutet einfach, daß sich die Fähigkeiten eines Menschen in angemessener Weise betätigen können, mit dem Mindestmaß an Reibung und dem Höchstmaß an Befriedigung.« (Dewey 2011, 399; vgl. auch die klassisch eudämonistischen Beispiele für Freuden, Dewey 2008, 193)

Gleichzeitig weiß Dewey, dass jegliches Glücksstreben paradox ist – das direkte Anstreben verfehle das Ziel (2008, 246).

1908, auf dem der Pragmatismus intensiv diskutiert und gleichzeitig auch ›erledigt‹ wurde, bei Joas ebd.; auch Oelkers 2005a, 200–205.

Und immerhin kann man mit James (▶ Kap. 3.1) die resilienzfördernde Kraft religiöser Glücksgefühle und deren positive Auswirkungen u. a. auf soziales Engagement hervorheben. Man könnte sich also durchaus sehr nah sein, weswegen an dieser Stelle betont werden muss: Es geht hier nur darum zu zeigen, dass das pragmatische Wahrheitsverständnis formal zum Glück führt. Über Inhalte ist damit zunächst nichts gesagt, wohl aber über die Pluralität des Glücks und die Notwendigkeit von Aushandlungsprozessen zu seiner Verwirklichung.

3.6 Fazit

Selbst wenn man sich nun pädagogisch stärker dem Glück widmen wollte, könnte es sein, dass es so ohne weiteres nicht geht, weil einige Theorietraditionen einer breiten Rezeption im Wege stehen könnten: Religiöse Menschen finden im Glauben eine große Ressource und Glück, laufen aber auch Gefahr, das große Glück vom Leben nicht zu erwarten bzw. es an religiöse Vorschriften gebunden zu sehen, deren Erfüllung über Glück oder Unglück entscheidet. Mindestens irritiert werden vom Glücksbegriff können solche Gegenwartsanalysen, die in der Tradition der kritischen Theorie von Glück nicht mehr oder nur noch ungerne sprechen, stattdessen die Notwendigkeit kritischer Distanz zu vorschnellen Glücksversprechen einnehmen. Vollends verdächtig könnte das Glück werden, wenn man in Linie der kritischen Theorie gegenwärtiges Glück als verblendeten Genuss interpretiert. Dann hört im wahrsten Sinne des Wortes der Spaß auf. Ähnlich könnte es denjenigen gehen, die im Gefolge eines traditionellen Subjektdenkens Pädagogik als Befreiung von Unterdrückung/Unglück verstehen. Für sie muss Glücksorientierung wie Verrat an der emanzipatorischen Sache der Aufklärung erscheinen, vielleicht auch als Gipfel postmoderner Beliebigkeit. Zwar kann man als Ergebnis der Kritik der Postmoderne zum Glück als am wenigsten bestreitbarer und normierenden Zielkategorie gelangen, insofern niemand bestreiten würde, dass der Mensch nach Glück strebt. Man könnte weiter den aufklärerischen Impetus dieser Orientierung erkennen auch mit Blick auf die Aufklärungspädagogik und man könnte schließlich in Sachen Letztbegründungen zur pyrrhonischen Skepsis und zu Epikur gelangen. Man bräuchte dafür auch keine kritische Haltung aufgeben, denn diese Theorietraditionen richten sich gegen offene oder verdeckte Normierungen und Unterstellungen, die sich unter den Begriffen ›gutes Leben‹, ›Vernunft‹, ›Moral‹, auch ›Subjekt‹ verbergen. Geht man diesen Weg aber nicht, feiert in der aktuellen Ablehnung der Glücksthematik eigentlich wieder der bereits in der Antike erhobene Verdacht moralischen Egoismus/moralischer Beliebigkeit und der Reduktion des Menschen auf sinnliche Freuden fröhlich Urständ. Für eine problemorientierte Sozialpädagogik gilt Ähnliches: Glücksorientierung kann als Kaschierung des Elends der Welt missverstanden und bekämpft werden, aber auch, ähnlich dem Subjektdenken, als Bedrohung der eigenen Begründungsstruktur, die auf Problemhorizonte angewiesen ist. Möglich auch, dass noch Einflüsse religiöser Tradition hinzukommen – Arbeit im Dienst einer guten Sache ist das eigentliche Glück, sie bewirkt Gutes, adelt die eigene Person/Institution und lässt einen besser fühlen. Hedonismus wäre dann wieder nur das Verfehlen einer höheren menschlichen Existenz. Man kann dies exemplarisch bei Alice Salomon (1997) gut verfolgen – in einer Rede an Sozialarbeiterinnen lobt sie Arbeit als Dienst an den Ärmsten als »*Vorbedingung* des Glücks« (264, Herv. im Orig.), verurteilt ›Müßiggang und verfeinerten Genuss ohne Pflicht‹ (265) und findet Sinn als Glücksbedingung im »Glauben an eine *Weltordnung*, die den Menschen vorwärts und aufwärts führt.« (266, Herv. im Orig.).

Vor solchen arbeitsethischen Einflüssen ist auch der amerikanische Pragmatismus nicht gefeit, wie die Glücksvorstellung bei Dewey zeigt und was angesichts der religiösen Wurzeln vieler Einwanderer nicht verwundern kann. In seiner theoretischen Grundanalage führt der Pragmatismus allerdings direkt zum Glück: Er fragt nicht nach der Umsetzung abstrakter idealistischer Ziele, sondern nach konkret zu lösenden Problemen. Lösungen ergeben sich aus einem freien kommunikativen Forschungsprozess, an dessen Ende eine Zustimmung auf der Basis einer letztlich dann emotionalen Entscheidung für ein uns hier und jetzt gegebenes Gut steht. Für die pädagogische Beschäftigung mit dem Glück wäre ein solches, weniger metatheoretisch beladenes Wissenschaftsverständnis hilfreich. Auch eine Glücksorientierung sollte nicht wieder den Fehler begehen, in ein teleologisches Konzept eingebunden zu sein.

4 Konsequenzen – Glück als Thema der Pädagogik

Zumindest die Überschrift muss man nicht mit einem Fragezeichen versehen. Der Mensch strebt nach Glück, und insofern Pädagogik mit dazu beiträgt, dass ein Mensch durch Erziehung und Bildung zur kulturellen Welt kommt und gemeinschaftsfähig wird als auch die ihm gemäße Form seines Lebens findet, ist man unweigerlich mit dem Glück konfrontiert. Man kommt weiterhin deshalb um das Glück pädagogisch nicht herum, weil man zum einen auch durch formale Bildung in Form von Abschlüssen gesellschaftlich positioniert wird hinsichtlich des Zugangs zu Berufen und Einkommen, was wiederum Auswirkungen auf das empfundene Glück hat oder haben kann; andererseits, weil ein Mensch, der viel von der Welt weiß (wenigstens theoretisch), die Möglichkeit einer größeren Wahl hat, indem er Dinge kennenlernt, die ihm neue Horizonte für sich selbst, damit neue Glücksmöglichkeiten eröffnen. Derlei Erfahrungen bietet das Leben, aber ansatzweise Kenntnisse erhält man auch durch formale und non-formale Bildung, weit mehr aber noch durch informelle Bildung. Dann muss man schlicht anerkennen, dass die Pädagogik in ihren wissenschaftlichen Anfängen wie selbstverständlich vom Glück als Erziehungsziel ausgegangen ist. Zu guter Letzt: Man kann sich nicht vorstellen, dass man mit Menschen pädagogisch arbeitet, ohne dass man ihnen nicht von Herzen Glück wünscht. So weit, so gut. Bis zu einer Pädagogik des Glücks ist es ab hier aber noch ein sehr weiter Weg und man darf getrost zweifeln, ob er überhaupt gegangen werden kann oder soll. Zu klären wäre doch, ob Glück überhaupt direkt angestrebt oder gar gelehrt werden kann und soll, wenn ja, wo. Von dem ›Wie‹ ganz zu schweigen, denn nimmt man das bisher Gesagte ernst, reicht es nicht, statt Erziehung oder Bildung jetzt Glück zu sagen, in der pädagogischen Gesamtanlage aber im Großen und Ganzen weiter wie bisher zu machen – davon einmal abgesehen, dass unterschiedliche Glücksverständnisse eben solche ›Glücks-Curricula‹ zur Folge hätten. Und vielleicht muss es ja auch gar nicht sein, da Glück in der Pädagogik implizit vorhanden ist und man nur alten Wein in neue Schläuche füllte. Um es vorwegzunehmen: Die Frage, ob Pädagogik sich dem Glück widmen sollte, wird mit einem klaren Jein beantwortet. Eine Welle der Begeisterung für eine Pädagogik des Glücks wäre aus mehrerlei Gründen nicht wünschenswert. Eine Pädagogik, die das Glück als zentrale Kategorie nicht reflektiert, kann es aber aus o. g. Gründen auch nicht geben. Vielmehr muss es darum gehen, vor einer vorsichtigen pädagogischen Rede vom Glück sorgfältig grundsätzliche Klärungen über Stellenwert, Inhalte, Lehr- und Lernbarkeit vorzunehmen, auch deshalb, weil alles Lernen ganz andere bis gegenteilige Effekte zu dem nach sich ziehen kann, was man beabsichtigt – das Gegenteil von gut ist bekanntlich gut gemeint. Wie jede gute Beziehung erhält sich die von Pädagogik und Glück durch eine Spannung zwischen Nähe und Distanz.

4.1 Ausgangspositionen

Lust und Unlust oder: Das Leben will leben

Die hier vorgeschlagene pädagogische Lesart des Glücks beginnt bei der epikureischen Annahme der Lust als menschlichem Grundmotiv und der aristotelischen Betonung der Bedeutung von Lust und Unlust für die Erziehung. Man kann den Menschen als Organismus verstehen der, sobald er zur Welt kommt, sich bei der Entdeckung der Welt an angenehmen und unangenehmen Gefühlen orientiert. Dabei ist nur vordergründig das angenehme Leben das Ziel: Dahinter steht das Ziel des Überlebens, so wie Fellmann es als Ausgangspunkt der Lebenskunstthematik skizziert: Das Leben will Selbsterhalt, und es ist das, was man pädagogisch voraussetzen kann und muss:

> »(...) den Drang zum Leben als solchem – zur Anwendung der Lebensfunktionen die auf Erhaltung, Fortsetzung und Steigerung der Vitalität gerichtet sind und den Tod fürchten.« (Flitner 1983, 207)

Deswegen hatte bereits Trapp (1780, 44 f) festgestellt, der Drang nach Glück schließe den zum Selbsterhalt ein bzw. setze ihn voraus. Das zeigt sich zuallererst in sinnlicher Wahrnehmung: Unangenehmes signalisiert Gefahr (wie z. B. Kinder Bitteres ausspucken, weil das Empfinden Giftiges signalisiert; eine finstere Miene signalisiert Ablehnung), Angenehmes Förderliches (Giftiges ist meistens nicht süß, ein Lächeln signalisiert Wohlwollen). Man kann auch Humboldts Gedanken der Kraft bzw. Energie in diesen Kontext stellen: Die jedem Menschen innewohnenden Energie sucht ihren Weg durch die Welt, ihr Maßstab ist Lust/Unlust.

Natürlich besteht das Leben nicht rein aus Lust, aber man nimmt Unlust in Kauf für höhere Lust, und sei diese auch ›nur‹ das Überleben. Folgerichtig und von den Philanthropen zurecht genannt, soll man einerseits jedes Kind beobachten in seiner der eigenen Lust folgenden individuellen Weltaneignung; so entdeckt man Begabungen und Interessen, an die man Lernprozesse knüpfen kann. Man muss es aber auch an Unlust gewöhnen, weil im Extremfall das Überleben davon abhängt, alltäglicher aber, weil etliche Ziele im Leben nicht erreicht werden, wenn man nicht bereit ist, dafür Widrigkeiten in Kauf zu nehmen. Zwar ist eine Erziehung zur Disziplin als Selbstzweck falsch und kann nicht (zumindest nicht ohne Schaden) gelingen. Aber von der Sache her ist Selbstdisziplin ohne Frage im Leben vonnöten, und Fellmann spricht nicht umsonst beim Thema Kampf von selbigem auch gegen sich selbst. Aus der Anerkennung, dass jedes Leben Selbsterhalt sucht und jedes Individuum eigene Neigungen hat, folgt pädagogisch also zunächst einmal eine robuste Haltung: Leben muss und kann gelernt werden. In allererster Instanz geht es beim Wohlbefinden ums Überleben. Es folgt zweitens die Haltung, wenn es eben geht, pädagogisch bei der Lust oder Unlust anzusetzen. In beiden Fällen ist Energie vorhanden, bei ersterer strebt man etwas an, bei zweiter danach, etwas zu beheben. Ganz schwierig wird es erst, wenn keines von beidem vorhanden ist. Vielleicht folgt sogar drittens noch etwas ganz Anderes: Dankbarkeit für die eigene Existenz. Das wird von pädagogischer Seite seltener thematisiert, in der Praxis am ehesten noch in Kindergärten durch Gebete/Lieder bzw. Feste. Das größte Glück ist wohl, dass es einen selbst zufälligerweise gibt.

Sowohl Egoismus als auch Nützlichkeit

Von dieser Ausgangsposition kann man etwas nüchterner auf die unauflösbare Verbindung von Individualität und Sozialität blicken. Ob die Sorge für andere aus kluger Selbstsorge resultiert oder aus Freude am Helfen oder dem positiven Gefühl, etwas Sinnvolles zu tun, die Motivation ist immer die gleiche: Man tut etwas, weil es einem ein gutes inneres Gefühl gibt. Heute wird man kaum noch pädagogische Ansätze finden, die Egoismus als Ziel nennen. Aber Individualität, Selbstverwirklichung, Subjekthaftigkeit, Mündigkeit sind im Grunde nichts Anderes als noblere inhaltliche Umschreibungen dessen. So wird denn der Egoismus als ein gesunder bezeichnet, um den berechtigten Einsatz für die eigene Sache auch gegen andere zu kennzeichnen. Man könnte und sollte einen solchen gesunden Egoismus mit seinem Streben auch nach gesellschaftlicher Positionierung dann auch so ehrlich als Erziehungsziel benennen wie Flitner (1983, 207) es tut und gegen vorschnelles Moralisieren verteidigt. Andererseits kann man so auch einen möglichen Glanz von Nobilität vom reinen Altruismus nehmen – durch Sorge für Andere sorgt man auch für sich selbst bzw. fühlt man sich wohl.

Allerdings kann es für das pädagogische Selbstverständnis eines sich als tolerant verstehendes Gemeinwesens näherliegen, in Selbstbeschreibungen den Fokus auf die Rücksichtnahme der Gemeinschaft auf das Gedeihen des Individuums zu legen, unterfüttert durch vereinfachtes Denken in Polaritäten eines ›heilen‹ Individuums und einer deformierenden Gesellschaft bzw. deformierender Praktiken. Davon abgesehen, dass nach pädagogischer Subjektkritik eine solche unterkomplexe Argumentation an sich nicht mehr geführt werden kann, liegt eine ganz andere Position mindestens ebenso nahe, nämlich die Frage, was das Individuum der Gemeinschaft geben kann, also die klassische Nützlichkeit/Tauglichkeit. Das ist pädagogisch alles andere als en vogue, trotzdem umso berechtigter: Nicht nur, dass Gemeinschaftsfähigkeit ein Erziehungsziel ist, jede Gemeinschaft bedarf um ihres Fortbestands Willen des Einsatzes für sie, mit Schleiermacher: Erhalt und Verbesserung. In den 1970er und 1980er Jahren von pädagogischer Seite Gemeinschaftsfähigkeit oder gar Nützlichkeit einzufordern, hatte aufgrund der zeitlichen Nähe zum Nationalsozialismus bei vielen noch den Klang einer Unterdrückung von Freiheit und Individualität. Mit größerem Abstand, vielleicht auch mit der Erfahrung, dass die gegenwärtige BRD auch durch Radikalismen unterschiedlicher Art bedroht sein könnte, fällt möglicherweise der an sich wertfreie Gedanke der Nützlichkeit für die Gemeinschaft, für ihren Erhalt und ihre Verbesserung, auf fruchtbareren Boden, erst recht mit Blick auf die Tatsache, dass es in Deutschland (bei all seinen im Detail unterschiedlichen geographischen und politischen Konstellationen) eine so lange Friedenszeit wie aktuell noch nie gegeben hat.

Liebe zur Welt

In der Glücksthematik artikulieren sich die Liebe zum und die Freude am Leben. Wenn man diese Welt liebt, sich an ihrer Schönheit erfreut, wenn man sich verbunden fühlt mit anderen Menschen und kommenden Generationen, dann kann einen die ökologische Bedrohung von Lebensgrundlagen nicht unberührt lassen. Diese Gehalte fängt der Glücksbegriff semantisch nicht ein, sachlich wohl. Wenn man also vom Glück spricht, dann muss man diese Nuancierungen mitklingen lassen, um einer einseitigen individualistischen Perspektive vorzubeugen, aber auch, um vor neurotischer Selbstsorge und Glückssuche zu bewahren. Es geht beim Glück nicht nur um eine zutiefst bejahende Haltung zum eigenen, sondern zum Leben im Ganzen und seinem Fortbestand.

Rehabilitation des Hedonismus

Wenn das Glück pädagogisch geadelt ist, dann als eudämonistisches. Auf den ersten Blick liegt das pädagogisch nahe, denn insofern Pädagogik ein eigenständiges, eigenes Leben fördern soll, ist man direkt beim Thema der individuellen Ziele und Wünsche, damit beim Eudämonismus. Allerdings ist der Eudämonismus klassisch so subjektiv nicht, denn dahinter steht die Vorstellung eines an sich guten bzw. wertvollen Lebens, bei Aristoteles auch verbunden mit einer Schau des Göttlichen. Deswegen ist er gut kompatibel mit religiösen Vorstellungen, die ebenfalls ›wahres‹ Glück versprechen; und er ist ebenso gut kompatibel mit vermeintlich gesellschaftskritischen pädagogischen Positionen. Sie alle eint die Sorge, das Individuum könne sein Glück verfehlen, auch indem es falschen Glücksvorstellungen aufsitzt. Ob man also Eudämonist, religiös, in der Kritischen Theorie oder einem klassisch subjekttheoretischen Denken verhaftet ist, im Ergebnis werden hedonistische Grundannahmen verurteilt. Gleichzeitig wird die eigene Praxis geadelt – man fördert nicht nur das Individuum, man macht dadurch die Welt besser. Maximal als empirisches Phänomen darf da Hedonismus zugelassen, muss aber in jedem Fall eingeschränkt werden. Pädagogik darf lustvoll sein, sofern dadurch das wertvolle eudämonistische Geschäft leichter fällt. Als Selbstzweck darf die Freude nicht dienen. Das wird am ehesten im Bereich der auf Freiwilligkeit beruhenden pädagogischen Settings der Kindergärten, der Kinder- und Jugendarbeit und Freizeitpädagogik deutlich: Man schreibt den Handlungsfeldern z. B. persönlichkeitsfördernde bzw. überhaupt bildende, präventive, antidiskriminierende, politische und andere Effekte zu und adelt sie damit. Nicht erlaubt scheint es zu sagen: Die Kinder/Jugendlichen hatten eine schöne Zeit bei uns, sie sind gerne gekommen, es hat Spaß gemacht – und wer wollte, konnte etwas dabei lernen. Nimmt man den Hedonismus aber ernst, dann kann die Polarität zum Eudämonismus stark relativiert bis nivelliert werden: Der Mensch tut alles, was er tut, für seine eigene Lust. Am deutlichsten wird das in der Ethik, die letztlich konsequentialistisch argumentiert auch dort, wo sie letzte Werte postuliert, denn die Argumentation lautet am Ende: Wenn wir diese Werte nicht haben, bricht Unmoral aus, treibt die Gesellschaft in eine Katastrophe u. ä. Dahinter verbirgt sich eine pessimistische Anthropologie: Der Mensch muss durch Regeln gezügelt werden, seien sie metatheoretisch auch noch so schwach fundiert. Der Hedonist dagegen geht davon aus, dass es im Eigeninteresse des Individuums sei, gemeinschaftsbezogen zu agieren. Er kann sich dabei auf Positionen berufen, die auch Prosozialität evolutionsbiologisch vorgegeben sehen. Wenn man das Spiel einer eudämonistisch wertvolleren Pädagogik mitspielen wollte, könnte man sogar sagen: Hinter der erfahrenen Freude steht die Freude am Leben im Ganzen, die Lebensbejahung um des Lebens selbst willen. Und wenn man dann noch in den kulturpessimistischen Kanon von sich epidemisch ausbreitenden psychischen Erkrankungen (was absolut zu bezweifeln ist) einstimmen will (was hier nicht getan werden soll), könnte man leicht darauf verweisen, dass Lebensfreude nicht das schlechteste pädagogische Vademecum ist. Hier muss man dringendst die Lektüre Bollnows empfehlen: Positive Gefühle sind die Basis offener Weltbegegnung und dabei geht es nicht nur um idealistisch bereinigte geistige Freuden: Selbst der Rausch hat eine existenzielle Bedeutung des Ausgangs aus der Welt, um wieder in sie eintreten zu können, und nicht umsonst ist das Paradigma der Suchtprävention nicht Abstinenz, sondern Genuss/kontrollierter Gebrauch. Vorgeschlagen wird hier also, die Wertigkeiten der Glücksarten aufzugeben. Im Alltag treten sie bestenfalls ohnehin zu gleichen Teilen auf: Auch wer tagsüber noch so intrinsisch motiviert arbeitet, freut sich abends auf die hedonistische Belohnung. Wer im Lebensabend auf sein Leben zurückblickt, mag angesichts verwirklichter Ziele Zufriedenheit, Stolz, Glück empfinden; wenn einen aber Schmerzen ohne Linderung quälen, man seit langer Zeit keine Berührung auf der Haut mehr erfahren hat, einsam ist u. v. m., wird sich dieses Glücksgefühl nur schwerlich einstellen. Andererseits, wer sein Leben ausschließlich nach Lustmaximierung verbracht hat und am Ende traurig dessen Einseitigkeit bemerkt, den wird auch der letzte teuerste Wein nicht versöhnen, vielleicht aber eine sinnvolle Tätigkeit. Eine Hervorhebung des Eudämonismus als wertvoller dient letztlich nur dazu, unsere Vorstellungen von uns zu selbst bzw. unser pädagogisches Geschäft zu adeln. Wer jetzt noch Sorge hat, das Erbe der Aufklärung werde verraten, der sei an die aufklärerischen Aspekte auch der Skepsis, v. a. aber Epikurs erinnert. Insofern steht eine pädagogische Rezeption dessen, was Kimmich (1993) ›Epikureische Aufklärungen‹ nennt, noch aus. Bei genauer Betrachtung historischer Texte durch die Jahrhunderte wird man ein hohes pädagogisches Ethos hedonistischer Positionen entdecken, die gerade das wollen, was gemeinhin mit Aufklärung bezeichnet wird: Zum eigenen Denken anregen und von falschen Autoritäten befreien.

Glück statt gutes Leben

Da letztinstanzlich immer der einzelne Mensch über sein Leben befindet, taugt der Begriff des guten Lebens eher als Reflexionsfolie für distanzierte Analysen, nicht für die Kennzeichnung der Qualität eines jeweiligen Lebens. Deswegen sollte man besser vom Glück reden und mitbedenken, dass erst zum Schluss die letzte Bilanz gezogen wird. Dazu kommt, dass der Begriff des Glücks mehr als der des guten Lebens eine emotionale und eine Zufallsdimension enthält: Wer sich selbst/sein Leben als glücklich bezeichnet, bejaht die eigene Existenz zutiefst affektiv, und mit nur ein klein wenig Reflexion weiß man auch in dem Moment, dass dieses Gefühl ein Geschenk ist, mag man auch noch so sehr am eigenen Glück geschmiedet haben: Man fährt auf ein Konzert und erlebt ein einmaliges Zusammenspiel von Band und Publikum zu einem unvergesslichen Abend; man erhält eine erhoffte Stelle, obwohl man im Bewerbungsgespräch mindestens nicht besser war als in anderen Gesprächen zuvor; man ist nicht das erste Mal in seinem Leben verliebt, aber diese Beziehung hat eine Konstellation und entwickelt eine Eigendynamik, sodass sie dauerhaft erfüllend ist. Wenn man sagt, auf jeden Topf passe ein Deckel, dann ist das gar nicht abwertend gemeint – das ›gelücke‹ besteht in der passenden Luke, in dem, was sich zusammenfügt ohne eigenes Zutun. Darüber hinaus ist ›Glück‹ ein Sehnsuchtsbegriff: Man kann zwar nicht wissen, was das je gemäße Glück ist, bevor es sich ereignet, aber man kann sich ehrlich eingestehen, ob etwas fehlt, und dessen Gewahr wird man zuerst emotional, dann in der Reflexion. Vor allem aber verbietet der Begriff, anders als der des guten Lebens, eine bewusste oder unbewusste Normativität: Man kann schlicht nicht wissen, was wessen Glück ist, und man sollte sich bei jeglicher Bewertung zurückhalten.

Glück impliziert Unglück

Nirgendwo wird ewiges Glück versprochen, aber überall reflektiert, dass zum Glücklichsein das Erlernen des Umgangs mit Krisen gehört, dass Glück erst erfahren wird, wenn man Unglück kennt. Antike Reflexionen sorgen sich angesichts der Faktizität des Leids um die Selbstmächtigkeit noch der letzten Lebensbilanz, wie die Figur des heiter sterbenden Weisen zeigt oder wie heute noch Gebete zeigen, die die Bitte für ein langes Leben und einen gnädigen Tod enthalten. Dass man trotz des Leids glücklich sein kann, behauptet die Antike; dass es einem gelingt, muss sich leider immer erst praktisch zeigen; dass es nicht theoretisch, sondern erst in der Krise erlernt wird, zeigt die Lebenserfahrung. Eine gute Pädagogik legt also nicht nur den Wert auf Optionserweiterungen des Individuums, sie legt auch Wert auf das Erlernen des Umgangs mit Begrenzung, Passivität. Es gibt nicht wenige Situationen im Leben, in denen der einzige Verhaltensspielraum in der Haltung der Akzeptanz besteht. Das klingt nicht schön und kann leicht missbraucht werden, um das Faktum kommt man jedoch nicht herum.

4.2 Glück ist kein Thema der Pädagogik

Gegen das Glück als Ziel einer fachlichen Intervention spricht fundamental zum einen: Das zufällige Glück ist nicht verfügbar, es ereignet sich der pyrrhonsichen Skepsis zufolge gerade dann, wenn man es nicht erwartet bzw. anstrebt. Man kann also sagen: Es kann nicht nur nicht intendiert werden, man weiß auch nicht, was es ist, bis es einen ereilt. Insofern ist die Behauptung, man wirke glücksfördernd, eine fachliche Anmaßung/Übertreibung.

Zum zweiten: Wer ständig sein Glück sucht, wird es nicht nur verfehlen, er wird vermutlich das genaue Gegenteil, unglücklich: Man beginnt zu grübeln, sich mit vermeintlich besser Gestellten zu vergleichen, verbeißt sich in Ziele und vergisst die Gegenwart, oder fragt sich ängstlich besorgt, ob man auf dem Weg zum Glück alles richtiggemacht, oder seinen von Psychologen behaupteten möglichen Prozentsatz an Glücksmaximierung verpasst hat. Kurz: Es stellt sich ›miese Stimmung‹ (Retzer 2012) ein. Darüber hinaus kommt es auch gar nicht darauf an, stets das vermeintliche Wohlbefinden zu suchen, vielmehr stellt sich dieses auch bei Tätigkeiten ein, in denen ein gutes Gefühl nicht bewusst im Vordergrund steht: Aus therapeutischer Sicht betont Retzer (ebd., 255–280) die heilende Wirkung von Wut und Trauer bei Depressionen und die Kontraproduktivität des Versuchs einer harmonisierenden Vermeidung derselben. Ehrenreich (2010) hat in bissiger Art fatale Folgen einer auf stetes Wohlbefinden ausgerichteten amerikanischen Gesellschaft für Individuen wie Institutionen gezeigt. Ein so falsch verstandenes Glück ist tatsächlich ›overrated‹ (Belliotti 2004, und es ist vollkommen richtig, darauf hinzuweisen, dass Glück viele Bereiche umfasst, die vordergründig nicht mit direkten guten Gefühlen zu tun haben, wie sinnvolle Tätigkeiten, Lebensaufgaben, Kinder großziehen, sich für die Umwelt einsetzen u. ä. Allerdings: Unter der Prämisse, dass man am Ende diese Bereiche sucht, um mit sich im Reinen zu sein, also ein positives inneres Gefühl zu haben, ist man sachlich doch wieder beim Glück. Die Warnung vor der Verwendung des Glücksbegriffs zielt daher auf vereinfachte Assoziationen ungetrübten Wohlbefindens und einfacher Herstellbarkeit.

Zum dritten: Wenn etwas nachhaltig Einfluss auf das Glück eines Menschen haben soll, dann muss es Auswirkungen im Alltag haben. Alles, was man in Glücks-Kursen oder in einem Schulfach Glück vermitteln möchte, steht unter dem Problem des Transfers in den Alltag. Möglicherweise das Einzige aber, was man gesichert über den Lernerfolg zum Thema Glück wie überhaupt zu sog. sozialen Themen in der Schule sagen kann, ist: Man lernt, über etwas zu sprechen; die Lebenspraxis kann davon vollkommen unberührt bleiben. Aus Sicht der Schüler hat ohnehin nicht Alltagsrelevanz, was gelehrt, sondern das, was gelebt wird. Man könnte noch weitergehen: Ginge es wirklich um das aktuell empfundene Glück der Zielgruppe, könnte dieses auch in der Abwesenheit vom Unterricht bestehen. Und vielleicht würden in der dort verbrachten Zeit mehr glückstaugliche Erfahrungen gemacht als in der Schule. Vielleicht besteht der Lerneffekt von Schülern hinsichtlich des eigenen Glücks gerade darin zu lernen, sich in Zwangskontexten wie der Schule möglichst wenig Ärger einzuhandeln und die Institution strategisch zu behandeln für die eigenen Ziele. Zudem ist das deutsche Schulsystem durch Schulpflicht gekennzeichnet mit verbindlichen Curricula. Strukturlogisch ist das individuelle Glücksgefühl der Schüler gar nicht vorgesehen und kann es auch nicht sein.

Zum vierten: Ausgehend von der Überlegung Schmids, dass Glück bzw. Lebenskunst i. d. R. reflektiert werden in ihrer schmerzhaft empfundenen Abwesenheit, braucht es eine (nicht nur atmosphärisch und/oder motivational erzeugte) existenzielle Offenheit, damit man sich mit grundlegenden Dingen beschäftigt und entsprechende Lernprozesse beginnen. Will man gezielt Glück vermitteln, trifft man bestenfalls auf Menschen, die gerade offen dafür sind, weil sie bewusst oder unbewusst einen Mangel spüren. Ansonsten ist es eher andersherum – Menschen suchen Rat in grundlegenden Lebensfragen. Man ist dann im von Krämer genannten Feld der Beratung, nicht aber einer pädagogischen Initiierung einer Glücksthematik, und zu letzterer kommt man möglicherweise erst über ein jeweils aktuell drängendes Thema. Man kann in Sachen Glück, wie in anderen Dingen auch, eben nicht mit der Tür ins Haus fallen.

4.3 Glück ist ein Thema der Pädagogik

Blickt man weniger auf den Begriff als auf Sachverhalte (und unter Absehung der gezeigten historischen Bezüge), wird man feststellen, dass es kaum einen pädagogischen Bereich gibt, der nicht mit dem Glück zusammenhängt, was schon in der elterlichen Erziehung beginnt: Ein Kind, das Zuhause kein Glück erlebt hat, wird auf lange Sicht eher in selteneren Fällen ungetrübt glücklich sein können. Allererste glücksrelevante Handlungen im Leben eines Kindes sind die der Eltern in Form von Liebe, Schutz, Nahrung, Pflege als Basis eines emotional und physisch guten Aufwachsens, man könnte noch alltagspraktisch sich zeigendes Zutrauen in das Kind nennen. Umgekehrt könnte man z. B. sozialpädagogische Kinderschutzfachkräfte als Garanten dieser basalen Bedingungen ansehen. Überhaupt kann man eine gelingende Erziehung als guten Nährboden für ein glückliches Leben betrachten, falls man sich durch sie (v. a. unbewusst) habitualisierte Haltungen aneignet, die einem helfen können, ›gut durchs Leben‹ zu kommen. Zu nennen wären z. B. auf der Basis liebevoller Beziehungen Gemeinschaftsverpflichtung und Eigenständigkeit, Konfliktaustragung, Bewältigung von Herausforderungen, Genießen/Feiern, Humor – wobei der weniger gezielt angegangen werden kann, sondern in großen Teilen auch veranlagt ist. Man muss aber nicht sämtliche pädagogisch relevanten Bereiche durchforsten hinsichtlich ihres Glückspotenzials und entsprechender Inhalte. Aufzählungen können bestenfalls anregen, schlimmstenfalls dienen sie unzulässiger Normierung oder werden zu einer pädagogisch abzuarbeitenden ›to-do‹-Liste: Anstatt das Gesamt im Blick zu haben, läuft man Gefahr, sich an Glücksbereichen (analog zu den Bildungsbereichen der Kindheitspädagogik) abzuarbeiten getreu dem Motto: Gestern hatten wir ›individuelle Fähigkeiten‹, heute machen wir ›Werte‹, morgen machen wir ›Genussübungen‹, übermorgen fällt die ›Streit-Stunde‹ aus, weil die Referentin abgesagt hat. Grundsätzlich kann man sagen, dass überall dort, wo individuelles Wachstum gefördert, Freude gestiftet, Schmerz minimiert wird, dauerhaft glücksrelevante Erfahrungen gemacht werden können bzw. zumindest man augenblickshaft glücklich sein kann. Eine Lehrkraft, die Neugierde und Begabungen fördert, eine Erziehungsberatung, die zu familiärem Frieden führt, ein Waldkindergarten, der Fantasie und Bewegung fördert, sie alle müssen nicht das Label Glück im Titel führen, um für sich Glücksrelevanz reklamieren zu können. Statt zu versuchen, das Glück gezielt zu betreiben, kommt es darauf an, mit welcher Haltung man sein pädagogisches Geschäft betreibt. Einige Anregungen:

Freude

Das, was man tut, sollte man mit Freude tun. Freude öffnet den Menschen, Offenheit ist eine Voraussetzung für das Lernen, Angst verhindert es. Eine pädagogische Institution, in die man nicht mehrheitlich mit Freude geht, kann keine gute sein. Wie vermittelt man Freude? Zunächst wohl in grundlegender Menschenfreundlichkeit. Man muss sich mehr oder weniger auf die Gegenüber freuen und an ihrem Wohlergehen, insbesondere ihrem Lernen, interessiert sein. Dann sollte man selbst seine Arbeit gerne tun und das Lernen so leicht wie möglich gestalten. Von der Freude ist es nur ein kleiner Schritt zum Lachen. Es darf auch bei den ernstesten Themen gelacht werden, auch über sich selbst und/oder die jeweilige Situation. Im Vertrauen darauf, dass es immer und überall Lerngelegenheiten ergibt, dürfen die Freude und auch der vermeintlich weniger wertvolle Spaß direkt ein pädagogisches Ziel im Freizeitbereich sein. Es reicht ein Blick in die überaus reichhaltige Arbeit von Prütting (2016), um die Tiefendimension des Humors zu erfassen. Prütting selbst verwehrt sich gegen die Vermutung, sein ›Homo Ridens‹ sei eine Auffassung zu banaler Spaßgesellschaft (ebd., 1692); ihm geht es darum, die tiefendimensionale Bedeutung des Humors für den Menschen zu erfassen, und wer hätte gedacht, dass seine Thesen über die Bedeutung des Humors Begriffe enthalten wie »personale Emanzipation«, »Erleuchtung«, ›heitere Aufklärung‹, »Humanität« (1927 f). Ähnlich der Lebenskunst kann auch Pädagogik eine Kunst sein, die spielerisch-heiter betrieben werden darf.

Spiel

Ohnehin hat die Pädagogik mit dem Spiel ein Pfund in Glückssachen. Bei allem pädagogischen Nutzen, niemand spielt, um etwas zu lernen, man spielt um des Spiels Willen, weil es einen fasziniert, in Beschlag nimmt, Spaß macht, teilweise auch beglückt. Auch wenn man es spontan stark (bis ausschließlich) mit der Kindheit assoziiert, es ist ein den Menschen lebenslang begleitendes Phänomen. Leider scheinen die Hochzeiten pädagogischer Beschäftigung mit dem Spiel vorbei zu sein. Das entsprechende Handbuch von Kreuzer (1983 f) hat keine Neuauflage erlebt, ebenso wenig der Sammelband von Scheuerl (1997) zu pädagogischen Klassikern des Spiels, dabei haben sich Spiele und Spielwelten seitdem massiv verändert. Und auch die Pädagogik der Kindheit formiert sich weitaus stärker um den Bildungsbegriff als um das Spiel, obwohl letzteres zentrales Medium kindlicher

Weltaneignung ist. Dabei weiß gerade die phänomenologische Tradition pädagogischer Spiel-Interpretationen um die Nähe des Spiels zum Weltbezug des Menschen im Ganzen und zum Glück und bewahrt so vor einer verengten entwicklungspsychologisch oder soziologisch zweckorientierten Interpretation des Spiels. Soviel wie möglich sollte das Spiel in pädagogischen Kontexten Berücksichtigung finden.

Optimismus

In Anlehnung an einen alten Spruch über die Machbarkeit von Anarchie könnte man angesichts vielfältiger Ratgeberliteratur sagen: ›Glück ist machbar, Herr Nachbar.‹ Das wäre allerdings die Botschaft einer als Handwerk der Psychohygiene fehlverstandenen Glücksoptimierung. Davon einmal abgesehen, dass jeder Mensch seine sehr eigene Art hat, sich mit seinen ganz eigenen inneren Dämonen heimisch zu fühlen, ein Körnchen pädagogischer Wahrheit liegt in der Haltung allerdings doch: Pädagogisch sollte bzw. muss man seinem Gegenüber Vertrauen in seine Fähigkeiten entgegenbringen. Die kann man aber nur haben, wenn man selbst ein gewisses Grundvertrauen in die Welt hat. Nun ist einigen Teilen der Pädagogik, insbesondere der Sozialpädagogik, Gesellschaftskritik gleichsam mit der Muttermilch eingegeben. In Konsequenz solcher Haltung könnte man das Glück von Kindern und Jugendlichen heute als gefährdet ansehen. Nahrung bekäme dies durch die Rede von sich ausbreitenden psychischen Erkrankungen, von denen die Depression Gegenpol des Glücks ist. Analog zu den 1970er Jahren ist man dann schnell geneigt, mehr Glück und weniger Leistung zu fordern bzw. auf weiter Flur Unglück zu sehen. Man muss diese Position bezweifeln. Zum einen deshalb, weil seit Bestehen des einflussreichen amerikanischen diagnostischen Manuals die Zahl der definierten ›Krankheiten‹ derart exorbitant gestiegen ist, dass Allen Frances, selbst Leiter der Auflage DSM IV, vor einer ›Inflation psychischer Diagnosen‹ warnt (Frances 2013). Nicht nur, dass immer mehr ›Krankheiten‹ hinzukommen (und hin und wieder auch welche gestrichen werden), auch die Diagnose bestehender Erkrankung kann modifiziert werden: DSM III (223) grenzte die Trauer nach Tod eines nahen Menschen von einer depressiven Episode ab und sah die Gefahr letzterer erst bei ungewöhnlicher Intensität und Dauer; DSM V empfiehlt bereits nach zwei Wochen die Überprüfung einer Depression mit Angaben zu Phänomenen ›normaler‹ Trauer (DSM V, 114 f). Kritiker bezeichnen das als ›Loss of Sadness‹ (Horwitz/ Wakefield 2007). Auch der vielbeachtete Titel ›Das erschöpfte Selbst‹ (Ehrenberg 2015) ist keine Skandalisierung epidemisch sich verbreitender Depressionen, sondern die Kritik an einer an Funktionalität statt Konfliktthematisierung orientierten Definition und Medikation von Phänomenen, die nicht automatisch Depressionen seien (ebd., 28).

Nimmt man die Arbeit von Kirsch (2009) über einen strategischen Wandel weg von Psychotherapien hin zur Medikamentenvergabe inklusive seiner Kritik an Wirksamkeitsstudien, gibt es gute Gründe, nicht vorschnell in Kulturpessimismus zu verfallen, erst recht mit Blick auf heute befremdliche, inhaltlich aber sehr ähnlich erscheinende Klagen der Philanthropen hinsichtlich vermeintlich epidemisch sich ausbreitender Nervenleiden (Dornes 2012, 384 ff). Sollte es einen faktischen Anstieg depressiver Erkrankungen geben, wäre der vermutlich durch gestiegene Lebenserwartung in Folge einer hohen Zahl alter Menschen begründet. Blickt man auf Studien über das Glück/Wohlbefinden von Kindern, kann man durchaus optimistisch sein. Exemplarisch sei die Bilanz der LBS genannt, deren Ergebnisse zur Selbsteinschätzung des Wohlbefindens von Kindern andere Studien bestätigen:

> »Die Kinder in Deutschland fühlen sich im Allgemeinen ›eher gut‹ bis ›gut‹ (MW=5,5). Damit fällt die Bewertung des allgemeinen Wohlbefindens insgesamt positiv und vergleichbar zu allen früheren Kinderbarometer-Studien aus. Im Zeitvergleich zeigen sich keine bedeutsamen Unterschiede zwischen den betrachteten Kohorten: Den Kindern geht es nach eigener Auffassung gleichbleibend gut.« (LBS 2018)

Das heißt nicht, es gebe kein Verbesserungspotenzial oder eben auch Leid, Ungerechtigkeit u. ä. Hilfreich sind hierfür detailliertere Untersuchungen wie z. B. UNICEF 2021. Das ändert aber nichts an den insgesamt sehr positiven Befunden, die man auch als Ergebnis einer weniger repressiven Erziehung verstehen kann. Zu einer gesellschaftskritischen Haltung gehört heute wohl eher, sich den berechtigten Optimismus hinsichtlich des Aufwachsens von Kindern und Jugendlichen nicht trüben zu lassen, ohne Verbesserungsmöglichkeiten zu ignorieren.

Glück als Korrektivbegriff

In seiner Subjektivität hat das Bedenken des Glücks eine Schutzfunktion gegen (auch pädagogische) Normierungen. Niemand ist davor gefeit, mit seinen Wertmaßstäben bewusst oder unbewusst die Lebensentwürfe anderer zu bewerten. Ich meine, es war Richard Rorty, der sinngemäß einmal behauptete, der Freiheitsgrad einer Gesellschaft lasse sich bemessen daran, wie sehr sich Eltern noch in die Heiratspläne ihrer Kinder einmischten. Verbal mag man extrem liberal und differenzorientiert sein und sich auch so fühlen. Trotzdem kann man sich dabei ertappen, berufliche oder private Lebensentscheidungen zu missbilligen, gerade als Eltern enttäuscht zu sein, wenn aus dem theoretisch vehement behaupteten und als zu akzeptieren postulierten potenziellen Andersseins eines jeden Menschen etwas wird, das einem so ganz anders, unangenehm, unpassend, vielleicht auch unter gewünschtem Niveau erscheint. Zuallererst für Eltern kann es ein notwendiges Korrektiv wie ein dankbar angenommener Trost sein zu wissen, dass das Kind in seiner Andersartigkeit glücklich ist. Andererseits wird es sie verständlicherweise bedrücken, wenn ihr Kind erfolgreich, aber unglücklich ist, und das wiederum verweist darauf, dass Bildung eben nicht alles ist. Spätestens nach PISA allgemein, dem Ausbau der Schulen zu Ganztagseinrichtungen und der Akademisierung der Kindertagesstätte (wobei auch hier der Name Programm ist hinsichtlich einer Institutionalisierung der Kindheit), ist Bildung ein gesellschaftliches Gut, das zu fordern und fördern unbestreitbar scheint. Tatsächlich aber lebt die Würde des Begriffs von seiner Vagheit, in der sich gesellschaftliche Nützlichkeit und Möglichkeiten zu gesellschaftlicher Positionierung verbinden mit Aspekten wie selbständiger Lebensführung, Selbstreflexivität, Humanität, Erwerb eines als wertvoll erachteten Wissensbestands, gar so etwas Umstrittenen wie Wahrheit (Frost 2008). Was fehlt, ist die Bezugnahme, aus der die Güte der Bildung resultiert. Letztlich sollte sie einen

Beitrag zu unserem Glück leisten. Ein Bildungsabschluss ist dafür ein wichtiger Ausgangspunkt, ebenso erweitert Bildung Horizonte, insbesondere in den selbstbestimmten Feldern der informellen Bildung. Aber die für das Glück benötigte Lebenskunst lernt man nirgendwo anders als im Leben selbst. Des Weiteren dient das Glück als Korrektivbegriff der pädagogischen Bescheidenheit angesichts der Gefahr einer Überhöhung des Bildungsbegriffs. Darin liegt auch die Chance zu pädagogischer Selbstkritik: Momentan hat man die Institutionalisierung der Kindheit neben der Erwerbstätigkeit der Frauen v. a. mit dem Bildungsbegriff legitimiert. Machttheoretisch ist man dabei auf dem Weg, den sich einige im Kontext der französischen Revolution von der Glücksorientierung erhofften: Eine ›Opferung‹ der Kinder an den Staat zum vermeintlichen Wohle aller. Ob das per se glücklich macht, darf man bezweifeln.

Ein weiteres Korrektiv stellt der Zufallscharakter des Glücks dar. Er gibt Entlastung hinsichtlich des Lernens: Man hat es schlicht nicht (immer) selbst in der Hand, wer bei wem wann was lernt, es bedarf (hin und wieder) auch zufälliger guter Umstände.

Und schließlich kann man an das Bibelwort von Jesus, der anderen half, sich aber selbst nicht helfen konnte, erinnern. Um eigenes Ungelebtes nicht anderen überzustülpen, sollte man sich die Frage nach dem Glück selbst stellen. Man muss nicht in Summe glücklich sein, um mit Menschen fruchtbar pädagogisch arbeiten zu können. Aber man sollte von anderen nichts fordern, dem man sich selbst nicht stellt.

4.4 Fazit: Vom Glück reden?

Soll man am Ende also pädagogisch vom Glück als Ziel von Erziehung und Bildung reden? Ja, ganz einfach schon deshalb, um vereinfachten Botschaften von seiner Herstellbarkeit entgegenzuwirken. Eine so umfassende Gemütsregung der Bejahung der Existenz im Ganzen durch alle Tiefen hindurch kann nicht referiert oder gar handbuchartig erlernt werden. Die selbstverständlichen Diskussionen um das Glück in der Antike (und weit darüber hinaus) hatten den sehr ernsten Hintergrund alltäglich erfahrener Gefahren für Leib und Seele, von denen wir heute zum Glück sehr weit entfernt sind. Die ›Ode an die Freude‹ enthält immer auch Elemente von Totentanz. Die allererste pädagogische Aufgabe ist also, die Rede vom Glück bzw. seiner Erlangung zu erschweren. Ebenso defensiv ist es pädagogische Aufgabe, einer Bevormundung in Glückssachen entgegenzuwirken. Nichts berechtigt zu der Annahme, die Menschen seien nicht in der Lage, ohne philosophische, psychologische oder pädagogische Intervention glücklich zu sein. Ohne Frage ist der Mensch auch ein gehemmtes Wesen. Das berechtigt aber nicht zum Generalverdacht in Glückssachen und man wird schnell vorsichtiger, wenn man bedenkt, dass ein entsprechender Generalverdacht einen selbst träfe. Wenn in uns allen das Streben nach Glück angelegt ist, dann darf man davon ausgehen, dass die Menschen nicht ganz ziellos durch die Welt laufen, und man sollte ihnen grundsätzlich ein Können unterstellen, es sei denn, ihr Glücksnerv ist durch Indoktrination normativer Vorstellungen eines guten Lebens oder durch psychische oder physische Grenzverletzungen verbogen bzw. beschädigt.

Weiter ja deshalb, weil eine systematische Analyse die Verwobenheit der Pädagogik mit diesem menschlichen Grundstreben zeigt. Pädagogisch kommt man um das Glück schlicht nicht herum. Zur Wahrheit gehört aber auch, dass der Begriff an sich inhaltlich so vielfältig, aufgrund seiner Subjektivität notwendig vage ist, dass für eine Zielorientierung nur grob etwas gewonnen wäre. Zudem zeigen die referierten Arbeiten, dass es immer sehr individuelle Akzentsetzungen der jeweiligen Autoren gibt. Schließlich würde man sich beim Versuch, die jeweiligen Punkte inhaltlich zu vermitteln, am individuellen wie Zufalls-Glück ebenso verheben wie an der Tatsache, dass es um tiefe emotionale Wertungen anderer geht. Die sind nicht referierbar, nur erlebbar in Ernstsituationen. Da hilft auch kein erlebnispädagogisch getuntes Design, es bleibt künstlich. Am besten stellt man sich als Pädagoge das Glück wie einen Kobold vor, der, während man versucht, darüber zu (be-)lehren, hinter dem eigenen Rücken im Raum fröhlich in der Ecke hüpft und singt: ›Du kriegst mich nicht.‹ Ohnehin braucht man für Vieles den Begriff nicht, man könnte auch sagen: Gute Pädagogik an sich kann glücksrelevant sein bzw.: Vom Begriff des Glücks wurde eine pädagogische Systematik entwickelt, deren Inhalte heute auch ohne den Begriff Anwendung finden (können), wenn man wie die Philanthropen und später Humboldt ansetzt bei der Energie jedes Einzelnen und ihrer Orientierung nach Lust/Unlust.

Allerdings drückt der Begriff der Energie nicht die Emotionen und Werthaltungen zum Leben aus, wie es der Glücksbegriff tut. Zirfas (2011, 236) bezeichnet ein ›existenzielles Glücksgefühl‹ als »Hintergrundgefühl«, das sich durch jeweils unterschiedliche Begriffe positiver Befindlichkeiten »auf das Leben als Ganzes bezieht.« Analog dazu kann man den Glücksbegriff als Hintergrundbegriff bezeichnen, der sich letztlich durch alle pädagogischen Akte zieht, da das Glück letztlich Ziel des Menschen, damit Ziel von Pädagogik ist – ohne dass man es direkt anstreben kann. Pädagogen sollten um die Bedeutung des Glücks wissen und im Wissen darum mit entsprechender Haltung ihr Geschäft betreiben: Spielerisch, mit Freude und Humor, ohne sich zu wichtig zu nehmen und ohne die Hoffnung, Teil eines großen Projekts zur Verbesserung der Welt zu sein. Es gibt immer wieder Konstellationen, in denen es pädagogisch hilfreich oder geboten sein kann, vom Glück zu reden. Das sind aber eher seltenere Momente, in denen man die Notwendigkeit und Gelegenheit hat, andere zu fragen, was für sie wirklich wichtig ist im Leben, ob sie eigentlich glücklich sind und wenn nein, warum nicht. Ansonsten sollte man, um den Begriff und die Inhalte vor einer inflationären Verwendung zu schützen, mit ihm im Hintergrund arbeiten und sich verbal zurückhalten. Gerade jungen Menschen gegenüber wäre die Botschaft ›Finde Dein Glück‹ fatal erschlagend, als ob es einen heiligen Gral gäbe, den es zu finden gelte. Junge Menschen sollte man zuallererst nicht in Glückssachen belehren, sondern sie auffordern, optimistisch Lebenserfahrungen zu sammeln: Stell Dich in den Wind, hab Spaß, ›think big‹ und kümmere Dich um Deine Freunde. Und wenn Du Fragen hast oder Hilfe brauchst, melde Dich.

Literatur

Adorno, T. W.: Gesammelte Schriften. Frankfurt a. M.: Suhrkamp.
(1997a/1951): Minima Moralia. Reflexionen aus dem beschädigten Leben: Bd. 4.
(1997b/1966): Negative Dialektik: Bd. 6.
(1997c/1966): Erziehung nach Auschwitz. In: Bd. 10.2 (674–690).

Albrecht, C./Behrmann, G. C./Bock, M./Homann, H./Tenbruck, F. H. (1999): Die intellektuelle Gründung der Bundesrepublik. Eine Wirkungsgeschichte der Frankfurter Schule. Frankfurt a. M./New York: Campus.

Alt, R. (1949): Einleitung. In: Erziehungsprogramme der Französischen Revolution. Mirabeau Condorcet Lepeletier. Eingeleitet und erläutert von R. Alt. (S. 5–29). Berlin/Leipzig: Volk und Wissen.

André, J.-M. (2002/1994): Griechische Feste, Römische Spiele. Die Freizeitkultur der Antike. Leipzig: Reclam.

Angehrn, E./Baertschi, B. (Hrsg.) (1997): Die Philosophie und die Frage nach dem Glück. Bern/Stuttgart/Wien: Paul Haupt.

Antonovsky, A. (1997): Salutogenese. Zur Entmystifizierung der Gesundheit. Herausgegeben von A. Franke. Tübingen: Deutsche Gesellschaft für Verhaltenstherapie.

Argyle, M. (2009): The Psychology Of Happiness (Reprint der 2. Ausgabe von 2001). London/New York: Routledge.

Aristoteles (1956 ff): Werke in deutscher Übersetzung. Begründet von Ernst Grumach. Fortgeführt von H. Flashar. Herausgegeben von C. Rapp. Berlin: Akademie-Verlag/De Gruyter.
Band 6 Nikomachische Ethik (2020). Berlin: De Gruyter.
Band 9 Politik: (1991–2005). Berlin: Akademie-Verlag.

Assmann, J. (2007): Zeit. I. Vorgriechische Zeit. In: Historisches Wörterbuch der Philosophie Bd.12 (S. 1186–1190). Basel: Schwabe-Verlag.

Auhagen, A. E. (Hrsg.) (2004): Positive Psychologie. Anleitung zum ›besseren‹ Leben. Weinheim/Basel: Beltz.

Baader, M. S. (2005): Religionstheorie und plurale Welt bei William James. In: Tröhler, D./Oelkers, J. (Hrsg.): Pragmatismus und Pädagogik (S. 51–67). Zürich: Pestalozzianum.

Bachmann, A. (2013): Hedonismus und das gute Leben. Münster: Mentis.

Bahrdt, C. F. (1785): Ueber den Zweck der Erziehung. In: Campe, J. H. (Hrsg.): Allgemeine Revision des gesammten Schul- und Erziehungswesens von einer Gesellschaft practischer Erzieher. Erster Theil (S. 2–124). Hamburg: Carl Ernst Bohn.

Bahrdt, C. F. (1789): Handbuch der Moral für den Bürgerstand. Halle: Hemmerde und Schwetschke.

Basedow, J. B. (1777): Practische Philosophie für alle Stände. Ein weltbürgerlich Buch ohne Anstoß für irgend eine Nation, Regierungsform, Kirche. Erster Theil (Zweyte verbesserte Auflage). Berlin/Dessau: Philanthropische Buchhandlung Crusius.

Basedow, J. B. (1785): Das Basedowische Elementarwerk. Ein Vorrath der besten Erkenntnisse zum Lernen, Lehren, Wiederholen und Nachdenken. Bd. 1 (Zweite sehr verbesserte Auflage). Leipzig: Siegfried Lebrecht Crusius.

Basedow, J. B. (1914/1773): Basedows Methodenbuch für Mütter und Väter der Familien und Völker. Für den Schul- und Selbstgebrauch bearbeitet. Mit einer Einleitung und erklärenden Anmerkungen versehen von Dr. phil. A. J. Becker (3. Auflage). Paderborn: Schöningh.

Basedow, J. B. (1968): Vorstellung an Menschenfreunde. Mit Einleitung und Anmerkungen herausgegeben von Th. Fritzsch. Leipzig: Philipp Reclam jun.

Bauer, E. J./Tanzer, U. (Hrsg.) (2011): Auf der Suche nach dem Glück. Antworten aus der Wissenschaft. Darmstadt: Wissenschaftliche Buchgesellschaft.
Baum, R./Neumeister, S. (1989): Perfektibilität I. In: Ritter, J./Gründer, K. (Hrsg.): Historisches Wörterbuch der Philosophie Bd. 7 (S. 238–241). Basel: Schwabe & Co.
Bäumer, G. (1929): Die historischen und sozialen Voraussetzungen der Sozialpädagogik und die Entwicklung ihrer Theorie. In: Nohl, H./Pallat, L. (Hrsg.): Handbuch der Pädagogik. Band 5 (S. 3–17). Langensalza: Julius Beltz.
Behrmann, G. C. (1999): Die Erziehung kritischer Kritiker als neues Staatsziel. In: Albrecht, C./ Behrmann, G. C./Bock, M./Homann, H./Tenbruck, F. H. (1999): Die intellektuelle Gründung der Bundesrepublik. Eine Wirkungsgeschichte der Frankfurter Schule (S. 448–496). Frankfurt a. M./New York: Campus.
Bellah, R./Madsen, R./Sullivan, W./Swidler, A./Tipton, S. (1985): Habits of the Heart. Individualism and Commitment in American Life. Berkeley/Los Angeles/London: University of California Press.
Bellebaum, A./Barhaier, K. (Hrsg.) (1997): Glücksvorstellungen. Ein Rückblick in die Geschichte der Soziologie. Opladen: Westdeutscher Verlag.
Bellebaum, A./Braun, H. (Hrsg.) (2004): Quellen des Glücks – Glück als Lebenskunst. Würzburg: Ergon.
Bellebaum, A./Hettlage, R. (Hrsg.) (2010): Glück hat viele Gesichter. Annäherung an eine gekonnte Lebensführung. Wiesbaden: VS.
Belliotti, R. A. (2004): Happiness is overrated. Lanham/Boulder/New York/Toronto/Oxforfd: Rowman & Littlefield.
Benner, D./Brüggen, F. (2011a): Geschichte der Pädagogik. Vom Beginn der Neuzeit bis zur Gegenwart. Stuttgart: Reclam.
Benner, D./Brüggen, F. (2011b): Bildsamkeit/Bildung. In: Benner, D./Oelkers, J. (Hrsg.): Historisches Wörterbuch der Pädagogik (S. 174–215). Studienausgabe. Weinheim/Basel: Beltz.
Bentham, J. (1843): The Works of Jeremy Bentham. 11 vols (1838–1843). Edited by John Browning. Vol 10: Memoirs Part I and Correspondence. Edinburgh: William Tait.
Bentham, J. (2013/1823): Eine Einführung in die Prinzipien der Moral und der Gesetzgebung. In: Höffe, O. (Hrsg.): Einführung in die utilitaristische Ethik (5., überarbeitete und erweiterte Auflage) (S. 55–82). Tübingen: Narr Francke Attempto.
Bernhard, A. (2018): Bildung. In: Bernhard, A./Rothermel, L./Rühle, M. (Hrsg.): Handbuch kritische Pädagogik. Eine Einführung in die Erziehungs- und Bildungswissenschaft (S. 132–148). Weinheim/Basel: Beltz Juventa.
Bernhard, A./Rothermel, L./Rühle, M. (Hrsg.) (2018a): Handbuch kritische Pädagogik. Eine Einführung in die Erziehungs- und Bildungswissenschaft. Weinheim/Basel: Beltz Juventa.
Bernhard, A./Rothermel, L./Rühle, M. (2018b): Einleitung. In: Bernhard, A./Rothermel, L./ Rühle, M. (Hrsg.): Handbuch kritische Pädagogik. Eine Einführung in die Erziehungs- und Bildungswissenschaft (S. 11–23). Weinheim/Basel: Beltz Juventa.
Berthold, M. (1968): Weltgeschichte des Theaters. Stuttgart: Kröner.
Binder, U. (2009): Das Subjekt der Pädagogik – Die Pädagogik des Subjekts. Das Subjektdenken der theoretischen und der praktischen Pädagogik im Spiegel ihrer Zeitschriften. Bern/ Stuttgart/Wien: Haupt.
Biswas-Diener, R./Diener, E. (2009): Making the Best of a Bad Situation: Satisfaction in the Slums of Calcutta. In: Diener, E. (Hrsg.): Culture and Well-Being. The Collected Works of Ed Diener vol. 2 (S. 261–278). Dordrecht/Heidelberg/London/New York: Springer.
Blankertz, H. (1982): Die Geschichte der Pädagogik. Von der Aufklärung bis zur Gegenwart. Wetzlar: Büchse der Pandora.
Blätter, A. (2005): Rausch und Ekstase zwischen Normalität und Ächtung. Das Parlament, Heft 3. Verfügbar unter: http://webarchiv.bundestag.de/archive/2010/0824/dasparlament/2005/03/Thema/002.html#.
Blinne, J./Seubold, G. (2003): Wesen. In: Rehfus, W. D. (Hrsg.): Handwörterbuch Philosophie (S. 681). Göttingen: Vandenhoeck & Ruprecht.
Blomberg, C. (2003): Spielräume nutzen. Überlegungen zum sozialpädagogischen Arbeitsfeld Jungenarbeit im Anschluss an den Begriff der Selbsterschaffung von Richard Rorty. Würzburg: Königshausen & Neumann.

Blume, T. (2003): Essentia. In: Rehfus, W. D. (Hrsg.): Handwörterbuch Philosophie (S. 339 f). Göttingen: Vandenhoeck & Ruprecht.
Böhling, F. (1992): Art. ›Stoisch‹. In: Ritter, J./Gründer, K. (Hrsg.): Historisches Wörterbuch der Philosophie. Band 10 (S. 184–186). Basel: Schwabe & Co AG.
Böhm, W. (2010): Maria Montessori. Einführung mit zentralen Texten. Paderborn: Schöningh.
Böhm, W./Seichter, S. (2018): Wörterbuch der Pädagogik (17., aktualisierte und vollständig überarbeitete Auflage). Paderborn: Ferdinand Schöningh.
Böhme, G. (2008): Ethik leiblicher Existenz. Über unseren moralischen Umgang mit der eigenen Natur. Frankfurt a. M.: Suhrkamp.
Böhnisch, L. (2018): Sozialpädagogik der Lebensalter. Eine Einführung (8., erweiterte Auflage). Weinheim und München: Beltz Juventa.
Böllert, K./Otto, H.-U./Schrödter, M./Ziegler, H. (2018): Gerechtigkeit. In: Otto, H.-U./Thiersch, H./Treptow, R./Ziegler, H. (Hrsg.): Handbuch Soziale Arbeit (6., überarbeitete Auflage) (S. 516–526). München/Basel: Reinhardt.
Bollnow, O. F.: Schriften. Studienausgabe in 12 Bänden. Würzburg: Königshausen & Neumann.
(2009a): Bd. 1: Das Wesen der Stimmungen (1941). Würzburg: Königshausen & Neumann.
(2009b): Bd. 2: Die Ehrfurcht (1947). Wesen und Wandel der Tugenden (1958). Würzburg: Königshausen & Neumann.
(2013): Bd. 7: Anthropologische Pädagogik. Würzburg: Königshausen & Neumann.
Bormans, L. (Hrsg.) (2011): Glück. The World Book of Happiness. Köln: Dumont.
Bossong, H. (2011): Wohl-Wollen, Staatsauftrag und professionelles Eigeninteresse. Eine Kritik aktueller fachdisziplinärer Maßstäbe in der Sozialen Arbeit. In: Neue Praxis, 41 (6), 591–617.
Brauneck, M. (1993): Die Welt als Bühne. Geschichte des europäischen Theaters Bd. 1. Stuttgart/Weimar: J.B. Metzler.
Brezinka, W. (1987): Tüchtigkeit. Analyse und Bewertung eines Erziehungsziels. München/Basel: Ernst Reinhardt.
Bruckner, P. (2002): Verdammt zum Glück. Der Fluch der Moderne. Berlin: Aufbau Taschenbuch.
Brumlik, M. (2002): Bildung und Glück. Versuch einer Theorie der Tugenden. Berlin: Philo.
Brumlik, M. (2004): Advokatorische Ethik. Zur Legitimation pädagogischer Eingriffe (2. Auflage). Berlin/Wien: Philo.
Brumlik, M. (2005): Sozialpädagogik und das gute Leben – zur unvermeidlichen Wiederaufnahme eines überwunden geglaubten Problems. In: Neue Praxis, 35 (3), 243–245.
Brumlik, M. (2012): Aspasia? Laudatio auf Martha Nussbaum anlässlich der Verleihung der Ehrendoktorwürde der Fakultät der Erziehungswissenschaft der Universität Bielefeld am 27. Juni 2011. In: Neue Praxis, 42 (2), 160–165.
Brumlik, M./Brunkhorst, H. (Hrsg.) (1993): Gemeinschaft und Gerechtigkeit. Frankfurt a. M.: Fischer.
Bucher, A. (2008): Was Kinder glücklich macht. Kreuzlingen/München: Hugendubel.
Bucher, A. (2018): Psychologie des Glücks. Ein Handbuch (2., vollständig überarbeitete und aktualisierte Auflage). Weinheim/Basel: Beltz.
Buchheim, Th. (1995): Sophistik: sophistisch: Sophist. I. In: Ritter, J./Gründer, K. (Hrsg.): Historisches Wörterbuch der Philosophie Bd. 9 (S. 1075–1082). Basel: Schwabe & Co.
Bueb, B. (2007): Lob der Disziplin. Eine Streitschrift. Berlin: List.
Bürkle, H. (1995): Heil. I. Religionsgeschichtlich. In: Kasper, W. (Hrsg.): Lexikon für Theologie und Kirche. Bd. 4 (3., völlig neu bearbeitete Auflage) (S. 1258–1259). Freiburg i. Br.: Herder.
Burnham, T./Phelan, J. (2003): Unsere Gene. Eine Gebrauchsanleitung für ein besseres Leben. Frankfurt a. M.: Fischer Taschenbuch.
Caillois, R. (1960): Die Spiele und die Menschen. Maske und Rausch. München/Wien: Albert Langen Georg Müller.
Campe, J. H. (1785a): Vorrede, welche zugleich den Plan des Werks enthält. In: Campe, J. H. (Hrsg.): Allgemeine Revision des gesammten Schul- und Erziehungswesens von einer Gesellschaft practischer Erzieher. Erster Theil, Hamburg: Carl Ernst Bohn, III-LXXXXIV.
Campe, J. H. (1785b): Von den Erfordernissen einer guten Erziehung von Seiten der Eltern vor und nach der Geburt des Kindes. In: Campe, J. H. (Hrsg.): Allgemeine Revision des ge-

sammten Schul- und Erziehungswesens von einer Gesellschaft practischer Erzieher. Erster Theil. Hamburg: Carl Ernst Bohn, 126–232.

Campe, J. H. (1785c): Über die früheste Bildung junger Kinderseelen im ersten und zweiten Jahre der Kindheit. In: Campe, J. H. (Hrsg.): Allgemeine Revision des gesamten Schul- und Erziehungswesens von einer Gesellschaft practischer Erzieher. Zweiter Theil. Hamburg: Carl Ernst Bohn, 3–100.

Campe, J. H. (1785d): Von der nöthigen Sorge für die Erhaltung des Gleichgewichts unter den menschlichen Kräften. Besondere Warnung vor dem Modefehler die Empfindsamkeit zu überspannen. In: Campe, J. H. (Hrsg.): Allgemeine Revision des gesamten Schul- und Erziehungswesens von einer Gesellschaft practischer Erzieher. Dritter Theil. Hamburg: Carl Ernst Bohn, 291–434.

Campe, J. H. (1787): An den Jüngling, dem dieses Buch durch Zufall in die Hände geräth. In: Oest, F. O.: Belehrung und Warnung für Jünglinge und Knaben die schon zu einigem Nachdenken gewöhnt sind. Aus dem sechsten Theile des Revisionswerks besonders abgedruckt und herausgegeben von J. H. Campe, Wolfenbüttel: Schulbuchhandlung, 3–6.

Campe, J. H. (1788): Ueber das Zweckmäßige und Unzweckmaeßige in den Belohnungen und Strafen. In: Campe, J. H. (Hrsg.): Allgemeine Revision des gesamten Schul- und Erziehungswesens von einer Gesellschaft practischer Erzieher. Zehnter Theil. Wien und Braunschweig: Rudolph Gräffer und Schulbuchhandlung, 445–568.

Camus, A. (1992): Der Mythos von Sisyphos. Ein Versuch über das Absurde. Rinbek b. Hamburg: Rowohlt.

Capelle, W. (1968) (Hrsg.): Die Vorsokratiker. Stuttgart: Alfred Kröner.

Cavell, S. (2001): Müssen wir meinen, was wir sagen? In: Nach der Philosophie. Essays. Herausgegeben von L. Nagl und Kurt R. Fischer (Zweite, erweiterte und überarbeitete Auflage) (S. 37–73). Berlin: Akademie.

Clark, Z. (2017): Soziale Arbeit und das Gute Leben der Kinder. In: Mührel, E./Niemeyer, C./ Werner, S. (Hrsg.): Capability Approach und Sozialpädagogik. Eine heilige Allianz? (S. 216–234). Weinheim und Basel: Beltz Juventa.

Comenius, J. A. (1895/1661): Des Johann Amos Comenius Glücksschmied oder Die Kunst, sich selbst zu raten. Nach dem Amsterdamer Druck von 1661 mit einem einleitenden Berichte herausgegeben von Dr. J. Reßer. Gießen: Emil Roth.

Comenius, J. A. (2000/1657): Große Didaktik. Übersetzt und herausgegeben von A. Flitner. Stuttgart: Klett-Cotta.

Condorcet, M. J. A. N. C., Marquis de (1949/1792): Bericht über die Allgemeine Organisation des Unterrichtswesens. In: Erziehungsprogramme der Französischen Revolution. Mirabeau Condorcet Lepeletier (S. 61–117). Eingeleitet und erläutert von R. Alt. Berlin/Leipzig: Volk und Wissen Verlags GmbH.

Corbineau-Hoffmann, A. (1995): Art. ›Spiel‹. In: Ritter, J./Gründer, K. (Hrsg.): Historisches Wörterbuch der Philosophie Bd. 9 (S. 1383–1390). Basel: Schwabe & Co.

Coshow, S. M./Radcliff, B. (2009): Labor organization and the quality of life in the American states. In: Dutt, A. K./Radcliff, B. (Hrsg.): Happiness, Economics and Politics. Towards a Multidisciplinary Approach (S. 285–298). Cheltenham/Northampton: Edward Elgar.

Csikszentmihalyi, M. (2010/1992): Flow. Das Geheimnis des Glücks (15. Auflage). Stuttgart: Klett-Cotta.

Csikszentmihalyi, M. (2019/1985). Das Flow-Erlebnis: Jenseits von Angst und Langeweile: im Tun aufgehen (12. Auflage). Stuttgart: Klett-Cotta.

DBSH (2016): Global Definition of Social Work. Veröffentlicht vom Deutschen Berufsverband für Soziale Arbeit. Verfügbar unter: https://www.dbsh.de/fileadmin/downloads/Global_Definition_of_Social_Work_Original.pdf, Zugriff 15.09.2016.

Deller, U./Brake, R. (2014): Soziale Arbeit. Grundlagen für Theorie und Praxis. Leverkusen und Farmington Hills: Barbara Budrich.

Demmerling, C./Landweer, H. (2007): Philosophie der Gefühle. Von Achtung bis Zorn. Stuttgart: J. B. Metzler.

Dewey, J. (2003a/1907): Der praktische Charakter der Realität. In: Ders.: Philosophie und Zivilisation. Frankfurt a. M.: Suhrkamp, 38–57.

Dewey, J. (2003b/1925): Die Entwicklung des amerikanischen Pragmatismus. In: Ders.: Philosophie und Zivilisation. Frankfurt a. M.: Suhrkamp, 16–37.

Dewey, J. (2011/1916): Demokratie und Erziehung. Eine Einleitung in die philosophische Pädagogik (5. Auflage). Weinheim und München: Beltz.

Dewey, J./Tufts, J. H. (2008/1932): Ethics. Revised Edition. In: Boydston, J. A. (Hrsg.): The Collected Works for John Dewey. The Later Works (1925–1953), Vol.7: Carbondale and Edwardsville: Southern Illinois University Press.

Diener, E./Biswas-Diener, R. (2008): Happiness. Unlocking the Mysteries of Psychological Wealth. Malden/Oxford/Carlton: Blackwell Publishing.

Diener, E./Sandvik, E./Pavot, W. (2009b): Happiness is the frequency, not the intensity of positive versus negative affect. In: Diener, E. (Hrsg.): Assessing Well-Being. The Collected Works of Ed Diener (S. 213–231). Dordrecht/Heidelberg/London/New York: Springer.

Dinzelbacher, P. (2001): Das erzwungene Individuum. Sündenbewußtsein und Pflichtbeichte. In: van Dülmen, R. (Hrsg.): Entdeckung des Ich: Geschichte der Individualisierung vom Mittelalter bis zur Gegenwart (S. 41–60). Köln/Weimar/Berlin: Böhlau.

Diogenes Laertius (2008/1807): Von dem Leben und den Meinungen berühmter Philosophen. Aus dem Griechischen von Dr. L. Aug. Borheck (Neugesetzte Auflage. Der Text wurde behutsam revidiert nach der zweibändigen Ausgabe). Wiesbaden: Marix.

Dirx, R. (1981/1968): Das Buch vom Spiel. Gelnhausen: Burckhardthaus-Laetare.

Dollinger, B. (2009): Wie die Sozialpädagogik ein halbes Jahrhundert ihrer Theoriegeschichte vergaß. In: Zeitschrift für Pädagogik, 7(3), 307–325.

Dornes, M. (2012): Die Modernisierung der Seele. Kind – Familie – Gesellschaft. Frankfurt a. M.: Fischer.

Drerup, J. (2017): Zwischen politischem Liberalismus und Liberalem Perfektionismus. Zur Rechtfertigung des Capability-Approach. In: Mührel, E./Niemeyer, C./Werner, S. (Hrsg.): Capability Approach und Sozialpädagogik. Eine heilige Allianz (S. 66–83). Weinheim und Basel: Beltz Juventa.

DSM 3 (1984): Diagnostisches und Statistisches Manual Psychischer Störungen. Deutsche Bearbeitung und Einführung von K. Koehler und H. Saß. Weinheim/Basel: Beltz.

DSM 5 (2020): Diagnostische Kriterien DSM-5 (2. korrigierte Auflage). Deutsche Ausgabe herausgegeben von P. Falkai und H.-U. Wittchen. Göttingen: Hogrefe.

Düsing, K. (2009): Kant und Epikur. Untersuchungen zum Problem der Grundlegung einer Ethik. In: Düsing, E. & K/Klein, H.-D. (Hrsg.): Geist und Sittlichkeit. Ethik-Modelle von Platon bis Levinas (S. 157–174). Würzburg: Königshausen & Neumann.

Dutt, A. K./Radcliff, B. (2009) (Hrsg.): Happiness, Economics and Politics. Towards a Multidisciplinary Approach: Cheltenham/Northampton: Edward Elgar.

DWB: Deutsches Wörterbuch von J. Grimm und W. Grimm, digitalisierte Fassung im Wörterbuchnetz des Trier Center for Digital Humanities, Version 01/21. Verfügbar unter: https://www.woerterbuchnetz.de/DWB, Zugriff 21.07.2021.

Ebert, G. (1993): Improvisation und Schauspielkunst. Über die Kreativität des Schauspielers. Berlin: Henschel.

Ehrenberg, A. (2015): Das erschöpfte Selbst. Depression und Gesellschaft in der Gegenwart (2., erweiterte Auflage). Frankfurt a. M./New York: Campus.

Ehrenreich, B. (2010): Smile or Die. Wie die Ideologie des positiven Denkens die Welt verdummt. München: Kunstmann.

Engelke, E./Spatschek, C./Borrmann, S. (2016): Die Wissenschaft Soziale Arbeit. Werdegang und Grundlagen (4. Auflage). Freiburg i. Br.: Lambertus.

Enste, D. H./Eyerund, T./Suling, L./Tschörner, A.-C. (2019): Glück für alle? Eine interdisziplinäre Bilanz zur Lebenszufriedenheit. Berlin/Boston: de Gruyter.

Epiktet (1987): Wege zum Glück. Auf der Grundlage der Übertragung von Wilhelm Capelle neu übersetzt, mit Anmerkungen versehen und eingeleitet von R. Nickel. Zürich/München: Artemis.

Ernst, G. (Hrsg.) (2016): Philosophie als Lebenskunst. Antike Vorbilder, moderne Perspektiven. Frankfurt a. M.: Suhrkamp.

Felder, F. (2012): Inklusion und Gerechtigkeit. Das Recht behinderter Menschen auf Teilhabe. Frankfurt a. M./New York: Campus.

Feldman, F. (2004): Pleasure and the good Life. Oxford: Oxford University Press.
Fellmann, F. (2009): Philosophie der Lebenskunst zur Einführung. Hamburg: Junius.
Fellmann, F. (2011): Glück in Theorien der Lebenskunst. In: Thomä, D./Henning, Ch./Mitscherlich-Schönherr, O. (Hrsg.): Glück. Ein interdisziplinäres Handbuch (S. 303–307). Stuttgart/Weimar: J. B. Metzler.
Fenner, D. (2007): Das gute Leben. Berlin/New York: de Gruyter.
Ferry, L. (2007): Leben lernen: Eine philosophische Gebrauchsanweisung. München: Antje Kunstmann.
Festl, M. G. (2018a): Handbuch Pragmatismus. Stuttgart: J. B. Metzler.
Festl, M. G. (2018b): Kontingenz und Kreativität. In: Ders.: Handbuch Pragmatismus (S. 65–73). Stuttgart: J. B. Metzler.
Feuerbach, L. (1960a/1850): Die Naturwissenschaft und die Revolution. Vorwort zum Buch »Lehre der Nahrungsmittel. Für das Volk.« von J. Moleschott. In: Ders.: Gesammelte Werke. Schriften zur Ethik und nachgelassene Aphorismen. Bd.10 (S. 3–24). Herausgegeben von F. Jodl. Stuttgart-Bad Cannstadt: Fromman.
Feuerbach, L. (1960b): Zur Ethik: Der Eudämonismus. In: Ders.: Gesammelte Werke. Schriften zur Ethik und nachgelassene Aphorismen. Bd.10 (S. 255–269). Herausgegeben von F. Jodl. Stuttgart-Bad Cannstadt: Fromman.
Fichte J. G. Sämmtliche Werke (2. Auflage). Herausgegeben von J. H. Fichte. Berlin: Veit und Comp.
(1845a/1798): Das System der Sittenlehre. In: Ders.: Bd. 4 (S. 1–365).
(1845b/1799): Appellation an das Publicum über die durch ein Churf. Sächs. Confiscationsrescript ihm beigemessenen atheistischen Aeusserungen. In: Ders.: Bd. 5 (S. 190–238).
(1845c/1800): Aus einem Privatschreiben, im Jänner 1800. In: Ders.: Bd. 5 (S. 377–396).
Fink, E. (1995): Grundphänomene des menschlichen Daseins (2., unveränderte Auflage). Freiburg/München: Karl Alber.
Fisher, S. (2014): Pierre Gassendi. The Stanford Encyclopedia of Philosophy (Spring 2014 Edition). Verfügbar unter: https://plato.stanford.edu/archives/spr2014/entries/gassendi/. Zugriff 27.06.2021.
Flitner, W. (1983): Allgemeine Pädagogik. In: Gesammelte Schriften Bd. 2 (S. 123–297). Paderborn/München/Wien/Zürich: Schöningh.
Fonfara, D. (2009): Epikurs hedonistische Ethik als Erste Philosophie. In: Düsing, E. und K./ Klein, H.-D. (Hrsg.): Geist und Sittlichkeit. Ethik-Modelle von Platon bis Levinas. (S. 69–89). Würzburg: Königshausen & Neumann.
Fornet-Betancourt, R. (2010): Nichts. In: Sandkühler, H. J. (Hrsg.): Enzyklopädie Philosophie Bd.2 (S. 1785–1788). Hamburg: Felix Meiner.
Forschner, M. (1992): Stoa, Stoizismus. In: Ritter, J./Gründer, K. (Hrsg.): Historisches Wörterbuch der Philosophie. Bd. 10 (S. 176–184). Basel: Schwabe & Co AG.
Forst, R. (2010): Wer bekommt die Blockflöte? In: DIE ZEIT Nr. 41, 7. Oktober 2010, 54.
Förstl, H./Braunmiller, H. (2009): Glück, was ist das? Freiburg i. Br.: Herder.
Frances, A. (2013): Normal. Gegen die Inflation psychischer Diagnosen. Köln: DuMont.
Francke, A. H. (1876): Pädagogische Schriften, nebst der Darstellung seines Lebens und seiner Stiftungen. Langensalza: Verlags-Comptoir von Hermann Meyer.
Frank, R. (Hrsg.) (2011): Therapieziel Wohlbefinden. Ressourcen aktivieren in der Psychotherapie (2. Auflage). Heidelberg: Springer.
Frank, R. H. (2009): The Easterlin Paradox revisited. In: Dutt, A. K./Radcliff, B. (Hrsg.): Happiness, Economics and Politics. Towards a Multidisciplinary Approach (S. 151–157). Cheltenham/Northampton: Edward Elgar.
Frankl, V. E. (2016): …trotzdem Ja zum Leben sagen. Ein Psychologe erlebt das Konzentrationslager (8. Auflage der Neuausgabe von 2009). München: Kösel.
Frey, B. S. (2008): Happiness. A Revolution in Economics. Cambridge, Mass/London: Massachusetts Institute of Technology.
Frey, B. S./Frey Marti, C. (2010): Glück. Die Sicht der Ökonomie. Zürich/Chur: Rüegger.
Fritz-Schubert, E. (2008): Schulfach Glück. Wie ein neues Fach die Schule verändert. Freiburg i. Br.: Herder.

Fritz-Schubert, E. (2017): Lernziel Wohlbefinden. Entwicklung des Konzeptes ›Schulfach Glück‹ zur Operationalisierung und Realisierung gesundheits- und bildungsrelevanter Zielkategorien. Weinheim und Basel: Beltz Juventa.

Fröbel, F. (1826): Die Menschenerziehung, die Erziehungs-, Unterrichts- und Lehrkunst, angestrebt in der allgemeinen deutschen Erziehungsanstalt zu Keilhau. Leipzig: A. Wiebrand.

Fromm, E. (1980a/1947): Psychoanalyse und Ethik. Bausteine zu einer humanistischen Charakterologie. In: Ders.: Gesamtausgabe Bd.2. Stuttgart: Deutsche Verlags-Anstalt, 1–157.

Fromm, E. (1980b/1976): Haben oder Sein. Die seelischen Grundlagen einer neuen Gesellschaft. In: Ders.: Gesamtausgabe Bd.2. Stuttgart: Deutsche Verlags-Anstalt, 269–414.

Fromm, E. (1980c/1968): Die Revolution der Hoffnung. Für eine Humanisierung der Technik. In: Ders.: Gesamtausgabe Bd. 4. Stuttgart: Deutsche Verlags-Anstalt, 255–380.

Fromme, J. (1997): Pädagogik als Sprachspiel. Zur Pluralisierung der Wissensformen im Zeichen der Postmoderne. Neuwied/Kriftel/Berlin: Luchterhand.

Frost, U. (2008). Bildung als pädagogischer Grundbegriff. In: Mertens G./Frost, U./Böhm, W./ Ladenthin, V. (Hrsg.): Handbuch der Erziehungswissenschaft Bd.1: Grundlagen. Allgemeine Erziehungswissenschaft (S. 297–311). Paderborn/München/Wien/Zürich: Schöningh.

Früchtl, J. (1998): Spielerische Selbstbeherrschung. Ein Beitrag zur ›Ästhetik der Existenz‹. In: Steinfath, H. (Hrsg.): Was ist ein gutes Leben? Philosophische Reflexionen (S. 124–148). Frankfurt a. M.: Suhrkamp.

Fuchs, M. (1995a): Pestalozzis ambivalentes Bild vom Kinde. In: Oelkers, J./Osterwalder, F. (Hrsg.): Pestalozzi. Umfeld und Rezeption (S. 95–122). Weinheim/Basel: Beltz.

Fuchs, M. (1995b): »Bhüt mir Gott d'Ohrfeigen: Licht und Schatten in Pestalozzis Bild vom Kind. In: Schweizer Schule 82 (11), 3–8.

Fuhr, T. (2002): Das Glück des Kindes. In: Zeitschrift für Pädagogik, 48(4), 514–533.

Füssenhäuser, C./Thiersch, H. (2018): Theorie und Theoriegeschichte Sozialer Arbeit. In: Otto, H.-U./Thiersch, H./Treptow, R./Ziegler, H. (Hrsg.): Handbuch Soziale Arbeit. Grundlagen der Sozialarbeit und Sozialpädagogik (6., überarbeitete Auflage) (S. 1720–1733). München/ Basel: Ernst Reinhardt.

Gassmann, B. (1990): ›Glück, Glückseligkeit‹. In: Sandkühler, H. J. (Hrsg.): Europäische Enzyklopädie zu Philosophie und Wissenschaften Bd. 2 (S. 470–473). Hamburg: Felix Meiner.

Gatzemeier, M. (1980): ›Glück (Glückseligkeit)‹. In: Mittelstraß, J. (Hrsg.): Enzyklopädie Philosophie und Wissenschaftstheorie Bd. 1 (S. 781–782). Mannheim/Wien/Zürich: Bibliographisches Institut-Wissenschaftsverlag.

Gigon, O. (1949): Epikur. Von der Überwindung der Furcht. Katechismus, Lehrbriefe, Spruchsammlung, Fragmente. Eingeleitet und übertragen von O. Gigon. Zürich/München: Artemis.

Geißler, K./Geißler, J (2017): Time is honey. Vom klugen Umgang mit der Zeit. München: oekom.

Gerlitz, P. (1993): ›Heilkunde/Medizin I. Religionsgeschichtlich‹. In: Krause, G./Müller, G.: Theologische Realenzyklopädie. Studienausgabe Teil I. Band 14 (S. 738–743). Berlin/New York: de Gruyter.

Geulincx, A. (1948/1665): Ethik oder Über die Kardinaltugenden (Fleiss, Gehorsam, Gerechtigkeit, Demut). Hamburg: Richard Meiner.

Gilbert, D. (2008): Ins Glück stolpern. München: Goldmann.

Gnilka, J. (1995): ›Heil. III. Biblisch‹. In: Kasper, W. (Hrsg.): Lexikon für Theologie und Kirche. Band 4 (3. Auflage) (S. 1260–1262). Freiburg i. Br.: Herder.

Graham, C./Felton, A. (2009): Does inequality matter to individual welfare? An initial exploration based on happiness surveys from Latin America. In: Dutt, A. K./Radcliff, B. (Hrsg.): Happiness, Economics and Politics. Towards a Multidisciplinary Approach (S. 158–201). Cheltenham/Northampton: Edward Elgar.

Groothoff, H.-H. (1972): ›Erziehung‹. In: Ritter, J. (Hrsg.): Historisches Wörterbuch der Philosophie Bd. 2 (S. 733–734). Basel: Schwabe-Verlag.

Grünewald, B. (2015): Gut, höchstes. In: Willaschek, M./Stolzenberg, J./Mohr, G./Bacin, S. (Hrsg.): Kant-Lexikon Bd.1 (S. 974–979). Berlin/Boston: de Gruyter.

Grünsteidl, K. (2015): Glück und Soziale Arbeit. Saarbrücken: Akademikerverlag.

Gumbrecht, H. U. (2011): Glück in den zwanziger Jahren. ›Tragisches Gefühl des Lebens‹: Über das Exil des Glücks. In: Thomä, D./Henning, Ch./Mitscherlich-Schönherr, O.(2011) (Hrsg.): Glück. Ein interdisziplinäres Handbuch (S. 266–272). Stuttgart/Weimar: Verlag J. B. Metzler.

Hahn, A. (1987): Identität und Selbstthematisierung. In: Hahn, A./Kapp, V. (Hrsg.): Selbstthematisierung und Selbstzeugnis: Bekenntnis und Geständnis (S. 9–24). Frankfurt a. M.: Suhrkamp.

Hahn, A./Willems, H. (1996): Wurzeln moderner Subjektivität und Individualität. In: Eibl, K./ Willems, M. (Hrsg.): Individualität (S. 7–37). Hamburg: Meiner.

Haidt, J. (2009): Die Glückshypothese. Was uns wirklich glücklich macht (2. Auflage). Kirchzarten: VAK.

Hammerschmidt, P./Aner, K./Weber, S. (2017): Zeitgenössische Theorien Sozialer Arbeit. Weinheim und Basel: Beltz Juventa.

Hartmann, M. (2011): Die Praxis des Vertrauens. Berlin: Suhrkamp.

Haupert, B. (1996): Kritische Anmerkungen zum Stellenwert und Gegenstand der Sozialarbeitswissenschaft. In: Puhl, R. (Hrsg.): Sozialarbeitswissenschaft: neue Chancen für theoriegeleitete Soziale Arbeit (S. 41–62). Weinheim und München: Juventa.

Hauser, R. (1974a): Gerechtigkeit I. In: Ritter, J. (Hrsg.): Historisches Wörterbuch der Philosophie Bd.3 (S. 330–334). Basel: Schwabe & Co.

Hauser, R. (1974b): Lust, Freude II. In: Ritter, J. (Hrsg.): Historisches Wörterbuch der Philosophie Bd. 3 (S. 555–558). Basel: Schwabe & Co.

Heckmann, F. (2011): Orientierung für die Soziale Arbeit: Die Philosophie der Lebenskunst oder die Notwendigkeit der Ethosbildung für die Soziale Arbeit. In: Begemann, V./Rietmann, S. (Hrsg.): Soziale Praxis gestalten. Orientierungen für ein gelingendes Handeln (S. 159–178). Stuttgart: Kohlhammer.

Hegel, G. W. F., Gesammelte Werke. Unter Mitarbeit von G. Schlüter herausgegeben von F. Nicolin, Hamburg: Felix Meiner.

(1991/1786): Exzerpte aus der Gymnasialzeit. Bd. 3 (S. 1–200).

(2015/1822/23): Vorlesungen über die Philosophie der Weltgeschichte I. Nachschriften aus dem Kolleg des Wintersemesters 1822/23. Bd. 27.1.

(2016a/1802): Glauben und Wissen oder die Reflexionsphilosophie der Subjectivität, in der Vollständigkeit ihrer Formen als Kantische, Jacobische, und Fichtesche Philosophie. Bd. 4 (S. 313–414).

(2016b/1819 und 1820/21): Vorlesungen über die Geschichte der Philosophie. Bd. 30.1.

(2017/1840): Vorlesungen über die Wissenschaft der Logik. Sekundäre Überlieferung. Anhang. Bd. 23.3.

Heidegger, M. (2001/1926): Sein und Zeit (18. Auflage). Tübingen: Max Niemeyer.

Helvétius, C. A. (1972/1772): Vom Menschen, von seinen geistigen Fähigkeiten und von seiner Erziehung. Berlin und Weimar: Aufbau.

Helvétius, C. A. (1973/1758): Vom Geist. Berlin und Weimar: Aufbau.

Henning, C. (2011): Glück in der Kritischen Theorie. Befreite Individualität und ihre Hindernisse. In: Thomä, D./Henning, C./Mitscherlich-Schönherr, O. (Hrsg.): Glück. Ein interdisziplinäres Handbuch (S. 143–149). Stuttgart/Weimar: J. B. Metzler.

Henning, C. (2015): Freiheit, Gleichheit, Entfaltung. Die politische Philosophie des Perfektionismus. Frankfurt a. M./New York: Campus.

Hentig, H. von (1969): Allgemeine Lernziele der Gesamtschule. In: Deutscher Bildungsrat (Hrsg.): Lernziele der Gesamtschule (Gutachten und Studien der Bildungskommission Band 12) (13–43). Stuttgart: Ernst Klett.

Hentig von, H. (1996): Bildung. Ein Essay. München/Wien: Carl Hanser.

Hentschel, B./Staupe, G. (Hrsg.) (2008): Glück – welches Glück. München: Carl Hanser.

Herbart, J. F. (1873): Allgemeine Praktische Philosophie. Neue Ausgabe. Leipzig: Leopold Voss.

Herbart, J. F. (1891): Pädagogische Schriften. Mit einer Darstellung und Beurteilung der ethischen und metaphysisch-psychologischen Ursachen der Pädagogik Herbarts versehen von J. J. Wolff. Paderborn: Schöningh.

Hering, S./Münchmeier, R. (2014): Geschichte der Sozialen Arbeit. Eine Einführung (5., überarbeitete Auflage). Weinheim und Basel: Beltz Juventa.

Herrmann, U. (1997): Aufklärung und Erziehung. Studien zur Funktion der Erziehung im Konstitutionsprozeß der bürgerlichen Gesellschaft im 18. und frühen 19. Jahrhundert in Deutschland. Weinheim: Deutscher Studien Verlag.
Herter, H. (1947): Vom dionysischen Tanz zum komischen Spiel. Die Anfänge der attischen Komödie. In: Darstellung und Deutung, 1, 5–59.
Hett, N. (2007): Der Glücksbegriff in der Aufklärungspädagogik. Marburg: Tectum.
Höffe, O. (2007): Lebenskunst und Moral oder macht Tugend glücklich? München: C. H. Beck.
Höffe, O. (2014): Aristoteles (4., überarbeitete Auflage). München: C. H. Beck.
Höffe, O. (2018): Kleine Geschichte der Philosophie. München: C. H. Beck.
Höffe, O. (Hrsg.) (2019a): Aristoteles. Die Nikomachische Ethik (4., neubearbeitete und ergänzte Auflage). Berlin: De Gruyter.
Höffe, O. (Hrsg.) (2019b): Einführung. In: Ders.: Aristoteles (4., neubearbeitete und ergänzte Auflage) (S. 1–8). Berlin: De Gruyter.
Höffe, O./Rapp, Ch. (1998): Tugend. III. Neuzeit. In: Ritter, J/Gründer, K. (Hrsg.): Historisches Wörterbuch der Philosophie Bd. 10 (S. 1554–1570). Basel: Schwabe & Co AG.
Hoffmann, Th. S. (2001): Vollkommenheit. In: Ritter J./Gründer K./Gabriel G. (Hrsg.): Historisches Wörterbuch der Philosophie Bd. 11 (S. 1115–1132). Basel: Schwabe & Co AG.
Hollinger, D. D. (1999): The Problem of Pragmatism in American History: A Look Back and a Look Ahead. In: Hollinger, R./Depew, D. (Hrsg.): Pragmatism. From Progrssivism to Postmodernism (S. 19–37). Westport/London: Praeger.
Hollinger, R./Depew, D. (Hrsg.) (1999): Pragmatism. From Progressivism to Postmodernism. Westport/London: Praeger.
Homer (1990): Ilias. Übersetzt von H. Rupé. Mit einer Einführung von L. Voit. München: Deutscher Taschenbuch/Artemis.
Horaz (2013): Satiren und Briefe. Lateinisch und Deutsch. Nach der Übersetzung von O. Schönberger überarbeitet und mit Anmerkungen versehen von F. Weitz. Darmstadt: Wissenschaftliche Buchgesellschaft.
Horkheimer, M. (2011/1937) Traditionelle und kritische Theorie. In: Horkheimer, M.: Fünf Aufsätze (S. 205–269). Frankfurt a. M.: Fischer.
Horkheimer, M./Adorno, T. W. (1997/1944): Dialektik der Aufklärung. Philosophische Fragmente. In: Adorno, T. W.: Gesammelte Schriften Band 3. Frankfurt a. M.: Suhrkamp.
Horn, C. (2010): Antike Lebenskunst. Glück und Moral von Sokrates bis zu den Neuplatonikern (2. Auflage). München: C. H. Beck.
Horn, C. (2011): Glück im Hellenismus. Zwischen Tugend und Lust. In: Thomä, D./Henning, C./Mitscherlich-Schönherr, O. (Hrsg.): Glück. Ein interdisziplinäres Handbuch (S. 125–132). Stuttgart/Weimar: J. B. Metzler.
Horn, C. (2015): Glück, Glückseligkeit. In: Willaschek, M./Stolzenberg, J./Mohr, G./Bacin, S. (Hrsg.): Kant-Lexikon Bd. 1 (S. 879–882). Berlin/Boston: de Gruyter.
Hornig, G. (1989): Perfektibilität II. In: Ritter, J./Gründer, K. (Hrsg.): Historisches Wörterbuch der Philosophie Bd. 7 (S. 241–244). Basel: Schwabe & Co.
Horster, D. (1996): Tugend. In: Prechtl, P./Burkhard, F.-P. (Hrsg.): Metzler Philosophie Lexikon. Begriffe und Definitionen (S. 529–531). Stuttgart/Weimar: J. B. Metzler.
Horwitz, A. V./Wakefield, J. C. (2007): The Loss of Sadness. How Psychiatry transformed normal Sorrow into Depressive Disorder. Oxford: Oxford University Press.
Hossenfelder, M. (1985): Die Philosophie der Antike: Stoa, Epikureismus und Skepsis. Geschichte der Philosophie. Bd.3. München: C. H. Beck.
Hossenfelder, M. (2006): Epikur (3., aktualisierte Auflage). München: C. H. Beck.
Hossenfelder, M. (2013): Antike Glückslehren. Quellen in deutscher Übersetzung. Stuttgart: Alfred Kröner Verlag.
Hoyer, T. (Hrsg.) (2007): Vom Glück und vom glücklichen Leben. Sozial- und geisteswissenschaftliche Zugänge. Göttingen: Vandenhoeck & Ruprecht.
Hruschka, J. (1991): The Greatest Happiness Principle and Other Early German Anticipations of Utilitarian Theory. In: Utilitas Vol. 3. No. 2, November 1991, Oxford: Oxford University Press.
Hügli, A. (1980): ›Lebenslüge‹. In: Ritter, J./Gründer, K. (Hrsg.): Historisches Wörterbuch der Philosophie Bd. 5 (S. 132–135). Basel: Schwabe & Co AG.

Hügli, A./Lübke, P. (Hrsg.) (2013): Philosophielexikon. Personen und Begriffe der abendländischen Philosophie von der Antike bis zur Gegenwart (erweiterte und vollständig revidierte Ausgabe). Reinbek b. Hamburg: Rowohlt.

Humboldt, W. v.: Werke in fünf Bänden. Darmstadt: Wissenschaftliche Buchgesellschaft.

(2010a/1789): Charakteristiken aus den Reisetagebüchern. In: Bd. 5: Autobiographische Dichtungen, Briefe. Kommentare und Anmerkungen zu Band 1–5. Anhang (S. 17–36).

(2010b/1792): Ideen zu einem Versuch, die Grenzen der Wirksamkeit des Staates zu bestimmen. In: Bd. 1: Schriften zur Anthropologie und Geschichte (S. 56–233).

(2010c/1794 oder 1795): Theorie der Bildung des Menschen. In: Bd. 1: Schriften zur Anthropologie und Geschichte (S. 234–240).

(2010d/1797): Plan einer vergleichenden Anthropologie. In: Bd. 1: Schriften zur Anthropologie und Geschichte (S. 337–375).

(2010e/1797): Über den Geist der Menschheit. In: Bd. 1: Schriften zur Anthropologie und Geschichte (S. 506–518).

(2010 f/Entstehungszeit unklar): Betrachtungen über die Weltgeschichte. In: Bd. 1: Schriften zur Anthropologie und Geschichte (S. 567–577).

(2010 g/1803): Brief an Carl Gustav von Brinckmann: Über Rom, das Romantische und den Weg der Metaphysik. In: Bd. 5: Autobiographische Dichtungen, Briefe. Kommentare und Anmerkungen zu Band 1–4. Anhang (S. 200–207).

Hume, D. (1978a/1904): Ein Traktat über die menschliche Natur. Buch I. Über den Verstand. Übersetzt, mit Anmerkungen und Register versehen von Theodor Lipps. Mit einer Einführung herausgegeben von Reinhard Brandt. Hamburg: Felix Meiner.

Hume, D. (1978b/1906): Ein Traktat über die menschliche Natur. Buch II. Über die Affekte. Buch III. Über Moral. Übersetzt, mit Anmerkungen und Register versehen von Theodor Lipps. Hamburg: Felix Meiner.

Iggers, G. (1997/1968): Deutsche Geschichtswissenschaft: Eine Kritik der traditionellen Geschichtsauffassung von Herder bis zur Gegenwart. Wien/Köln/Weimar: Böhlau.

Jäger, G./Tenorth, K.-H. (1987): Pädagogisches Denken. In: Jeismann, K.-E./Lundgreen, P. (Hrsg.): Handbuch der deutschen Bildungsgeschichte Bd. 3 (S. 71–103). München: C. H. Beck.

James, W. (1902): The Varieties of Religious Experience. New York: Random House.

James, W. (1908): Psychologie und Erziehung. Ansprachen an Lehrer (2. Auflage, autorisierte Übersetzung). Leipzig: Wilhelm Engelmann.

James, W. (1994): Der Pragmatismus. Ein neuer Name für alte Denkmethoden. Übersetzt von Wilhelm Jerusalem. Mit einer Einleitung herausgegeben von K. Oehler (2. Auflage, mit neuen bibliographischen Hinweisen). Hamburg: Felix Meiner.

Janich, P. (2007): Zeit VII. Zeit in der Physik. Zeitmessung. In: Historisches Wörterbuch der Philosophie Bd. 12 (S. 1244–1248). Basel: Schwabe-Verlag.

Janke, W. (2002): Das Glück der Sterblichen. Eudämonie und Ethos, Liebe und Tod. Darmstadt: Wissenschaftliche Buchgesellschaft.

Joas, H. (1999): Pragmatismus und Gesellschaftstheorie (2. Auflage). Frankfurt a. M.: Suhrkamp.

Johnson, W/Krueger, R. F. (2006): How money buys happiness: Genetic and environmental processes linking finances and life satisfaction. In: Journal of Personality and Social Psychology, Vol 90(4), 680–691.

Kahnemann, D. (1999): Objective Happiness. In: Kahnemann, D./Diener, E./Schwarz, N. (Hrsg.): Well-Being. The Foundations of Hedonic Psychology (S. 3–25). New York: Russel Sage Foundation.

Kahnemann, D./Diener, E./Schwarz, N. (Hrsg.) (1999): Well-Being. The Foundations of Hedonic Psychology. New York: Russel Sage Foundation.

Kamphausen, G. (2005): Gemeinschaft und Kulturprotestantismus. Oder: warum der Pragmatismus in Deutschland nicht viele Freunde hat. In: Tröhler, D./Oelkers, J. (Hrsg.): Pragmatismus und Pädagogik (S. 159–178). Zürich: Pestalozzianum.

Kant, I.: Gesammelte Schriften. »Akademieausgabe«. Königlich Preußische Akademie der Wissenschaften. Berlin 1900 ff: Reimer, ab 1922 de Gruyter.

(1784): Idee zu einer allgemeinen Geschichte in weltbürgerlicher Absicht (Geschichte).

Bd. 8 (S. 15–32).
(1785): Grundlegung zur Metaphysik Sitten (GMS). Bd. 4 (S. 385–463).
(1787): Kritik der reinen Vernunft (KrV B). Bd. 3 (2. Auflage).
(1788) Kritik der praktischen Vernunft (KpV). Bd. 5 (S. 1–164). Akademie-Ausgabe.
(1790) Kritik der Urteilskraft (KU). Bd. 5 (S. 165–485).
(1793): Religion innerhalb der Grenzen der bloßen Vernunft (Religion). Bd. 6 (S. 1–202).
(1797): Die Metaphysik der Sitten. Bd.6 (S. 203–493).
(1798a): Der Streit der Facultäten (Fakultäten). Bd. 7 (S. 1–116). Akademie-Ausgabe.
(1798b): Anthropologie in pragmatischer Hinsicht (Anthropologie). Werke Bd. 7 (S. 117–333).
(1803): Pädagogik. Bd.9 (S. 437–500).
Keller, S./Mangold, M. (2002): Glück zwischen Ökonomie und Politik. In: Zeitschrift für Pädagogik, 48 (4), 534–552.
Kessler, H. (1991): ›Erlösung/Soteriologie‹. In: Eicher, P. (Hrsg.): Neues Handbuch theologischer Grundbegriffe. Erweiterte Neuausgabe. Band 1 (S. 360–373). Stuttgart: Kösel.
Key, E. (1905): Das Jahrhundert des Kindes (8. Auflage). Berlin: S. Fischer.
Kible, B. (1998): Subjekt I. In: Ritter, J./Gründer, K. (Hrsg.): Historisches Wörterbuch der Philosophie Bd. 10 (S. 373–383). Basel: Schwabe.
Kick, A. H. (Hrsg.) (2008): Glück. Ethische Perspektiven – aktuelle Glückskonzepte. Münster: Lit-Verlag.
Kienzler, K. (1995): Heil. II. Religionsphilosophisch. In: Kasper, W. (Hrsg.): Lexikon für Theologie und Kirche. Band 4 (3. Auflage) (S. 1259–1260). Freiburg i. Br.: Herder.
Kimmich, D. (1993): Epikureische Aufklärungen. Philosophische und poetische Konzepte der Selbstsorge. Darnstadt: Wissenschaftliche Buchgesellschaft.
Kirsch, I. (2009): The Emperors New Drugs. Exploding the Antidepressant Myths. London: The Bodley Head.
Klein, S. (2008): Zeit. Der Stoff aus dem das Leben ist. Eine Gebrauchsanleitung. Frankfurt a. M.: Fischer.
Kobusch, T. (1984): Nichts; Nichtseiendes. In: Ritter, J./Gründer, K. (Hrsg.): Historisches Wörterbuch der Philosophie Bd. 6 (S. 805–836). Basel: Schwabe & Co. AG.
Koch, L. (1975): Über das Glück in der Pädagogik. In: Pädagogische Rundschau (29), 661–671.
Krafeld, F.-J. (2010): Der Befähigungsansatz (Capability Approach) als Perspektivenwechsel in der Förderung junger Menschen. In: deutsche jugend 58 (7/8), 310–317.
Krämer, H. (1983): Plädoyer für eine Rehabilitierung der Individualethik. Amsterdam: B. R. Grüner.
Krämer, H. (1988): Plädoyer für eine Philosophie der Lebenskunst. In: Information Philosophie, 3, 5–17.
Krämer, H. (1992): Integrative Ethik. Frankfurt a. M.: Suhrkamp.
Krämer, H. (1998): Selbstverwirklichung. In: Steinfath, H.: Was ist ein gutes Leben? Philosophische Reflexionen. Frankfurt a. M.: Suhrkamp, 94–123.
Krenz, A. (2010): Das kindliche Spiel als Selbsterfahrungsfeld und Bildungsmittelpunkt für Kinder. Verfügbar unter: https://www.kindergartenpaedagogik.de/fachartikel/freispiel-spiele/2100, Zugriff 19.08.2021.
Kreuzer, K. J. (Hrsg.) (1983): Handbuch der Spielpädagogik. Bande 1–4. Düsseldorf: Schwann.
La Mettrie, J. O. de (1990/1751): L'homme machine: französisch-deutsch = Die Maschine Mensch. Übersetzt und herausgegeben von Claudia Becker. Hamburg: Meiner.
Lampe, K. (2015): The Birth of Hedonism. The Cyrenaic Philosophers and Pleasure as a Way of Life. Princeton und Oxford: Princeton University Press.
Lassahn, R. (1975): Über die Freude in der Erziehung. Überlegungen zu einer anthropologischen Analyse der Freude. In: Pädagogische Rundschau 29 (7), 553–575.
Lätzel, M. (2012): »Glück ist Liebe. Punkt.« Von Heil und Dialog. In: Theorie und Praxis der Sozialpädagogik. 37 (4), 14–27.
Lauster, J. (2004): Gott und das Glück. Das Schicksal des guten Lebens im Christentum, Darmstadt: Wissenschaftliche Buchgesellschaft.

Lauster, J. (2011): Glück in der Scholastik. Vorgeschmack der Ewigkeit. In: Thomä, D./Henning, C./Mitscherlich-Schönherr, O. (Hrsg.): Glück. Ein interdisziplinäres Handbuch (S. 141–143). Stuttgart/Weimar: Verlag J.B. Metzler.

Layard, R. (2009): Die glückliche Gesellschaft. Was wir aus der Glücksforschung lernen können (2. Auflage). Frankfurt a. M./New York: Campus.

LBS (2018): LBS-Kinderbarometer 2018. Stimmungen, Trends und Meinungen von Kindern aus Deutschland. Münster. Verfügbar unter: https://www.lbs.de/unternehmen/u/kinderbarometer/index.jsp, Zugriff 27.08.2020.

Lehmann-Rommel, R. (2005): Aufmerksamkeit für Situationen als entscheidender Faktor für Wirksamkeit. In: Tröhler, D./Oelkers, J. (Hrsg.): Pragmatismus und Pädagogik (S. 69–85). Zürich: Pestalozzianum.

Leiber, T. (2006): Glück, Moral und Liebe. Perspektiven der Lebenskunst. Würzburg: Königshausen & Neumann.

Lepeletier, L.-M. (1949/1792): Plan einer Nationalerziehung. In: Erziehungsprogramme der Französischen Revolution. Mirabeau Condorcet Lepeletier (S. 119–147). Eingeleitet und erläutert von R. Alt. Berlin/Leipzig: Volk und Wissen.

Lessing, G. E. (1780): Die Erziehung des Menschengeschlechts. Berlin: Christian Friedrich Voß und Sohn.

Leupold, M. (2007): Ethische Grundlagen in der Sozialen Arbeit. Ein Plädoyer für eine stärkere Berücksichtigung der Strebensethik, in: Neue Praxis, 3 (37), 265–277.

Leupold, M. (2011): Glück und Beratung: Praxis einer Sozialen Arbeit als Lebenskunstprofession. In: Begemann, V./Rietmann, S. (Hrsg.): Soziale Praxis gestalten. Orientierungen für ein gelingendes Handeln (S. 159–178). Stuttgart: Kohlhammer.

Leupold, M. (2016): Gelingendes Leben unter Berücksichtigung sozialräumlichen Handelns. In: Begemann, V./Heckmann, F./Weber, D. (Hrsg.): Soziale Arbeit als angewandte Ethik – Positionen und Perspektiven für die Praxis. Stuttgart: Kohlhammer, 56–72.

Lichtenstein, E. (1971): Bildung. In: Ritter, J. (Hrsg.): Historisches Wörterbuch der Philosophie Bd. 1 (S. 921–937). Basel: Schwabe & Co AG.

Liebau, E./Zirfas, J. (2013): Lust, Rausch und Ekstase. Grenzgänge der Ästhetischen Bildung. Bielefeld: Transcript.

Lieberg, G. (1980): Lust, Freude. I. Antike. In: Ritter, J./Gründer, K. (Hrsg.): Historisches Wörterbuch der Philosophie Bd. 5 (S. 552–555). Basel: Schwabe & Co AG.

Liebsch, B. (2011): Lebensform/Lebenskunst. In: Kolmer, P./Wildfeuer, A.G. (Hrsg.): Neues Handbuch philosophischer Grundbegriffe. Bd. 2 (S. 1404–1418). Freiburg/München: Verlag Karl Alber.

Liessmann, K. P. (Hrsg.) (2012): Die Jagd nach dem Glück. Perspektiven und Grenzen guten Lebens. Wien: Paul Zsolnay.

Liggieri, K. (Hrsg.) (2015): »Fröhliche Wissenschaft«. Zur Genealogie des Lachens. Freiburg und München: Karl Alber.

Lilla, M. (2017): The Once and Future Liberal. After Identity Politics. New York: Harper.

Lilla, M. (2018): Die wollen Deine Seele. Interview mit Mark Lilla. In: DIE ZEIT (3), 40.

Lobel, D. (2017): Philosophies of Happiness. A Comparative Introduction to the Flourishing Life. New York: Columbia University Press.

Locke, J. (1894/1690): An Essay concerning human understanding. Collated and annotated, with Prolegomena, Biographical, Critical, and Historical by Alexander Campbell Fraser. Oxford: Clarendon Press.

Locke, J. (1990/1693): Gedanken über Erziehung. Übersetzung, Anmerkungen und Nachwort von Heinz Wohlers. Stuttgart: Reclam.

Lüth, Ch./Wulf, Ch. (Hrsg.) (1997): Vervollkommnung durch Arbeit und Bildung? Anthropologische und historische Perspektiven zum Verhältnis von Individuum, Staat und Gesellschaft. Weinheim: Deutscher Studien Verlag.

Lützenkirchen, A. (2015a): Glück und Soziale Arbeit. Theorie und Praxis der Förderung subjektiven Wohlbefindens. Lage: Jacobs.

Lützenkirchen, A. (2015b): Theoretischer Hintergrund. In: Lützenkirchen, A. (Hrsg.): Theorie und Praxis der Förderung subjektiven Wohlbefindens (S. 21–48). Lage: Jacobs.

Lützenkirchen, A. (2015c): Die Bedeutung von Glück für Theorie und Praxis Sozialer Arbeit. In: Lützenkirchen A. (Hrsg.): Theorie und Praxis der Förderung subjektiven Wohlbefindens (S. 311–330). Lage: Jacobs Verlag.

Lykken, D. (2000): Happiness. The Nature and Nurture of Joy and Contentment. New York: St. Martin's Griffin.

Lyubomirsky, S. (2018): Glücklich sein: Warum Sie es in der Hand haben, zufrieden zu leben (2., aktualisierte Neuausgabe). Frankfurt a. M./New York: Campus.

MacIntyre, A. (1987): Der Verlust der Tugend. Zur moralischen Krise der Gegenwart. Frankfurt a. M./New York: Campus.

Mager, K. (1848): Schule und Leben: Glossen zur Dr. Curtmanns Preisschrift. In: Pädagogische Revue. Centralorgan für Wissenschaft, Geschichte und Kunst der Haus-, Schul- u. Gesamterziehung. Bd. 8, H. 4 (S. 395–409). Zürich: Schulthess.

Marcuse, H. (1979/1957) Triebstruktur und Gesellschaft. Ein philosophischer Beitrag zu Sigmund Freud Schriften. Bd. 5. Frankfurt a. M.: Suhrkamp.

Marcuse, H. (1980/1967): Der eindimensionale Mensch. Studien zur Ideologie der fortgeschrittenen Industriegesellschaft. Schriften Band 7. Frankfurt a. M.: Suhrkamp.

Marotzki, W./Nohl, A.-M./Ortlepp, W. (2006): Einführung in die Erziehungswissenschaft (2. Auflage). Opladen & Farmington Hills: Barbara Budrich.

Martin, N. (1984): Art. ›Muße‹. In: Gründer, Konrad (Hrsg.): Historisches Wörterbuch der Philosophie Bd.6 (S. 257–260). Basel: Schwabe Verlag.

Marwede, F. (2018): Das höchste Gut in Kants deontologischer Ethik. Berlin/Boston: de Gruyter.

Masschelein, J. (2003): Trivialisierung von Kritik. Kritische Erziehungswissenschaft weiterdenken. In: Zeitschrift für Pädagogik, 49, (46. Beiheft), 124–141.

Maurer, M. (2012): Art. ›Fest‹. In: Konersmann, R. (Hrsg.): Handbuch Kulturphilosophie (S. 299–303). Stuttgart und Weimar: J. B. Metzler.

Maurer, S./Schröer, W. (2018): Geschichte sozialpädagogischer Ideen. In: Otto, H.-U./Thiersch, H./Treptow, R./Ziegler, H. (Hrsg.): Handbuch Soziale Arbeit. Grundlagen der Sozialarbeit und Sozialpädagogik (6. überarbeitete Auflage) (S. 540–550). München/Basel: Ernst Reinhardt.

Mayring, P. (2007): Glück – Wohlbefinden – Lebensqualität. Sozialwissenschaftliche und psychologische Konzepte. In: Hoyer, T. (Hrsg.): Vom Glück und vom glücklichen Leben. Sozial- und geisteswissenschaftliche Zugänge (S. 185–199). Göttingen: Vandenhoeck & Ruprecht.

McMahon, D. (2006): The Pursuit of Happiness. A History from the Greeks to the Present. London: Penguin Books.

Meck, S. (2003): Vom guten Leben. Eine Geschichte des Glücks. Darmstadt: Wissenschaftliche Buchgesellschaft.

Meier, H. (Hrsg.) (2008): Über das Glück. Ein Symposion. München/Zürich: Piper.

Mertens, G. (2006): Balancen. Pädagogik und das Streben nach Glück. Paderborn: Schöningh.

Mertens, G./Frost, U./Böhm, W./Ladenthin, V. (Hrsg.) (2009): Handbuch Erziehungswissenschaft Bd. 3 (S. 639–649). Paderborn/Wien/München/Zürich: Ferdinand Schöningh.

Meyer, F. (2002): Soziale Arbeit als Lebenskunstprofession – Überlegungen zur ethischen Dimension Sozialer Arbeit. Verfügbar unter: http://www.webnetworknordwest.de/dokumente/frauke_meyer.pdf, Zugriff 01.11.2017.

Meyer-Drawe, K. (1991). Das »Ich als Differenz der Masken«. Zur Problematik autonomer Subjektivität. Vierteljahrsschrift für wissenschaftliche Pädagogik, *67*(4), 390–400.

Meyer-Drawe, K. (1998): Streitfall »Autonomie«. Aktualität, Geschichte und Systematik einer modernen Selbstbeschreibung vom Menschen. In: Bauer, W./Lippitz, W./Marotzki, W./Ruhloff, J./Schäfer, A./Wulf, C. (Hrsg.): Fragen nach dem Menschen in der umstrittenen Moderne. Jahrbuch für Bildungs- und Erziehungsphilosophie Bd.1(S. 31–49). Hohengehren: Schneider.

Meyer-Drawe, K. (1999): Zum metaphorischen Gehalt von ›Bildung‹ und ›Erziehung‹. In: Zeitschrift für Pädagogik, 45(2), 161–175.

Meyer-Drawe, K. (2004): Subjektivität – Individuelle und kollektive Formen kultureller Selbstverhältnisse und Selbstdeutungen. In: Jaeger, F./Liebsch, B. (Hrsg.): Handbuch der

Kulturwissenschaften. Grundlagen und Schlüsselbegriffe Bd.1 (S. 304–315) Stuttgart/Weimar: Metzler.
Mill, J. St. (2006/1871): Utilitarianism/Der Utilitarismus. Englisch/Deutsch. Übersetzt und herausgegeben von D. Birnbacher. Stuttgart: Reclam.
Mirabeu, H. G. V. de Riqueti, Marquis de (1949/1790): Diskurs über die Nationalerziehung. Öffentlicher Unterricht oder von der Erziehung des Lehrstandes. In: Erziehungsprogramme der Französischen Revolution. Mirabeau Condorcet Lepeletier. Eingeleitet und erläutert von R. Alt (S. 31–60). Berlin/Leipzig: Volk und Wissen Verlags GmbH.
Montessori, M. (2000): Kinder sind anders (17. Auflage). München: dtv.
Mührel, E. (2017): Der Garten der Existenz und die Gesellschaft. Eine mögliche Perspektive der Sozialpädagogik. In: Mührel, E./Niemeyer, C./Werner, S. (Hrsg.): Capability Approach und Sozialpädagogik. Eine heilige Allianz? (S. 144–154). Weinheim und Basel: Beltz Juventa.
Mührel, E./Niemeyer, C./Werner, S. (Hrsg.) (2017): Capability Approach und Sozialpädagogik. Eine heilige Allianz? Weinheim und Basel: Beltz Juventa.
Müller, J. (2011): Tugend. In: Kolmer, Petra/Wildfeuer, Armin (Hrsg.): Neues Handbuch philosophischer Grundbegriffe. Bd. 3 (S. 2244–2258). Freiburg/München: Karl Alber.
Münch, J./Wyrobnik, I. (2010): Pädagogik des Glücks. Wann, wo und wie wir das Glück lernen. Hohengehren: Schneider-Verlag.
Myers, D. (1992): The Pursuit of Happiness. Who Is Happy – And Why. New York: William Morrow and Company.
Myers, D./Diener, E. (2018): The Scientific Pursuit of Happiness. In: Perspective of Psychological Science 13(2), 218–225.
Nagl, L. (1998): Pragmatismus. Frankfurt a. M./New York: Campus.
Nagl, L. (2001): Philosophie als Erziehung von Erwachsenen. Erwägungen zu Stanley Cavell. In: Cavell, S. (2001): Nach der Philosophie. Essays. (2., erweiterte und überarbeitet Auflage) (S. 7–32). Herausgegeben von Nagl, L./Fischer, K. R. Berlin: Akademie.
Natorp, P. (1908): Religion innerhalb der Grenzen der Humanität. Ein Kapitel zur Grundlegung der Sozialpädagogik (2. Auflage). Tübingen: J. C. B. Mohr.
Natorp, P. (1909): Philosophie und Pädagogik. Untersuchungen auf ihrem Grenzgebiet. Marburg: N. G. Elwert'sche Verlagsbuchhandlung.
Nettle, D. (2009): Glücklich sein. Was es bedeutet und wie man es wird. Köln: Anaconda.
Nickel, R. (1987): Einleitung. In: Epiktet. Wege zum Glück. Auf der Grundlage der Übertragung von W. Capelle neu übersetzt, mit Anmerkungen versehen und eingeleitet von R. Nickel. Zürich/München: Artemis.
Niemeyer, A. H. (1970/1796): Grundsätze der Erziehung und des Unterrichts für Eltern, Hauslehrer und Erzieher. Unveränderter Nachdruck der ersten Auflage. Paderborn: Schöningh.
Niemeyer, C. (2017): Nietzsche & Co. Vs. Nussbaum & Co. Oder: Warum die Rede vom ›guten‹ Leben nicht ausreicht und kritische Sozialpädagogik sich besser als Wissenschaft vom ›richtigen‹ (Adorno) res. ›besseren‹ (Bloch) Leben neu aufstellte. In: Mührel, E./Niemeyer, C./Werner, S. (Hrsg.): Capability Approach und Sozialpädagogik. Eine heilige Allianz? (S. 12–37) Weinheim und Basel: Beltz Juventa.
Nietzsche, F. (1889): Götzendämmerung oder Wie man mit dem Hammer philosophirt. Leipzig: C.G. Neumann (Digitale Ausgabe (eKGWB) von Nietzsche, F.: Werke. Kritische Gesamtausgabe. Berlin/New York: De Gruyter. Verfügbar unter: http://doc.nietzschesource.org/de/ekgwb, Abruf 28.08.2021.
Noack, W. (2006): Das Glück als zentrale Kategorie der Sozialen Arbeit. In: Soziale Arbeit, 55(6), 202–208.
Nohl, H. (1926): Die geistigen Energien der Jugendwohlfahrtsarbeit. In: Die Erziehung. Monatsschrift für den Zusammenhang von Kultur und Erziehung in Wissenschaft und Leben. 1, 321–329.
Nohl, H. (1947): Die sittlichen Grunderfahrungen. Eine Einführung in die Ethik (2. Auflage). Frankfurt a. M.: Schulte-Bulmke.
Nozick, R. (1991): Vom richtigen, guten und glücklichen Leben. München: Carl Hanser.

Nussbaum, M. (1995): Human Capabilities, Female Human Beings. In: Nussbaum, M./Glover, J. (Hrsg.): Women, Culture and Development: A Studie of Human Capabilities (S. 61–104). Oxford: Clarendon Press.

Nussbaum, M. (1998): Menschliches Tun und Soziale Gerechtigkeit. Zur Verteidigung des aristotelischen Essentialismus. In: Steinfath, H. (Hrsg.): Was ist ein gutes Leben? Philosophische Reflexionen (S. 196–234). Frankfurt a. M.: Suhrkamp.

Nussbaum, M. (1999): Gerechtigkeit oder Das gute Leben. Frankfurt a. M.: Suhrkamp.

Nussbaum, M. (2002): Konstruktionen der Liebe, des Begehrens und der Fürsorge. Drei philosophische Essays. Stuttgart: Reclam.

Nussbaum, M. (2010): Die Grenzen der Gerechtigkeit. Behinderung, Nationalität und Spezieszugehörigkeit. Frankfurt a. M.: Suhrkamp.

Oelkers, J. (1997): Erziehung als Vollendung. Kritische Überlegungen zu einem pädagogischen Ideal. In: Lüth, C./Wulf, C. (Hrsg.): Vervollkommnung durch Arbeit und Bildung? Anthropologische und historische Perspektiven zum Verhältnis von Individuum, Gesellschaft und Staat (S. 13–51). Weinheim: Deutscher Studien Verlag.

Oelkers, J. (2002): Kindheit – Glück – Kommerz. In: Zeitschrift für Pädagogik, 4, 553–570.

Oelkers, J. (2005a): George Herbert Meads Theorie der Erziehung und die deutsche Pädagogik. In: Tröhler, D./Oelkers, J. (Hrsg.): Pragmatismus und Pädagogik (S. 195–225). Zürich: Pestalozzianum.

Oelkers, J. (2005b): Reformpädagogik. Eine kritische Dogmengeschichte (4., vollständig überarbeitete und erweitere Auflage). Weinheim und München: Juventa.

Oelkers, J. (2011): Glück in der Pädagogik. »Children, be happy«? In: Thomä, D./Henning, C./Mitscherlich-Schönherr, O. (Hrsg.): Glück. Ein interdisziplinäres Handbuch (S. 430–433). Stuttgart/Weimar: J. B. Metzler.

Oelkers, J. (2018): Pädagogik. In: Festl, M. G. (Hrsg.): Handbuch Pragmatismus (S. 178–192). Stuttgart: J. B. Metzler.

Oest, F.O. (1787): Belehrung und Warnung für Jünglinge und Knaben die schon zu einigem Nachdenken gewöhnt sind. Aus dem sechsten Theile des Revisionswerks besonders abgedruckt und herausgegeben von J. H. Campe, Wolfenbüttel: Schulbuchhandlung, 3–6.

O'Keefe, T. (2010): Epicureanism. Durham: Acumen.

Otto, H.-U./Scherr, A./Ziegler, H. (2010): Wieviel und welche Normativität benötigt die Soziale Arbeit? In: Neue Praxis, 40(2), 137–163.

Otto, H.-U./Thiersch, H./Treptow, R./Ziegler, H. (Hrsg.) (2018): Handbuch Soziale Arbeit. Grundlagen der Sozialarbeit und Sozialpädagogik (6. überarbeitete Auflage). München/Basel: Ernst Reinhardt.

Otto, H.-U./Ziegler, H. (2007): Soziale Arbeit, Glück und das gute Leben. Das sozialpädagogische Potenzial des Capability Approach. In: Andresen, S./Pinhard, I./Weyers, S. (Hrsg.): Erziehung – Ethik – Erinnerung: Pädagogische Aufklärung als intellektuelle Herausforderung. Micha Brumlik zum 60. Geburtstag (S. 229–248). Weinheim/Basel: Beltz.

Otto, H.-U./Ziegler, H. (Hrsg.) (2008): Capabilities – Handlungsbefähigung und Verwirklichungschancen in der Erziehungswissenschaft. Wiesbaden: Verlag für Sozialwissenschaften.

Pätzold, H. (2003): Postmoderne. In: Rehfus, W. D. (Hrsg.): Handwörterbuch Philosophie (S. 553–556). Göttingen: Vandenhoeck & Ruprecht.

Parmenides (1968): Fragmente. In: Capelle, W.: Die Vorsokratiker. Die Fragmente und Quellenberichte übersetzt und eingeleitet von W. Capelle. Stuttgart: Alfred Kröner, 158–169.

Pascal, B. (2019/1670 bzw. 1840): Gedanken über die Religion. Vollständiger, durchgesehener Neusatz mit einer Biographie des Autors bearbeitet und eingerichtet von M. Holzinger. (Textgrundlage: Pascal's Gedanken über die Religion und einige andere Gegenstände. Aus dem Französischen übersetzt von K. A. Blech. Mit einem Vorwort von A. Neander, Berlin: Wilhelm Besser, 1840). Berlin: Contumax GmbH & Co KG.

Passie, T. (2013): Traum, Trance und Ekstase – Ihr Verschwinden in der Kulturgeschichte des Abendlandes. In: Passie, T./Belschner, W./Petrow, E. (Hrsg.): Ekstasen: Kontexte-Formen-Wirkungen (S. 53–66). Würzburg: Ergon.

Paul, J. (1967a/1811): Levana oder Erziehlehre. In: Werke. Band 5. (2. Auflage) (S. 515–874). Darmstadt: Wissenschaftliche Buchgesellschaft.

Paul, J. (1967b/1812): Vorschule der Ästhetik nebst einigen Vorlesungen in Leipzig über die Parteien der Zeit. In: Werke. Bd. 5 (2. Auflage) (S. 7–514). Darmstadt: Wissenschaftliche Buchgesellschaft.

Peirce, C. S. (1877): The Fixation of Belief. In: The Popular Science Monthly, 12(1), 1–15.

Peirce, C. S. (1878): How to Make Our Ideas Clear. In: The Popular Science Monthly, 12 (9), 286–302.

Pesch, O. H. (1974): Glück, Glückseligkeit II. In: Ritter, J. (Hrsg.): Historisches Wörterbuch der Philosophie Bd. 3 (S. 692–696). Basel: Schwabe-Verlag.

Pesch, O. H. (1988): Thomas von Aquin. Grenze und Größe mittelalterlicher Theologie. Eine Einführung. Mainz: Grunewald.

Pestalozzi, J. H. (2012/1811): Am Neujahrstag 1811 (Rede). In: Pestalozzi, J. H. Sämtliche Werke. Bd. 23. Schriften von 1811 bis 1815. Herausgegeben und gegründet von A. Buchenau/E. Spranger/H. Stettbacher. Berlin/Boston: De Gruyter, 19–39.

Pestalozzi, J. H. (2015/1781–87): Lienhard und Gertrud. Ein Buch für das Volk. 1. und 2. Teil. In: Pestalozzi J. H. Sämtliche Werke. Bd.2. Herausgegeben von A. Buchenau/E. Spranger/H. Stettbacher. Berlin/Boston: De Gruyter.

Pestalozzi, J. H. (2016/1804/05): Nachlass Journalbriefe. Fassung 1804/1805. In: Pestalozzi, J. H. Sämtliche Werke. Bd. 17b. Journal für die Erziehung 1807 (S. 191–235). Herausgegeben und gegründet von A. Buchenau/E. Spranger/H. Stettbacher Berlin/Boston: De Gruyter.

Pestalozzi, J. H. (2018a/1780): Abendstunde eines Einsiedlers. In: Pestalozzi J. H. Sämtliche Werke. Bd.1. Schriften aus der Zeit von 1766 bis 1780 (S. 263–283). Herausgegeben von A. Buchenau/E. Spranger/H. Stettbacher. Berlin/Boston: De Gruyter.

Pestalozzi, J. H. (2018b/1815): An die Unschuld, den Ernst und den Edelmut meines Zeitalters und meines Vaterlandes. In: Pestalozzi J. H. Sämtliche Werke. Bd. 24a. An die Unschuld (S. 3–223). Herausgegeben und gegründet von A. Buchenau/E. Spranger/H. Stettbacher. Berlin/Boston: De Gruyter.

Pestalozzi, J. H. (2019a/1806–1808). Ueber Unterrichts und Erziehungsverbesserungen in Schulen und Haushaltungen. In: Pestalozzi, J. H. Sämtliche Werke. Bd. 20 Schriften von Ende 1806 bis Anfang 1808 (S. 305–359) Herausgegeben und gegründet von A. Buchenau/E. Spranger/H. Stettbacher. Berlin/Boston: De Gruyter.

Pestalozzi, J. H. (2019b/1806–1809): Bericht an die Eltern und das Publikum über den Zustand und die Einrichtung der pestalozzischen Anstalten. In: Pestalozzi, J. H. Sämtliche Werke. Bd. 21 Schriften aus den Jahren 1806 bis 1809 (S. 11–98). Herausgegeben und gegründet von A. Buchenau/E. Spranger/H. Stettbacher. Berlin/Boston: De Gruyter.

Pestalozzi, J. H. (2021a/1781–82): Christoph und Else lesen in den Abendstunden das Buch Lienhard und Gertrud. In: Pestalozzi, J. H. Sämtliche Werke. Bd. 7. Die Kinderlehre der Wohnstube (S. 121–450). Christoph und Else. Herausgegeben und gegründet von A. Buchenau/E. Spranger/H. Stettbacher. Berlin/Boston: De Gruyter.

Pestalozzi, J. H. (2021b/1782): Des Schweizer Blats. Zweytes Bändchen. In: Sämtliche Werke. Bd. 8. Ein Schweizer Blatt (S. 191–370). Berlin/Boston: De Gruyter.

Peterson, C./Seligman, M. (Hrsg.) (2004): Character Strengths and Virtues: A Handbook and Classification. Oxford/New York u. a.: Oxford University Press/American Psychological Association.

Pico Della Mirandola, G. (2009/1486): Über die Würde des Menschen. Lateinisch/Deutsch. Auf der Textgrundlage der Editio princeps herausgegeben und übersetzt von G. von der Gönna (bibliographisch ergänzte Ausgabe). Stuttgart: Reclam.

Pieper, A. (2003): Glückssache. Die Kunst gut zu leben. München: dtv.

Pieper, A. (2011): Sisyphos im Glück. In: Reusch, S. (Hrsg.): 18 Antworten auf die Frage nach dem Glück. Ein philosophischer Streifzug (S. 23–32). Stuttgart: Hirzel.

Platon (2013): Sämtliche Werke Band 3: Kratylos, Parmenides, Theaitetos, Sophistes, Politikos, Philebos, Briefe. Übersetzt von F. Schleiermacher und H. und F. Müller (Briefe). Auf der Grundlage der Bearbeitung von Walter F. Otto, E. Grassi und G. Plamböck neu herausgegeben von U. Wolf (37. Auflage). Reinbek b. Hamburg: Rowohlt.

Platon (2020): Sämtliche Werke Band 2: Lysis, Symposion, Phaidon, Kleitophon, Politeia, Phaidros. Übersetzt von F. Schleiermacher. Auf der Grundlage der Bearbeitung von Walter

F. Otto, E. Grassi und G. Plamböck neu herausgegeben von U. Wolf (37. Auflage). Reinbek b. Hamburg: Rowohlt.
Plessner, H. (1983): Gesammelte Schriften Bd. 8: Conditio Humana. Herausgegeben von G. Dux und Mitwirkung von R. W. Schmidt. Frankfurt a. M.: Suhrkamp.
Postman, N. (1985): Wir amüsieren uns zu Tode. Urteilsbildung im Zeitalter der Unterhaltungsindustrie. Frankfurt a. M.: Fischer.
Pothast, U. (2008): Glück und Unverfügbarkeit. In: Meier, H. (Hrsg.): Über das Glück. Ein Symposion (S. 51–83). München/Zürich: Piper.
Prütting, L. (2016): Homo ridens (4. Auflage als erweiterte Neuausgabe). Freiburg/München: Karl Alber.
Rapp, C. (2016): Aristoteles zur Einführung (5., vollständig überarbeitete Auflage). Hamburg: Junius.
Rätsch, C. (1996): Urbock. Bier jenseits von Hopfen und Malz. Aarau: AT.
Rawls, J. (1993): Eine Theorie der Gerechtigkeit (7. Auflage). Frankfurt a. M.: Suhrkamp Taschenbuch.
Regenbogen, A./Meyer, U. (1998): Wörterbuch der philosophischen Begriffe. Hamburg: Felix Meiner.
Reifenrath, B. H. (1999): Glück, eine regulative Idee der pädagogischen Praxis? In: Pädagogische Rundschau, 53, 201–216.
Reiner, H. (1970): Eudämonismus. In: Ritter, J. (Hrsg.): Historisches Wörterbuch der Philosophie Bd. 2 (S. 819–823). Basel: Schwabe & Co.
Retter, H. (2010): Klassische Reformpädagogik im aktuellen Diskurs. Jena: IKS Garamond.
Retzer, A. (2012): Miese Stimmung. Eine Streitschrift gegen positives Denken (3. Auflage). Frankfurt a. M.: Fischer.
Reusch, S. (Hrsg.) (2011): 18 Antworten auf die Frage nach dem Glück. Ein philosophischer Streifzug. Stuttgart: Hirzel.
Reyer, J. (2002): Kleine Geschichte der Sozialpädagogik. Individuum und Gemeinschaft in der Pädagogik der Moderne. Baltmannsweiler: Schneider Hohengehren.
Ricken, F. (2010): Art. Hedonismus. In: Brugger, W./Schöndorf, H. (Hrsg.): Philosophisches Wörterbuch (S. 200). München und Freiburg: Alber.
Ricken, F. (2019): Tugend. In: Jordan, S./Nimtz, C. (Hrsg.): Lexikon Philosophie. Hundert Grundbegriffe (vollständig durchgesehene und erweiterte Ausgabe) (S. 303–305). Stuttgart: Reclam.
Ricken, N. (1999): Subjektivität und Kontingenz. Markierungen im pädagogischen Diskurs. Würzburg: Königshausen & Neumann.
Ricken, N. (2018): Subjekt. In: Kölbl, C./Sieben, A. (Hrsg.): Stichwörter der Kulturpsychologie (S. 361–367). Gießen: Psychosozial.
Ricken, N. (2019): Bildung und Subjektivierung. Bemerkungen zum Verhältnis zweier Theorieperspektiven. In: Ricken, N./Casale, R./Thompson, C. (Hrsg.): Subjektivierung. Erziehungswissenschaftliche Theorieperspektiven (S. 95–118). Weinheim/Basel: Beltz Juventa.
Riemen, J. (1991): Die Suche nach dem Glück als Bildungsaufgabe. Zur Rehabilitierung einer verschwundenen pädagogischen Kategorie. Essen: Die blaue Eule.
Ritter, J. (1968): ›Ästhetik. Ästhetisch‹. In: Ritter, J. (Hrsg.): Historisches Wörterbuch der Philosophie Bd.1 (S. 555–580). Basel: Schwabe-Verlag.
Ritter, J. (1974): ›Glück, Glückseligkeit. I. Antike‹. In: Ritter, J. (Hrsg.): Historisches Wörterbuch der Philosophie Band. 3 (S. 679–691). Basel: Schwabe-Verlag.
Röhrs, H. (1981): Das Spiel – ein Urphänomen des Lebens. In: Röhrs, H. (Hrsg.): Das Spiel – ein Urphänomen des Lebens (S. 3–22). Wiesbaden: Akademische Verlagsgesellschaft.
Römpp, G. (2009): Aristoteles. Köln/Weimar/Wien: Böhlau-Verlag.
Rorty, R. (1987): Der Spiegel der Natur. Eine Kritik der Philosophie. Frankfurt a. M.: Suhrkamp.
Rorty, R. (1988): Solidarität oder Objektivität? Drei philosophische Essays. Stuttgart: Reclam.
Rorty, R. (1991): Kontingenz, Ironie und Solidarität. Frankfurt a. M.: Suhrkamp.
Rosa, H. (2005): Beschleunigung. Die Veränderung der Zeitstruktur in der Moderne. Frankfurt a. M.: Suhrkamp.

Rother, W. (2012): Der Lustbegriff im deutschen Idealismus: Kant, Reinhold, Hegel. In: Erler, M./Rother, W. (Hrsg.): Philosophie der Lust. Studien zum Hedonismus (S. 95–109). Basel: Schwabe.

Röttgers, K. (2008): Muße. In: Jäger, W./Röttgers, K. (Hrsg.): Sinn von Arbeit. Soziologische und wirtschaftsphilosophische Betrachtungen (S. 161–182). Wiesbaden: VS.

Rousseau, J. J. (2001/1762): Emile oder Über die Erziehung (13. Auflage). Paderborn u. a.: Schöningh.

Ruckriegel, K. (2008): Geleitwort. In: Fritz-Schubert, E.: Schulfach Glück. Wie ein neues Fach die Schule verändert. Freiburg/Basel/Wien: Herder.

Rüdiger, A. (1729): Philosophia Pragmatica, methodo apodictica, et quoad ejus licuit, Mathematica, conscripta: Editio Altera, priore longe auctior et correctior. Leipzig: Gerhard Weidmann.

Ruhnau, J. (1974): Art. Hedonismus. In: Ritter, J. (Hrsg.): Historisches Wörterbuch der Philosophie. Band 3 (S. 1023–1026). Basel: Schwabe & Co.

Rülcker, T. (1971): Der Glücksbegriff als pädagogische Kategorie. In: Pädagogische Rundschau, (25), 161–178.

Russell, B. (2015): Eroberung des Glücks. Neue Wege zu einer besseren Lebensgestaltung (19. Auflage). Frankfurt a. M.: Suhrkamp.

Salomon, A. (1997): Frauenemanzipation und Soziale Verantwortung. Band 1. 1896–1908, Kriftel/Berlin: Luchterhand.

Schächter, M. (Hrsg.) (2009): Wunschlos glücklich? Konzepte und Rahmenbedingungen einer glücklichen Kindheit. Baden-Baden: Nomos-Verlag.

Schäfer, K.-H./Schaller, K. (1976): Kritische Erziehungswissenschaft und kommunikative Didaktik (3., durchgesehene Auflage). Heidelberg: Quelle & Meyer.

Schäfer, S./Otto, H.-U. (2014): Introduction: A Social Sciences Perspective on the Capability Approach. In: Otto, H.-U./Schäfer, S. (Hrsg.): New Approaches towards the ›Good Life‹. Applications and Transformations of the Capability Approach (S. 7–13). Opladen/Berlin/Toronto: Barbara Budrich.

Scheerer, E. (1995): Psychologie. In: Ritter, J./Gründer, K. (Hrsg.): Historisches Wörterbuch der Philosophie. Band. 7 (S. 1599–1653). Basel: Schwabe & Co AG.

Schefczyk, Michael (2011): Glück in der britischen Moralphilosophie des 18. Und 19. Jahrhunderts. Aufstieg und Niedergang des Hedonismus. In: Thomä, D./Henning, C./Mitscherlich-Schönherr, O. (Hrsg.): Glück. Ein interdisziplinäres Handbuch (S. 163–172). Stuttgart/Weimar: Verlag J. B. Metzler.

Scheler, M. (1916): Der Formalismus in der Ethik und die materiale Wertethik. Neuer Versuch der Grundlegung eines ethischen Personalismus. In: Husserl, E. (Hrsg.): Jahrbuch für Philosophie und philosophische Forschung. Bd.1/2. Halle a. d. S.: Max Niemeyer.

Scheler, M. (1923a): Vom Sinn des Leides. In: Ders.: Schriften zur Soziologie und Weltanschauungslehre (S. 41–103). Leipzig: Neue Geist/Dr. Peter Reinhold.

Scheler, M. (1923b): Vom Verrat der Freude. In: Ders.: Schriften zur Soziologie und Weltanschauungslehre (S. 104–109). Leipzig: Neue Geist/Dr. Peter Reinhold.

Scherpner, H. (1962): Theorie der Fürsorge. Göttingen: Vandenhoeck & Ruprecht.

Scheuerl, H. (1994): Das Spiel. Band.1 – Untersuchungen über sein Wesen, seine pädagogischen Möglichkeiten und Grenzen (12. Auflage). Weinheim/Basel: Beltz.

Scheuerl, H. (Hrsg.) (1997): Das Spiel. Bd. 2 – Theorien des Spiels (12. Auflage). Weinheim/Basel: Beltz.

Schildhammer, G. (2009): Glück. Wien: facultas.wuv.

Schiller, F. (2000/1795): Über die ästhetische Erziehung des Menschen in einer Reihe von Briefen. Mit den Augustenburger Briefen herausgegeben von Klaus L. Berghahn. Stuttgart: Reclam.

Schilling, J./Klos, S. (2015): Soziale Arbeit. Geschichte, Theorie, Profession (6. Auflage). München und Basel: Reinhardt.

Schimmack, U. (2003): Affect measurement in experience sampling research. Journal of Happiness Studies, 4 (1), 79–106.

Schleiermacher, F. (1981/1805–06): Brouillon zur Ethik. Auf der Grundlage der Ausgabe von O. Braun herausgegeben von H.-J. Birkner. Hamburg: Felix Meiner.

Schloßberger, M. (2011): Glück in der philosophischen Anthropologie und im Existenzialismus. Skeptische Philosophen des gelingenden Lebens. In: Thomä, D./Henning, C./Mitscherlich-Schönherr, O. (Hrsg.): Glück. Ein interdisziplinäres Handbuch (S. 272–277). Stuttgart/Weimar: J. B. Metzler.
Schmid, W. (1991): Auf der Suche nach einer neuen Lebenskunst. Die Frage nach dem Grund und die Neubegründung der Ethik bei Foucault. Frankfurt a. M.: Suhrkamp.
Schmid, W. (1995): Art. ›Selbstsorge‹. In: Ritter, J./Gründer, K. (Hrsg.): Historisches Wörterbuch der Philosophie Bd. 9 (S. 528–535). Basel: Schwabe und Co AG.
Schmid, W. (1998): Philosophie der Lebenskunst. Eine Grundlegung. Frankfurt a. M.: Suhrkamp.
Schmid, W. (2004): Mit sich selbst befreundet sein. Von der Lebenskunst im Umgang mit sich selbst (2. Auflage). Frankfurt a. M.: Suhrkamp.
Schmid, W. (2008): Philosophie als Lebenskunst. Die Sorge um das Selbst. In: Der Blaue Reiter – Journal für Philosophie, 25(1), 26–31.
Schönberger, R. (1998): Tugend. II. Mittelalter. In: Ritter, J./Gründer, K. (Hrsg.): Historisches Wörterbuch der Philosophie Bd. 10 (S. 1548–1554). Basel: Schwabe & Co AG.
Schopenhauer, A. (2000/1818–1860): Die Kunst, glücklich zu sein. Dargestellt in fünfzig Lebensregeln. Herausgegeben von F. Volpi. München: C. H. Beck.
Schrödter, M. (2007): Soziale Arbeit als Gerechtigkeitsprofession. Zur Gewährleistung von Verwirklichungschancen. In: Neue Praxis, 37(1), 3–28.
Schulze, G. (2008): Fortuna und Felicitas. Der hinkende Gang der Moderne. In: Hentschel, B./Staupe, G. (Hrsg.): Glück – Welches Glück? München: Carl Hanser.
Seel, M. (1998): Freie Weltbegegnung. In: Steinfath, H. (Hrsg.): Was ist ein gutes Leben? Philosophische Reflexionen (S. 275–296). Frankfurt a. M.: Suhrkamp.
Seel, M. (1999): Versuch über die Form des Glücks. Frankfurt a. M.: Suhrkamp.
Seel, M. (2011): 111 Tugenden, 111 Laster. Eine philosophische Revue. Frankfurt a. M.: Fischer.
Seel, M. (2012): Wie gut sollen wir sein? In: DIE ZEIT, 24 (06. Juni 2012), 54.
Seils, M. (1993): Heil und Erlösung. IV. Dogmatisch. In: Krause, G./Müller, G.: Theologische Realenzyklopädie. Studienausgabe Teil I. Bd. 14 (S. 622–637). Berlin/New York: de Gruyter.
Seligman, M. (2009): Der Glücksfaktor. Warum Optimisten länger leben (6. Auflage). Bergisch-Gladbach: Bastei-Lübbe.
Seligman, M. (2012): Flourish. Wie Menschen aufblühen. Die Positive Psychologie des gelingenden Lebens. München: Kösel.
Shackleton, R. (1988): Essays on Montesquieu and on the Enlightenment. Oxford: Elden Press.
Sen, A. (2007): Ökonomie für den Menschen. Wege zu Gerechtigkeit und Solidarität in der Marktwirtschaft (4. Auflage). München: Deutscher Taschenbuch Verlag.
Sen, A. (2010): Die Idee der Gerechtigkeit. München: C. H. Beck.
Seneca (2009): Glück und Schicksal. Philosophische Betrachtungen. Herausgegeben von M. Giebel. Stuttgart: Reclam.
Sextus Empiricus (1985): Grundriss der pyrrhonischen Skepsis. Eingeleitet und übersetzt von M. Hossenfelder. Frankfurt a. M.: Suhrkamp.
Shusterman, R. (2001): Philosophie als Lebenspraxis. Wege in den Pragmatismus. Berlin: Akademie-Verlag.
Singer, P. (2013): Praktische Ethik (3., revidierte und erweiterte Auflage). Stuttgart: Reclam.
Singer, P. (2016): Effektiver Altruismus. Eine Anleitung zum ethischen Leben. Frankfurt a. M.: Suhrkamp.
Soeffner, H.-G./Matter, C. (2009): ›Religion‹. In: Andresen, S./Casale, R./Gabriel, T./Horlacher, R./Larcher Klee, S./Oelkers, J. (Hrsg.): Handwörterbuch Erziehungswissenschaft (S. 744–757). Weinheim und Basel: Beltz.
Sölch, D. (2018a): Weitere Klassiker: Von Emerson zu Whitehead. In: Festl, M. G. (Hrsg.): Handbuch Pragmatismus (S. 35–42). Stuttgart: J. B. Metzler.
Sölch, D. (2018b): Deutschsprachiger Raum. In: Festl, M. G. (Hrsg.): Handbuch Pragmatismus (S. 297–303). Stuttgart: J. B. Metzler.
Spaemann, R. (1974): ›Glück, Glückseligkeit, III. Neuzeit‹. In: Ritter, J. (Hrsg.): Historisches Wörterbuch der Philosophie Bd. 3 (S. 697–707). Basel: Schwabe & Co.

Sparn, W. (2005): Religiöse und theologische Aspekte der Bildungsgeschichte im Zeitalter der Aufklärung. In: Hammerstein, N./Herrmann, U. (Hrsg.): Handbuch der deutschen Bildungsgeschichte Bd. II (S. 134–168). München: C. H. Beck.
Spitzer, M. (2018): Einsamkeit. Die unerkannte Krankheit. München: Droemer.
Sprandel, R. (2004): Spiele.I. Begriffliches und Soziales. In: Lexikon des Mittelalters. Band. 7 (S. 2105–2106). Turnhout: Brepols.
Steinfath, H. (1998b): Einleitung. In: Steinfach, H. (Hrsg.): Was ist ein gutes Leben? Philosophische Reflexionen (S. 7–31). Frankfurt a. M.: Suhrkamp.
Steinfath, H. (1998c): Selbstbejahung, Selbstreflexion und Sinnbedürfnis. In: Steinfach, H. (Hrsg.): Was ist ein gutes Leben? Philosophische Reflexionen (S. 73–93). Frankfurt a. M.: Suhrkamp.
Steinfath, H. (2011): Theorien des guten Lebens in der neueren (vorwiegend) analytischen Philosophie. Wünsche, Freuden und objektive Güter. In: Thomä, D./Henning, C./Mitscherlich-Schönherr, O. (2011) (Hrsg.): Glück. Ein interdisziplinäres Handbuch (S. 296–203). Stuttgart/Weimar: J. B. Metzler.
Steinfath, H. (Hrsg.) (1998a): Was ist ein gutes Leben? Philosophische Reflexionen. Frankfurt a. M.: Suhrkamp.
Stemmer, P. (1998a): Tugend. I. Antike. In: Ritter, J./Gründer, K. (Hrsg.): Historisches Wörterbuch der Philosophie Bd. 10 (S. 1532–1548). Basel: Schwabe & Co.
Stemmer, P. (1998b): Was es heißt, ein gutes Leben zu leben. In: Steinfath, Holmer (Hrsg.): Was ist ein gutes Leben? Philosophische Reflexionen (S. 47–72). Frankfurt a. M.: Suhrkamp.
Sternberg, D. (1971): Wandlungen des Glücksanspruchs in der Neuzeit. In: Kundler, H. (Hrsg.): Anatomie des Glücks (S. 23–31). Köln: Kiepenheuer & Witsch.
Stuve, J. (1785): ›Allgemeinste Grundsätze der Erziehung‹, hergeleitet aus einer richtigen Erkenntniß des Menschen in Rücksicht auf seine Bestimmung, seine körperliche und geistige Natur und deren innigste Verbindung, seine Fähigkeit zur Glückseligkeit und seine Bestimmung für die Gesellschaft. In: Campe, J. H. (Hrsg.): Allgemeine Revision des gesammten Schul- und Erziehungswesens von einer Gesellschaft practischer Erzieher. Erster Theil (S. 234–382). Hamburg: Carl Ernst Bohn.
Stuve, J. (1982a/1794): Ueber Herrn Kants Grundlegung zur Metaphysik der Sitten. In: Stuve, J. Kleine Schriften gemeinnützigen Inhalts. Bd. 2 (S. 170–194). Vaduz: Topos-Verlag.
Stuve, J. (1982b/1794): Antwort an Herrn Prorektor Snell auf seine Erinnerungen gegen den Aufsatz: Ueber Herrn Kants Grundlegung zur Metaphysik der Sitten. In: Stuve, J.: Kleine Schriften gemeinnützigen Inhalts. Bd. 2 (S. 210–235). Vaduz: Topos-Verlag.
Stuve, J. (1982c/1794): Ueber die Erziehung. In: Stuve, J.: Kleine Schriften gemeinnützigen Inhalts Bd. 1 (S. 1–115). Vaduz: Topos-Verlag.
Taschner, F. (2003): Glück als Ziel der Erziehung. Würzburg: Königshausen & Neumann.
Theis, R. (2015): Gottesbeweis, moralischer. In: Willaschek, M./Stolzenberg, J./Mohr, G./Bacin, S. (Hrsg.): Kant-Lexikon Bd.1 (S. 896–900). Berlin/Boston: de Gruyter.
Thiersch, H. (2017): Theorie der Sozialarbeit/Sozialpädagogik. In: Kreft, D./Mielenz, I. (Hrsg.): Wörterbuch Soziale Arbeit (8., vollständig überarbeitete und aktualisierte Auflage) (S. 1034–1040). Weinheim: Beltz Juventa.
Thomä, D. (1998): Erzähle Dich selbst. Lebensgeschichte als philosophisches Problem. Frankfurt a. M.: Suhrkamp.
Thomä, D. (2003): Vom Glück der Moderne. Frankfurt a. M.: Suhrkamp.
Thomä, D. (2011a): Glück in der Philosophie der Renaissance und der Frühen Neuzeit. Kosmische Ordnung und individuelle Freiheit. In: Thomä, D./Henning, C./Mitscherlich-Schönherr, O. (Hrsg.): Glück. Ein interdisziplinäres Handbuch (S. 143–149). Stuttgart/Weimar: J. B. Metzler.
Thomä, D. (2011b): Glück, Revolution und revolutionäres Denken im 18. Jahrhundert. Philosophisch-politische Diskurse in den USA und in Frankreich. In: Thomä, D./Henning, C./Mitscherlich-Schönherr, O. (Hrsg.): Glück. Ein interdisziplinäres Handbuch (S. 172–182). Stuttgart/Weimar: J. B. Metzler.
Thomä, D./Henning, C./Mitscherlich-Schönherr, O. (Hrsg.) (2011): Glück. Ein interdisziplinäres Handbuch. Stuttgart/Weimar: J. B. Metzler.

Thomasius, C. (1963a/1730): Institutiones Jurisprudentiae Divinae (7. Auflage). Aalen/Halle: Scientia Verlag.
Thomasius, C. (1963b/1718): Fundamenta Juris Naturae et Gentium (4. Auflage). Aalen/Halle: Scientia Verlag.
Thurnherr, U. (2010): Angewandte Ethik zur Einführung (2., ergänzte Auflage). Hamburg: Junius.
Toellner, R. (1993): ›Heilkunde/Medizin. II. Historisch‹. In: Krause, G./Müller, G.: Theologische Realenzyklopädie. Studienausgabe Teil I. Bd. 14 (S. 743–752). Berlin/New York: de Gruyter.
Tomasello, M. (2009): Die Ursprünge der menschlichen Kommunikation. Frankfurt a. M.: Suhrkamp.
Tönnies, F. (2005/1935): Gemeinschaft und Gesellschaft. Grundbegriffe der reinen Soziologie. Mit den Vorreden zur ersten (1887), zweiten (1912), vierten und fünften (1920) sowie zur sechsten und siebten Auflage (1926). Darmstadt: Wissenschaftliche Buchgesellschaft.
Trampota, A. (2010): Tugend. In: Brugger, W./Schöndorf, H. (Hrsg.): Philosophisches Wörterbuch (S. 517–520). Freiburg/München: Karl Alber.
Trapp, E. C. (1779): Von der Nothwendigkeit, Erziehung und Unterrichten als eine eigene Kunst zu studiren. Halle: Johann Christian Hendel.
Trapp, E. C. (1780): Versuch einer Pädagogik. Berlin: Friedrich Nicolai.
Treml, A. (2005): Pädagogische Ideengeschichte. Ein Überblick. Stuttgart: Kohlhammer.
Treptow, R. (2009): Sozialpädagogisches Handeln. In: Mertens, G./Frost, U./Böhm, W./Ladenthin, V. (Hrsg.): Handbuch Erziehungswissenschaft Bd. 3 (S. 621–638). Paderborn/Wien/München/Zürich: Ferdinand Schöningh.
Tröhler, D./Oelkers, J. (Hrsg.): Pragmatismus und Pädagogik. Zürich: Pestalozzianum.
Uhlendorff, U. (2009a): Das Sozialpädagogische Problem. In: Mertens, G./Frost, U./Böhm, W./Ladenthin, V. (Hrsg.): Handbuch Erziehungswissenschaft Bd. 3 (S. 561–579). Paderborn/Wien/München/Zürich: Ferdinand Schöningh.
Uhlendorff, U. (2009b): Sozialpädagogische Institutionen. In: Mertens, G./Frost, U./Böhm, W./Ladenthin, V. (Hrsg.): Handbuch Erziehungswissenschaft Bd. 3 (S. 651–676). Paderborn/Wien/München/Zürich: Ferdinand Schöningh.
Vahsen, F. G. (2012): Capabilities Approach – zentrales Paradigma oder ekletizistischer Moralkodex? Widersprüche und Grenzen. In: Neue Praxis, 42(3), 309–325.
Villaume, P. (1785): Ob und in wiefern bei der Erziehung die Vollkommenheit des einzelnen Menschen seiner Brauchbarkeit aufzuopfern sey. In: Campe, J. H. (Hrsg.): Allgemeine Revision des gesammten Schul- und Erziehungswesens von einer Gesellschaft practischer Erzieher. Dritter Theil (S. 435–616). Hamburg: Carl Ernst Bohn.
Villaume, P. (1787a): Ueber die Unzuchtsünden in der Jugend. In: Campe, J. H. (Hrsg.): Allgemeine Revision des gesammten Schul- und Erziehungswesens von einer Gesellschaft practischer Erzieher. Siebter Theil (S. 1–308). Hamburg: Carl Ernst Bohn.
Villaume, P. (1787b): Von der Bildung des Körpers in Rücksicht auf die Vollkommenheit und Glückseligkeit der Menschen, oder über die physische Erziehung in Sonderheit. In: Campe, Joachim J. H. (Hrsg.): Allgemeine Revision des gesammten Schul- und Erziehungswesens von einer Gesellschaft practischer Erzieher. Achter Theil (S. 211–490). Hamburg: Carl Ernst Bohn.
Villaume, P. (1788a): Vom Vergnügen. Ersther Theil. Tübingen: Wilhelm Heinrich Schramm und Johann Friedrich Walz.
Villaume, P. (1788b): Vom Vergnügen. Zweiter Theil. Tübingen: Wilhelm Heinrich Schramm und Johann Friedrich Walz.
Virilio, P. (1993): Revolution der Geschwindigkeit. Berlin: Merve-Verlag.
Vollmer, M. (1995): Sensualismus. In: Ritter, J./Gründer, K. (Hrsg.): Historisches Wörterbuch der Philosophie, Bd. 9 (S. 614–618). Basel: Schwabe & Co AG.
Vorländer, K. (1903): Geschichte der Philosophie. III. Die Philosophie der Neuzeit. Kap. 4: Die Systeme der nachkantischen Philosophie von Fichte bis Schopenhauer, XVIII: Kritische Nebenströmungen, §57 Herbart. Verfügbar unter: https://www.textlog.de/6584.html, Zugriff: 24.02.2021.

Vorlaufer, J. (2012): Glück haben – glücklich sein. Eine anthropologische Grundfrage im Kontext Sozialer Arbeit. In: Soziale Arbeit, 61 (März 2012), 82–90.

Walch, J. G. (1968/1775): Philosophisches Lexicon. Mit einer kurzen kritischen Geschichte der Philosophie von Justus Christian Hennings. Bd. 1 (4. Auflage). Leipzig: Gleditschens Buchhandlung.

Wallace, D. F. (2009): Unendlicher Spaß. Roman. Köln: Kiepenheuer & Witsch.

Wegener-Spöhring, G. (2007): Art. ›Spiele/Spieltheorien‹. In: Deutscher Verein für Öffentliche und Private Fürsorge (Hrsg.): Fachlexikon der Sozialen Arbeit (6. Auflage) (S. 860–861). Frankfurt a. M./Baden-Baden: Nomos.

Welsch, W. (2008): Unsere Postmoderne Moderne (7. Auflage). Berlin: Akademie-Verlag.

Werle, J. (2000): Nachwort. Philosophische Lebenskunst. Positionen und Profile. In: Werle, J. (Hrsg.): Klassiker der philosophischen Lebenskunst. Von der Antiker bis zur Gegenwart. Ein Lesebuch. München: Goldmann.

West, C. (1989): The American Evasion of Philosophy. A Genalogy of Pragmatism. Madison/London: The University of Wisconsin Press.

Westermann, P. (2007): Zeit B. Platon bis Boethius. In: Ritter, J./Gründer, K./Gabriel, G. (Hrsg.): Historisches Wörterbuch der Philosophie. Bd. 12 (S. 1196–1207). Basel: Schwabe.

Wichern, J. H. (1958): Die öffentliche Begründung des Rauhen Hauses. Die Propositionen in Betreff der Rettungsanstalt für sittlich verwahrloste Kinder und Wicherns Ansprache auf der Gründungsversammlung des Rauhen Hauses vom 12. September 1833 in Hamburg. In: Ders.: Sämtliche Werke. Herausgegeben von Peter Meinhold. Band 4/1: Schriften zur Sozialpädagogik (Rauhes Haus und Johannesstift) (S. 96–114). Berlin/Hamburg: Lutherisches Verlagshaus.

Wichern, J. H. (1962a/1848): Das Vorbild der gegenwärtigen Zerrüttung. In: Ders.: Sämtliche Werke. Herausgegeben von P. Meinhold. Bd. 1: Die Kirche und ihr soziales Handeln. (Grundsätzliches und Allgemeines) (S. 152–154). Berlin/Hamburg: Lutherisches Verlagshaus.

Wichern, J. H. (1962b/1849): Die innere Mission der deutschen evangelischen Kirche. Eine Denkschrift an die deutsche Nation. In: Ders.: Sämtliche Werke. Herausgegeben von Peter Meinhold. Bd. 1: Die Kirche und ihr soziales Handeln. (Grundsätzliches und Allgemeines) (S. 175–366). Berlin/Hamburg: Lutherisches Verlagshaus.

Wigger, L. (1987): Zum Begriff des Glücks. In: Vierteljahresschrift für wissenschaftliche Pädagogik, 63, 457–473.

Wiggershaus, R. (1988): Die Frankfurter Schule. Geschichte, Theoretische Entwicklung, Politische Bedeutung. München: dtv.

Wildfeuer, A. (2016): Das Subjekt als Geltungsinstanz. Die Vorgeschichte seiner Entdeckung im Raum christlicher Metaphysik. Internationale katholische Zeitschrift Communio, 45 (4), 299–308.

Wilkinson, R./Pickett, K. (2009): Gleichheit ist Glück. Warum gerechte Gesellschaften für alle besser sind. Berlin: Tolkemitt.

Willaschek, M./Stolzenberg, J./Mohr, G./Bacin, S. (2015): Sittlichkeit. In: Dies. (Hrsg.): Kant-Lexikon Bd.3 (S. 2121–2124). Berlin/Boston: de Gruyter.

Winkler, M. (1989): Subjektivität als Kriterium pädagogischen Handelns. In: Olk, T./Otto, H.-U. (Hrsg.): Soziale Dienste im Wandel. Bd. 2: Entwürfe sozialpädagogischen Handelns (S. 112–136). Neuwied/Frankfurt a. M.: Luchterhand.

Wissenschaftszentrum Bonn (Hrsg.) (1978): Mut zur Erziehung. Beiträge zu einem Forum am 9./10. Januar 1978 in Bonn-Bad Godesberg. Stuttgart: Klett-Cotta.

Wolf, U. (1998): Zur Struktur der Frage nach dem guten Leben. In: Steinfath, H. (Hrsg.): Was ist ein gutes Leben? Philosophische Reflexionen (S. 32–46). Frankfurt a. M.: Suhrkamp.

Wolf, U. (2013): Aristoteles' ›Nikomachische Ethik‹ (3. bibliographisch erweitere Ausgabe). Darmstadt: Wissenschaftliche Buchgesellschaft.

Woolf, R. (2009): Pleasure and Desires. In: Warren, J. (Hrsg.): The Cambridge Compendium to Epicureism (S. 158–178). New York: Cambridge University Press.

Wulf, C. (1994): Zur Einleitung: Grundzüge einer historisch-pädagogischen Anthropologie. In: Ders.: (Hrsg.): Einführung in die pädagogische Anthropologie (S. 7–21). Weinheim/Basel: Beltz.

Wulf, C. (2004): Anthropologie, pädagogische. In: Benner, D./Oelkers, J. (Hrsg.): Historisches Wörterbuch der Pädagogik (S. 33–57). Weinheim/Basel: Beltz.

Wulf, E. (2005): Biographische Gespräche zu Glückserfahrungen. Lebensgestaltung mit Chancen zum Erleben von Glück/Glücksmomenten. Hamburg: Dr. Kovač.

Zahlmann, S./Scholz, S. (Hrsg.) (2005): Scheitern und Biographie. Die andere Seite moderner Lebensgeschichten. Gießen: Psychosozial.

Ziegler, H. (2011): Soziale Arbeit und das gute Leben – Capabilities als sozialpädagogische Kategorie. In: Sedmak, C./Babic, B./Bauer, R./Posch, C. (Hrsg.): Der Capability-Approach in sozialwissenschaftlichen Kontexten. Überlegungen zur Anschlussfähigkeit eines entwicklungspolitischen Konzeptes (S. 117–137). Wiesbaden: VS.

Ziegler, H./Schrödter, M./Oelkers, N. (2012): Capabilities und Grundgüter als Fundament einer sozialpädagogischen Gerechtigkeitsperspektive. In: Thole, W. (Hrsg.): Grundriss Soziale Arbeit. Eine Einführung (4. Auflage). Wiesbaden: VS Verlag für Sozialwissenschaften, 297–310.

Zima, P. (2014): Moderne/Postmoderne. Gesellschaft, Philosophie, Literatur (3., überarbeitete Auflage). Tübingen: Francke.

Zima, P. (2017): Theorie des Subjekts. Subjektivität und Identität zwischen Moderne und Postmoderne (4., durchgesehene und erweitere Auflage). Tübingen: Francke.

Zirfas, J. (1993): Präsenz und Ewigkeit. Eine Anthropologie des Glücks. Berlin: Reimer.

Zirfas, J. (1994): Glück als Relais von Ethik und Anthropologie. Eine anthropologische Analytik der Begründung pädagogischer Ethik unter besonderer Berücksichtigung der Idee des Glücks. In: Wulf, C. (Hrsg.): Einführung in die pädagogische Anthropologie (S. 141–169). Weinheim/Basel: Beltz.

Zirfas, J. (2011): Zur Pädagogik der Glücksgefühle. Ein Beitrag zum Pursuit of Happiness. In: Zeitschrift für Erziehungswissenschaft, 14(2), 223–240.

Zirfas, J. (2013): Eine Ästhetik des Risikos. Grenzgänge der Ästhetischen Bildung. In: Liebau, E./Zirfas, J. (Hrsg.): Lust, Rausch und Ekstase. Grenzgänge der Ästhetischen Bildung (S. 9–28). Bielefeld: transcript.

Zirfas, J. (2017): Das vulnerable Subjekt. In: Taube, G./Fuchs, M./Braun, T. (Hrsg.): Handbuch Das starke Subjekt. Schlüsselbegriffe in Theorie und Praxis (S. 149–157). München: kopaed.